新兴技术发展与辨识

——新兴经济体框架之下的发展视角

陈向东　李　蓓　宋　爽　著

科学出版社
北　京

内 容 简 介

本书从新兴经济体发展的研究视角出发，总结、分析新兴技术的发展规律和观测、识别原理及方法，以国内外相关理论和实证研究为研究基础，从三个篇目聚焦新兴技术发展的理论和实践问题，上篇关注新兴技术发生发展的认识论与政策观，并注意着眼新兴技术发展的伦理问题，与国际上负责任创新的思潮和组织实施活动相结合；中篇着重新兴技术发展与辨识框架：主体、环境与生态，对相关经济和技术创新理论进行解释，提供有助于理解新兴技术发展辨识问题的分析框架；下篇则主要涉及新兴技术发展的辨识分析方法和分析技术，特别是基于专利信息识别新兴技术的方法及其应用，并以中国专利信息分析为基础，提供典型技术领域新兴技术辨识的研究。

本书适合经济及管理、科技创新政策、知识产权、技术社会学、科技哲学等领域学者、学生和政府政策分析者、商业界企业家参考和阅读。

图书在版编目(CIP)数据

新兴技术发展与辨识：新兴经济体框架之下的发展视角 / 陈向东，李蓓，宋爽著. — 北京：科学出版社，2021.3

ISBN 978-7-03-061041-6

Ⅰ. ①新… Ⅱ. ①陈… ②李… ③宋… Ⅲ. ①高技术-技术发展-研究 ②新兴产业-产业化发展-研究 Ⅳ. ①F062.4 ②F062.9

中国版本图书馆 CIP 数据核字（2019）第 070725 号

责任编辑：莫永国 / 责任校对：彭 映
责任印制：罗 科 / 封面设计：墨创文化

科 学 出 版 社 出版
北京东黄城根北街16号
邮政编码：100717
http://www.sciencep.com

四川煤田地质制图印刷厂印刷
科学出版社发行 各地新华书店经销
*
2021 年 3 月第 一 版 开本：787×1092 1/16
2021 年 3 月第一次印刷 印张：17 1/2
字数：350 000

定价：149.00 元
（如有印装质量问题，我社负责调换）

序

当今时代，新兴技术和新兴产业发展在我国和世界上都已经成为一个重要的经济现象，新兴技术和新兴产业发展尤其重要，关系到经济高质量发展和战略性新兴产业进步。

北京航空航天大学陈向东教授和他领导的团队历经多年研究积累完成的该书，着眼新兴技术的发展规律和辨识方法，系统阐述了较为全面的研究观点和对其方法论的认识，特别是从新兴经济体国家和地区的需要角度研究集成该书，是一个新的探索和可喜尝试。

该书基于中国经济发展现状，总结分析适用于新兴经济体经济发展和技术创新活动中的新兴技术概念，分别讨论综合相关政策概念和管理概念意义上技术发展体系和关键因素，从全球化背景下的政治经济环境到知识产权领域发展规律，系统梳理和归纳大量相关技术、相关文献和研究成果，在知识产权相关理论研究的基础上，综合采用科学计量学、统计学、信息学和社会学等多个学科的分析方法，开展知识产权识别与探索型新兴技术识别的理论和实证研究，提供了有关新兴经济体国家和地区发展知识产权技术的全景式关键节点，填补了当前认识和识别研究的部分空白，该书视角独特，具有前瞻性。

该书的突出特点：一是特别关注推动新兴技术发展的主体，尤其是发明家及其团队，以及初创企业、高校及产学研等这类主体，并以观测特定主体的角度来总结相应的认识论和方法论，是该书一个比较有特色的地方；二是关注技术创新的问题导向原理，该书设计了从新兴技术发生发展的哲学认识到具体的辨识方法及其实例分析的逻辑，点出了技术创新和新兴技术在推进经济和社会文明发展这一目的和过程中的“手段”意义，呼吁避免“为创新而创新”，认为应充分重视朴素型创新的重要性，应高精尖和朴素型新兴技术并举，同时也强调了新兴经济体国家和地区发展新兴技术可能遇到的技术伦理问题。全书三个相对独立又相互联系的篇目结构，兼顾新兴技术发展规律和详尽的辨识方法探讨和实例分析，这些都是该书的突出特色。

该书反映了陈向东教授和他领导的团队坚持多年的研究成果，视角独特，方法有道，其原理和操作层面都有覆盖。该书内容丰富，在新兴技术发展与辨识理论和方法等方面有创新，同时提出了一些很有新意且具操作性的意见建议，对于有关政府部门和领导决策具有重要参考价值。

在“新兴经济体发展视角”这个主题下聚焦新兴技术的发展规律和观测、识别技术，是一个新的尝试，有很好的研究前景。期待这一主题能够引起国内外经济及管理、科技创新政策、知识产权、技术社会学、科技哲学等领域学者和政府部门、商业界和企业家的重视和关注。尤其是，中国经济正在从数量型向质量型发展转变，技术创新、新兴技术成为越来越起核心作用的战略资源，从新兴经济体发展现实和长远利益出发，分析研究中国新兴技术发展框架动态变革和经验，就显得更为重要和紧迫。

陈向东教授是我多年的好朋友，我们一起在中国技术经济学会共事。陈向东教授在技术经济、技术创新、技术转移、知识产权等领域从事科研和教学工作多年，辛勤耕耘，治学严谨，成就卓著。我为陈教授不断取得新的研究成果感到高兴，对他的这项重要研究成果公开出版表示祝贺！

李志军

中国技术经济学会常务副理事长

国务院发展研究中心研究员、管理世界杂志社社长

2020 年 7 月 20 日

前　言

新兴技术原本是经济发达国家经济学和管理学以及商业界对于前沿和探索型发展同时又呈现快速增长趋势的一种技术发展现象的概括，希望以此类概念来发现和突出那些可能在近期及不远的将来深刻影响经济和社会发展的技术类型。毫无疑问，这类技术的产出应越来越依靠基础科学研究领域的知识创新和创新性市场应用的发展。而在市场拉动抑或是技术推动的两类观测逻辑中，往往技术推动的机理更为重要，这主要是因为新兴技术的起源和进步往往更依靠少数具有创新思想和特定知识乃至技能的发明家及其群体，因而似应更多从发达经济体的知识和技术创新活动中找到生动的事例及其发展规律。但时至今日，随着类似互联网这类平台型技术的快速发展，也随着新兴经济体国家和地区的经济发展作用日益明显，不但经济区域化、全球化发展的趋势势不可挡，知识创新和技术创新也早已是世界范围的活动，发达经济体和新兴经济体的发展也在融合、互补、合作与竞争中成为不可分割的各类新经济构架的组成模式，新兴经济体发展新兴技术也必然是一个越来越突出的现象。

但新兴经济体发展新兴技术，毕竟也有其发展规律和观测逻辑。对其发展规律和逻辑体系的分析不但应着眼于对于以往发达经济体和新兴经济体实现多种技术转移和技术创新活动的认识和总结，而且还必须具有独特的、前瞻性的视角，并重视某些独特的、前瞻性的概念。这些分析视角和前瞻性认识，在以往只重视“学习”“赶超”“路径依赖”语境下的分析可能是不重要的，但当新兴经济体国家和地区的政策和实践希望以更为有效、更有针对性、更为节省、更为环保的形式来解决自身的各类经济和社会问题，更经济、更幸福地发展自身社会文明的时候，这类前瞻性思维和相应的概念就更为珍贵。本书的结构主要有这个方面的考虑，但相关工作还只能是一个初步探索，希望作为有兴趣以此类视角开展研究的读者们的一个参考。

本书的框架设计和某些研究内容源自三个彼此相关的研究工作。一是作者曾主持的与新兴技术发展主题相关的国家哲学社科重点课题“新兴技术未来分析理论方法与产业创新研究”(项目号：11AZD078)和国家自然科学基金应急项目“我国解决关键核心技术‘卡脖子’问题的体制机制、组织模式与政策研究”的子课题“我国突破‘卡脖子’关键核心技术的路径国际比较”（子课题项目号：71941027）。其中，在展开相应的框架研究、数据采集和分析过程中，作者逐步得到相对更为完整的观测理念，而作者研究团队的多名博士生的研究工作，深入展开了新兴技术的辨识分析，包括新兴技术辨识分析的定义和分析框架、相应的数据采集(包含专利数据和文献数据)和模型与模式分析，特别重视新兴技术发展主体(技术把门人、关键发明家及其群体、小微企业等)的分析，并有相应的实例分析，某些研究工作经整理收入本书(主要是下篇和中篇部分内容)。二是源自作者与新兴经济体国家和地区学者的多次合作研究，主要是作者和巴西学者开展的技术转移、技术创新、科技园区发展、知识产权及新兴技术这类主题的中国、巴西比较研究，由国家自然科学基金委员会支持、科技部

“一带一路”及高端专家引智项目等多个项目支持，也有巴西方面多次相关主题的学术会议和学术合作研究支持。其中，巴西等南美国家的“社会技术”、“节俭型创新”及相关发展理念和经验，对本书构造相应的内容也有很大启发。第三则源自作者对中国和国际上有关工业技术发展历史和工程技术哲学问题的研究兴趣，虽然此类研究不是作者及其团队以往项目的工作内容，但一直是作者关心的领域，也对本书框架和一些概念的梳理提供了思想基础。这两部分的想法都以采集和分析国内外现有分析理念、总结相关的研究理论来体现，具体表现在本书上篇和中篇的部分内容，希望在分析新兴技术观测和识别的“技术”和方法层次之外，还有一个关注新兴技术发展的哲学和政策层面的认识，以便对各类新兴技术发展带来的正面和负面潜在问题都有一个兼容分析的空间。

本书内容分三篇，共计 17 章，其中，上篇主要注重新兴技术发展的认识论与政策观，并注意着眼新兴技术发展的伦理问题，与国际上负责任创新的思潮和组织实施活动相结合；中篇着重新兴技术发展的经济和技术创新理论解释，也提供了有助于理解新兴技术发展辨识问题的分析框架；下篇则主要涉及新兴技术发展的辨识分析方法，特别是基于专利信息识别新兴技术的方法及其应用，并以中国专利信息的分析为基础，提供典型技术领域新兴技术辨识的研究。第十七章做了全书的总结。

本书内容具体分工如下，陈向东教授对全书逻辑体系进行策划，并对大量必要文献进行整理和分析，重点设计和撰写上篇和中篇主要内容，结合吸收项目研究团队李蓓博士和宋爽博士论文工作部分内容；李蓓博士大量新兴技术辨识和分析技术的研究工作提供了本书下篇第十一章至第十五章的主要研究内容及本书涉及技术辨识的部分内容；宋爽博士大量有关小微创新群的研究工作提供了本书下篇第十六章的研究内容及本书涉及到的小微创新活动部分；同时，哈妮丽、林娟娟博士都有相应的研究工作内容纳入本书。

本书在“新兴经济体发展视角”这个主题下聚焦新兴技术的发展规律和观测、识别技术，只能说是一个尝试，其中必然会有不尽完善的地方，诚恳期待读者的批评指正。同时，作者也热忱希望“新兴经济体发展视角”这一主题能够引起国内、国际上经济及管理、科技创新政策、知识产权、技术社会学、科技哲学等领域学者、学生和政府政策分析者、商业界企业家的关注。

中国经济正在从数量型向质量型发展转变，技术创新、新兴技术成为越来越起核心作用的战略资源，并越来越多地反映为某些战略管理概念，如“通用型技术”或“平台型技术”“竞赛规则转换器”类型的技术等，这既是国家层面、区域层面的政策和战略的需要（例如，突破某些“卡脖子”类型的工程和技术），也是企业开拓局部区域市场乃至国际市场时又联合又竞争的战略把握重点。而从新兴经济体发展现实和长远利益出发，中国新兴技术发展框架动态变革和经验总结，也有可能成为国际上发展中国家实现自身经济和社会利益的一个参照。因此，本书希望抛砖引玉，期待更多类似主题研究工作，也是作者从多年技术转移、技术创新研究和教学岗位退休之后所十分期待的。

感谢科学出版社对本书出版的大力支持，也衷心感谢科学出版社编辑莫永国等老师的辛勤工作！

陈向东

2020 年 7 月于北京

目　　录

※ 上篇　新兴技术发生发展的认识论与政策观……1

第一章　新兴技术发展的哲学认识……5
1.1　新兴技术发展的哲学问题及其维度……5
1.2　新兴技术出现的个体与社会群效应……9
1.3　新兴技术发展内涵的多元和体系化——德国和日本的例子……11
1.3.1　新兴技术开发所需要的基础科学和技术多元交叉和体系化——德国的例子……12
1.3.2　新兴技术发展面向的社会经济问题及其解决方案的复杂性和体系化——日本的例子……13
1.4　本章小结……15
第二章　新兴技术发展的动力机制……17
2.1　技术变革、新兴技术对经济增长的贡献机制研究……17
2.1.1　新兴技术促进经济发展的经济学理论演变……18
2.1.2　新兴技术发展对社会-经济演进作用：技术的长周期理论回顾……19
2.2　新兴技术发展动力机制研究……20
2.2.1　新兴技术发展动力：创业者推动……20
2.2.2　新兴技术发展动力：科学推动与市场需求拉动……22
2.2.3　知识创新及技术创新的个体行为……25
2.3　新兴技术发展的选择理论——多样化需求机制及其影响因素……28
2.4　新兴技术缘起：新的问题导向……29
2.5　本章小结……30
第三章　新兴技术发展的分布特征及其辨识原则……31
3.1 技术生命周期发展段落分析与新兴技术发展状态……31
3.1.1　技术创新的S曲线模型及其对新兴技术发展解释的适应性……32
3.1.2　技术创新生命周期的双曲线解释……33
3.1.3　技术生命周期S曲线的两维度划分……34
3.2　新兴技术的“技术范式”……35
3.3　新兴技术发展的不确定性和差别化发展路径……36
3.4　新兴技术发展：多样化发展和收敛型发展……37

3.4.1 技术多样化与技术收敛的概念 …… 37
3.4.2 “路径依赖”情景下技术多样化与技术收敛的交替发展关系 …… 39
3.5 渐进式技术创新活动中新兴技术的重新定义 …… 42
3.6 本章小结 …… 43
3.7 本章附录：技术多样化与技术收敛的测度方法 …… 43
第四章 新兴技术的发展风险与负责任的创新 …… 46
4.1 新兴技术发展的社会责任问题及负责任的创新 …… 46
4.2 纳入负责任创新质量的新兴技术发展评估机制 …… 48
4.3 新兴技术的社会学思考——负责任的创新活动发展构造 …… 52
4.4 新兴技术的“建设性技术评估机制”与“收敛型技术介入机制”分析 …… 54
4.5 新兴经济体国家和地区新兴技术发展的技术评估及其伦理问题 …… 58
4.6 本章小结 …… 59

※ 中篇 新兴技术发展与辨识框架：主体、环境与生态 …… 61

第五章 新兴经济体框架下的新兴技术概念与辨识框架分析 …… 65
5.1 新兴技术的概念：科技发达国家和中国学者对新兴技术定义的比较分析 …… 65
5.1.1 新兴技术概念的前期研究 …… 65
5.1.2 中国学者对新兴技术的定义分析 …… 67
5.2 新兴技术的分析与识别 …… 69
5.2.1 新兴技术识别分析：从概念到方法 …… 69
5.2.2 新兴技术识别的定性分析和定量分析 …… 70
5.2.3 新兴技术识别中的判别型定量分析和探索型定量分析比较 …… 71
5.3 国内关于新兴技术识别的研究分析 …… 72
5.4 新兴技术识别中的专利数据 …… 74
5.5 本章小结 …… 74
第六章 新兴技术发展的关键发明人分析和识别 …… 76
6.1 新兴技术产生和发展过程中的个体发明家作用 …… 76
6.1.1 个体发明家的创新行为 …… 76
6.1.2 个体发明家的信息网络及其动态关系 …… 77
6.1.3 关键发明者与领先型科学研究者个体活动比较 …… 77
6.1.4 关键行业和重要企业的技术发明人创新行为 …… 78
6.2 新兴技术产生和发展过程中的关键发明人及其群体特性分析逻辑 …… 78
6.2.1 新兴技术产生和发展过程中的关键发明家个体行为关注点 …… 78
6.2.2 技术把门人及其与重要发明人群体间关系 …… 80

6.3 关键发明人群体辨识框架与标准……81
6.4 关键发明人类型划分的指标和标准……82
6.5 本章小结……83
第七章 新兴技术发展的产业载体和典型行为主体 ……84
7.1 新兴技术发展主体及其产业载体……84
7.1.1 与技术路线图相联系的主导企业群……84
7.1.2 与新兴产业技术机会结合的新兴技术发展群……85
7.1.3 与科学型产业新技术发展相结合的产学研联盟……85
7.2 差别化产业发展载体的新兴技术发展群……87
7.2.1 产业创新活动的分类……87
7.2.2 差别化产业发展载体——动态边界产业下的新兴技术发展……88
7.3 产业新兴技术的群体构造：大型企业与小型企业、创业型企业的互补作用……89
7.3.1 大型企业与小型企业的互补作用……89
7.3.2 大型企业与创业型企业的互补作用……90
7.4 产业新兴技术载体的群体构造：高校创业型企业及相关高技术小微企业……90
7.4.1 高校新兴技术发展特殊作用——推动高技术创业活动……91
7.4.2 高校新兴技术发展特殊作用——知识多样性和创新多样化……91
7.4.3 高校新兴技术发展特殊作用——技术转移和扩散带来多样化技术资源……92
7.4.4 高校新兴技术发展特殊作用——促进创新群落发展扩大……92
7.4.5 高校新兴技术发展特殊作用——区域创新和国家创新体系重要支撑……93
7.5 新兴技术群体构造：小微企业技术创新群的发展形态……94
7.6 本章小结……97
第八章 新兴技术发展的创新生态环境 ……98
8.1 新兴技术发展的创新生态体系的组成……98
8.2 新兴技术发展的产业体制和集群因素……100
8.3 高技术小微创新群的生态环境和政策支持……101
8.3.1 小微创新群及创新创业的政策环境……101
8.3.2 新兴技术发展中创业活动的两类效率及其环境……103
8.4 本章小结……105
第九章 新兴技术发展的全球化及其政治经济生态 ……106
9.1 国际范围内新兴技术的创造及其科学、技术知识的有限共享空间……106
9.2 新兴技术及工程技术国际化发展的典型历史回顾……108
9.3 “技术的全球主义”与“技术的民族主义”及国家竞争力……110
9.4 新兴技术、新兴产业与国际化……112
9.5 新兴经济体国家发展新兴技术的国际化合作与障碍……114

9.5.1 新兴技术及相关新兴产业发展的国际化瓶颈……114
9.5.2 新兴技术及相关新兴产业发展的国际化突破方式……115
9.6 本章小结……119

※ 下篇 新兴技术发展的辨识分析方法和分析技术……121

第十章 基于专利质量的新兴技术分析与辨识框架……125
10.1 专利质量的考察方法与指标综合分析……125
10.1.1 专利权文件信息的指标和分析维度……126
10.1.2 专利权人相关指标研究……132
10.2 专利密度与特定技术领域发展状态分析……133
10.3 基于专利增长数量的技术优势分析：中国专利数据分析实例……135
10.3.1 分类专利技术的发展对比——领域分析……135
10.3.2 基于显性技术优势的专利技术领域比较分析……136
10.3.3 核心领域与非核心领域的专利技术类型象限比较分析……140
10.4 小微创新群的专利技术特征分析……142
10.5 本章小结……143
本章附表……144
第十一章 新兴技术的辨识框架……147
11.1 探索型新兴技术的辨识框架……147
11.1.1 探索型新兴技术辨识的逻辑维度：I 类和 II 类新兴技术……147
11.1.2 探索型新兴技术辨识的分析步骤……149
11.2 判别型新兴技术的辨识框架……152
11.2.1 已知专题领域的新兴技术分析研究……152
11.2.2 新兴技术发展过程中的辨识……153
11.3 基于专利引文数据网络分析的核心型新兴技术的辨识框架分析……154
11.4 本章小结……155
第十二章 探索型新兴技术辨识——纳米技术……156
12.1 探索型新兴技术识别——纳米技术的发展背景……156
12.2 探索型纳米技术领域新兴技术分析……157
12.2.1 纳米技术领域的专利信息采集……157
12.2.2 纳米专利技术间的耦合强度……158
12.2.3 纳米技术核心专利聚类分析……158
12.3 纳米技术领域新兴技术识别层次……160
12.3.1 纳米技术领域新兴技术识别——层次 I……160

12.3.2 纳米技术领域新兴技术识别——层次 II ······ 162
12.3.3 纳米技术领域新兴技术识别——层次 III ······ 166
12.4 纳米技术领域新兴技术主题辨识 ······ 173
12.5 本章小结 ······ 174
第十三章 判别型新兴技术比较分析——大陆-台湾新兴技术的比较研究 ······ 175
13.1 中国大陆-台湾地区新兴技术比较的数据基础 ······ 175
13.2 基于专利引文网络的核心及新兴技术识别 ······ 176
13.2.1 数据选取及专利技术发展状态分析 ······ 176
13.2.2 描述性统计分析 ······ 177
13.2.3 专利引文网络分析 ······ 178
13.3 中国大陆与台湾典型技术领域专利引文网络分析比较 ······ 180
13.4 两地核心技术领域比较 ······ 181
13.4.1 核心技术领域分析 ······ 181
13.4.2 描述性统计与专利引文网络分析结果比较 ······ 182
13.5 本章小结 ······ 183
第十四章 新兴技术发展的重要发明人及其群体识别 ······ 184
14.1 新兴技术发展活动中重要发明人识别 ······ 184
14.1.1 I 类纳米新兴技术的重要发明人群体识别 ······ 184
14.1.2 II 类纳米新兴技术的重要发明人群体识别 ······ 185
14.2 纳米新兴技术的重要发明人群体的知识创造特征 ······ 188
14.3 纳米新兴技术的重要发明人群体的知识流动 ······ 191
14.3.1 纳米新兴技术的重要发明人群体的显性知识流动 ······ 191
14.3.2 纳米新兴技术的重要发明人群体的隐性知识流动 ······ 198
14.4 关键发明人辨识研究结论 ······ 203
14.5 本章小结 ······ 205
第十五章 新兴技术产生、发展中的关键机构群体识别 ······ 206
15.1 纳米新兴技术发展过程中的机构群体分析 ······ 206
15.1.1 I 类纳米新兴技术发展过程中的机构群体总体分析 ······ 207
15.1.2 II 类纳米新兴技术发展过程中的机构群体总体分析 ······ 208
15.2 纳米新兴技术发展过程各类典型机构群体的知识创造 ······ 210
15.3 纳米新兴技术发展过程中各典型机构群体的知识流动 ······ 212
15.3.1 纳米新兴技术各机构群体的显性知识流动 ······ 212
15.3.2 纳米新兴技术各机构群体的隐性知识流动 ······ 216
15.4 主导企业群纳米新兴技术创新绩效影响因素分析 ······ 217
15.4.1 企业新兴技术创新绩效及其影响因素分析——相关假设 ······ 217

15.4.2 企业新兴技术创新绩效影响因素模型分析······218
15.5 本章小结······219
第十六章 小微创新群参与新兴技术载体：制药行业专利群技术质量分析和辨识······221
16.1 制药行业新兴技术发展的背景分析······221
16.2 中国制药业专利技术状态与发展特征分析······223
16.2.1 中国制药业及其产业技术发展特征······223
16.2.2 中国制药业创新规模和增长特征分析······224
16.3 中国制药业专利技术的分布分析······227
16.4 中国制药业小微创新群的界定······230
16.4.1 小微创新群所属技术子领域特征······230
16.4.2 小微创新群专利子领域创新活动指标及其状态分析······231
16.5 中国制药业小微创新群创新活动生产力分析······235
16.6 基于专利信息的制药业小微创新群创新质量测度······236
16.6.1 小微创新群专利质量指标的选取······236
16.6.2 中国制药业小微创新群技术创新质量测度······238
16.7 中国制药业小微创新群专利存续期分布及其专利质量反映······240
16.7.1 中国制药业小微创新群专利质量分布······241
16.7.2 中国制药业小微创新群与主导创新群专利存续期比较······242
16.8 本章小结······243
第十七章 结语：新兴经济体新兴技术发展分析线索······244
参考文献······246
彩图图版······263

上 篇

新兴技术发生发展的认识论与政策观

导　言

本篇以对新兴技术发生规律的认识和相应的政策观为主要研究对象。其原因是，对于新兴经济体国家和地区发展新兴技术的创新活动而言，新兴技术发生过程的认识论问题似乎更为重要。这主要是源于以下两个方面的可能认识“危机”。

第一是对新兴技术概念和发生机制的认识“危机”。本书希望强调，新兴技术并非完全是高新技术，更不完全是高新尖端技术，而是出于解决某种“问题”多方尝试、产生多种方案的一个过程(这种问题在新兴经济体国家和地区而言可能出现的领域极其宽广)。因此，既需要科学研究导向的探索型新兴技术，这类技术最终可能会发展成为一种平台技术，影响深远；同时也需要当前社会和经济问题导向的朴素型新兴技术(解决方案)，这类技术作为一种解决方案可能持续的时间不长，但可能节俭有效，并在发展过程会培育出更多的新兴技术，其重要性同样不可低估。总体来说，开发和培育新兴技术的目的，应是本着服务于本国、本地区的经济健康发展、可持续发展和环境友好为宗旨，更多通过富有个人创造精神和社会合作精神的方式产生众多解决方案，择优进化。但事实上，该过程却可能存在对新兴技术概念和发生机制的认识差别，如果对新兴技术的概念和发生机制认识过于“偏执和狭隘”，则可能产生新兴技术的认识“危机”，从而在政策实践和市场实践上有所缺失，甚至是很大的缺失。

第二是新兴技术发生时动力机制的认识“危机”。如前所述，新兴技术发展的主要作用之一是为可能的战略型新兴技术(即影响更为深远的平台型技术)提供储备，但本书希望强调，由此而来新兴技术发展的更为重要的作用是提供一个技术多样化发展的资源空间。因此，包括科学家、发明家、初创企业家等个体，高校、产学研联盟、小微创新群及大型企业与中小型企业的联合体等群体，都是可能创造新兴技术的主体，都需要相应的创新环境和适宜的社会经济生态。因此，对新兴技术发生的动力机制的认识过于偏执，也会产生新兴技术发展资源的认识“危机”，从而在政策实践和市场实践上有所缺失，甚至是很大的缺失。

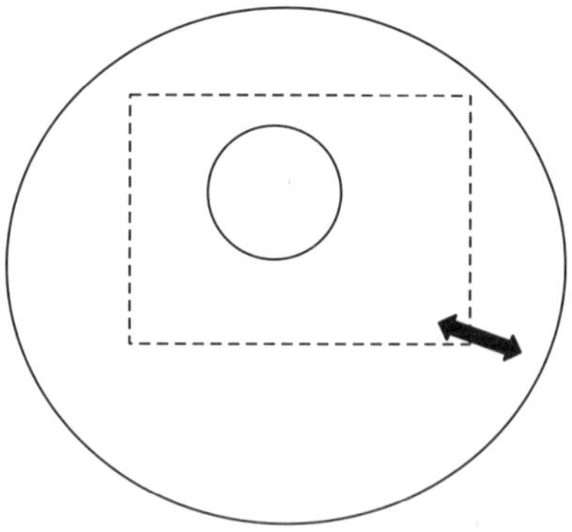

为此，本书设计左面的图形来表达上文的含义。其中，大的圆圈代表不同类型的所有新兴技术源泉，而小的圆圈代表人们带有某种目的分析和辨识出的特定新兴技术，而方框则代表这些分析和辨识所持有的认识论框架。显

然，某些认识论会引导我们在更大的范围囊括更多的技术资源，而某些认识论则可能会引导我们在更为狭小的空间寻找新兴技术，不同的目标和概念决定了其中的认识框架，结果是不一样的。

第一章　新兴技术发展的哲学认识

引言：新兴技术缘何需要哲学层面的思考？在人工智能技术方兴未艾的今天恐怕这应当是必须面对的问题：技术的发展似乎已经“异化”为人类之外的一种存在，比如人工智能所产生的智能机器人的作用边界，人工智能对人类智能作用的替代等问题；而包括网络和人工智能技术在内的技术一族，也被那些较少涉及此类技术的人们越来越认为是一种“异类”；反之亦然。又比如，在信息技术和网络技术无所不在的发展环境和语境之下，已经出现“技术公民”和相应的“技术移民”①的隔阂，这一事实已经相当明显。

另一方面，当一个国家和地区作为后起发展经济体致力于经济赶超时，在工业技术方面大致只是在追随和追赶工业发达国家，对工业技术的应用本身似乎不存在太多选择问题。譬如，“凡是发达国家市场存在的就是合理的”“凡是符合国际标准的就是要学习的对象”，这样的说法似乎“蛮有道理”！？甚至发达国家的各类工业乃至技术都成为一种标杆，其工业和生活标准也成为主要的经济衡量标准，奋起直追就是主要的经济发展方式，是不是到了需要停下来思考其正确性的时候了呢？

在面临自己处在创新的技术道路的时候，在自主创新的时候，确实应当问一问：有没有更为节省、更为高效、更为舒适和更有可持续发展意义的本土版本的某种工业、某种服务业、某种技术，乃至某种本土体系的技术呢？因此，技术发展的哲学问题首先出现在技术的目的和技术体现的手段选择上。

本章希望以新兴技术发展的哲学层面的思考作为开端，突出一种以人为核心的新兴技术发展观，不但包含其发生发展的缘起和过程逻辑，也包含其发生发展的目的逻辑。

1.1　新兴技术发展的哲学问题及其维度

中国科技哲学前辈陈昌曙先生在其《技术哲学引论》中开篇就提到十个有关技术发展的典型问题，反映了其哲学意义的主要方面，即：①技术开发行为者需要和应当有的知识结构问题，特别是与科学家相比的知识结构问题；②技术与工程的区别和联系问题；③技术的本质和形态问题；④技术发展过程中各种层次的技术之间的协调问题；⑤技术发生发展的一般和特殊规律问题；⑥技术创新的必要性问题；⑦技术的社会价值问题及如何评价技术的价值，由此提出的技术行为者的社会责任问题；⑧技术发展和变革的社会环境因素关系问题；⑨技术人才的特点和技术与工程教育特点问题；⑩技术开发的方法论问题，等等。

---

① 这里借用了有关互联网上的术语，即熟悉互联网技术的业内专家及其消费者所构成的互联网公民（internet citizenship）和不熟悉互联网的非技术人群及其消费者所代表的互联网移民（internet immigrants）。

为理解和分析这样的哲学关系问题，本章给出图 1-1 所示的分析框架，来表现其中新兴技术哲学层面不同性质的问题所在。图 1-1 通过对新兴技术发展的近期效应和远期效应(包括社会效应和经济效应)的认识差异来展现其中可能存在的问题和负面效应。毫无疑问，当发展中国家从科技发达国家引进技术的时候，由于现有技术的已有体验，其负面效应可能会在引进的选择过程中或改进过程中适当避免，但当发展中国家和地区，特别是新兴经济体国家和地区自行开发新兴技术的时候，就好像“在茫茫原野中探索未来的一线光芒”，是很少有在先经验可以借鉴的。因此，这类新兴技术开发的间接效应和远期效应(特别是社会效应)是很难把握的，需要更多的政策和技术哲学层面的思考来避免其中可能出现的问题。

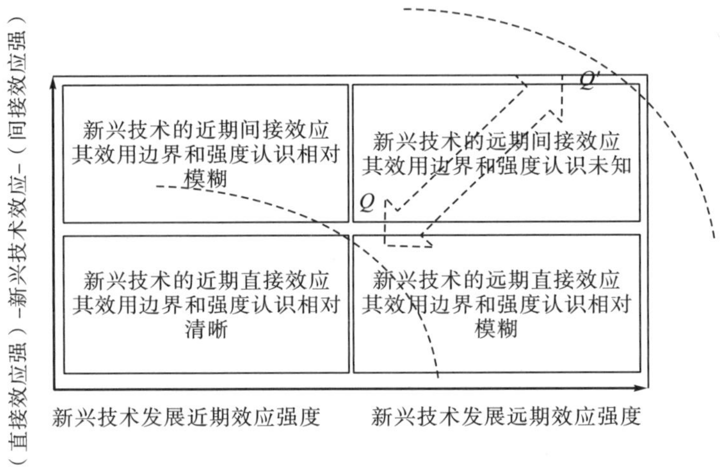

图 1-1　新兴技术发展的认识哲学逻辑分层

图 1-1 中，Q 线之内的部分可以认为是相对明晰的技术原理和较为清晰的市场发展趋势支撑下的发展图景，主要由技术和工程专家把握，也由具有一定前瞻性眼光的企业家，乃至政策制定者来把握。这里，不但包括工程技术知识，也包括创新经济学和管理学领域的知识可能都会给出较为明确的解释和分析。但即使如此，仍然需要哲学层面的知识来分析其中的质量和体量的发展问题，例如发展的方式和主导动力机制的认识问题，等等。

但 Q 与 Q' 之间的区域则完全不同，尤其需要技术发展的哲学思考，甚至可以说，这一区域所发生的问题是远远不能靠单纯技术和工程科学、经济和管理学领域的知识来解决的，必须依赖更多的学科、更为宽广的人文和社会科学融合视角来把握。

诚然，这样的分析，需要一定程度的复合知识的专家，但不同背景的专家参与，即宽知识领域的“介入”，便于展开辩论，也是一种常见的技术评估方式。

根据这样的分析，以下与新兴经济体国家和地区开发新兴技术密切相关的典型问题似有必要给予一定的复合型思考，也就是哲学层面的思考：①新兴技术发展的本土解决方案优先问题(如节俭型创新)；②新兴技术的社会效益与经济效益选择问题(如负责任的创新)；③新兴技术发展的产业聚集问题(如动态边界的产业技术支撑策略问题)；④新兴技术发展的主体问题(如小微企业创新、以产学研联盟为基础的创新)；⑤新兴技术发展的国际化问题(如新兴技术发展的国际竞争与合作问题);⑥新兴技术发展的“赶超”目标与本土解决方案问题(如技术路径选择问题);⑦新兴技术发展的民族主义(不是指狭隘的民族主义,而是指本土资源与效益为着眼点的技术解决方案),抑或是全球主义问题;⑧新兴技术发展所带来的学科交叉、复合人才培养等教育机制的问题;⑨新兴技术发展的技术合作与竞争及其知识产权保护设施建设问题,等等。

毫无疑问,新兴技术的发展是聚焦于国家和地区社会和经济发展需要而实现的一个个解决方案。这种方案可能源自一个庞大的研发团队,但也有可能来自一个刚刚创业的小微企业;既可能源自某位企业家对于未来市场的独具慧眼,也可能来自某个科学家或者某位工匠的巧妙思维;既有可能受益于合作和相互学习,也有可能源于竞争和受制于人;其最终的成功范围既可能仅限于本地本土,也有可能走向世界。但本书从新兴经济体国家和地区发展的现实出发,还希望强调新兴技术发展的下述观点,并认为这些观点也能突出新兴技术发展的哲学思考:①任何有效的新兴技术发展首先仍然是为了本土当前或未来市场和社会民生需要,舍此不能体现技术创新活动的真正价值;②新兴技术既有世界范围“放之四海而皆准”的技术,即“平台(Platform)”形式的技术,也存在更适用于本地本土的差别型技术,而且后者往往更能体现技术的功能和作用;③新兴技术不单是比照他人的技术而来,而应首先是从解决实际问题的有效性和时效性而来,因此,赶超“世界一流”的技术和快速解决本土实际问题的技术是同等重要的,“颠覆式创新”(一般多体现为平台型技术的变革)和“节俭型创新”(一般多体现因地制宜但能高效解决问题的技术变革)在发展新兴技术的意义上是同等重要的;④大量的新兴技术发展寄希望于大量的新思想和创新者,首先是有了大量的新想法和新方案,之后才有可能从更多的选择中诞生那些后来证明是很了不起的“新”和“兴”的技术,乃至产业,因此,大量的创新者及其创新行为,包括个体和群体,都是重要的动力;⑤由于新兴技术的创新形式日益多样,从科学基础研究成果到相对成熟技术的差别化应用的成果,展现出解决方案的多样性,因此,新兴技术发展本身是一个宽口径的发展模式,包括技术路径的宽口径和资源(最为重要的是人才资源)的宽口径。总之,新兴技术本身就意味着技术和技术资源的多样化。

本书探讨各种新兴技术的发展规律和识别技术的时候,还希望特别强调节俭型创新活动的必要性及相关政策概念的必要性。这类概念将新兴技术的发展与社会问题结合起来,特别对发展中国家和经济欠发达国家有特别的意义。这类概念的提出和相关的新兴技术的发展,既是新兴经济体国家和地区开发适用、实用和高效解决当地问题的方案及其选择过程,也是一个具有一般意义的结合人类需求开发新兴技术的哲学理念形成的过程。

20 世纪 80 年代,拉丁美洲的巴西等国家曾出现了一个“社会技术”(social technology)的概念及相应的社会技术运动,这个运动至今仍然吸引着那些经济开发边缘地区和边远地区的技术开发者们。其核心理念是开发和管理技术的社会应用,即将技术开发的活动与特定地区社会发展的需要联系起来。当经济发达国家正在技术前沿开发各类新技术的时候,此类概念则强调怎样用更节省、更便捷的方式解决当时当地的社会问题,因而这类运动往往着眼于经济发达国家看作是常规的、已经相当成熟的,而在发展中国家(主要指当时的拉丁美洲国家)似乎应用尚有困难的那类技术,其中存在着本地资源转换(相对原来技术应用的发达国家而言)以因地制宜应用此类技术的空间和可能性;同时,由于其成熟特征,技术的使用费用相对低廉。因而，这类“社会技术”更强调本地化的资源和技术的集成，来应对当地社会急需解决的问题。

比较而言，这类“社会技术”运动的理念与舒马赫的“适用技术”概念有相似之处①，并演变为20世纪80年代主张南北合作和南南合作过程中的“适用技术”。二者的最大差异是，前者是该地区本土技术开发者本身的思想和运动，创新者是社会技术的身体力行者，而“成熟”和相对低廉的技术也具备与任何新颖技术的结合空间，两者之间不存在清晰的界限；而后者则出自工业发达国家的政策开发者，希望强调北方的相对过时的技术(边界清晰)在南方国家和地区应用来解决当地问题，南方国家和地区的创新活动更多是被动的。其中存在的问题是，由于这类技术科技含量较低，因此大规模地使用这类技术会扩大发展中国家与经济发达国家之间的技术差距。

对比“社会技术”运动与“适用技术”的政策概念和实践内涵会得到这样两点认识：①应注重技术的应用过程，即注重过程创新，而非产品本身；②注重解决当地社会问题的质量。结合上述两个特点，这类可能涉及新兴技术的创新活动都有一个“社会-技术适配性”(social-technique adequation)的问题，相应的技术方案也往往会呈现多样化和社会化发展情景。

同时，在巴西发展起来的“社会技术”运动还有一个突出特点，即实现“社会技术”运动的网络化。由于巴西的信息技术及网络技术相对发达，因此，社会技术运动在交通不便的城市之间发展起来的时候，网络技术及其设施为此运动的多样化发展提供了更为便捷的另一类资源条件，使得不同地区的社会技术运动成果得以分享和学习，这一定程度促进了相应的社会转型。

与此同时，以巴西为代表的拉美国家发展社会技术的局限性和发展缺陷——与知识密集型技术缺乏紧密联系，仍然存在：技术创新活动的终端(创新成果的本地化)与技术创新活动的上游(创新知识的产出，创新资源的本地化)不匹配。一方面，社会技术运动聚焦了技术创新活动的本地社会需求的目的性，但同时，如何将这一目的性与知识创新和知识创新成果的应用联系起来，是现存的主要问题，也是一个创新政策层面的问题。

Fonseca 和 Pereira(2013)曾提议，在赋予新知识和新科学的新兴技术发展关键节点上，有必要提出针对特定新兴技术的社会意义的结合问题，也许是解决新兴技术的社会责任的极好切入点。例如，针对纳米技术的发展，应当有一个“社会纳米技术”的政策概念和相应的新兴技术发展机制，来融合社会技术的发展理念。

总之，新兴技术发展也有不同的立场和相应的概念演化，反映出相应的技术发展哲学问题，本书也将在其他章节引入新兴技术发展的诸多具有哲学含义的主题。

---

① 舒马赫还提出类似的概念，即“中间技术”，本意是“为满足发展中国家的需要，必须寻求一种能够适合当地人力、物力条件的新技术，介于不发达技术和发达技术之间的(即介于高新技术和传统技术之间的)劳动密集型技术”；中间技术具有易于转化的特性，能够提高技术和经济效益之间的转化效率，是产业技术体系中沟通能力最强的因子。它可能在一定时期内成为产业的核心技术，并随着产业发展转变为基础技术。因此是产业技术体系中不可或缺的部分，能够使产业技术体系具有更强的生存能力。配套技术指以核心技术为导向的，顺应核心技术发展趋势而产生的一系列具有辅助特点，但也有强调本地效应的支持型技术，这类技术形态可以作为社会技术概念的参考。

1.2 新兴技术出现的个体与社会群效应

不是任何新技术的出现都可以叫作新兴技术，新兴技术的出现本身应是一种群效应，特别是社会群效应，既表现新兴技术发展的创新群落现象，也表现新兴技术发展的社会响应。这类问题可以说属于新兴技术发展规律本身，但也应属于新兴技术发展的社会学范畴。如果我们注意到，为何某些地理区域上的创新活动聚集现象更强一些，另外一些地区则明显弱一些，而这种强弱分布也并不一定和经济发展的体量成比例，就能意识到创新群落的重要性。

创新群落现象及其关键概念最早由熊彼特在其《经济周期》一书中提出。他认为创新活动并不是均匀分布在整个经济系统中，而更像是在某些部门聚集，或在某些区域聚集，特别是在某段时间轴上聚集，通常往往是以不连续的群体或群集出现。也就是说，创新活动在时间上和经济空间上具有群集的特性。德国经济学家 Mensch（1979）认为，从所观察的某些技术来看，创新群落是在一个非常短的时间间隔内被采用的一批与以往技术根本不同的技术上面的创新活动，在“急剧变化的时段”上创新的频率和创新变化的速度都处于最高点。

Rosenberg（1976）则认为创新活动以成群成组的方式出现有两个方面的原因：①由于技术系统的瓶颈效应，技术瓶颈一旦突破就一定孕育着其他连锁创新；②创新活动孕育了投资活动，技术创新的成功刺激投资，反过来又强化了新的创新活动。这两个原因反映出，技术瓶颈导致的创新群落（主要是职业工程和技术专家群）与经济活动导致的创新群落（主要是对新技术投资和推进的商业活动者群）两者序列相关，都形成并构成区域和行业的创新群落。加拿大学者德布瑞森和王胜光（1989）较为系统地总结了创新结组成群的原因。他们考察了新的技术范式、互补的技术系统和可转移的学习积累以及范围经济（economies of scope）、创新技术的外部性、创新活动的诱导机制、创新成果的独占性、创新成果交易成本和创新收益等众多因素的协同作用，得出的结论是，创新群落的成因既应包括外在技术冲击、约束与压力，也包括内在的经济约束与诱因，刻画出创新群落更为丰富的组成，并因此认为，政府创新政策的重点聚焦应从创新活动转向创新群的活动（德布瑞森和王胜光，1989）。

熊彼特经济学说中，也有 “蜂聚创新”（又称技术创新群）假说。他认为出现群聚的原因是：一个或者几个企业家出现时，通过这些关系人之间的协作、诱导、模仿、人际社会联系，可以促使其他企业家出现，因此，企业家数目不断增加。反之，当创新活动导致其中的技术成果逐渐为大家熟悉时，企业家也就减少，创新也就减少。创新集聚的社会原因可以有以下几点：①少数人有创新才能，在一定范围形成人力资本外溢，为一定区域内企业家模仿；②创新者不仅为本生产部门的人消除发展障碍，更由于产业关联性，也被其他部门模仿，为他们消除了障碍；③旧有的创新成果逐渐被新的创新成果所代替；④新组合成群出现。这一过程进一步说明，企业家个体在新兴技术出现初期作用十分重要，而企业结组成群出现则是新技术演变为新兴技术更为重要的步骤，并可能造就创新繁荣和经济繁荣。熊彼特还认为，除了战争、革命、气候等外部因素，创新群集和增长的非周期因素是经济波动的主要原因。此后，Nelson 和 Winter(1982)将其归纳为：企业家的关键作用在于，以各种方法或机遇得到外部科学与发明成果，评估其商业价值，并开展针对相关新技术的投资活动；显然，这些活动牵涉到当事人个人的智慧和经验，并可能得到其他类似智慧和经验者的响应，也是当时当地社会新兴技术发展的大背景。

随着众多创新者的加入和对现有企业竞争和技术优势的变革压力，II 型熊彼特创新模式启动，表现为大型企业在创新活动中的主导和垄断作用(Pavitt，1984)，这些创新活动所形成的群落则主要集中在“大规模主导型企业”，它们既是特定技术路径创新活动的支持者，也是垄断者。这一阶段的创新群落就不再是个体企业家角色时代，而是积累型技术进步与创新、创新活动在企业层面的高度集中、强经济规模优势、创新者等级排列稳定、创新活动门槛提高的情形，个体企业家为主的新进入者减少，创新活动的性质不再呈现为“新兴技术”发展的类型。而这类“通过其高额研发投入和持续创新活动实现技术和创新能力长期积累，并因此构筑阻碍后来者的障碍”(Malerba and Orsenigo，1995)的行为也能实现创新积聚，只是“群落”现象的质量变化了，即技术创新活动导致的大量新颖型技术已经逐渐演化为巩固特定技术体系的填平补齐类型的材料，虽数量众多，但只反映为小技术和微技术的“群”效应。它既不是小微企业家类型的群效应，也不是本书后续章节所描述的从既有技术路径、因本地市场需要而派生的融合新技术的商业模式创新。从而也可理解，技术创新群本身也具有差异，特别与产业组织形态的演变相关，而对新兴技术发展的分析不但应注重技术创新的群效应，而且应注重技术创新的“群落效应”，也就是社会意义上的群效应。

这里的创新群差异存在着一个竞争活力与规模经济之间的“马歇尔冲突”问题，有人也将技术创新活力与规模经济之间的矛盾称为“熊彼特冲突”，即小企业由于体制的灵活以及竞争的压力往往具有更强的创新意识，而且由于不存在太高的技术转换成本而使其反应更加迅速，具有明显的新兴技术发展意义上的行为优势，只是其相对脆弱的经济基础使小企业的技术创新难以独成气候，只有其社会型“群落”效应可以推进相应的新兴技术；相反大企业具有技术路径集成资源优势，能获得较高的技术创新规模经济效益，但其垄断特性和企业组织刚性会阻碍路径差异型创新活力，不具有新兴技术发展意义上的行为优势。

值得重视的是，大型企业，特别是跨国公司也在通过其扁平化组织改革，希望获得与小型企业类似的创新活力，这一现象也在考验着熊彼特创新理论的更新和重新认识。事实上，熊彼特关于企业家“毁灭性创新”的论述几十年后，人们其实仍然无法获得关于企业家创业活动与经济增长之间精确的关联关系(Hechavarria and Reynolds，2009；Wennekers et al.，2005)，因而转向从企业规模角度比较企业创新能力。以往的研究都证明，中小企业的创新活力要大于大型企业，这一点特别在美国的工业实践上表现尤为突出。美国学者盖尔曼曾对美国进入市场的多项创新项目进行研究，在雇佣人数一定的情况下，中小企业创新数量远高于大企业，且市场引入的速度比大企业快。随着风险投资市场的发展，大量高新技术项目更是以中小企业为载体出现，其创新速度与效率进一步超过大企业(邹德文和倪燕翎，2004)，特别是在发展最快的电子和生物技术等许多领域。Acs 和 Audretsch(1988a)曾对美国 34 个创新最多的行业中不同规模企业的创新数做了比较，结果是：中小企业在 14 个行业占优势，其余的 20 个行业大企业占优势。在一些新兴行业(如计算机行业等)中，中小企业表现出更大优势。而且创新实现与创新应用之间的时间间隔与企业规模无关。同时，Acs 等还发现，中小企业可以在自身投入较少的情况下，借助大学、大公司的研发投入所产生的知识和创新成果的扩散来进行技术创新活动。尽管大企业对大学的研究表现出更多的积极性，但中小企业与大学联系更密切，更能充分利用大学提供的技术成果。Laforet 和 Tann(2006)研究了英国许多中小型制造企业，证实他们更倾向于将技术创新作为企业战略加以贯彻。

大量事实证明，特定的社会和经济环境下相互关联的小微企业容易形成空间集群，实现集群式创新群落，也就具有了新兴技术发展意义上的外部性优势，既不会损失小微企业独立创新行为优势，又可以集合小微企业的集群创新效应，形成新兴技术发展的特殊区域，或者特殊行业，这也是分析和识别新兴技术发展的重要途径。

从当前小微企业发展新兴技术和大型企业与小型企业的合作实践来看，熊彼特创新 I 型模式其实已经完成了一个从“线性创新范式”到“网络创新范式”的转变。“线性创新范式”意味着企业创新活动的单企业行为，它忽视来自外部的技术合作和信息交换协调；而“网络创新范式”则强调多企业外部技术环境的联系与互动。Asheim 和 Isaksen(2002)特别对创新活动的线性创新范式与网络创新范式的特征及其对新兴技术变革因素的认识进行了比较(表 1-1)。

表 1-1　两种创新范式的特征比较及其对新兴技术变革因素的认识

	线性创新范式	网络创新范式
重要行为主体	大企业/研发部门	小企业和大企业合作、研发部门、消费者、供应商、技术和工程高等教育机构、公共科技机构
创新过程中的重要投入	研发活动	合作研发、市场信息共享、技术竞争、非正规合作和信息交流
地理区域效应	大多数创新(研发)活动发生在研发中心区域(区域点)	创新活动得以在地理空间上扩散、多点创新(区域带)
典型工业格局	福特式制造业	柔性制造业

本书还将以专利信息为主要数据，分析新兴技术创新产出的特点，其中特别分析关键发明人和技术把门人、小微企业新兴技术创新作用及产学研联盟形式的创新群活动等，将这些创新主体及其创新行为作为重要观测和研究对象，也是出于对具有社会意义的创新群落进行研究的一个方面。

1.3　新兴技术发展内涵的多元和体系化——德国和日本的例子

新兴技术发展内涵的多元化和体系化主要通过两个方面反映：①新兴技术开发所需要的基础科学和技术多元交叉和体系化；②新兴技术所面向的社会经济问题及其解决方案的复杂性和体系化。

1.3.1 新兴技术开发所需要的基础科学和技术多元交叉和体系化——德国的例子

虽然前述部分强调了在新兴经济体国家和地区发展新兴技术的社会效益，但在世界高新技术日新月异发展的大背景之下，基础科学的作用仍然值得强调，不但新兴技术的发展内涵需要有更宽的知识来源和创新主体，而且应用于发展中国家的貌似简单的技术，其应用过程中的质量因素往往也需要基础科学的进步来完善。例如，现代数学学科作为一种知识门类，也成为高新技术的重要组成，即数学学科成就本身可能就是一种关键技术，它特别体现在与现代制造和科学基础研究结合的各类技术领域中间。科技发达国家在这个方面已经取得长足进步，其主要战略和政策思路就是有目的地将数学学科上的研究成果作为一种技术，甚至将数学研究本身作为一种研发活动，引入到各种前沿型工程技术的研究和开发之中。

1993 年，德国的联邦教育与研究部(Bundesministerium für Bildung und Forschung，BMBF)启动了为期五年的第一个政策项目——资助面向工业和服务业的数学项目。到 2008 年，该项目已经资助了 280 多个项目，用于发现和解决产业和服务业的复杂技术问题。其问题的起因在于，一般的科技人员和工程技术人员足以胜任应用相对标准的数学方法及其相关软件来解决常见的工程技术问题，但产业界研发过程越来越面临更多、更复杂的技术问题，迫切需要创新型的数学方法和数学技术来解决这些问题。因而 BMBF 所资助的项目目标是将最新开发出来的数学研究用于工业实践，这一项目证明在推进数学建模、仿真样本化等实践方面是非常成功的。

该项目出版了一系列相关的应用成果，例如，《用于产业和管理的数学技术——大学与工业的合作》(德文)(1996 年)；另一部著作是 Elf 等(2003)主编的《数学——面向未来的关键技术：产业界与高等教育机构的合作项目》(*Mathematics—Key Technology for the Future：Joint Projects between Universities and Industries*)，主要涉及 1997～2000 年较为成功的项目。尤其是 BMBF 项目于 2008 年出版的同名专著(2004～2007 项目集锦，2008 年出版)，刊登了多种数学技术的应用，BMBF 还专门定义 2008 年为德国的“数学之年”。这里简要罗列有典型意义的项目如下。

(1)“用于无线电频率线路的时域多类规模数字仿真模型”。该项目实现了将甚高频(very high frequency，VHF)信号传送宽带数据通信的技术开发，因而开创了高科技服务业的广阔应用空间，包括手机、宽带互联网服务、全球定位系统(global positioning system，GPS)、自动防碰撞控制系统所需的雷达传感器，等等。这些技术和应用都是由微电子领域的技术进步来推进的，例如从厘米到纳米级别的细微化。随着日渐缩小的尺寸和逐渐提高的频率范围，集成电路所构成的强大电子体系作用凸显，但这类技术进步也同样带来了明显的设计阶段的瓶颈问题，特别是仿真技术上的问题，主要包括：①系统越来越复杂，数字器件和模拟器件之间的交互作用越来越明显；②寄生效应变得不可忽视，甚至起主导作用，致使其他作用、集成电路元件的空间扩展等效应大受影响；③信噪比趋于下降，装配流水线上的统计波动上升，由此增加电路失败的风险，产出效率下降。而数学技术的应用解决了上述问题。

(2)“数学在薄膜电路上的应用”。电子器件的精密加工涉及薄膜表面动力学，即薄膜晶片开发，需要用到数学技术，其中外延增长是一种尚处于开发期的晶体薄膜制造技术，关系到相关原子结构中的微观构造和肉眼可见部分的接触角度，该项目应用数学技术解决此问题。

(3)数学作为关键技术还被应用于生物化学和交通(流量分析控制)领域、计算机辅助医疗体系(例如在骨科)、能源领域及金融和保险领域的风险管理等主题。

1.3.2 新兴技术发展面向的社会经济问题及其解决方案的复杂性和体系化——日本的例子

新兴技术的问题导向往往需要与特定国家和地区的发展现实相结合：①需要与其特定创新主体的技术特质(优势和劣势)相结合；②需要和亟需解决的问题相结合。例如，根据日本的专题课题组，获平和己高技术创新研究组(2015)编写的《日本制造业战略报告》，在数字经济和网络经济环境下，日本企业与主要国际型企业相比表现劣势的领域，主要是“平台型”和“内容型”产品，日本企业开发的产品和服务多为搭载在苹果或谷歌系统平台开发的，日本并没有能与苹果、谷歌相比有所差别的其他“平台型”或“内容型”产品，甚至包括传统的输入方式，于是其相关通信产品只能沦为价格竞争的中低端产品。但比较而言，在健康、医疗及其生态管理领域，无论制造业，还是服务业日本都是全球领先的，因此强调应着重开发此类行业和领域上的技术，依赖重要的平台生态体系，把以年长者为主要聚焦的健康管理、医疗、介入护理等作为体系化的生态学管理。日本企业据此突出另外一个重要方面，即及时捕捉市场需求，有目标地、快速推出相关新兴技术并获得成功。

根据这样的发展现实，相关技术及其发展策略被日本相关学者综合定义为“终端类”技术及其发展策略。《日本制造业战略报告》经过总结以往产业技术发展经验，认为日本企业在技术开发上的成功因素，体现在两个技术开发关键概念及其体系化的解决方案特点上：①从最终服务端为基本立场，强调综合“下世纪终端”的演化概念，实现装备制造层面上的创新；②以人为中心(human centric)的服务概念基础上的经营战略和管理创新，突出其“终端类”技术。

“终端类”技术主要突出：①以家庭自动化为核心的需求导出体系，体现服务型商业模式的创新；②以教育为核心导出的服务型商业模式创新；③以下世纪终端服务为核心导出的服务型商业模式创新(高龄、患者、障碍者)。

例如，以个人为中心的健康、医疗、介入护理体系化内涵及其相关的制造业和服务业新兴技术开发主题，可能包括：①自运动(日常步行记录自动收集，与手机结合等)；②自我知悉(自己及家族病史和健康状况、治疗状况信息，也可以与手机结合，可以调入最新医疗器械获得的信息，患者之间可交换意见的信息，患者病情、住院、服药等状况的家庭成员确认，等等)；③服药(服药备忘，家族成员信息预警，等等)；④诊疗(每日测定的医疗报告，诊治时主治大夫意见，提高有效诊疗效率)；⑤进食(进食信息通过手机照片等，简单记录及血压、血糖等医疗信息的伴随记录)。

该报告举例说，以往互联网技术硬件或装备的输入，不外乎以键盘和视屏为媒介作为主流概念开发输入技术，但作者认为，2015 年以来，日本企业注重了以意识、味觉、声音、触摸和视觉等用户感官导向的输入方式，开发一系列新兴输入技术，特别对那些用手已经不方便的高龄用户而言，尤其关键，因而主导了上述个人行为和体验消费领域的市场。这就使得日本的此类产品和服务得以大幅度推广。

以人为中心的新兴技术开发理念在这样的过程中尤其关键。以往高科技产品的开发都是人来适应产品，而并未充分考虑到用户学习和“劳作”之苦。以人为中心的产品和服务开发理念则重视了硬件设备使用中用户的动作和感情因素(即观察、感知、了解的需求和学习过程)，日本企业一直尝试在苹果和安卓体系中开发这类技术，并致力于将数字技术和以往的模拟技术相结合。

2011 年，日本较其他工业发达国家提前进入高龄化国家，当时面临多种与此相关的社会问题，而日本企业视此情形为商业发展机遇，经过多种多样的努力，到 2015 年，高龄人及其病患者都对相应的服务及其价格感到满意，护理费和医疗费用都抑制在一个合适的水平，特别是日本医疗费占国内生产总值(gross domestic product，GDP)的比例一直是工业发达国家中最低的，也说明此类产业技术和服务的成功。

日本自喻为“课题先进国”，从此类体系化技术开发可以略见一斑。日本企业比较重视社会系统类型的技术，首先瞄准问题，以前瞻性眼光发现那些工业发达国家社会可能出现的社会问题，进而为解决这些社会问题而发现社会构建类的技术和相应的产品和服务。因此出现一个关键的新兴技术领域，即“社会系统”相关技术，主要针对网络技术条件，从“云技术”进化到“云技术+”的现实发展，同样也是属于“下世纪终端”类型的技术；但因与社会体系结合，则包括了“绿色技术”等关键技术类型。

通常，此类社会问题涵盖了医疗、健康、食品、农业、教育、交通、能源、公共服务等关键问题，而日本在医疗健康、食品和农业、交通等三个领域做得比较成功。表 1-2 大致反映日本在以“云技术+”为背景的“终端技术”发展内涵。

现代化农业和食品工业技术发展也是体现新兴技术复杂性而需要体系化发展的领域。食品和农业相关的产业的特征是流通复杂，从业者分散且众多，从生产到消费的中间环节较多，如生产、装卸、运输、加工、小型销售机构、食品加工行业等，它是典型的中小业者集中的产业。为此，上游和下游的信息沟通、市场变动信息、农业安全、产地特征等特定的静态和动态信息都十分重要，而最终消费者对农业食品的关切也是多种多样，如类型、形状、颜色、味道等，中间商则更多关心不同地区农产品的储藏和存货、适宜的时间区段、可能的加工地点、运输路径等信息。农产品附加价值往往从这些信息中产生，其中，农产品的质量信息最为重要。

而日本 2011 年则尝试将最先进的信息管理技术导入农业，其相关的新兴技术体系具有世界范围的示范意义，也被称为“信息化农业”。依照日本的经验，下列四类信息最为关键：①生产者与消费者需求信息的契合(其中包含了重要的时滞效应)，以便及时调整生产活动；②真实+高质量(如何保证确实出自某农家之手，保证其高质量)；③运输高效：供应链管理；④营销支撑：准确反映和监控供销之间的信息。

表 1-2　“终端技术”发展内涵

类型	内容	关系者
知识(教育-研究)	● 基于反馈型的实时进化型教材 ● 教育者的教育(教育技巧的知识化和共享) ● 无地域差别的装备共享 ● 提供假想-导师协调的学习支持体系 ● 创造实时共同感觉的通信教育 ● 通过活用现场模拟方式提高学习兴趣和乐趣	● 教育机构 ● 研究机构 ● 企业 ● 学生、社会人
能源	● 监控电、气、水道等能源使用状况 ● 以监控数据为基础，提供最优化使用能源的建议 ● 能源安全预警运行和报告 ● 通过用户家庭的显示装置远距离自动通信告知	● 电力公司 ● 电动汽车制造商 ● 账单管理公司、设备制造商 ● 家电制造商 ● 办公场所和工厂 ● 消费者
医疗健康	● 自我感觉病情报告，即适宜的监控 ● 重症症候感知(催促医院治疗)，紧急自动通报等	● 医疗器械制造 ● 健康机械制造 ● 食品生产商 ● 保险公司 ● 患者、潜在群体
食品、农业	● 农场周边环境监控，免于虫兽带来的损害 ● 农作物土壤情况的监控 ● 农作物从生产到销售的追踪系统 ● 积累农业技术技巧及其共享，提高农业生产效率 ● 开展农作物市场预测，面向生产者的农作物生产建议等	● 生产者，农场主 ● 运输 ● 装卸、生产加工 ● 小型销售，外卖 ● 消费者
交通	● 多种交通方式+宏观交通信息基础上的服务体系 ● 根据动态信息通信系统 ● 高质量远距离通信	● 公共交通机构 ● 汽车，载重汽车 ● 运输 ● 载客 ● 乘客

源自：荻平和已高技术创新编写组(2015)。

随着网络技术的发展，特别是云计算技术的突破性进步，用户通过网络实现通信计算和服务，实现智能云服务，应用无线电频率识别(radio frequency identification，RFID)等技术，从业种云(云技术 2.0 版本)的商业模式逐渐转化为社会云(云技术 3.0 版本)，终端类型的技术，包括新体验型及无意识、直觉型、个性化、感情型都可能得到发展；而在企业和行业层面，绿色技术也可得以快速进步，实现智慧型绿色技术，如电力、用电系统的智能形态；而 HEMS(家庭能源管理系统，home energy management system)/BEMS(楼宇能源管理系统，building energy management system)的发展，及伴随传感器技术的发展，智能型居住、居住能源管理等，甚至零能源居所(zero energy building，ZEB)和用于智能汽车等设施的终端技术都可能会得到高速发展。

1.4　本章小结

本章突出新兴技术发展的种种哲学问题和相应的思考。对新兴经济体国家和地区新兴技术类型的创新活动，有必要强调其中的哲学意义。关系到社会-经济的多方需求和长远的发展效果问题，特别是，本着新兴技术发展的最终目的应是解决本国本地区民生和社会问题的逻辑，新兴技术发展的有效性就有了评价和支撑的认识基础。其实，即使是赶超经济发展阶段初期，以引进国外技术为主要创新活动来源的时候，也有一个适用和效率的问题。而本章列出的两类新兴技术开发例子和线索，都与解决相应的技术问题或者社会问题密切相关，但表现具有典型性：①吸收多元科学基础知识，使之与解决方案相结合的新兴技术开发线索；②找到解决方案的共性(终端类技术和面向社会人的技术)和现有技术平台相结合的新兴技术开发线索，前者开发技术的“元”，后者开发技术的“体”，都是新兴技术发展的重要方面，也凸显新兴技术开发的哲学认识。

第二章　新兴技术发展的动力机制

引言：新兴技术发展的动力机制包含两个方面的认识：一是新兴技术或技术的变革推进经济发展的现实，即经济增长的动力机制，由于经济增长的解释最终总是唯一落脚在技术的变革上（众多技术创新经济学的开拓者的共识），因此，这一动力机制可以认为是对技术变革经济的认识；另一个方面是新兴技术或技术变革的内部缘起和发展动因的认识，也可以认为是对技术变革过程机制的认识，狭义的认识可以是经济变革技术，其实应当是经济、社会以及技术本身的因素对于新兴技术发展的作用。这两个方面都应是新兴技术发展的动力机制，只是本书希望更多关注后一类过程机制中，推进新兴技术发展的人的作用，即关键发明家、创业者群、产学研联盟以及相关的企业家群体的作用，关注这些人的创新和行为，希望将新兴技术发展的认识和辨识与新兴技术推动的个体和关键群体行为联系起来。

本章的重点还在于新兴技术发展的动力机制的关键构成—— 创新者，包括了知识创新［即从事科学研究的人（如科学家）和对未知世界的科学认识充满兴趣的人］和技术创新（即从事新兴技术发展的科学家、发明家和工程技术专家）。一般来说，他们对解决经济和社会，特别是工程和生产实际问题有着更浓厚的专业兴趣和丰富的经验。概括来说，这是一个新兴技术发生发展的缘起与发生发展的动力主体密切相关的专题，但更多与个体乃至特定的团队有关。本书作者认为，科学推动（或技术推动）和需求拉动这两方面的问题都与这类创新者行为有关，其间的规律可能牵涉到科学推动中的科学家或工程师的作用，而市场拉动同样也可能牵涉到特定工程师群体对解决市场拉动问题的贡献。

如果联系到其中可能涉及的创新政策介入，本章主题也特别涉及政策对于这两类人群的创新行为的作用。因此，需要对这样的个体和群体创新行为进行深入分析。在新兴技术发展的初期，特别是萌芽期，创新行为的分析极其重要；即使在新兴经济体国家和地区，需要面对渐进型创新活动为主的发展现实，也会产生技术与商业模式创新的结合，其中的创新行为分析也极其重要。可以说，任何当时当地新兴技术的缘起，都与特定的人（群）的智慧和创造分不开，而这种智慧和创造及其成效有其客观原因，也有其行为因素，值得做一番探讨和总结分析。

2.1　技术变革、新兴技术对经济增长的贡献机制研究

新兴技术发展的研究实际上已经蕴含在技术变革与经济增长之间关系的系列研究中。其中，熊彼特（Schumpeter）是创新经济学的重要开拓者，他的相关学说强调了技术变革在经济增长中的关键作用（甚至是唯一作用），开创了技术创新经济学这一学术方向。而国际上其他被公认为在技术创新经济学卓有建树的几位学者及其相应的里程碑型的工作，如

Nelson 和 Winter(1982)、内森·罗森伯格(2004)、Dosi(1988)、Freeman(1982，1995)，他们的研究成果也已经成为技术创新经济学的经典之作。他们通过理论和实证，特别是对历史史实的研究，从多个方面揭示了技术变革对经济增长推进作用的规律，也为这一学科的发展奠定了以科学、技术、创新活动为一体的观测角度。

2.1.1　新兴技术促进经济发展的经济学理论演变

早期主流经济学的研究其实并不那么重视技术变革在经济增长中的作用，劳动和资本通常被看作是仅有的经济增长要素，技术本身只被看作是一种相对稳定的外部条件，是一种外生变量。但随着经济增长的速度和品质的变化，但凡关心经济增长的动力解释理论的研究，必然会涉及技术变革。20 世纪 50 年代和 60 年代，经济增长理论研究兴起，科学、技术和创新活动成为重要的要素考量，并且逐渐形成经济快速增长的几乎唯一重要的内生型解释变量。

新兴技术作为一种要素，作为重要的内生变量主要体现在经济学中对于生产力内涵的研究。这种变化也就标志着，对于技术的考虑必须复杂化了：技术不再是一个纯粹物化的物体(如果是，则可以用资本品来充分覆盖)，同时也不完全是一个仅仅体现工时的劳动(如果是，则可以用抽象的劳动来覆盖)，而是一个介于有形物和概念化劳动之间的资源，特别是，还是一种“有个性”的资源。

Solow(1957)的生产函数模型用来解释 19 世纪～20 世纪 50 年代的美国经济增长现象，其生产函数模型中的大部分解释力竟然只能归于资本和劳动之外的残差。又由于相关数据难于获得，以往也没有现成的、有意义的模型能略微包含技术本身来描述经济的发展。主流经济学家才发现以往的研究对技术这个要素原来知道得如此之少。于是，既然类似生产函数这样的模型缺乏解释力，也迫使经济学家去尝试新的理论探索，其中重要观点之一便是，技术要素并非研究特定对象经济体之外的外生(条件)变量，而必须看作是经济体自身的内生变量。为了从这一根本变革角度来重新审视经济增长，则要到当时的主流经济学之外去寻找相关理论，进而熊彼特经济学中将技术作为内生变量的观点渐居上风。Schumpeter(1939)认为经济学的核心恰恰是用来解释经济体系的动态变革的理论。与此相对应，沿着技术要素影响经济增长的研究路线，研究技术变革的相关解释理论的一群经济学家及其研究工作则被称为新熊彼特经济学派。他们更强调理论研究、历史事件研究、案例研究以及数量经济学模型研究融合起来的研究方法和研究观点，观察和解释技术变革规律和相应的经济增长问题，这一套研究思想和方法有别于传统的熊彼特经济学者，即完全接受所有熊彼特经济学观点，而并不做任何批判和深入分析的那些做法(Martin and Nightingale，2000)，这种必须批判性发展的原因之一恐怕就是技术变革本身所具有的个性(而非共性)，这恰恰也是新兴技术发生和发展过程中的特点。需要更明确强调的是，这类新熊彼特经济学派的观点及早先熊彼特本人所注重的研究对象，是着重于人，即创业者和创新活动者及由不同的人群所组成的企业乃至区域、国家，而非“技术”这个词汇及其背后的那些干巴巴的“物体”，这一点也是研究新兴技术发展现象的根本点。

2.1.2 新兴技术发展对社会-经济演进作用：技术的长周期理论回顾

如前所述，新兴技术的发展规律，包含朴素的哲学元素，也可能包含更为复杂的运动机理，同样也具有哲学意义。

技术变革如何影响经济增长(例如，通过科学进步，即科学推进，还是通过市场需求驱动，即市场拉动)已经有多种理论研究成果，并具有重要的创新经济学思想和研究方法启示。但技术变革从何而来，却需要结合经济发展的社会-经济综合框架下的视角来观测，甚至需要从人文与社会综合发展的视角，越是长期看技术的变革现象，似乎越需要这样的视角。

具有重要启示意义的技术变革理论之一，是康德拉耶夫的长周期理论。实际上，长周期理论也不是康德拉耶夫的独创，荷兰经济学家 Kleinknecht(1987a，b)就曾关注长期的市场价格波动问题，特别是利率和贸易的波动，来追溯周期性的经济发展问题。其中，荷兰经济学家 Van Gelderen 甚至发现：①长周期变动的每个上升波动一般是由一个或多个快速扩张的产业来驱动的，最终会导致更低廉的资本(贷款)价格；②长周期发展往往会伴随信用的扩张，因而带来资本市场上的压力(风险)。显然，经济学家更多关注的是给金融体制带来诸多影响的技术创新的周期性效应，这些技术创新推进了某些产业的快速发展，从而为以金融体制为代表的新经济发展路径提供了保证。而这些特征也曾是熊彼特经济学关注的焦点，即技术的变革与金融要素的互动和发展是经济增长的决定性因素。所有这些早期的经济学家更多关注的是经济的长周期发展，一方面，突出了技术变革的社会和经济因素；另一方面，又过分局限在金融、贸易等数据所描述的变革关系之中。因而，后续的大量相关研究，包括著名的库茨涅兹曲线等，都对康德拉耶夫长周期理论做了批判和分析。不论如何，这一围绕经济长周期发展理论的研究和分析过程，都很好地凸显出技术变革的社会作用，而不仅仅是经济圈内的活动。

不过，康德拉耶夫本人并未从这些周期发展的动因角度来研究和分析，他更多是从表象来发现周期现象，而且主要是从两个方面来关注长周期发展现象，一个是市场的价格，一个是增长的途径，后者很重要，其中必然包括以技术变革为核心的要素变动及其发展路径。

总体来看，当时的康德拉耶夫周期理论认为，长周期通常由两个方面来表现：①以不规范的、正弦函数曲线形式发展的长周期，以大约 50～60 年为一期，又可分为两个段落，即向上波动和向下波动的周期，分别大致为 25 年，这些周期在 1920 年之前是可以通过价格变动来发现的；②表现为趋势型的发展周期，大约平均持续 50～60 年，而其中高增长路径的发展趋势要显著强于低增长路径的发展趋势。

康德拉耶夫的长周期理论的基本结论是：①长周期是世界范围的现象；②在所有价格和生产格局的观测范围内，长周期现象会沿着原有的变动过程逐渐改变发展的方向；③当经济起飞周期发展时，繁荣周期会主导若干年，而当经济衰退时，向下走势可能会维持更长的时间；④创新活动(康德拉耶夫把创新活动叫作发明活动)往往在经济下行的时候聚集出现，而在下一个经济上扬周期时呈现更广范围的扩散；⑤战争和革命运动更可能出现在经济上扬时期，而非经济下行周期。

后续相关理论纳入社会和经济变革因素，试图从其发展动力机制方面来进一步深入解释这类巨型创新活动的周期现象。其主要观点是：新技术变革的出现必须是经历了充分的社会经济的变革之后，客观上有了技术变革的空间才有可能出现真正的技术变革。例如，新技术的变革(以某种新颖的技术发展的品格表现)往往会出现在原有的社会-机制架构已经充分变革之后。即新技术加入技术-经济发展这一次级体系的障碍已经基本消除。这里，技术-经济次级体系主要是指大的经济体系之内，技术与经济的关系；而相关障碍，其实主要是指融资和投资相关技术的社会意识及其机制。只有当这类社会意识接受了新技术的可能发展现实之后，才可能给新兴技术的应用扫清道路。

熊彼特在《经济发展理论》一书中，从对历史数据的分析出发，也曾深入观察历史上持续时间最长的三次经济增长与技术创新的紧密关联：19 世纪初的长期“高涨”与纺织品、钢铁、煤炭与蒸汽发动机等重大技术或关键产品的创新有关，开始于 19 世纪中叶的高涨与铁路和钢铁制造业的兴起有关，20 世纪初的兴旺繁荣是由汽车、电力及其相关系统与产品及现代化学工业推动的。每一次这样的长期高涨之所以最终逐渐消失，都是由于关键部门的技术进步缓慢，投资机会缺乏导致的。因此每一次高涨期后多会出现一个长期低落的增长和衰退。然后，一波新的创新又会引发下一次长期高涨阶段。具有基础性、产生创新的新兴产业成群出现，在两次产业群出现时间之间通常有一段相当长的时期。可以说，不同经济时期是以出现不同群体的战略(平台型)技术和产业为标志。

2.2 新兴技术发展动力机制研究

通过前述分析，可以看出，对新兴技术发展本身的动因认识更为重要。其中，熊彼特特别注意到开拓新兴技术的群体和创业者的重要地位和作用，尤其是在其所在的社会-经济次级体系尚未实现相应的转变时，因此，创业者就更具有开拓和承担风险的身份。很多人可能没有注意到，熊彼特的创新学说其实更注重创新活动的内部动力——社会人，即针对创业者的研究。综合而言，新兴技术发展的社会-经济观测框架有一个是注重物(创新成果)还是注重人(创新者)的问题，而技术的长周期理论发展提供了一个从物到人的观测过渡。

2.2.1 新兴技术发展动力：创业者推动

分析新兴技术发展的创业者作用，离不开对于熊彼特经济学的分析。熊彼特解释经济变革的重要贡献是引入“创业者”来完成其中的功能需要，即创业者综合新的要素(本身即创新)，表现为：引入新产品，或原有产品的新工艺、新的生产方式、新的市场及该工业行业中新的组织。因而，创业行为或创业活动与创新是紧密相关的。

尤其从 20 世纪 90 年代以来，人们更加注意创新活动中创业活动的作用，开展市场结构意义上的熊彼特假说(Schumpeter hypothesis)的验证，即通过实证研究观察企业规模和创新的关系，进一步认识小企业和大企业的不同作用。甚至可以说，对创业活动的核心关注就在于研究和观测其有别于业已成型的大型企业在推进新兴技术方面的差异。

事实上，熊彼特经济学说希望传达的是——从创业者到创业活动的作用这样一条清晰的思想逻辑，进而弄清楚这一过渡对经济变革的含义，或以此说明经济变革的规律，无论正面的（即带动）还是负面的（没有带动）。在有关熊彼特经济学说的大量文献中，其中一种观点认为，熊彼特的早期思想是着重于创业者本身，认为创业者是一群具有改变经济发展强大作用的“领袖”，通过他们对各类要素的新的组合来实现。而在熊彼特晚期的著作中，他的想法改变了，不再认为创业者是一群具有 “史诗般作用的英雄群体”，而是降级为作用有限的个体。另一种观点则认为，其实并不存在一种可以清晰地一分为二的两类熊彼特群体（“新”和“旧”）。这样看来，研究熊彼特有关创业和创业功能作用的学说，实际上就必须面临几个核心问题：谁算是真正的创业者？创业者究竟做了些什么事情？什么是创业活动？因而，这里有必要对熊彼特创新学说做一些相应的梳理。

熊彼特最为重要的经济学贡献是聚焦于经济变革中的创业者，并提出了有关创业者的理论。例如，熊彼特和许多其他同时代的学者都认为创业者是工业发展的领先者、领袖，是经济发展的中枢人物，但熊彼特与其他人不同的一点是他赋予创业者以独特的风险假设。熊彼特充分考虑到了对已存在的创业者的选择过程，原创性地开发出一套创业者理论，这一理论提出了创业者和创新两类概念以及这二者之间的联系。而这套理论的关键之处是强调了经济变革中一种代理人的存在，即经济变革是通过创业者的有目的的行动来实现的。据此，熊彼特强调说，创业活动的功能并不是一定内嵌于某个个人，特别是，并不是一定内嵌于某个单一的物理的个体。他认为，每个社会环境都有其自身的方式来塑造该环境上的创业功能，而政府政策可能在这类社会环境的作用上扮演重要的角色。熊彼特以美国农业发展为例，认为美国的农业部不断为农民引入各类新技术，事实上就是改造了农民的经营方式，在这个意义上，美国的农业部所起的作用也是一种创业（约瑟夫·熊彼特，1999a）。

熊彼特理论中可能被遗忘的关键概念是创业行为中的“创造性元素”（creative components）及这类元素与理性元素的关系。据国际学者分析，熊彼特其实曾多年研究和聚焦这个理性元素（rational component），他将两个要素作为机制影响作用的主要落脚点，特别是从经济和社会学角度来观测和分析创业活动需要这样两个要素的视角。

主流经济学家认为所有经济活动都是理性的，并受特定资源的稀缺性及其相关的“品味”的约束，而其中的主要行为者应当是不受其他行为者影响的。但当代组织经济学家则引入了人类理性的局限性特点，并将此局限性纳入人类行为理论本身的有限理性（bounded rationality）模型之中，从而也引入了主流经济学中的分析方法的个体差异。而社会学家则认为，不同类型的经济活动存在理性行为，也包括非理性行为。这些经济活动，包括创业行为都是受资源稀缺的局限，受社会结构的局限，也受到“含义结构”（meaning structure）的影响，因而创新活动者的行为应当是受其他行为者的影响的（Smelser and Swedberg，1994）。从实证研究的结果来看，人类行为表现出既有创造性，也受有限理性制约，同时更是社会性的，也就是说，受其他行为者影响的。这些研究表现出创新创业活动既是个体的，更是社会的和网络性质的。

这种创业者分析和创业活动分析的思路有很强的社会环境影响关系，也开启了应用网络分析方法和思想研究创新创业活动的途径。而网络分析的思想，最早起源于20世纪60年代的人类学研究，现在已经开发成为社会学领域中最具发展潜力的理论思想体系和分析工具。特别是20世纪80年代之后，网络分析思想开始作为一种有效的分析工具在管理和商务研究中大行其道。可以说，网络分析的包容性和亲和特点决定了其研究思想和相应的分析工具广阔的适应性，并派生出相当一些有影响力的分析框架。

有关创业活动的网络分析也不例外，比较典型的实证研究如Burt(2004)对创业网络的结构洞的分析，发现了相关竞争活动的社会结构，突出了其中创业者改变社会结构的工具行为，体现了创业者战略行为的重要性。根据他的研究所得和研究观点，创业者的行动恰好也就是将网络中离散或不连接的部分相互连接起来，即解决了结构洞的空白问题。因此，这种情况下，网络就是被创业者所利用来创造新组织的一种机制，以便获取相应的资源(主要是信息和知识)。总体上说，创业的网络关系研究都假定创业活动是受限于网络的，同时又受益于网络的。但以往的研究对此涉及甚少，特别是其中的代理人(Agency)和创造力的作用很少在网络研究中涉及，这是以往网络研究的不足。

总之，创新创业者行为及其新兴技术发展活动，应注意其中的创造力要素和理性要素，并将其放在一种社会机制的影响关系中来观察。这种社会关系、文化传统等因素都构成了创新创业的环境因素。

概括地说，创业的网络关系可以由这些方面体现：创业行为的资源和产出、创业过程、结构和背景的相对关系(Structure VS. Context)，不过将这些观测集成起来的研究还很欠缺。因此，从社会科学的角度研究创业要关注的问题是，创业活动背景、结构、个体创业行为的相互作用和整体变化(Granovetter，1985)。

值得注意的是，熊彼特本人还曾倡导并建立了一个创业历史研究中心，位于美国哈佛大学，于1948～1957年运行。该中心特别是以社会学的角度研究创业，并产生出大量一流的研究成果。自从20世纪60年代后，经济史的研究逐渐倒向商业历史的研究，其中还很快分出一个有关创业历史的研究机构，一些重要的议题研究提供了有关国别和不同历史阶段上的创造力和不同民族创业风格方面的多样化的研究成果。

2.2.2 新兴技术发展动力：科学推动与市场需求拉动

与新兴技术发展有关的早期创新经济学还出现两大解释逻辑体系，用来解释技术变革对经济增长的推进方式：①科技政策起重要作用的“科学推动”(后来有“技术推动”等翻版[①])；②强调社会和经济体系所构造的市场“需求拉动”。

(1)“科学推动”所援引的重要依据是美国相对成功的“曼哈顿计划”，在经济增长和扩张需求等解释理论方面红极一时，Bush(1945)的那本强调科技政策作用的《科学：没有止境的前沿》(*Science*：*the Endless Frontier*)也是当时的代表作。他指出，基础研究的目标是拓展对世界的基本认识，基础研究产生的是一般知识以及对自然界及规律的认识；

① 值得强调的是，在早期美国科技政策研究学界以及工程界，“科学”并非是独立于技术和工程之外的领域，因而“科学”实际包含了技术和工程的实践范畴，这在美国科技政策、工程教育等多方面都有反映，这里列出的“曼哈顿计划”也是以实践目标非常聚焦的科学、技术和工程体系。

应用研究的目标是实际应用，直接面向个人、团队和社会需求。基础研究是技术进步的主要源泉，科学研究活动的本质是探索，应当防止过早考虑实用价值的短视目标；而面向市场的应用与发展研究的逻辑是应用，需要的是满足社会和经济需要的技术发明。这种从基础研究向应用研究延伸的过程便是科学研究活动通向技术创新活动的“线性模型”。

同时，Bush(1945)在强调“科学推动”的同时，还提出另一层含义，即科学体系(包含了技术和工程的体系)有其自己的发展规律，因而科学活动的组织应当有一定的独立性，对科技政策的制定和实施主张“hands-off”，即政府不宜直接干预，而应由科学活动的组织遵循其规律去发展，从而能够不断为经济增长提供动力。于是，在政府作用和科学组织作用之间究竟走何种方向，又形成新的一轮辩论，美国大概是最大量开展此类研究的国家，并且主要集中在美国的兰德公司。

另一方面，一国政府对科学基础研究的政策和资金支持，虽然不一定遵循线性模型所描述的规律，但还是会从多个方面以不可预见的形式、不可预见的期限上转化为工业界的产业能力。Mansfield(1980，1985，1988，1998)曾开展大量此类研究，特别是有关政府对基础研究的公共投资的分析，其研究发现这种投资大约可以带来 28%的经济回报率(虽然他所用的数据可能并不完美)，似乎比工业界定向型的研发投资回报率还要高些。这些相关研究说明政府面向基础研究的科技投资确实能起到产出科技公共品的作用，具有相当的社会收益。同时，这些研究也似乎在为某些国家积极保护其科学知识成果和知识产出过程提供了某种支持，即科学在成为科学家学术圈的公共品之外，科学也在成为有国界的公共品。

上述典型研究和发展实践突出了以下几个观点：①科学和技术活动是高度独立的；②创新活动与科学组织的网络联系水平高度相关，创新活动反映技术创新与科学的联系；③创新活动与默悟[①]型技能大有关系，因而同样的技术在不同企业和组织中效果不同；④创新活动与组织行为密切相关，能够很好响应市场需求的组织具有高度创新性；⑤创新活动沿产品周期的轨迹发展，于是其相应的创新技术有根本差别(从新产品创新到降低成本和提高质量的工艺创新，其中以确立主导型产品构架为分水岭，即 AU 创新理论)(Utterback and Abernathy，1975)；等等。

随着企业研发对创新成果特别是基础研究领域的关注，作为新思想和新知识的来源地，科学活动发生发展的科学伦理及知识保护环境也日益突显其重要的设施和平台作用，最为重要的标志便是知识产权制度的建设、发展和成熟。可以说，知识产权制度以其特有的法律形式解决了科学、技术知识和信息在其产生和传播中的时间和空间上价值分布问题，从而得以在更大更远的时空上体现其价值，并以此激励更多的科学知识的产生和对新兴技术发展发挥可能(即不可预见)的作用，在这一体系建设和发展过程中，科学共同体或某种学术圈也由于某种学说和学术思想的一致性、合作机遇，乃至合作产出的兴趣而逐渐网络化，甚至超越了国界和文化的差异。

(2)市场“需求拉动”相关理论则起源于 20 世纪 60 年代，发展于 20 世纪 70 年代～90 年代。Schmookler(1966)强调从供给与需求(比作剪刀的两个锋面)来看科技发展对经济

---

① 默悟即默会(Tacit)。

增长的作用，他认为实际上需求总是更为重要一些(或更锋利一些)。此后，针对此类判断所开展的大量实证研究和理论分析终究仍是众说纷纭。但为了说明这一传导过程，科学-技术活动各自的作用和特色得到了更为清晰的刻画，同时使得我们对创新活动的决定性因素也有更为透彻的了解。

这里还值得提出的是，市场“需求拉动”也曾作为另一种“线性模型”用来替代“科学推动”的线性模型。即后续技术创新活动的发展和研究工作深入之后，“科学推动”或“技术推动”的线性技术创新模型受到广泛质疑，众多学者通过对多个产业的创新活动开展实证研究所得强化了这类质疑。例如，研究表明，对于多数新产品而言，其成功更多地来源于市场需要而非技术机会，大多数(60%～80%)的重要创新是“需求拉动”的，从而“需求拉动”的技术创新线性模型应声而起(Myers and Marquis，1969)。

但到20世纪70～80年代，相关研究学者又普遍认为仅强调“需求拉动”是不全面的，因为科学、技术与市场之间的关系是复杂的，主要的创新驱动力因时间、产业不同而有很大的差异；科学技术作为根本的、发展的知识基础，与市场需求的结构在创新中以一种互动方式起着重要作用，尤其是在医药、化工等基于科学的产业中(Langrish et al.，1972)。于是，一种“交互式”技术创新过程模型应运而生。

Mowery 和 Rosenberg(1979)的研究观点事实上突显了这两类解释途径的融合，大量实证研究的总结分析(特别分析了某些研究方法和模型的失误)之后，都不同程度地说明，市场需求是必要的，但对成功的技术创新活动而言，市场需求也并非是充分条件。他们指出，很多市场具有大的需求但事实上并未满足，其中的重要原因是为解决其中的技术问题所需要的科学研究和对客观事务的理解还相当缺乏，例如对某些癌症的治疗、低廉的无污染的清洁能源开发等。

此后，相关研究陆续开发出了耦合模型、链环模型和综合模型等模型。但无论在哪个模型都包含了科学这一重要因素，反映出科学即使不是技术创新的唯一动力，且可能并不能为技术变革带来即期效应，但其依然是技术创新的主要源泉，如当代具有高附加值的产品中往往都包含着丰富的科学原理知识。尤其是在基于科学的技术(science-based technology)和基于科学的产业(science-based industry)中，科学依然是技术创新，尤其是重大技术变革的根本源泉。如在生命科学和人工科学领域，技术创新仍基本遵循“技术推动型”的创新模式，即长期来看，技术进步主要源于基础科学所取得的研究成果和重大发现。需特别指出的是，研究发现，在纳米和生物技术等新兴技术领域中，虽然科学与技术之间的互动越来越频繁，但总体来说，新兴技术的产生和发展主要是由科学进步所推动的，技术创新对相关领域的科学研究有着很强的依赖性(McMillan et al.，2000)，这体现出了以科学为先导的技术创新路线——在该路线中包括三个环节：上游环节，即科学发现和知识创新环节；中游环节，科学发现和创新的知识孵化为新技术的环节；下游环节，采用新技术的环节(洪银兴，2012)。

另外，科学计量学家们则试图从论文与专利的角度揭示科学与技术创新间的关系。以美国 CHI 研究公司的 Narin 等(1997)为代表的学者们最早开拓了专利引文分析的新思路，即通过对专利文献所引用的科学论文进行计量分析，揭示公共科学对技术创新的贡献程度。其中，Narin 通过对美国专利的科学引文进行了大规模的、系统的计量分析。他发现，美国技术与美国科学的知识联系程度 6 年内增加了两倍。该研究证明，公共科学在技术创新中发挥着重要作用。但 Meyer（2001）、Dalpé（2002）、Looy 等（2007）等学者认为，由于专利引文的生成机制与科研论文中的引文生成方式存在明显区别（如在美国专利商标局，专利引文需要经过审查员的严格审核，为准确衡量专利的新颖性，审查员会对申请者列出的专利引文进行必要的补充或删减），所以专利中的科学引文并不能完全反映科学对技术的支持或影响作用，但其却是体现科学与技术间互动关系的良好指标。如果某一技术领域专利中的科学引文比例更高，则说明该技术领域与科学之间的关系更为紧密。通过对多个技术领域的实证分析发现，相比之下，纳米和生物技术等新兴技术领域与科学间的关系更为密切，且这种密切程度对技术创新产出有显著的正向作用。

由此可见，虽然当代技术创新的模式和过程更为复杂，创新活动也趋向系统化，但科学对技术发展的重要作用却是毋庸置疑的，尤其是对于建立在“科学基础”上的新兴技术而言，科学基础构成了其产生和发展的根本动力。因此本书在探索新兴技术的辨识框架及其发展规律时，聚焦于其间与相关科学研究的可能联系，从而更加全面深入地捕捉新兴技术的特征与规律。

在当前理解和认识新兴技术的研究工作中，上述两类解释还可以说有其各自的应用场所，前者即突出科技政策的作用，强调了科学推动的逻辑及其应用边界，属于一种演绎的逻辑；而后者的通径则在于对竞争型市场推进新兴技术的事实总结，属于一种归纳的逻辑，并进一步应用于经济增长的技术变革的内在逻辑及其应用边界。两类解释特别对新兴技术的发展有其应用的空间，但这些研究工作显然已经终结了单一“科学推动”理论所指导的“线性模型”，人们已经对成功和富有成效的创新活动的机理有了更深层次的认识，即创新活动是一个新知识和新需求的复杂结合体，并往往反映为恰当的时间上、恰当的技术与恰当的企业组织的结合。在国家层面，Martin 和 Nightingale（2000）甚至认为，针对日本第二次世界大战后经济增长成功经验的总结研究，是将创新政策的线性模型“钉入棺材的最后一个钉子”，因日本在工业经济和工业技术上的崛起并没有强大的科学背景支持。与此相对，英国先进的科学背景也并未完全支撑再造其后续产业技术的超常进步。

2.2.3　知识创新及技术创新的个体行为

托马斯·库恩在《科学革命的结构》中提出科学发展的模式顺序为：前科学、常规科学、危机、革命、新常规科学。在常规科学阶段，科学的发展是逐渐累积的，可以通过对旧范式的修改或扩展达到，而从危机阶段转变到常规科学的新阶段，则是在新的基础上重建一个科学主题乃至其相关领域的过程，这种重建改变了特定科学领域中某些最基本的理论，也改变了该领域许多范式的方法和应用。新理论的出现打破了一个科学实践的传统，引入了一种由不同规则指导的新的传统，其中的重要表现就是可能以革命的方式推进了众多新兴技术的发展。但这些理论的演绎和导出，其实都是基于众多个体科学家及其科学理论发展过程的。因而，科学研究领域的知识创新和工业技术领域的技术创新过程中的个体行为十分重要。

这里，尤其需要提出的是——知识创新（基础研究）方面研究者探索未知世界的兴趣导向的重要性。很多相关研究所强调的创新环境的建设，其实最为原始的“创新环境”应当是对于知识创新的一种“爱好”，是热衷于“智力挑战”的一群“知识分子”，这一点在考察科学家和发明家颇为活跃的特定组织行为时尤其突出。国际上一些学者曾考察过从事科学研究和那些卓有成效的技术发明人从事其研究的动机，以及那种似乎“与生俱来”的工作热情，发现那些外在的和内在的品质，那些社会意识和社会动机在其中起到很大的作用，而往往不是薪水的多少。有研究报道，美国国家自然科学基金会(National Science Foundation，NSF)所开展的针对科学家和工程师的调研发现，这些人更在乎非货币类型(nonpecuniary)的回报，而且这种“在乎”假如与另外一些处于其他情景下工作的人相比似乎更有甚之。这个专门针对 30000 名具有博士学位的工程师和科学家开展的 “2001 博士学位获得者调研”说明了很多细节。其中，在涉及其相关职位上多种选项的重要性的认可上面，受访者普遍认为这种非货币因素是最重要的。例如，79%的博士学位获得者认为，智力能力的挑战是工作职位上非常重要的方面；而 54%的受访者则认为能为社会做出某种贡献是相当重要的。与此相对，仅有 43%的受访者认为能拿到的薪水幅度是重要的。美国学者 Cohen 和 Sauermann(2007)还专门比较了美国的社会普查(general social survey，GSS，该普查由美国芝加哥大学国家民意研究中心开展)结果。该普查结果比较了从事科学和工程工作的人员和从事生产工作人员两组受访者，其间较大的差别也体现在这一非货币因素上面。这个研究结果还曾与 Rossman 在 1964 年对 710 位发明家(这些发明家都拥有授权发明专利)所做的调查进行对比。在 Rossman 的调查中，针对所问问题“何种动机或原因使得您做出此项发明”，占前三位的回答分别是：①热爱发明(27.2%)；②有一种改进现有装置的强烈愿望(26.6%)；③获得资金回报(23.5%)。以至于调查者本人做出了这样的判断，“这种发明的喜悦，作为一种动力，其实要远远大于那种需要做出特定发明的压力”。Rossman(1964)[①]用更为细致的、表现其发明乐趣的词汇来描述这种动力机制，“那种来自不断实验和摆弄、操纵，那种创造的欲望，最终能解决某种问题的喜悦，才是推进这些发明家乐此不疲、锲而不舍的真正原因”。虽然 Rossman 也强调，对于某种发明最终能够发挥巨大潜力的事实而言，仅仅有这些科学家和发明家的内在特质确实还不够，还需要有适宜的市场条件。但很显然，没有这些具有自在特质的一群人，无论基础研究上的知识创新，还是工程和产业上的技术创新，都相当于是无源之水。

由种种知识创新和技术创新的个体行为描述的动力机制关系其实也是创新理论研究的核心问题之一，但以往的理论研究倾向于将这些个体行为看作是一个相应的群体创新现象。其中，基础研究与应用研究的传递机制和辩证关系，基础研究与应用研究产生的知识以及后续创新实现过程与路径，是学界研究和争论的焦点问题。

美国普林斯顿大学的斯托克斯(1999)通过对整个科技史的研究，提出了科学研究的二维象限模式，创造性地按照基础研究与应用研究两个维度，将科学研究划分为四种类型(这个结合知识创新和技术创新的分析框架是通过个人行为来刻画的)，分别是以现代物理学家玻尔命名的纯基础研究象限、以生物科学家巴斯德命名的新知识与新需求结合的重要象

① 参考 Barnett(1965)。

限，突出了解决应用问题而开展的基础研究，以及以创造发明活动大家爱迪生命名的纯应用研究象限。斯托克斯的第四象限突出了兼有科学和应用兴趣的“趣好”象限(兼有科学训练和工艺技能的背景)，后来仍有学者将其以皮特森的名字命名，以其对某种事物的观测活动(例如，《皮特森北美鸟类指南》中关于昆虫标记和发病率之间关系的研究等)表现出的对特定事物研究的兴趣。与此相对，巴斯德象限则形象地反映出基础研究与应用之间的相互支撑关系及知识创新和技术创新活动之间的传递路径(图 2-1)。

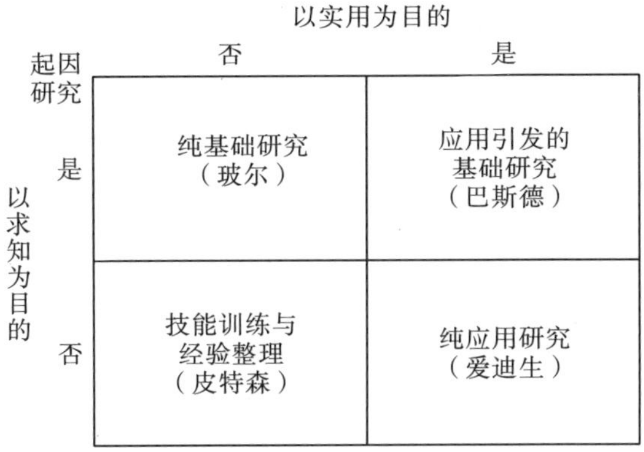

图 2-1　科学研究的二维象限图

结合斯托克斯科学研究的二维象限模式及罗斯韦尔关于技术创新产生机制的技术推动和市场拉动理论，根据知识创新的不同驱动力，可将新兴技术划分为两种类型：科学研究型新兴技术和问题导向型新兴技术。在此对巴斯德象限模型的内涵进行扩展，将 x 轴和 y 轴的“是”和“否”理解为渐变过程。基于巴斯德象限的新兴技术分类概念模型如图 2-2 所示。

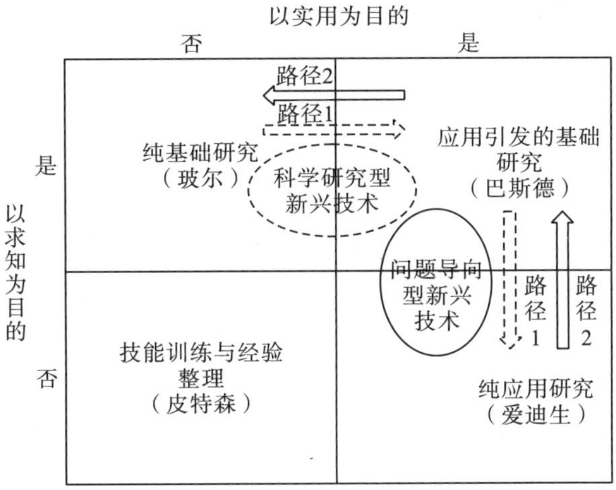

图 2-2　基于巴斯德象限的新兴技术分类概念模型

(1)科学研究型新兴技术。科学研究型的知识创新活动也是一种问题导向型知识创新活动，但其问题主要来自对自然规律的认识的探索，属于知识探索型的问题导向。而从基础研究过渡和应用发展而来的新兴技术，可以进行独立开发，后期有产学研合作模式等促其发展，其产生的动力来自科学技术领域的自发探索。

(2) 问题导向型新兴技术。从解决当地实际问题(包括社会问题和市场需求问题及与此相关的生产问题)而来的新兴技术，与企业合作而产生，产生的动力来自市场的实际需求。

综合来看，这种结合个体行为和群体知识创新与技术创新活动的动力机制研究经历了四个发展阶段。第一阶段为创新活动的线性模式，沿着基础研究-应用研究-开发-生产的线性模式实现创新过程；第二阶段的创新模式的研究引入市场对创新的线性反馈机制；第三阶段出现环状创新反馈机制，即研发和营销的耦合；第四阶段为循环创新模式，在跨企业边界、跨产业部门的环境下形成了循环创新模式。

综合上述分析，关于知识创新与技术创新动力机制的研究主要归纳为四个方面：①创新环节的构成要素包括研究开发、实验发展、市场实现等环节。大学知识创新位于创新过程的起始阶段，是整个创新过程的开端。②大学、研发机构、企业是实现创新过程的主体。大学作为新思想的发源地，在知识创新阶段以及知识创新向技术创新的转化阶段都发挥了重要作用。③创新的动力模式经历了线性模式-线性反馈模式-循环反馈模式-循环模式的发展演化过程。在创新模式由线性模式向循环模式发展演化的过程中，大学知识创新始终居于核心地位，担任了创新源头的重要角色。④基础研究与应用研究的相互作用是激发创新的动力。

2.3　新兴技术发展的选择理论——多样化需求机制及其影响因素

在多种新兴技术发展过程中，最终得以长足发展的是技术的被选择机制，其很多情形下也被认为是一种需求拉动的结果。

Malerba (1999) 的历史友好型模型中，多类需求环境就是重要的特征。例如，在早期计算机和半导体市场的发展过程中，作为选择机制的反馈方，美国国防部的看法和预测与工业用户的看法就很不相同，这导致关注这种差异的相关企业采取完全不同的演化路径来提高自身能力。与此相关的研究也可以看出，上游产业或下游产业的出现或者缺位都可能导致这类产业(产品及其相关技术的变革)中的企业采取不同的演化和发展路径。例如，当有某类消费者对于某种商品或需求显示出特别喜好和价值偏向时，便会产生出一些独特的市场分割行业，但当这类需求欠缺的时候，沿着某种产品和技术路径螺旋上升(代表着一种波浪式的预期与实际需求的交替增长)的投资则可能会催生另一类产业，比如航空制造业。新兴技术和产业是在以“渐进”的方式，不断地响应新的需求而发展。

根据国际上大量对工业技术发展历史的总结分析就可以看出相对清晰的技术发展路径及其选择机制。例如，Levinthal (2007) 考察了无线电技术的演变和进化后认为，这类技术的演化都是通过现有技术在新的应用模式下的“落脚”而得以渐进形式来发展的。也就是说，是一个一个新的应用模式导致了整个产业的发展。他解释说，马可尼早先是应用了赫兹的实验室装置来提供了最初的无线电报，引起了其后的无线电电报机(间断式无线电波)的应用，又经由威斯汀豪斯(西屋电器公司)发展出的连续无线电波传播装置(即广播发射机与收音机），在每一个相应的应用模式下，无线电技术得到了不断的发展，也造就了通信技术的“革命”。而这一个一个的应用，表现现有技术在新的应用模式之下的渐进发展，就是熊彼特所谓创造性地“合成”（Recombination）。但值得注意的是，一旦原有技术在新的模式之下落足发展，其选择机制就非常明确，相应的技术发展就呈现出一个较为确定的线性路径，这些选择机制包括各类相关资源，特别是这一模式下可用的金融投资。例如，赫兹需要自己开发相应的实验室装备，而马可尼则有英国皇家海军的支持，其后又是众多的企业支持；无线电广播最初只是西屋公司的工程师完成的业余爱好，但很快就被美国无线电公司（Radio Corporation of America，RCA）的Sarnoff看中并给以支持，而RCA在此之前接受过开发无线电报技术的巨资支持（Levinthal，2007）。

至于何种企业能够支持这类多样化的选择基础，Patel和Pavitt（1997）曾提供令人信服的佐证，以说明大型企业具有足够强的支持多样化技术发展的竞争力。但Levinthal对此表示怀疑，他认为在多样化技术面临最终的道路选择时，必然面临的是一个单一构架的、自上而下的金字塔结构，并服从于某个组织资源配置的战略目标，尽管也有足够多的多样化技术选择，但最终参与选择的人为框架（可以称之为政治构架）仍然会做出这类基于资源配置的单一决策。

不过，如果放在多个组织并存的环境中，即使某个组织在给定选择群里做了这种单一“赌注”，多样化的技术发展还是能够在其他众多组织的单一选择中实现，即所谓“选择性干预”；但是，虽然单一组织的选择性干预无法替代众多独立组织选择情形下的多样化，这种“单一独立”选择所对应的情形还是一种序列理性（sequentially rational），这是由于在一个相对密集的相互作用的区域甚至国家之中，组织之间并不那样独立，彼此之间总是存在某种相对接近的“序列理性”（对备选技术的轻重缓急的认识），因而并不能导致真正的多样化技术备选的状态，从而也不能保证某种全新的有潜力的技术最终得到选择，特别当这些组织面对给定的融资需求（或投资者的投资意向）时，此类趋于保守的“共识”也许更加强烈。

因此，某种全新的、完全不同的组织机制，即完全独立于任何权利和投资意向结构之外的组织机制，也许可以保证这类多样化发展态势——既可以进行选择性干预，又不至于导致序列理性。因而，往往大型企业要拨出一部分“蓝天研究”基金，不过由于此类支持往往又不足够大，有潜力的另类技术可能还是不容易“破土而出”。

考察多样化技术中的选择机制，还可能进入前述两类创新行为的经济学讨论领域：企业行为理论的核心往往是“找寻”适应市场竞争的技术解决方案，而科学家科学研究行为的核心则是“探索”未知的自然世界及将其探索所得用于某种技术思想。前者是在已知和现有的备选技术（某些备选技术原理可能仍不十分清楚）和资源中寻找，因此其主要能力是评价和选择；而后者则是在未知世界中发现新知，其主要能力是质疑、思考和挑战。

2.4　新兴技术缘起：新的问题导向

事实上，不论是科学（或技术）推动还是市场需求拉动，首先都应是解决当时、当地（可以是很局限的范围，也可以是很大的范围）的实际问题。因此，问题导向是孕育、发展和簇生新技术的重要起点。而如何定义问题和发现问题，则是非常关键的一步。

Cohen 和 Levinthal（1990）就曾根据熊彼特动态发展理论和创新理论，以企业开发新技术的实际为聚焦点，定义有关问题导向的新兴技术选择的几个关键节点。①竞争性问题：企业既定路径上的比较优势，可能是其实施突破性创新的障碍，而且其比较优势越强，此类问题越严重，因此成为其创新活动的问题所在，于是存在竞争力不足的问题，或竞争力过度依赖的问题，两者都可以归属于竞争力陷阱问题。②多样性问题：企业组织或其研发机构过分投入其资源开发某一方向技术的时候，可能会失去其他方向的探索性开发机会，相当于新技术方向研发活动中的机会成本，从而失去了新兴技术发展的多样性机会。③选择性问题：新兴技术的多样性只是提供了机会，还必须有相关组织自身的资源基础，与自有技术传统和技术优势的有机结合，才有可能使得某种多样性技术资源得到有效发挥，这一“过滤”机制代表了技术选择中可能产生的问题，显然，没有任何基础的选择很难成功，而过分依赖原有技术基础，又很难把握未来新兴技术的发展方向，而丧失未来发展机遇。因此，建立一套合理的筛选机制是非常重要的选择性问题。

值得强调的是，在新兴技术发展的初期，具有高度多样性的需求环境是非常重要的发展条件，这也是提出产业技术创新体系的 Malerba（1999）的历史友好型模型研究结果所提倡的。Levinthal 就曾举出美国国防部的计算机和半导体技术的选择标准，完全不同于工业界用户（下游企业）的那些选择标准，最终出现的技术演化路径也很不一样；他还提出，如果在新兴技术的选择网络中缺少上游企业参加，抑或是缺少下游企业参与，也都会导致最终的技术演化路径出现很大的差异。从更积极的方面考虑，新兴技术及其产品的“次级市场”（submarket）（也即派生市场）在产业技术演进中扮演的角色十分关键。而更为多样化的消费者参与的市场往往会导致产品的差别化和相应的技术的差别化乃至多样化，与此相反，只有工业用户参与的市场则会导致相应产业的投资力度大且单一，而多样化水平相对较低。

综合分析，典型问题的出现往往是导致新一轮创新活动的重要温床，而问题导向往往必须从当时当地的地区经济发展和产业经济发展实际来考量，唯独如此，技术创新活动才有可能成为经济增长质量的推进器。必须牢记，技术创新不是目的，解决本地本土的经济乃至社会发展问题才是目的。

2.5　本章小结

作者认为，“问题导向型”新兴技术发生发展是重要的起点，该类观点实际上给出了技术创新行为的起始动力解释；而“问题导向型”的技术创新方式也是融合科学研究和市场需求的最好机制。一切成功的、具有经济和社会进步象征意义的技术创新活动一定是定位在社会效益和经济效益更大、又是当时当地成本可承担形式的问题导向型创新（当然也存在当前问题和未来问题之分）。这也应是“科学推动”和“市场拉动”的某种最好结合的形式，从相应的运行机制来分析，也是科技政策和市场需求拉动的某种结合形式。

第三章　新兴技术发展的分布特征及其辨识原则

引言：新兴技术的发展多数情况下并非一条路径明显的单方向发展曲线，而是取其发散并过渡到收敛格局的、多路径发展的一种分布。如果以技术的生命周期发展逻辑来分析，其初期阶段的发展途径和格局显然不能是单一曲线能够描述的，反倒是应当呈现覆盖多种路径的、多样化发展的“宽”口径发展格局；其大多数路径呈现发散发展的情形下，又有某些路径因有更多的创新活动聚集而呈现收敛，这种发散与收敛交叉或次第进行，才更符合新兴技术的发展态势。

另一方面，当人们基于特定地区、特定经济体来定义新兴技术的时候，又可能包含了两类新兴技术：①萌芽期、有潜力、路径开拓或创造型的新兴技术，这一性质尤其具有世界市场的眼光，因以往技术积累的原因多见于科技发达国家，但新兴经济体也可能会结合自己的发展需要而开创某种技术路径；②某种特定路径产业技术发展的情形，已经在科技发达国家得以发展甚至成为工业主导技术，只是出自新兴经济体国家和地区的发展现实，使得这一技术具有相对新颖和新兴发展的特征，特别是可能与本土商业创新模式相结合，形成一种有别于科技发达国家的路径特征，多见于工业科技尚处于相对落后和追赶的国家和地区，尤其是新兴经济体国家和地区。值得强调的是，这一以“局部市场”为基础定义的新兴技术的本地化也会塑造一种差别化、甚至完全不同的技术路径，因而这类本地化定位的新兴技术也应具有“路径修正”的表现。

综合来看，新兴技术的发散和收敛基本上以创造和“修正”型技术生命周期曲线(即突出了萌芽期的多路径创造或单路径修正的功能)上来分析和理解，本章拟以技术生命周期理论分析，结合新兴技术的发散和收敛，来构造和分析新兴技术发展路径关系，为识别新兴技术的发展提供认识基础。

3.1 技术生命周期发展段落分析与新兴技术发展状态

技术生命周期理论原本来自产品生命周期理论，该理论认为技术可被视为影响企业绩效的关键因素。于是技术生命周期就可用来代表一种以周期变化为特征的技术变革模式。这一发展模式实际上反映的是技术发展的线性模型，以下述假定为前提：①基础科学知识按照线性的轨迹向应用型技术转变和变化；②新知识通过创新进入商业化；③相应的主导技术特性随市场演化、调整和改进，直至充分集成化；④技术发展达到其物理和组织极限，不断积累的技术改造不断趋近此种极限，技术效益逐渐衰退；⑤更新型和更有效的技术或取而代之(即创造一种新的技术发展曲线或路径)，原有技术生命周期完结(乔治·泰奇，2002)。在这一发展逻辑之下，新兴技术主要体现在①和②环节，而新兴经济体国家和地区的新兴技术发展也可以包含③环节和部分④环节的内容，这是因为技术的本地化往往也是在这些环节实现的。出于这样的考虑，本章从以下几个部分来提出一些适宜于新兴技术发展分析的补充性解释。

3.1.1　技术创新的 S 曲线模型及其对新兴技术发展解释的适应性

美国学者 Foster(1986) 在《S 曲线：创新技术的发展趋势》一书中提出了 S 曲线模型。Foster 认为可以用 S 曲线来表征技术发展阶段，推演技术的生命周期，进而阐明技术发展的萌芽期、成长期、成熟期和衰退期之间的相互关系，技术创新活动所遵循的 S 曲线模型如图 3-1 所示。

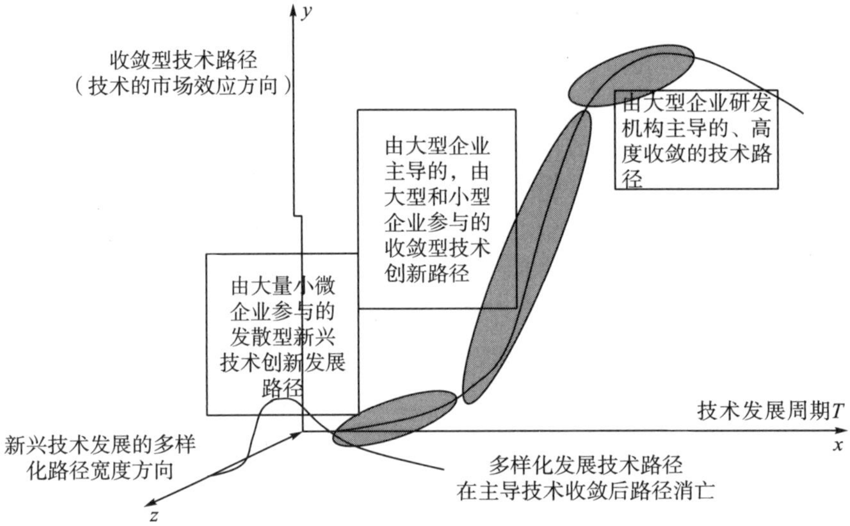

图 3-1　技术创新活动所遵循的 S 曲线模型

对这一曲线的解释是，S 曲线模型中，新技术产生之初会存在一个缓慢增长的萌芽期；经过这一阶段之后，累积效用增长率开始不断增大，该技术开始迅速发展，进入成长期；之后，累积效应增长率开始不断下降，技术进入成熟期；当该技术发展接近极限值的时候，其增长又将逐渐减慢，最终趋于衰亡，即衰退期。

但这一 S 曲线模型，由于基本上遵循技术创新的线性模型，因此对于理解新兴技术的发展而言还有一定的局限性。本书提出以下几点局限和应当修正的方面，并在图 3-1 中加以标注。

(1) 技术生命周期曲线的起始端，应当是极度发散的多个技术路径并存的状态，因而其增长曲线必然不只一条，实际上要向 x 和 y 轴以外的 z 轴来伸展，即新兴技术多样化路径发展的宽度维度，也可以称之为新兴技术发展的路径宽度，而这一宽度往往体现特定国家和地区推动技术多样化发展的资源富裕程度，一般而言，在科技发达国家，这一路径宽度要更宽一些。

(2) 技术生命周期的发展或推动资源，在发展周期的不同阶段应当是不同的，本书认为应当突出三个阶段：第一是多路径发散发展阶段，一般应当是在市场和技术重要发展拐点之前，是新兴技术发展意义上的主要阶段；如上所述，其路径的多样性和路径宽度具有更强的意义，是一个 x-y-z 三轴立体发展的阶段，其中 z 轴应当突出新兴技术多样化路径的宽度概念；第二是越过拐点的发展期，此阶段特定技术路径由于大型企业的介入已经基本成型，技术路径充分收敛，是一个典型的 x-y 二维空间上的发展阶段，因此，相应的技术创新性质已经主要不是“新兴技术”意义上的发展，而属于路径依赖型的技术创新活动，但值得重视的是，此阶段的中小企业参与创新应当还是大量的；第三则是增长末期，技术研发门槛高，基本完全由大型企业的研发主导。

(3) 新兴技术发展的多样化路径宽度实际上反映的不仅是潜在的多样化创新的资源发展，而且还间接反映了促进和容纳新兴技术多样化路径发展的社会环境，包括政策环境问题等，因而 z 轴的宽度标识在新兴技术发展活动中是更为重要的一种维度；同时，根据不同应用国家和地区社会文化和市场经济发展需要，前述新兴技术发展定义存在差异，特别在国际范围看某类处在收敛发展中(意味着多样化路径宽度持续变窄)曲线，在新兴经济体国家和地区则可能被认作是新兴技术的发展情形，因而不一定是单调趋近主导路径的形式，有可能在某一发展阶段宽度上沿 z 轴的再度伸展；因而新兴技术的在这样的周期曲线上描述，可能面临多种类段落划分的问题。

为理解技术生命周期曲线可能蕴含的新兴技术及其典型类型的差异化发展，还有必要对技术生命周期的原始理论解释作系统性的回顾。

3.1.2　技术创新生命周期的双曲线解释

技术生命周期理论的重要开拓者 Utterback 和 Abernathy (1975) 是用图 3-2 来表现技术生命周期的演进过程的，他们通过产品创新和工艺创新两个类型来更为形象地反映技术生命周期的发展过程。

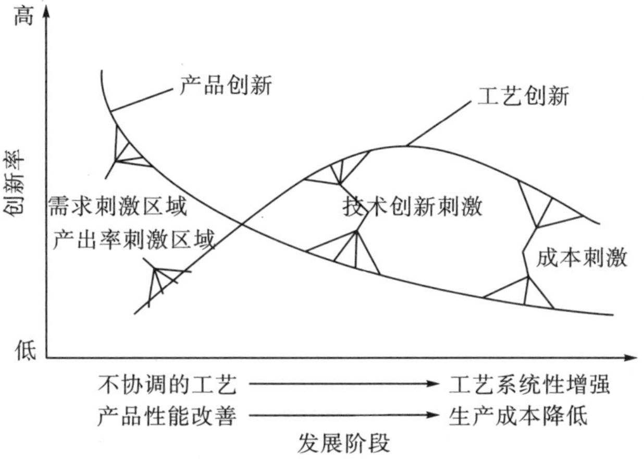

图 3-2　技术生命周期的经典理论解释

注：源自 Utterback 和 Abernathy (1975) 的工作

图 3-2 曲线演化过程是通过一个个技术创新的机会群(特别表现在两类曲线发展的拐点上，尤其是工艺创新过程演进过程的拐点附近)来突出其技术创新活动的分布的。因此，作者认为，凡是技术创新生命周期发展曲线的拐点部分都应是新兴技术密集发展的段落，

都应给予充分的关注。而在新兴经济体国家和地区的场合，不但这些发展周期上的拐点区域值得关注，而且那些刚刚过渡到拐点以后的区段也应是这些国家和地区发展本土新兴技术的重点段落，其原因是，恰恰在这些生命周期的转型段落上，容易产生适合本地区或本土社会和市场发展需要的差别化创新型技术形态，或者是充分结合了本土商业模式创新的技术发展形态。而在其后的发展段落上，由于该类技术的充分固化，对此路径上的技术形态再加以本土改造的空间就不大了，通常都是以装备或体系的形式转移技术，本土技术创新的活跃点已经不多了。

而在上述周期发展曲线上，必须关注三个拐点。①新兴技术的原始形态进入快速发展期所在拐点，这一拐点的动因复杂，但主要与两个方面有关：技术功能提升和商业化成本降低相关的创新；主导市场力量的大企业的加入。②新兴技术充分收敛之后逐渐进入到饱和性增长所在段落，这一段落上的技术虽然已经属于路径依赖型创新，创新活动的形式多是渐进形式的小微革新，相应的技术形态也更多集成化，但由于差别化应用的市场扩大，差别化所带来的不同国家和地区上的相对新兴的技术发展也存在空间，特别对新兴经济体国家和地区而言，其中蕴含的与商业模式和社会技术相关的新兴技术发展空间仍然存在。③特定轨迹和发展路径的技术进入到衰退阶段，差别化应用的成本节约型技术创新（伴随着进一步扩展的市场和社会应用，特别在边缘和边远性质的地区性场合）是重要的主题，在此过程中，仍然有一定的符合当地的新兴技术发展形式的创新活动，特别是借助类似“节俭性创新”这样的概念而得到进一步发展。

3.1.3　技术生命周期S曲线的两维度划分

技术生命周期也可分为两维度——作为竞争力成长的第一维度和作为产品与制造整合期的第二维度。

新技术刚出现时（属于萌芽期新兴技术），在两个维度的表现水平均较低，此时技术处于生命周期的第一阶段——萌芽期；随着技术的发展和进步，技术轨迹逐渐清晰，其竞争力提升，但产品和制造整合度不高，处于生命周期的第二阶段——成长期；技术轨迹进一步发展成为关键技术（主导技术），典型表现是两个维度的表现水平均较高，技术发展进入第三阶段——成熟期；当该特定技术失去竞争力，逐渐发展成为通用型技术，此时竞争力趋低，但是产品与制造整合保持高位，同时替代型技术出现，技术进入第四阶段——衰退期（Little，1981）。这种通过新兴观测和整合观测的二维度技术特征描述为各类新技术的出现及其定位提供了极好的理论依据，也对各类新兴技术的发展特征提供了很好的理论解释空间。

正是在这样的解释空间中，后续有多位学者对该研究做出了很多补充，进一步探索了技术生命周期阶段的划分以及各阶段的不同特征。如Khalil（2000）认为技术的发展应只经过新发明阶段、技术发展阶段和技术成熟阶段三个阶段。综合来看，目前比较认可的依然是大致将技术生命周期划分为萌芽期、成长期、成熟期和衰退期四个阶段这种划分。比较遗憾的是，这些研究和描述对新兴技术存在的典型段落发展形态没有给予特别的关注，只是 Harvey（1984）曾有一些简略的描述，他把技术生命周期划分为六个阶段，包括技术发展起始端、技术论证阶段、技术应用阶段、技术应用成长阶段、技术成熟阶段以及技术衰退阶段等，其中前三个阶段可以大致认为具有新兴技术发展形态。

为更深入理解本章提出的上述认识，以下部分结合技术创新活动的生命周期理论和S曲线模型提供相应的典型分析，以突出其中多种新兴技术的发展特征及其相关阶段划分问题。其中，最为关键的结合点，是所聚焦的技术创新类型的市场应用背景的发展。

3.2　新兴技术的“技术范式”

技术收敛与技术多样化的发展基础之一是创新组织和创新机制的多元化，其中大企业组织和渐进形式的创新被认为越来越重要，特别是，对作为技术开发的技术信息的把握，越来越成为集成型制造业企业专门研发机构的优势所在。同时，越来越多的研究表明，区域乃至国家的技术变革取决于长期的技术积累。这种技术积累的作用和地位使得熊彼特强调的颠覆型创新的重要性遭到质疑，也使得企业层面和科技政策层面在转向支持渐进形式的创新活动及相应的技术转移和技术扩散活动。而研究也表明，技术的积累往往也为新技术的产生提供了基础。

同时，这类强调技术积累的研究还提出了“技术轨道”（technology trajectory）（Nelson and Winter，1982）、“技术范式”（technology paradigm）（Dosi，1982）、“路径依赖”（path dependence）等相关重要概念和理论，并认为技术变革还依赖于默悟型技术和相关社会文化等非经济因素，因而这种技术进步和技术变革是一种综合的社会资源和技术的集成活动，中国学者陈昌曙也因此称技术创新应是一个“过程”。

Dosi（1982）在 Nelson 和 Winter 所提出的技术轨道理论和库恩（Kuhn）科学范式理论的影响下提出了技术范式的概念，并以论文《技术范式与技术轨道》描述“技术范式”：技术范式就是解决特定技术问题的一种模式及防止新知识过快地扩散的规则。Dosi 将“自然轨道”与“科学范式”的思想融合，提出技术轨道的概念：在技术范式所规定的范围内解决问题的“正常”活动的模式，代表了在由技术范式所规定的外部边界内的一组可能的技术方向。技术的发展路径总是包含于某个技术轨道中，技术轨道反映了技术发展的方向和内在逻辑性与规律，是限定于技术范式之内的技术进步轨迹。技术轨道表现出“路径依赖”的特征，有助于从已有的技术中探测未来的技术变化。

Anderson 和 Tushman（1990）针对“技术范式”、“技术轨道”和“主导设计”之间的关系提出了另一种“技术生命周期”理论，试图区分开主导设计出现之前和之后的创新形态。他们认为一项新技术产生于技术的非连续状态（实际反映在不同企业之间的技术错落推进所带来的不连续），经过系列技术创新活动的竞争之后进入主导设计范式（实际反映为某大型企业对此主导设计的掌控），于是进入渐进变革阶段（反映为主导企业及大量非主导企业沿此主导设计不断推出的渐进式改进的创新过程），直到新的技术非连续状态出现为止。

据此可说明，新兴技术相关的创新活动可以体现为S曲线上第一拐点的部分，并沿该拐点呈现成长进步的态势；但也可以是第一拐点之后的新兴技术，即促成此技术范式形成和特定技术轨道形成的支持型技术。同时，本章还认为，在成熟技术路径应用于新的市场时，即在第三个拐点附近(也就是，技术从成熟期走向衰退期，往往以科技发达国家或第一次出现的市场进度来衡量)。这时的特征往往是，技术转移成本相对降低、相关专利权可能失效、技术装备及运行方式急需改造以适应新的市场等，并派生出应用模式创新为代表的新兴技术格局。

从这样的视角来考察新兴技术，可以认为，其发展本质上应是一个立足于本土、本地区的创新活动，特别是立足本地社会和经济问题的新兴解决方案。

3.3　新兴技术发展的不确定性和差别化发展路径

由于新兴技术的发展过程具有很强的创新活动的不确定性，因而事实上，新兴技术的创新发展曲线，即其生命周期曲线还可能有多种走向，无法用统一的S曲线给予解释。如前所述，或者由于科学推动不足(导致技术功能瓶颈)，更可能由于市场需求的不确定性，并不是所有的技术发展都会经历萌芽、成长、成熟和衰退四个时期，而是根据外界条件的变化在这几个阶段中产生跳跃、缺失、断崖式消亡，即这几个代表性阶段是可以跳跃转化的。

因此，类似地，在一项技术的发展过程中，也可能不仅仅存在一个单调起伏的生命周期，也可能由于技术上的突破或被拓展到了新的应用领域而开启新一轮的发展，从而使得技术性能在更高的水平上不断提升，展现出再循环或多循环式的生命周期模式。

于是，对于新兴技术的路径发展，有必要划分出两类新兴技术。①第一类新技术，应是在更大的地理范围，甚至世界上从未出现过的新技术，也可以是两项或多项现有技术间的新的融合创新而产生的新技术，这类技术往往是突破性创新或技术不连续的发展结果，并可能使原有技术轨道产生跃迁而对已存行业产生深远影响，并进一步发展成为一个全新的应用领域，甚至创造一个新的行业，这类新兴技术本书定义为I类新兴技术。②第二类新技术，或因解决了新的技术瓶颈(往往是新的应用所带来的瓶颈问题)，形成第二波或第三波发展热潮，这类新兴技术可被称为II类新兴技术。II类新兴技术由现有技术取得新的技术突破而来，可以是在新产业中的应用，但更常见的是在新市场中的应用。

实际上，根据这些针对技术发展的S曲线的不同形式描述和分析，还是缺少了一个表现新兴技术多样化发展的维度，有了这样的新维度，技术发展的范式才可能得到更深刻的理解。

本章提出以下扩展的第三维度的S曲线形式，与图3-1形成呼应。即这一新兴技术多样化发展的技术路径宽度维度，能够表现上述再循环过程中的创新活动形式。

图3-3加入了技术路径的宽度维度(即相当于图3-1的z轴维度)和技术创新市场水平(即创新回报)放在一个轴向上对比，以技术路径宽度曲线和工艺创新曲线的演变(参考图3-2)作比较。可见，加入第三个维度(技术路径宽度维度)对理解新兴经济体国家和地区应用国际上先进的技术具有一定参考作用，也就是存在一个异地化应用导致的产业技术发展范式的变革空间，由此可能产生特定的新兴技术，并往往可能是与商业模式创新相结合，形成新的技术发展范式。

同时，还应注意，技术路径的起始宽度是和当时当地技术多样化发展的群体性质和活跃程度高度相关的。如果高校创新创业活动、产学研联盟、小微创新群发展活跃，伴随着知识创新活动的生动发展，则多样化创新和相应的技术路径宽度就发展较好，意味着有更为宽广的技术路径可以选择。

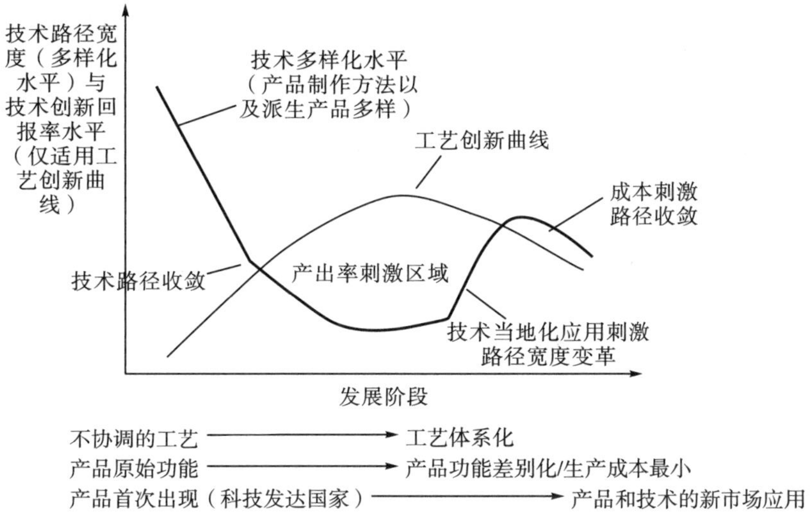

图 3-3　技术生命周期的路径宽度的解释

3.4　新兴技术发展：多样化发展和收敛型发展

3.4.1　技术多样化与技术收敛的概念

技术多样化的概念最早出现在演化经济理论中，Nelson（1959）曾在与多样化战略相关的研究中提出过技术多样化思想。技术多样化作为一个技术创新经济学的概念研究则源自 20 世纪 70 年代对产品分化现象（product diversification）的讨论及其动力机制的分析（Rumelt，1974a；Pavitt，1989；Montgomery，1994）。在此基础上，Rosenberg（1976）曾特别提出技术收敛（technological convergence）的概念特征，表现多种产品的制造过程分享同一或类似的某种技术资源的倾向。这些概念的定义和研究并非技术生命周期起始端的技术路径多样化，而是产业技术跨部门的“缘起”（因其研发活动）和发展。Kodama（1986）当时对日本产业的技术多样化发展状态进行了研究，他把技术多样化定义为产业部门研发活动延伸到其主导产品领域之外进行的情形。后续学者又从主导产品、技术领域、技术专利和知识体系等角度对技术多样化进行了相应的分析，技术多样化与技术收敛的概念如表 3-1 所示。

与此相对应，技术收敛又称为“逆-技术多样化”，表现为技术多样化的反向过程，也与本章所涉及的技术路径的收敛不完全相同，而是更强调某种技术跨部门的“应用”。这一概念突出了那些可以跨部门应用的技术的“通用”性质以及由此而来的“平台”性质。即在企业技术多样化的过程中，某些技术具有通用性，因其可应用于不同的产品和产业而具有跨产业的平台技术特性，虽然这种跨产业部门发展的现象称为技术收敛，但其收敛的平台性质还是有差别，甚至有很大的差别。

表 3-1　技术多样化与技术收敛的概念

技术多样化	企业将技术能力拓展到一个范围更宽的技术领域	Granstrand 和 Sjolander(1990)
	企业所生产的产品中技术要素的多样性的不断增加	Laursen (1996)
	同时活跃于 3 个以上不同的技术领域	Patel 和 Pavitt(1997)
	技术专长均匀地分布在给定的部门或门类	Fai (2003)
	企业进入新的(或不熟知的)技术领域	Chiu 等 (2008)
	技术专利的申请跨越了多个技术领域	Zander (1997)
	某产业申请的技术专利涉及其他产业领域	Audretsch 和 Feldman (1999)
	企业在两个以上不同技术领域中申请了专利	Breschi 等 (2003)
技术收敛	多种产品制造过程分享同一或类似的某种技术的倾向	Rosenberg (1976)
	不仅指不同产业部门使用同种技术流程的过程，还包括使某项特定的技术成为各产业主导技术的过程	Patel 和 Pavitt(1994)

由于技术的收敛与技术的分化发展及扩散有很大的关系(Fai and Tunzelmann，2001)，因而在技术发展和进化理论的研究中技术收敛和技术分化也成为两个十分重要的发展概念。特别在 20 世纪 90 年代技术发展的两类观念和相关战略使得技术收敛和技术分化的理论更为重要。一类研究文献强调技术创新的专业化特点(Patel and Pavitt，1994；Grandstrand et al.，1997)，该类研究文献认为任何产业总以一系列特定的技术群(核心技术领域)来主导该行业的企业，不同行业的核心技术领域很不相同，其发展逻辑就是“路径依赖观”(path-dependency view)，而发生于产业内的技术扩散(spillover)促成了这类产业层次上的向主导技术群收敛的技术发展格局。这一类研究都可以总括为产业内技术收敛的分析理论。另一类研究文献则更多地描述技术跨行业发展的规律。由于技术发展日趋复杂化，高新技术更多以融合于传统技术的方式发展，因而技术发展机会和潜力存在于更为多样的各类技术领域的交汇之中(Fai and Tunzelmann，2001)，于是出现多技术企业(multi-technological firm)(Granstrand and Sjolander，1990)，强调企业层面更宽范围的技术资源(Feldman and Audretsch，1999)，出现了“企业技术多元化”(corporate technological diversification)的概念(Granstrand and Sjoelander，1992；Granstrand，1997；Pavitt，1989；Fai and Tunzelmann，2001)等，于是跨行业的技术资源发展格局变得十分关键。Dalpé 和 Anderson(1995)就曾提出两种模型来分析发达国家产业技术的分化和收敛问题。第一种模型的研究主要描述产业内部的技术扩散(一般指原有技术在产业内的扩散)会提高产业内技术资源的收敛水平的现象，其研究结果说明，这类模型更适用于 20 世纪 20～60 年代的产业技术分化发展的状况；第二类模型则主要描述跨行业的技术扩散导致跨行业的技术收敛的现象，研究表明这个模型则更适应于描述 20 世纪 40～90 年代的技术分化情形。事实上，20 世纪 90 年代通用技术(general purpose technology，GPT)的概念成为技术管理的热点(Grossman and Helpman，1998)，也是技术跨产业收敛的一种表现。同时，针对工业技术发展方式的分析也可以看出，工业技术资源的收敛趋势的动力机制主要是以特定产业的大型企业，特别是跨国公司为主导的投资与技术转移活动。因此，大型企业和跨国公司是

技术资源收敛活动规律的主要导向力量。

值得重视的是，虽然技术多样化和技术收敛的概念原先主要应用于产业技术跨部门发展的现象，但其具有的技术创新特征内涵确实可以扩展到技术创新发展周期上的路径多元化和路径收敛的层面。

据此总结，技术多样化是企业的技术活动或知识存量延伸到核心产品以外的领域，表现为企业技术基础范围的独占和技术专利的跨领域申请，同时给企业带来了更多的技术机会；而技术收敛是某种技术渗透到不同领域并被广泛使用的过程，表现为技术的通用性功能。

作者希望强调，虽然以技术资源收敛为主要特征的工业技术扩散过程形成经济发展的内在动力，但难以保证这一技术特质规定的经济发展路径的可持续性。事实上，如果追寻这些技术资源收敛的技术源头时，往往是早期那些不同于当期工业技术资源的“异类”埋下了日后经济持续增长的主要“养分和元素”。因此，长期来看，以异质性技术和知识为主要资源的多样性或称异质创新活动也被证明是对制造业全要素生产率(total factor productivity，TFP)做出贡献的主要动力，于是 “更有效率的知识产出”相对其他因素而言成为全要素生产率中更具活力和决定性的贡献因素。可以说，研究与开发(research and development，R&D)对经济增长的贡献主要通过其提供异质性的创新成果和知识资源而起作用，特别是，异质性技术资源应对经济增长方式的转型具有重大潜在推动作用。

3.4.2　“路径依赖”情景下技术多样化与技术收敛的交替发展关系

技术多样化的最根本原因是企业对超额利润的追求，大致有以下几个方面的原因。

(1)来自产品层面的原因。技术多样化是产品多样化的前提条件。Laursen(1996)通过对丹麦的制药产业的案例分析证明了这一点。Granstrand 和 Sjolander(1990)通过对瑞典的 24 个多样化技术公司的调查问卷分析，发现技术多样化与产品多样化有很强的关联，产品多样化也是技术多样化的前因，因为新产品的推出往往需要多种技术的支撑。Rycroft 和 Kash(1999)认为，由于产品设计和生产过程的复杂性不断上升，导致企业所需要的技术知识范围越来越广，企业不得不扩大所涉及的技术范畴，在非核心技术领域进行投资。同时，技术多样化也可以延长产品的生命周期。

(2)来自产品供应链层面的原因。在产品供应链日趋复杂的情境下，企业必须监测和评估上游伙伴的供应能力，企业也需要掌握多方面的技术知识，即使不需要直接设计和生产包含这些技术的产品(Gambardella and Torris，1998)，也需要“知道的比它们做的还多”(Brusoni et al.，2001)。

(3)降低技术创新的不确定性，获取创新的垄断利润。不确定性是创新的一个重要特性，企业在技术创新过程中要面对一个难以预测的知识世界，必须通过反复探索和试验才能评价和领悟新兴技术的潜在商业机会。此外，创新机会往往来源于技术交界或融合的地方，多样化的技术组合往往可以降低技术创新的风险，进而提高企业独占创新回报的能力(Suzuki and Kodama，2004)。同时，在竞争日益激烈的市场中，创新速度往往是制胜的关键。注重扩展技术机会集合的企业，在推出由多项技术整合的新产品方面通常能抢占先机。还有学者认为，研发项目具有知识溢出和范围经济效应，技术多样化能够降低企业研发的平均成本和创新投资风险，从而获得更多的创新利润。

技术收敛是技术发展的动态平衡过程。技术收敛必须以创新和模仿为媒介，初始创新的推力扩散到不同的行业，在创新与模仿的较量中，技术收敛得以发生。从表现形式看，技术收敛可分为产业内的技术收敛和产业间的技术收敛。从微观的角度看，企业的技术创新和模仿正是技术不断累积的过程，这一个过程也是最终使技术产生收敛的基础；从宏观的角度看，行业的技术收敛不是由单一的企业所能控制的。陈向东和李婷(2006)的研究曾强调市场在推进工业技术资源收敛的重要作用，无论是产业内的技术收敛还是产业间的技术收敛都更多地表现为以市场选择技术的逻辑，即以“看不见的手”作为选择技术资源、加速技术资源收敛过程的主要动力依据。

对一个产品而言，它可能包含多种技术，从而表现出技术多样化的特征；而对于一项技术而言，它可能在不同的产品或行业中使用，从而表现出技术收敛特征。而技术多样化与技术收敛的媒介都是技术的扩散和溢出。同时，技术收敛又表现出一种逆技术多样化的特征，可见，技术多样化与技术收敛之间有着密切的关系。如图 3-4 所示，两者的辩证关系可以概括为以下两点。

(1)“路径开拓”情景下技术多样化与技术收敛是交替发展的。技术多样化与技术收敛是交替变化的，前者是以众多中小企业为动力的技术创新行为，属于 A-U 创新理论的流动阶段的典型表现，这一阶段，产品的创新率呈现先上升后下降的趋势，各种功能差异性产品层出不穷，从而为企业带来了新的市场，这种创新混沌状态来自初始创新的不断尝试，因此更多地表现为一种可能带来异质性技术的创新；后者则属于以大企业为主导的技术扩散过程，属于 A-U 创新理论的转型阶段的表现，这一阶段产品的主导技术资源在应用于多样化产品的生产过程中得到强化，其主导技术地位逐渐趋向明朗，产品的多样性开始让位于主导设计，从而产生技术收敛。此后技术多样化将在技术收敛的基础上进行新一轮的上升和下降过程。技术多样化与技术收敛的交替变化使产业得到了质的提升，即产业由原来的技术轨道跃入到了一个新的技术轨道，实现了技术跨越。

(2)技术多样化创新是技术收敛发展的基础，也是新兴技术发展的基础。对产业型新兴技术发展来说，知识相关的技术多样化过程会促进技术收敛；但对技术收敛活动而言，知识不相关的技术多样化又是技术收敛质量(即技术的平台性质以及技术跨产业发展的性质)的保证。陈向东和李婷(2006)的研究曾说明在产品多样化过程中被应用的机会越多的技术资源显然越有可能成为主导型的技术资源。知识相关的技术多样化过程使行业内的某项技术逐渐趋于一致或融合，从而使技术在产业间扩散，最终引起产业间的技术收敛，形成通用技术。如电子信息技术、生物技术就是典型的通用技术。电子信息技术广泛应用到传统制造业中形成了高新技术制造产业；生物技术运用到医药制造业形成了生物制药业，运用到农业中形成了生物农业。显然，没有知识不相关的技术多样化资源，这类跨产业发展和收敛的技术的备选资源将大大受限。同时也应注意，技术收敛活动既可能推进知识不相关的多样化技术收敛，从而在更高的平台上发展；又有可能推进企业的知识相关性多元化技术发展，但限制企业的知识不相关技术的多元化发展。

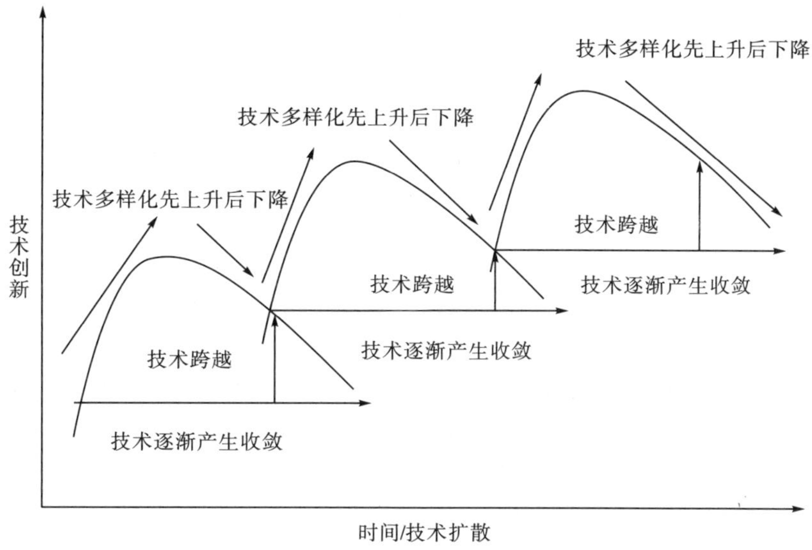

图 3-4　技术多样化、技术收敛与技术创新的关系

根据上述分析，技术多样化发展是新兴技术健康发展的重要前提和资源储备。新兴技术多样化发展的现象本身也体现其高度复杂性，新兴技术多样化发展既是反映技术创新的多路径选择的资源基础，同时也是应对新兴技术发展高风险和高收益的必要资源支撑。同时，新兴技术发展的复杂性又可能直接导致企业组织的不确定性，因而更突出反映了创新型企业和创新组织之间的网络关系的重要性。这种网络关系不但包含在生产者和消费者之间(如用户引致创新)，也包含在创新者之间，据此实现原有的产业内研发为基础的创新活动被跨产业的技术创新格局所取代，于是通用型技术，或称平台型技术的概念应运而生。事实上，这类研究提出了技术创新活动的两类发展方向：产业技术的收敛方向(发展极致则成为平台型技术)和技术创新的多样化或技术的多样化方向。后者的发展为产业技术的收敛提供了备用资源，而这两类发展方向都需要借助相应的创新网络来实现。

同时，这些研究还突出了技术资源的“外源”渠道，包含其他企业甚至其他产业及科学研究来源渠道(与大学的合作网络)，于是引出了一个很重要的研究方向，即以地理区域为特征的产业集聚，称之为创新活动的积聚(innovation clustering)。而地理区域的创新活动又与不同国家的创新特征相关，因而将其纳入国家创新体系和区域创新体系的研究领域也成为热点。其中，创新活动的机制作用成为重要的研究主题。

由于国家创新体系的研究有更为复杂的研究历史背景，康德拉捷夫的长周期创新理论被重新提起。这类研究提供了两个更为重要的线索：技术创新不但可能在地理空间上呈现聚集状态发展，而且在时间轴上也是以某些节点上的聚集形式发展的。进一步说，技术创新活动，特别是产业技术创新活动是否以稳定和均匀形态发展，抑或是以不稳定、非均匀的形式发展，其实是很难判定的①。因而技术创新的多样化和不确定性更是一种发展常态，但产业技术创新在时间节点上的积聚却可能是一个确定的发展现象；另外一个研究线索是

① 根据康德拉捷夫长周期理论，重大的技术创新大致可按一定的时间长度来刻画，但事实上随着知识经济发展的深入和技术创新的频率加快，这种时间跨度的参考意义只具有概念上的意义，而不具有实际参考价值了。

产业技术创新的特点和产业技术创新体系的研究。某些产业的技术创新与其他产业具有根本性的差异，并代表了不同的经济发展形式，也间接说明了技术创新多样化在产业技术领域发展的差别型特征。

3.5　渐进式技术创新活动中新兴技术的重新定义

渐进式技术创新中是否存在新兴技术，联系新兴经济体国家和地区的发展实际，答案是肯定的。渐进式技术创新活动的新兴技术首先体现在商业模式创新的结合方面。毫无疑问，在应用技术生命周期曲线定位各类新兴技术的时候，还应结合商业模式及商业模式创新来了解技术发展特征。

针对此类问题的研究和分析，20 世纪 80～90 年代技术创新经济学家 Tushman 和 Anderson(1997)提出了较为清晰的划分，其中特别强调了工艺技术的重要地位，不过他们仍以 19 世纪中期～20 世纪 30 年代的无线电技术发展为例，将无线电技术类别加以划分，来说明技术生命周期的成熟阶段上工艺技术进步的重要性。他们通过对类似无线电技术由断续的电弧型信号转变为连续的无线电信号及经由真空管技术阶段的无线电接收和发射系统的设计和完善，得出以技术生命周期中的渐进形式的创新活动来刻画其中技术进步特征，也是本章认定的本地化新兴技术类型。

这一理论将技术生命周期上的技术创新，特别是“渐进-突变”形式的技术创新划分为若干个小周期循环，即扰动(ferment)阶段、变异(variation)阶段、架构创新(architectural innovation)阶段的循环和叠加，此叠加形式构成一个技术生命周期(参考图 3-5，图 3-5 实际为其后来的演变形式，其中多出了一个选择阶段，即主导型设计出现的阶段)。

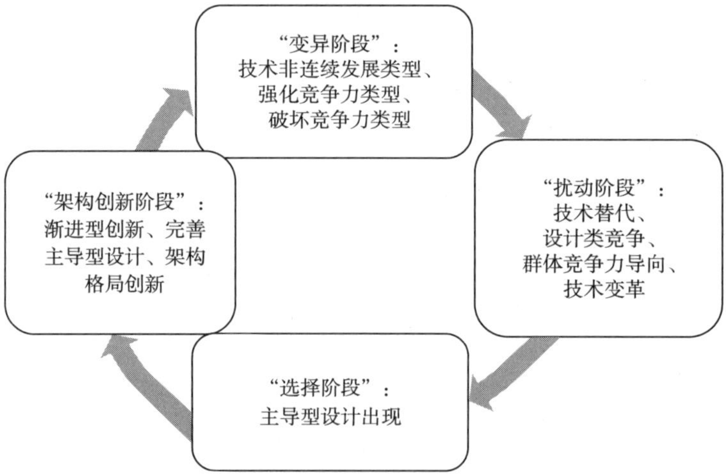

图 3-5　“渐进-突变”形式创新活动的分解

注：Tushman 和 Anderson(1997)。

Tushman 等所描述的渐进型创新的小循环更多是从创新活动的战略管理内涵出发(需要注意的是，Tushman 的参考著作是为商学院所编著的教学教材。其中，战略管理意义上的技术创新是非常重要的组成部分)。其中，特别是“扰动”阶段，刻画了多类型企业，包含小微和创业企业的创新活动；同时，还需注意构架创新阶段，指的不是对构架进行创新，而是要局限在特定的构架内来开展创新，因此翻译为构架格局型创新较为适宜；按照Tushman等的分析，这类构架格局创新活动不需要对核心技术进行创新，即不存在突破型创新，而是面向更有效的集成形式的创新，通常可以是在大型企业内(也可能通过具有积累型创新经历的小企业)经由其精细的研发、有创新意识的生产单元、管理形式的创新等活动来完成的。

以上研究都说明了渐进形式创新活动中可能存在的新兴技术发展空间，尤其在新兴经济体国家和地区，应特别加以注意。

3.6 本章小结

本章首先分析目前关于新兴技术起源的相关研究，总结出新兴技术产生的两种情形，并据此划分出两类新兴技术。第一种情形为产生了一项全新技术，这往往是突破性创新或技术不连续的发展结果，并可能使原有技术轨道产生跃迁而对已存行业产生深远影响，或创造一个新行业，本书将由此产生的新兴技术称为Ⅰ类新兴技术。第二种情形为在原来已经存在的技术领域经过一段“平原期”后，新近又在原有研究基础上掀起的技术热潮，往往是由已存技术取得了新的技术突破或转移到了新的应用领域或找到了适合的发展空间而形成的，这类新兴技术被称为Ⅱ类新兴技术，在技术特征上并不要求有本质的改变，但随着技术的进步和市场需求的拉动，原有技术也会进一步得到提升和创新。

根据上述分析，可以得出几个启示：①理解技术的生命周期需要以更完备的眼界来分析，不能轻易介入颠覆型创新的理解，即不能轻易按照一个全新的技术生命周期来考虑，而是要在现有的主导框架下发现创新机会和相应的技术替代的机会。②在渐进型技术创新的格局之下，需要特别关注商业模式的可能具有的“颠覆性”和相应的对现有技术形态的替代。③每个渐进型创新的小循环孕育了很多创新战略机会(对社会则是推进经济发展的机会)，只是这些机会，可能表现为技术上的显著推进，也可能表现为只伴随着技术上的微小变化，但配合了重要的商业模式的变革和创新。④在这样的框架下，新兴技术发展，特别是新兴经济体国家和地区企业所开展的新兴技术为特征的创新活动，更有可能发生在第一阶段和第二阶段。由于这些创新活动都应发生在一个更宽领域的技术生命周期曲线上，因此更有实践参考意义。

3.7 本章附录：技术多样化与技术收敛的测度方法

1)技术多样化的测度指标

许多学者用不同的方法测量了企业的技术多样化水平。从现有的研究方法看，这些方法主要有两种：①问卷调查，如对大型企业的案例分析；②指标评估，通过设立指标对技术多样化进行评估，主要的指标包括Herfindahl指数、熵(Entropy)指数等。本节在前人研究基础上，把技术多样化指标总结为以下五种侧重点不同的指数。

(1) Herfindahl 指数。

$$\text{SPECL} = \sum_{i=1}^{n}(S_i)^2 \tag{1}$$

其中，S_i表示第 i 个技术领域的专利数量在总技术领域的专利数量的比重。SPECL 的值越趋近于 1，表明总技术领域专业化程度越高，SPECL 的值越趋向于 0，则表明总技术领域的多样化程度越高。

(2) Entropy 指数。

$$\text{Entropy}_j = \sum_{i=1}^{n} p_{ij} \ln \frac{1}{p_{ij}} \tag{2}$$

其中，p_{ij}代表对第 j 样本而言，第 i 个技术领域的专利占该样本所拥有的所有专利的比例。

熵值为 0～$\ln n$，极端的情况当熵值为 0 时，代表该区域将其技术活动及专利资源完全集中于一个技术领域；相对地，若熵值为$\ln n$ 时，代表了该区域的专利资源在每个技术领域里面平均分布。

(3) 辛普森多样性指数。

$$D = 1 - \sum_{i=1}^{s} P_i^2 \tag{3}$$

辛普森多样性指数(Simpson' s diversity index)是测量生物多样性的常用指标之一，又称为优势度指数，是对多样性的反面，即集中性的度量。辛普森多样性指数假设从包含 N 个个体的 S 个种的集合中随机抽取 2 个个体并且不再放回，如果这两个个体属于同一物种的概率大，则说明其集中性高，即多样性程度低。辛普森多样性指数(D)值越大，则多样性越高。

(4) Shannon-Wiener 指数。假设可以把一个个体无限的总体分成 S 类，即 A_1、A_2，…，A_s，每个个体属于且仅属于其中一类。随机抽取一个个体属于 A_i(i=1，2，…，S)类的概率为 P_i，因此有$\sum P_i = 1$。希望找出 P_i 的一个函数，比如 $H(P_1, P_2, \cdots, P_s)$ 作为总体(例如群落)多样性的一个度量，并且它满足下述条件。

①对于给定的 S，当 P_i=1/S 时，有最大值。

②如果假定还有不含个体的 S+1 类、S+2 类，…，这将不影响总体的多样性指数的大小。

③假设总体经受另一分类过程(B)，当其分类是独立的情况下，则

$$H'(AB) = H'(A) + H'(B)$$

可以证明，满足上述 3 条件性质的唯一函数是$H'(P_1, P_2, \cdots, P_s) = -C\sum P_i \log P_i$。其中，$P_i$是一个个体属于第 i 类的概率；C 是常数，一般置 C=1。

最后，Shannon-Wiener 多样性指数为

$$H' = -\sum P_i \log P_i$$

它表示信息的紊乱和不确定程度，作为总体多样性的一种度量，物种数目越多，多样性越大。

(5) 技术宽度指数。由于专利的 IPC 分类号代表了专利所从属的技术领域，因此可以根据专利 IPC 分类号的多样性来衡量技术多样化。本书作者曾把专利宽度定义为专利主分类号与副分类号的差异程度，其具体计算方法是，按照 IPC 分类标准，对专利分类号的五部分(即部、大类、小类、大组和小组)进行分类统计，

令 PB 为专利宽度，则

$$\text{PB}=\sum_{t=1}^{5}\sum_{i=0}^{n}\alpha_t d_i \tag{5}$$

其中，α 是权重；d_i 为每个专利的主分类号与第 i 个副分类号的比较，其形式为 $d_i(a_1,a_2,a_3,a_4,a_5)$，按部、大类、小类、大组和小组的顺序进行比较。

例如，对于 $d_i(a_1,a_2,a_3,a_4,a_5)$，先比较部，如果部与部之间不同，则 $a_1=1$，此时比较结束，记 $d_i=d_i(1,0,0,0,0)$；若部与部之间相同，则 $a_1=0$，继续比较大类。若大类不同，则 $a_2=1$，此时比较结束，记 $d_i=d_i(0,1,0,0,0)$；若大类相同，则 $a_2=0$，继续比较小类，以此类推。则按一项专利的 $\sum_{i=0}^{n}d_i$ 中 5 部分的不同取值可知该专利的 IPC 分布情况。而令 $\sum_{t=1}^{5}\alpha_t=1$，且 $\alpha_5>\alpha_4>\alpha_3>\alpha_2>\alpha_1$，可以计算不同专利的宽度并进行比较，专利宽度越宽，则技术多样化程度越高。

2) 技术收敛的测度方法

利用技术领域的专利存量的比例变化可对技术收敛进行描述，王磊和陈向东(2008)曾利用在华电子行业中企业技术领域的 RTA 值的变化说明电子行业技术收敛的趋势。也有学者运用经济增长的 σ 收敛和 β 收敛对技术收敛进行实证研究。

(1) σ 收敛。σ 收敛可以比较直观地度量不同技术领域的技术发展差距。如果 $\sigma_{t+1}<\sigma_t$，那么存在 σ 收敛。在实际计算时，使用不同 IPC 领域的专利申请量的标准差来分析专利技术的收敛情况，即

$$\sigma=[\sum(X_i-\bar{X})^2/n]^{1/2} \tag{6}$$

式中，n 表示 IPC 领域数量；X_i 表示第 i 个 IPC 领域的专利申请量，i=1，2，3，…，n。

(2) β 收敛。β 值越大，则向稳态收敛的速度越快。如果 β 值大于 0，表示地区技术趋于收敛；如果 β 值小于 0，则表示地区技术趋于发散。

$$\frac{1}{T-t}\log\left(\frac{y_{iT}}{y_{it}}\right)=B-\frac{1-\mathrm{e}^{-\beta(T-t)}}{T-t}\log y_{it}+u_{it} \tag{7}$$

其中，i 表示技术领域单位；t 和 T 分别代表期初与期末时间；T-t 为观察时间长度；y_{it} 和 y_{iT} 分别代表期初与期末的专利申请量；B 为常数项；u_{it} 为误差；β 为收敛速率，表示 y_{it} 向稳态收敛的速度。

(3) 网络图形分析法。σ 收敛与 β 收敛无法对一项技术能否在产业内或产业间形成通用技术即收敛技术进行描述，因此单纯用 σ 收敛与 β 收敛分析技术收敛存在一定的局限性。

第四章　新兴技术的发展风险与负责任的创新

引言：新兴技术的发展往往开创了一个独特的发展轨道，可能完全不同于以往的产业技术发展模式，甚至改变社会经济结构。新兴技术发展的种种影响所及(也是考察影响新兴技术发展本身的因素)既包含经济和社会范畴，同时也可能有伦理道德方面的领域。英国技术哲学家大卫·科林格里奇曾提出一个以他的名字命名的两难现象，即“科林格里奇困境”(Collingridge，1980)。他认为一项技术的社会后果在其技术发展生命周期的早期通常难以预料，然而，待到种种负面后果初露端倪时，这类技术却往往已经成为整个经济和社会结构的内嵌部分，要想做出任何根本性的改变已经十分困难。这个难题的突出点，就在于技术萌芽期技术风险可控但似乎不可测，而在技术的成熟发展期则风险可测但已然不可控，纵然可以做些相应的变革，但其成本昂贵、耗时耗力，这种科林格里奇两难现象，在今天开发新兴技术的情景下尤其显得关键。特别是对新兴经济体国家和地区而言，以往这些国家和地区的新技术，大多是从现有科技发达国家转移而来，对其潜在的技术风险可能也有此类困境问题，但毕竟是可以从其他国家的发展中找到相应的问题而采取一定的措施；但当这些国家和地区的技术开拓者们自行探索和寻找适宜本地社会和经济发展的技术时，就好像从荒野上探索珍珠，“一切发光的物体皆有可能被利用”。这种方式带来的后果，却完全需要依靠我们自身的实践去检验，而缺少在先经验的参照。无论是商业实践还是政策实践，这都是一个更为“艰难”的领域，但也是一个更需要，并且急需开展研究的领域。本章重点借用科技发达国家的做法和相应的政策概念，给出一系列相关的新兴技术评估机制，作为新兴经济体国家和地区不同领域的学者和实业家开展新兴技术创新活动研究时的参考。

4.1　新兴技术发展的社会责任问题及负责任的创新

随着新兴技术日益复杂和体系化，前沿技术发展的问题也越来越严重。即新兴技术的发展有可能越来越集中在更少的研发体内和科学资源高度集中的组织之内(包括跨国公司、高度发展的科学研究机构等)，并且更多是集中在某些科技发达国家，而其经济与社会的影响范围却越来越大。于是，那些影响巨大的新兴技术的发展过程可能距离社会民众越来越远，而这些新兴技术的后果却有可能以越来越强大的影响力由普通社会民众来承担。鉴于此，目前世界上兴起了一个负责任的创新或负责任的研究的思维热潮，鼓励社会民众积极参与政府和相关组织在新兴技术发生发展早期的政策决策过程，即不但鼓励科学家群体发展新兴技术的负责任意识，而且鼓励社会民众意识的早期介入和干预，以便及早发现有利于社会文明进步的新技术和有害社会文明发展的危险技术。这一社会性架构无疑是当今世界发展新兴技术极为重要的架构，也是一个在国际范围逐步取得共识的发展架构。

通常我们对市场中的经济因素与新兴技术的发展之间的相互影响的认识比较清晰，但对政策文化及社会文化（也包括市场经济发展中的社会文化）与新兴技术发展的相互影响的认识则比较模糊。特别是，在政策前瞻导向的框架下，往往还带有支持不足的考量，那么何种支持可以覆盖尽可能有效的新兴技术创新呢？这通常必然包含有效宽度的科技研究信息，即对更宽的技术覆盖程度（broader coverage）的考虑，在此基础上才有可能相对精确地定位具有可投资性强的、有潜力的技术。

这个领域往往是技术预测需要关注的问题，特别是政策前瞻性技术预测，尤其是重大的技术主题和研究方向，例如近年来智能机器人的发展和典型应用（Daim et al.，2018）。其相应的技术发展路线图也都是前瞻性新兴技术发展相关的学术研究的主要思路和流行方式，并可能据此开展产业科技战略预测。但需要强调的是，技术的预测离不开技术的评估，这两类主题实际上应当是在相互交融中来开展的，否则可能会产生严重的科林格里奇两难问题。

事实上，国际上大量技术预测研究工作借助定性分析方法，就包含有这样的考虑，例如，基于德尔菲方法和情景分析方法及改进型的专家调查分析。Merkerk 和 Smits（2008）曾开发的针对新兴技术发展和预测的“三阶段建构性技术评估方法”，就是为新兴技术的开发规避科林格里奇两难提供可能的操作方式。其具体步骤包括为新兴技术参与者（包括开发者和应用者及消费者）提供信息、提供情景设计分析以及提供研讨平台，最终达到技术的选择性收敛的目标。

另一个角度是从历史信息的维度开展技术预测和相应的评估，尤其对相关产业的发展预测。即为了对新兴产业的兴起有更加深入的了解，相关研究工作也强调对于产业发展史学资料的整理和分析。例如，Forbes 和 Kirsch（2011）认为，结合由专门机构保留的历史材料来对新兴产业产生的历史与社会背景进行进一步的研究是开展新兴产业相关研究的重要组成部分。

综合国际上的相关研究，新兴技术的政策影响机制更为重要的课题是提出“负责任的创新”问题应当具有的前瞻性，这不仅应是一种战略，更应是一种责任，同时也凸显了新兴技术发展可能存在的两面性（正如技术本身具有双刃剑特征一样，既有其可能促进经济发展和社会发展的正面效应，同时也可能发生影响社会文明发展的负面效应，甚或产生一些在当前社会经济发展情形下还很难看清的未来人类社会发展问题。例如，某些生物技术发展的伦理问题）。因此，在促进新兴技术发展过程中起到决策和选择作用的政策往往需要另外一些附加概念及其考量，例如 Lucivero（2016）等出版的“伦理学、法律和技术发展的国际图书系列”中特别在其专著《新兴技术的伦理评价》中提出“将技术决策民主化”的议题。

由于这个原因，从 21 世纪头一个 10 年起，欧洲和北美一些学者曾组织专题学术会议，已经开始讨论如何通过创新政策和社会元素来“塑造”（Shaping）[①]新兴技术，其重要论题

---

① 值得关注的是，该文不用技术的创造（Creation）而是突出对技术发展可能产生影响含义的“Shaping”，有引导和控制的含义，因而 Shaping 似可按中文的“塑造”来理解。

之一就是对新兴技术发展过程的适当政策干预。为此，在新兴技术发展的主题上，似乎更应推荐一种社会科学、人文学科学者与工程科学学者合作的平台，更不用说需要科学界和工程界的专家合作的平台了。

比如，对于新兴技术发展比较著名的影响机制是一种叫作“社会塑造技术”的观点(Bijker and Law，1994；William and Edge，1996；MacKenzie and Wajcman，1999；Sorensen and Williams，2002)。以此观点来考察新兴技术的工作起源来自学界对纳米技术发展的关注(Barben et al.，2008；Grunwald，2011)。而这种期望社会“塑造”技术通常最为关心的主题是：技术创新的走向、技术发展的形式以及对不同社会群体而言的创新产出。

一般而言，人文学科和工程科学乃至科学家的合作和讨论平台是一种理想的机制。而人文学科学者通常希望在下列问题上对新兴技术发展提出质疑，关切其中可能面临的挑战性问题，期望提出或参与重要的意见和建议，甚至采用独特的观测方法，以下这些问题便是采集于国际学者相关的研究(Owen et al.，2013)：①除了新兴技术发展的初始或主流经济和商业方向之外，还有无其他可能影响社会文明发展的方向？②新兴技术对使用者和消费者相关的社会多阶层的影响和作用是什么？③加入“负责任的创新”因素，根据 Owen 等(2013)的定义，负责任的创新是一种“关怀未来发展的使命，同时也是一种群体行为”，即联合社会与此新兴技术相关的科学与工程界人士共同引导新兴技术健康发展的行为。④社会科学家和人文科学家还可能为正在发展的新兴技术增加新的价值内涵，这也是技术创新发展中的一种普遍规律，即多学科参与会增加新兴技术发展过程中的创造力，也会预见研发过程中的可能问题。例如，美国的“国家纳米技术发展的 2011 战略计划”就提出“建立相关群体［例如，消费者、工程师、伦理学家、制造业者、非政府组织(non-governmental organizations，NGO)、政策规制者及科学家群体，特别是行为科学家群体］之间的合作，以便能够及时发现那些研究突破可能带来的潜在风险和可能收益，并能提供后续的研究视角和研究方向”。欧洲相应的研究资助项目规划中也有类似的概念表述，强调项目早期就应引入与此类研究和创新活动相关的所有领域的专家或关系人代表来参与讨论。

上述问题属于新兴技术发展过程中有必要纳入的“参与”机制和话语权体系设计问题。显然，对于可能对未来社会发展具有重大影响的新兴技术发展本身，不仅仅是一个技术开发群和经济利益群的责任和义务，而是需要有反映这种影响的社会群体的声音，这对所有当事人而言不仅是责任，也是义务。

4.2 纳入负责任创新质量的新兴技术发展评估机制

值得注意的是，针对产业技术发展的历史资料进行分析和整理，不但具有工业技术发展本身的重要性，特别对本书所关注的新兴经济体国家和区域层面的战略性新兴产业的发展也具有参考借鉴意义。由于新兴经济体经济发展在国际上常常遇到相关的南南、南北合作与竞争问题，其中国际产业政治关系和国际产业组织的作用十分重要。同时，决定国内区域间经济发展不平衡问题也面临产业技术发展机制的突出问题。凡此种种，也更需要针对相关历史资料进行研究。因此有关新兴产业，特别是战略性新兴产业中的新兴技术创新研究也应注意历史维度的研究与借鉴。

伴随着各个时段上新兴技术的发展，必然有其新兴责任问题，应当有一个负责任的管控体系来配套，这一意识首先体现在专家和民众对技术的社会负面影响和社会伦理的担忧意识上面，同时也会在政府机制和功能上有所反映，与此类社会责任相关的技术评估便会随之出现。

根据科技发达国家对此类技术评估机制的研究，技术评估源自第二次世界大战之后。特别是20世纪50年代起，各国政府逐渐意识到，新技术的发生发展有可能带来潜在的负面效应，需要相应的政策管控，而新闻媒介也在这一主题上突显出了作用。技术对社会的影响成为政策分析的主要任务，首先碰到的就是这种自身判定的缺陷问题，即技术开发者不适宜评价自身发明可能带来的社会受益和社会危害问题，必须有某种机制来接管这项任务。于是技术评估(technology assessment，TA)应运而生，它本身更像是一个管理性质的工具，来降低技术的可能有害效应及相应的治理成本，这种政策型管理工具是期望帮助政府安排最适宜的金融、政治和规制类资源来控制技术的发展。基于这个原因，美国政府于1972年设立了技术评估办公室(Office of Technology Assessment，OTA)来帮助美国国会处理许多领域的尖端技术可能带来的问题，如医药、通信、农业、新材料、交通和军事防卫等。

从其责任定位来说，此类评估应是以事实为依据的、中性的、基于专家意见的研究报告。而在20世纪80年代晚期和90年代早期，多个技术评估类型的组织已经在欧洲多个国家建立，并在欧盟最高行政机构也有这样的设施。例如，法国、英国、德国、丹麦、荷兰等国家的相关机构，特别是一个称作科学技术选择评价办公室(the Scientific and Technological Options Assessment，STOA)是在欧盟层面建立的。

比较而言，欧盟和欧洲的这些机构与美国的OTA的评估角度不尽相同，欧盟的相关机构把技术评估的定位看作是“一种范围较宽的、相对复杂的评估方式，其宗旨不是要简单地避免技术发展的负面效应，而是要找到和追寻一种我们社会中更好的集成性的科学技术”。

欧洲的某些国家，例如丹麦，其机构的目标定位，并非仅仅产生一个足够客观的报告，而是要建立一个多方参与的认识评价平台，因而引入不同的互动方式和参与方式，特别要邀集不同类型的利益相关者(或称stakeholder)参与进来开展较为充分的互动形式的讨论，通过多种多样的参与形式(比如，建议和意见平台、某种学术会议、小型研讨会、有公众参与的听证会等)，以便取得共识，最终实现某种意图的协调和关系配置(Kluver，2005)。

在实践层面，参与的专家们都认为给TA下定义很困难，参与者边界也很难界定，当然无法与科学研究分开，但在具体TA活动上也不可能有一个清晰的知识边界。目前对于TA工作的类型认识主要遵循四种模式，也主要是以其操作方式来划分的：经典型技术评估模式(classic TA)、参与型技术评估模式(participatory TA)、争论型技术评估模式(argumentative TA)、建设型技术评估模式(constructive TA)

每种模式的运行其实都有一些相应的科学规则贯彻其中，表现出不同程度的集思广益功能和作用，在机制上也完全不同。

1）发展和运行要点

将上述四种模式加以细致分析，其发展和运行要点如下所示。

(1) 经典型技术评估模式。经典技术评估模式源自典型的美国技术评估办公室运行模式，表现为由专家系统为资源基础的政策分析，其主要角色是为政策决策者提供具有典型分析的研究报告，在运行机制上通常表现为议会体制下的专门办公室。Smits 和 Leyten (1991) 曾将其称呼为“看门狗式的技术评估”(watch dog TA)。其中，技术评估通常是采用集权式的、自上而下的管理方式，以产生一个体系化的、对新兴技术可能影响的早期预警型分析报告为己任。在这种运行模式之下，技术通常被认作是一种给定的存在，以一种稳定的、完全自治的实体来对现有社会施加影响。而这种影响可以被专家群体追踪，也可以被政府政策所管制。那些不希望发生的有害影响通常被认作是一种普遍关注的“风险”(如环境风险、健康风险等)，或者是快速发展的、影响面大的那些计算机化和自动化(即今天的智能化)给社会带来的某种负面的心理和生理影响。

(2) 参与型技术评估模式。当经典型技术评估模式转移到欧洲之后，技术评估就从早期的预警功能转化为向政策开发提供某种选项的角色的功能(Van Eijndhoven，1997)。于是，这个过程的科学性就要求纳入更多参考意见，以便汲取不同领域、不同立场的多元角度的声音和建议，于是有关科技政策的技术评估决策机制倾向于在更广的视野中开展，通常是通过更多参与者之间的政治辩论方式进行的。在某些场合，例如丹麦的技术评估决策过程，则不但吸收那些代表公民的议会议员参与，而且可能吸收公民本身参与(一般通过民意大会)。这种参与型技术评估模式的积极推进者希望通过此种方式达到两个目的：使政府对新兴技术的治理方式有更多参与者，使专家们的意见更趋向民主化。这种变化也必然会给科技政策的决策带来某种改进，特别是科技政策的参与者不再仅仅是那些科学家和技术专家，而且包括其他方面的专家。

(3) 争论型技术评估模式。随着上述新的技术评估方式的进步，争论型技术评估模式及其相关理论就逐渐发挥更大作用，其基本思想是通过立法和相关管理机制，有意识提高各类相关参与者的参与程度，其中一个体现就是 “以说为主的民主理论”，即不同类型的、不同立场的参与者的相互争论成为其中的重要组成。以此种方式，每个参与者也会了解其他参与者的立场意见，由此形成一个更为合理的、更有信息量的决策。

(4) 建设型技术评估模式。在上述技术评估模式发展的基础上，组织机构也表现出相应的变化，以往局限于议会内部的那种机构形式逐渐扩展出其他多种多样的组织形式(包括产业的和学术的组织形式)。这些组织形式在欧洲的多样化发展也构成了自下而上的某种机构型特点，呈现出以多类机制为特征的技术评估发展模式，即建设型技术评估模式。也就是说，技术评估越来越像一种多平台、扁平化发展的活动。Smits 和 Leyten (1991) 又把这种类型的技术评估叫作“跟踪器(狗)型技术评估”(tracker［dog］TA)，而不仅仅是看门狗了。于是把技术评估从一个一次性分析工作变成了一个分析过程系列，即由一个不断对话过程支持的决策过程。

2)传统技术评估内在的局限性

值得强调的是，传统技术评估具有一些内在的局限性。技术评估的规范性是其机制发展的组成部分，虽然有利于技术评估工作的规范化展开，但这类规范也可能带来内在的欠缺，主要在两个方面(Grunwald，2004)。

(1)相关技术决策过程的机制化本身就具有规范性，这一机制化或机制塑造过程需要明确的目标，原则上是社会需要、反映社会利益的，而这些目标因其重要程度差异而具有了一定的倾向性。

(2)技术评估方法有其规范维度，即专业术语的应用、领域的区分以及不同选项之间的选择，这些维度并不都是完全中性的，需要一些规范意义上的预期和准备，这些预期和准备本身就带有一定的倾向性。

传统技术评估一般都会产生一个面向政策制定者的最终评估报告，虽然此类报告通常被认为是比较客观的、中性的，表现为用词上的“可能会”发生，而不是“应当会”发生，但这类报告还是会通过其间的技术发展目标及其背景的设定和评估方法本身反映出一定的主观性(如无意识的偏好倾向或忽略倾向)，即“规范性欠缺”。

比较完备的技术评估方法是以专家调研为基础的(van Est and Brom，2012)，包含了对技术细节的描述和促使各类不同技术发展的政策实施的后果与影响，其他可能的技术选项及其社会期望水平以及接受水平通常并不在评估报告中反映，而是留给政策决策的政治体系去完成(Lucivero，2016)。但 Lucivero 认为，即使是德国 OTA 的后续评估机构［如健康卫生技术评价(health technology assessment，HTA)］的专家调研过程，在其运行宗旨中也明确表示“对特定环境中应用某技术的后果进行全面和系统评价”，在实践中总是过分聚焦在现代健康体系的运行成本和应用技术的有效性和经济效益等相对狭窄的问题上，此举也会招致社会其他方面的批评。

总体来说，规范性欠缺问题不仅存在于专家调研这一方式，也存在于多方参与(包括非资本关联方)的方式中。其中，一个争议主题是，技术评估的评判根据很多是来自事实取证，如专家咨询，而这些取证也往往是根据他们自己的经验和事实，即事实提供者本身就存在局限性，因此以事实为根据的思路实际上限制了那些评价新技术效应的其他不能提供事实，但有合理争议基础的人，比如法律和法理层面的行为者。同时，以价值判断为根据的评价也具有很强的主观性。美国政治哲学家 Sclove 就曾认为，美国政府的技术评价办公室的评价过程事实上是排除了技术发展的道德合理性评价因素。当人们用当前眼界采用 “当事人”或“行为者”这样的概念来组织多元评估主体时(例如，新技术相关的产品消费者、生产者、技术专家、环境相关等)，往往会“机制性”地忽略尚未形成社会关注的问题代表者以及那些更多体现为道德问题的选项，而这些问题往往才是未来可能带来更为严重社会问题的问题(例如，社会交往是否受限等)。

相比之下，技术评估的辩论式内涵和建设性内涵赋予了这项活动以更为宽广的社会内容，从早先的关心健康风险和社会经济影响扩展到后来对广义社会问题的关心，通过对于政策讨论的分析，在伦理学和科学社会学的目标层面为科技政策和新兴技术发展赋予它们所应具有的核心价值。

4.3　新兴技术的社会学思考——负责任的创新活动发展构造

如上所述，从技术发展的源头而非后来发展的进程中对新兴技术发展进行评估，在操作上极其困难，如果考虑到技术创新的非线性期望，则新兴技术的预测效果的不确定性和挑战更为严峻。而根据早期 Latour（1987） 和 Callon 等(1986)的研究，按照线性发展逻辑(实际上就是根据当前事实的线性外推)，技术发展自然不会对社会产生额外影响。

但技术发展与社会是相互影响和协同演化的，并不遵守线性逻辑。此种观点更多见于从事技术评估研究的社会学学者圈内，特别是遵循建设型技术评估模式的学者这样认为。从新兴技术发展的快速、集成、多样化和信息化内涵特点来看，技术评估急需扩展其评估视野。即对于新兴技术发展的理解不应局限于经济发展和技术体系内，而应看作是一个影响社会，同时也是植根社会文明发展的过程。因此，相对于新兴技术的产生机制问题，理解其中的社会文化和人与技术的关系，则是一个社会“塑造”(Shaping)新兴技术的共生和演化关系。相比之下，新兴技术的经济发展框架只是这个塑造过程中的一个子集。于是，新兴技术的社会学思考必须加入进来。

具体分析这一技术发展的社会塑造过程，无论其最终走入“新兴”过程，抑或短暂出现便走向消亡，都必然受制于社会、机制、经济、文化等多种因素的协同作用。其中，从事支撑新兴技术的基础科研工作的科学家群体是一个重要的社会影响因素，他们所起的作用最终会引导新技术发展和相应的创新活动的走向，会影响技术的演变形式，直至影响到与此过程相关的社会利益群体的发展或萎缩等。从这一认识出发，在新兴技术发展的早期，就应当尽可能认清和辨识潜在的技术变革的可能作用后果和影响范围，因而以更为民主和更为包容的形式来实行相关技术创新政策决策，关照技术政策发展潜在影响等，这一点尤其显得重要。

以科技发达国家技术创新和社会学学者为先导，针对“塑造”新兴技术发展这一主题的机制构造的认识目前已经初步形成。其中，比较突出的是 Konrad 等(2013)一批年轻学者所总结提出的关键概念，主要涉及以下四个方面。

1)介入型构造

新兴技术极有可能在其发展过程中，逐渐采取不同的形式，走向不同的技术轨道，并可能扮演不同的社会角色及可能带来不同的社会道德挑战，则相关领域的科学家和工程师以及与此类技术相关的支持者(包括资本力量的支持者)应当向社会报告此类情形，以便相关决策者和社会民众在获知足够的信息的条件下(即信息“介入”)做出正确的选择，并采取行动支持负责任创新的行为者。但这种报告并非易事，大多数情形下只能出于当事人的责任心。于是，体制“介入”渠道的建设就显得十分重要，这也需要开发适宜的方式。其中，尤其重要的介入是应引入社会科学家群体，即将技术创新活动相关的研究者和科技人员与社会科学和人文学科专家群体建立联系。目前，在发达国家更多实行的介入属于此类，但也仅限于特定国家之内，或科技发达国家范围。而现有研究和实践都还没有考虑如何将科技发达国家的科技人员与新兴经济体，特别是发展中国家的社会和人文科学家群体的结合。

另外一个重要的介入渠道是引入社会民众的讨论，特别是对于可能引起社会伦理问题的新兴技术，社会民众引入的质量问题显然更为重要。Mansvoort 等曾提出一个所谓纳米技术超级市场的概念，即创造一定的场所来吸引民众认识纳米技术，并反映他们对于形形色色纳米技术产品的疑虑。这个尝试事实上是一个流动的展览场所，包含了多种纳米技术产品的介绍，同时也提供面向个体消费者的疑虑测试。

毫无疑问，这样的体制建设必然受到当地文化的影响。例如，在巴西，尽管他们对来自发达国家的那种对新兴技术的前瞻型监控表示疑问，但愿意接受新事物，愿意尝试，同时，科技领域的专家也乐于与社会科学领域的专家对话，参与这种技术-社会项目。因此，最终看来，使那些与新兴技术无关的社群“介入”来发挥作用的体制建设，在不同国家很可能进程和效果都不尽相同。

2) 制度管控构造

如果从介入效率来考虑问题，制度建设及其约束力应当是重要的一环。而从制度或管控角度看，适宜的制度工具选择也是一个文化差异情景下的必要运行环节，并且是关键的环节之一。一般认为，这类制度约束可以分为软制度和硬制度约束两类。

软制度约束意味着灵活性，因而在新兴技术发展之初尤其适用。例如，与医疗健康和食品科技密切相关的新兴技术极容易引起人们的忧虑，通过软制度设计和开发，可以帮助新兴技术的开发者及时发现此类技术存在的问题，克服其中的认识差距。

值得指出的是，专利制度是一种硬制度约束，而专利制度极有可能为某些新兴技术带来过宽的专利权保护问题，尤其某些具有平台型发展意义的技术(即可能应用于多种行业和多种产品的技术，例如纳米技术)。即使其与一般技术具有相似的技术保护宽度，也会实际上增强专利权人垄断其技术的范围，伤害专利制度的社会效益，因而需要进行硬制度约束上的改进。这一点在科技发达国家的专利权人与新兴经济体国家和地区的企业专利权人之间往往是关键的冲突问题。

3) 技术创新特征构造

代表性的技术创新特征构造是需要对类似朴素型创新、节俭型创新活动进行特殊的提倡和保护，至少与那些 “前沿型”和“尖端型”技术创新活动相比不应有实际上的歧视政策，更由于这些节俭型创新的特殊性，主要是其经济回报率相对较低(但社会效益可能较大)、创新活动的主体更趋多元(往往需要依靠非盈利机构或非营利创新创业团体)、创新资源更为丰富(巴西曾有学者专门开发过期专利的数据库，发掘可免费应用技术的资源，成为节俭型创新的典型产品之一)。因而，将此类创新有效包容进特定国家和创新文化之中，也是塑造“社会型技术”，推进负责任的创新的必要组成。

4) 术语构造

如本书第一章所述及，随着信息技术和网络技术的快速进步，相当一些数字居民与非数字居民的二元世界已经相当明显，技术术语正在成为新兴技术发展语境下的“外国语言”。因此，新兴技术的话语描述体系(包括特定的术语及其功能描述逻辑)成为负责任创新活动的必要前提，适宜的“翻译”和语言描述决定了社会民众对相应的新兴技术未来发展的好处和风险的认识程度。而这一话语描述体系的开发也肯定是植根于特定文化的产物，它关系到人们怎样接受这样的新兴技术，最终会形成支持，抑或不解，乃至反对的文化体制，因而这一话语描述体系必定成为新兴技术发展过程中人类生活中的一个组成，而且是必要组成。

值得重视的是，支持这类评估观点及其行动还需要有其理论研究基础，即技术动态变化的学问，或称技术动态变革相关解释理论。Rip 等(1995)认为这些理论会为早期新兴技术的发展提供技术评估理论工具，并提供可能辨识特定技术的模块化发展(或阶段性发展)。其中有几个关键观念：其一，正是由于技术与社会是相互影响、动态演化协同发展的，因此不可能独立地研究和评估技术本身的发展及其效应；其二，职业技术专家(特定技术开发和应用者)及其创新行为往往会纠缠在一起，并在相当长的一个时段上，行为者与其行为和实践相互依赖，形成一种稳态发展格局，某种社会结构便会应运而生，该结构会支撑并偏向这些行为者，而不利于或限制另外一些行为及其相关行为者。例如，某些药品的应用会使得某些医疗资源及其政府政策形成特定的运行框架，有利于此类药品或医疗方式的运行，而无形中限制了其他一些药品及其相关医疗资源以及相关政策的运行(例如，中药与西药、中医与西医的分歧和可能的结合)。尤其在新兴技术发展的场合，早期这种框架型“联盟”显然会锁定技术发展轨道，从而不利于其余技术解决方案的进步和发展。值得特别指出的是，在药品和食品行业，新兴技术的发展具有此类更为明显的特征。

根据技术创新的相关理论，社会-技术这种发展机制(也可以称为体制)是以锁定技术道路的方式来丰富和强盛自己的。技术的社会学领域也有相应的一种理论，即新兴技术可能在技术发展的早期就带来一种“新兴不可逆”(Robinson，2009；Rip and Kulve，2008)。于是，未来的发展格局很可能就被这类“内生”的力量所规定。

因而，引入更广范围评议者十分重要，特别是作为新兴技术的使用者和消费者，需要有更多的声音加入评估过程。

4.4　新兴技术的“建设性技术评估机制”与“收敛型技术介入机制”分析

政府层面的技术评估机制有一个不断深入的内涵变迁发展过程。伴随负责任创新的思想和政策的进化，相应的技术评估机制更多地向建设性方向变化，集中反映在建设性技术评估(constructive technology assessment，CTA)的架构方面，并且其发展迅速。根据相关观察，2004～2010 年，美国、英国等国家都提出，科学技术的评估应当有使用者和本国公民的参与(Sclove，2010)，并将本国利益引入了评估体系。毫无疑问，新兴技术的潜在使用者和消费者对未来技术评估的积极参与会带来不同角度的利益观察。同时，在这一过程中，技术评估的考察维度也从健康、环境、安全几个有限方面扩展到社会和伦理的多个方面。更重要的是，在过去的新兴技术评估活动中，社会因素仅仅是在技术创新过程的末端加以考虑的，而现在在 CTA 的视角之下，社会因素会成为技术创新初始阶段就应纳入考察的重要方面。这类机制尤其在生物技术和细胞基因技术快速发展的今天尤其重要，其代表性成果可以表现为美国颁布的“21 世纪纳米技术研发法”。

在欧洲和北美相关的新兴技术评估体系中，有 CTA 和收敛型技术介入(convergence technology engagement，CTE)的两个层次。CTA 处理新兴技术发展的全过程评估，尤其在新兴技术开发之前即需介入；而 CTE 则是当众多技术发展到需要选择和聚焦某一类技术的时间节点上的介入评价机制。

CTA 的形式于 20 世纪 80 年代发源于荷兰，但也具有长期的理论和实践应用历史，这些理论和实践曾对美国现代的很多技术评估，比如实时评估(real time TA)提供新的示范性样本，也对欧盟的互动学习和行动方式产生影响。所有这些新的评估机制都旨在推进技术评估活动，借助于更早期介入多元对话，并将之反馈给相应的政策决策机制及技术“使用者”的战略管理过程，从而成为更系统的参与型技术评估。概而言之，这些学者的用意不是控制或导向新兴技术的最终产品，而是要将技术创新的过程作为评估的主要场所和聚焦点。

此类机制的技术起因仍然出于对纳米技术作为一种特别的平台型技术(其创新型材料的性质，应用范围极广)的考虑。根据欧洲和北美国家发展纳米技术管理经验，需要政府层面或行业层面提供某种预警机制。欧美学者和机构(包括英国皇家学会和皇家工程师学院于 2004 年的报告)(Fisher et al.，2006)都曾对此予以关注。其根本宗旨是，预测相关技术可能带来的、对人类和社会的影响以及建设一种反馈机制，来减少人类和社会的学习成本，更早更快地掌握控制此类技术的方式，而不至于像以往那样，总是通过试错的方式，反应迟缓，成本巨大。

这一监管体制的管理哲学是将责任纳入技术发展活动。即相关政策制定者认为，由于此类新兴技术发展内在的知识复杂性，技术开发者应负有极大责任，因此应当将此类监控责任嵌入到相应的技术发展活动中。也就是说，技术的演化和发展与其相应的社会责任问题互为表里。实践上更为可行的方式或运行机制即是相关行为者和机构的合作、互动和集成，这类合作或者互动机制尤其需要包括技术评估者、公众介入机制、从事实验室科研的科学家和技术专家以及相应的政策研究和制定者的共同参与。而协同机制的最好表现形式则是为此类技术创新活动构造一个融合和集成各类信息的模块化构造，反映其不同层次和不同发展阶段上的技术特征和集成特征。有关 CTA 的结构分以下几个层次。

(1)相关专业人员介入阶段：包括上游介入者、中下游介入者、下游介入者。其中，上游介入者主要聚焦研究开展的方向和目标以及各个方向的优先级；而中下游介入者则主要为跨技术领域专业人员和相关工程技术人员，由于中游环节的研究可能提供各类机会，因此需要较为广泛的领域的专业人员参与；下游介入者则应主要是技术相关者及经济相关者。

(2)局外人介入机制(即 “Insertion”，这种“介入”的含义体现了局外性质）特别指对特定相关知识领域而言完全陌生的人，或不了解此专业的人的介入。有关 Insertion 的文献讨论这些不同人的介入时，聚焦点主要在实验室阶段。

在评估次序上，CTA 在 CTE 之前；CTE 主要关注技术科学方面的实际工作者(包括实验室、政策研究、董事会、市场相关者)，通常有相应的关系图来表现行为者之间可能的利益关系。显然，这类评估更重视对于责任人的关切。

比较而言，CTA 往往涉及不同领域的参考意见(社会和技术的参与者及不同阶段上的技术活动的参与者)，聚焦不同技术方向的综合或派生影响；但 CTE 关心的是不同阶段、领域、活动者甚至不同方法可能存在的框架性问题。

CTA 更像是提供了一个开展技术评估的场所及交换意见的空间，它使得各类社会科学家、人文学家、科学家、工程师以及政策制定者在该空间内交换意见，用大家都能懂得的语言和术语(可能还需要创造出相应的专用术语和概念)来促进这种交流。

CTE 的职责则不仅是构建新兴技术协同演化的架构，而且建立相关的集成理论和实证研究。学术界的通常做法和逻辑是要分解、区分、孤立、假设及批判，但 CTE 的框架是要解决存在的问题，也存在合成技术所蕴含的新的机遇。

Gorman 和 Schuurbiers(2013)还曾提出专门的 CTE 参与者定位框架(图 4-1)，该框架描写了技术发展的一个融合关系。而其中的某些环节，如作为纵轴的“作用机构和作用群体层次”维度的顶端(政策作用空间)和底端(社会环境)在实践中往往是相互链接的，这样看来，高度融合的新兴技术发展在这一维度上更像一个首尾相接的环形结构。即政策、立法机构的作用实际与社会环境互为影响；同时，根据这样的框图来分析新兴技术的发展及其收敛过程，纵轴所表示的各个层次的作用机构和作用者群之间还有一个联系密度的问题，在某些国家和地区，或某些文化背景下，其联系相对松散，这和联系紧密的情形应当是完全不同的。另一方面，这一模型也没有考虑区域乃至国家的产业发展的历史与文化背景影响。

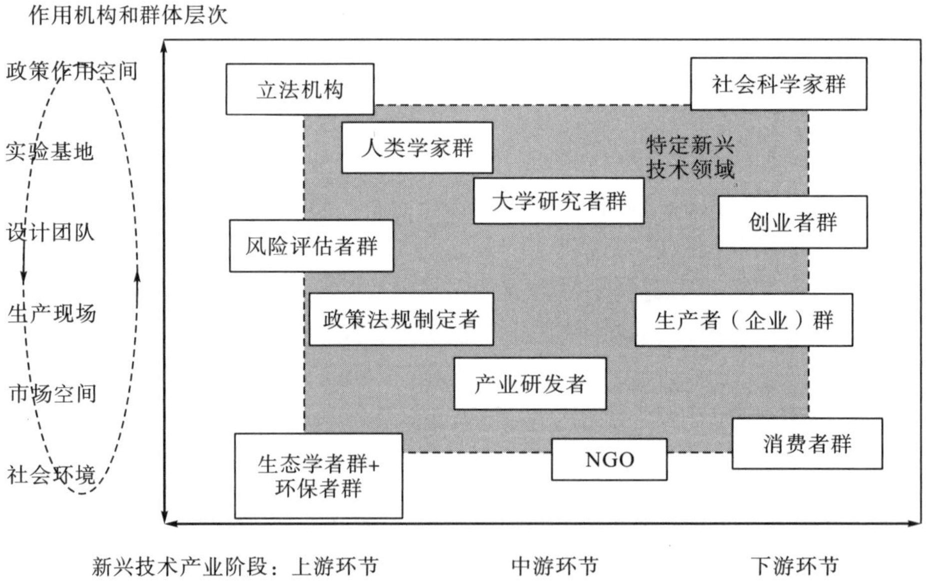

图 4-1　CTE 参与者模型(原图聚焦纳米技术)

注：引自 Gorman 和 Schuurbiers(2013)

进一步分析，可以在此框图基础上，分上下两个部分来理解(其顶部和底部的环形结构仍然可能是存在的)，即新兴技术的发展很可能沿着两类产业发展逻辑演化，一个是大学研究者群和创业者群(主要是高技术创业者)的发展(反映为上部的作用机制)，这一发展可能孕育着更为颠覆性的新兴技术，但同时，可能带来的社会伦理问题也相对突出；另一个逻辑是大企业主导的研发机构及其技术群(反映为框图下部的作用机制)，这一演化路径很可能兼具技术和资本的力量，因而其市场发展的聚焦或收敛作用巨大，与中小企业发展的新兴技术模式无法比拟，这一路径的发展弊端可能是压制甚至排挤了具有更好社会效益的创业型企业和中小企业主导的新兴技术发展道路。

另一方面，这一分析框图没有考虑到上部大学和创业企业主导作用的新兴技术过渡到下部大企业主导作用的收敛过程。事实上，这一过渡寓意着，或者中小企业成功演化为大型甚至超大型企业，或者通过其他大型企业的资本运作过程而“归化”，而这一过渡确实是新兴技术收敛的重要环节和转折。

总体上说，加入不同层面的参与者共同形成新兴技术发展的介入机制，即寻求建立不同发展阶段和不同领域专家之间的合成或协同，这种机制可能会创造出一个团结政策制定者、科学家、工程师和技术使用者的世界。他们对负责任的研究和创新活动具有真正的兴趣，而其协同产生的意识眼界会超越每个局部评估者群体或专家群的眼界，而 CTE 表现了一种自下而上的评估机制。

事实上，国际上“科学技术学科”[①]的学者已经做出结论：技术的创造和制造往往表现出对社会规范和道德内涵的强大影响力(Akrich，1992；Winner，1999；Latour and Venn，2002)，技术的变革一再挑战现有的行为范式框架，一再促使人们不断重新考察和评价现有的规范框架(Keulartz et al.，2002)。西方学界主要以避孕药和生育控制技术的发生发展改变人们的社会行为主题讨论此类问题。因而，人们倾向于越来越关注技术的这种对既有道德行为不断挑战，并促生新的道德规范的强大创新和创造力量。

而 CTA 的方法则是清晰地由三条准则所确定，即预测(Anticipation)、学习(Learning)、自反(Reflexivity)(Schot and Rip，1997)。①预测可能的技术发展路径，但需注意这种路径发展观念应当能包容将技术语境下的概念转化为技术-社会共生动态进化过程之下的语言和语义的活动(这里面清晰地勾画出了两个圈子，一个是以此类技术当红专家自居的技术专家的圈子，而另一个则是可能牵涉到社会各个影响方面的圈子)。②保证“学习”活动贯彻始终，此种学习必须是广义的，即是能联系技术-社会各个层面的学习，或称“深度学习”。Schot 和 Rip 认为这种深度学习有两个层面：一是不断改进技术推进者的开发能力并不断将技术发展推向既定目标的那种学习(即通常意义上的技术推进队伍或成员内的累进形式的学习)，另一个层面则是不断理解此类技术的价值(包括社会价值)的学习。③自反，或自反性，即关系到技术与社会的共生发展，以防止对技术的评价落入那种天真的“影响”概念中(即往往关注单一方向的影响，特别是仅仅关注经济数据的影响)，也就是要兼顾此类技术发展的各个方向的相互作用。

① 即 science and technology studies，也涉及所谓科学技术社会学科领域，即 Science-Technology-Society，STS，有些像中国学者所做的科学学研究。

这类评估方式在实践中的问题则是，就 CTA 的含义而言，它是提供了一种评价平台(或评价设施)，还是一种成员相互商讨的一种分析方法？这类较为理想的评价观念在实践上仍然可能由于纯粹形式上的安排，而失去其原有的含义，即吸收技术-社会协调评估思想的那种动作方式。

Luicero(2015)认为，CTA 实际上还是侧重在第二层面的“深度学习”，就其评估观念而言是希望建立一个容纳多种行为者相互挑战其立场，就此形成共同讨论的空间，这种形式应当是比较理想的对于新兴技术开展有效评估的方式。

4.5　新兴经济体国家和地区新兴技术发展的技术评估及其伦理问题

伦理问题属于哲学范畴，主要用来考察和质疑人类行为的正确或错误的方式；因而伦理道德这种考察通常主要针对人的行为、意愿以及行动的目的和动机等。而伦理和道德又有区别。Swierstra 和 Rip(2007)把这两个概念用冰山理论来解释：冰山的水上部分，是一个特定社会和群体共同遵守的价值、行为准则和规矩，它们是有清晰的表达边界的，是谓伦理；而冰山的水下部分，则是该特定社会共同默契和遵守的、支撑其价值、行为准则和规矩的原则、范式、美德体系，这个部分掩藏在水下，并不能清晰地看见，事实上也是没有清晰的边界的，是谓道德，它在形式上，应当是内嵌于该社会和群体的生活行为和习惯之中的。

但今天的问题是，伦理问题很多时候并不都是哲学问题，哲学的思考大概只有利于对此类问题的认识逻辑的建立，而伦理问题本身更多是体现在现实社会中的。很多属于现实生活中和社会发展中的伦理以及道德问题，特别是与新兴技术发展相关的政策和工程过程问题及以此为契机形成的种种热点讨论和争论议题，既具有技术哲学层面的问题，但很多属于科技与工程伦理的实践问题。

科学技术评估倾向于越来越偏重新兴技术的交叉与合作，侧重通过交叉学科的合作产生新的技术，而与其他带有批判性的技术评估或传统伦理层面的考量有分道扬镳之趋势，甚至有冲突。Grunwald(1999)就曾将此类分裂称其为技术评估和技术伦理学之间的“伦理之战”。这事实上代表了两类学术思想群体：一个是科学技术领域的学术群体，以促进新兴技术发展为己任，并将学科交叉与合作作为新兴技术萌芽和新思想启蒙的来源；另一个是以社会科学与哲学为基础的伦理学术群体，将新兴技术可能带来的社会问题以及相关知识和技术发展的哲学问题作为其研究宗旨。20 世纪 90 年代在德国就曾产生这类问题的争论。Grunwald 对此类争议做了如下判断：传统上，技术评估的工作更倾向实践的“操作型”工作，即如何能通过有效的机构和政策干预、吸纳各种参与者的努力来更好实现新兴技术优秀的经济价值，但可能忽视其中的技术伦理问题，而给后面的经济发展带来潜在的社会风险；而致力于伦理考量的学者则认为，应当评估“技术评估”工作本身，看看其中是否可能存在新技术带来的道德价值方面的问题，但又有可能夸大这类问题(或由于对特定新兴技术的规律缺乏了解)而阻滞了新兴技术的发展。

因而，这两方面的意见可能都存在一定的道理，但也都有一定的偏见。欧洲一些学者

(Roelofsen et al.，2008)分别用“规范式欠缺”和“社会学式欠缺”来定义这两类技术评估出发点的不足。应当说，技术评估的规范化产生的问题可能形成技术伦理和社会伦理之间的冲突。

在新兴经济体国家和地区，相应的技术评估机制问题表现出某种特殊性。例如，有关技术评估过程中公众的参与问题，哪些人物或角色应当看作是公众的代表来参与技术的评估？根据巴西学者对此问题的研究和讨论，其“公众”和“参与”都需要谨慎界定。公众，应当是视作公众的取样代表，因此应当是随机选取、具有平均教育水准、具有差别性人群，可以称之为公众代表，而非有所准备的特别挑选的代表。但这样的人群又有可能对相关技术的了解很肤浅，影响其对相关技术发展的判断。事实上，巴西学者 Fonseca 和 Pereira(2013)的建议是，当一个国家的教育水平普遍较低时，是比较难以实现真正公众意义上的“参与”的。例如，针对纳米技术发展可能带来的社会责任问题，有相当一些评估过程是需要具备对于生态和对于人类的毒理学知识内涵有一定知识基础和有一定理解的公众，这类问题无疑应当是新兴技术发展的一种常态。即客观上总是需要一种或多种特别的、与之匹配的学科知识来支撑的。

4.6　本章小结

本章以综合分析科技发达国家对新兴技术发展的伦理问题的处理机制为主，但对于新兴经济体国家和地区的发展而言，其实有更为重要的新兴技术伦理问题，主要原因如下所示。

新兴经济体国家的新兴技术大多由技术转移而来，属于派生型技术，其技术的社会问题和伦理问题已经在发达经济体中有所体现，虽然发展中国家技术转移活动中更多习惯于看到原有技术的优势和受益方式，而对已经出现的技术伦理和社会伦理问题估计不足，但毕竟仍有客观伦理问题和发展经验可以参照。而当新兴经济体国家和地区根据本土需要独立开发某种前所未有的新技术时，如何合理估计其中可能存在的后续社会问题和伦理问题，与科技发达国家相比客观上缺乏参照和经验，则需要独立开发出相应的评估机制。

在当前经济发展框架下，新兴经济体自行开发的新兴技术，往往相对简单，其影响范围较小。因此，其中的技术伦理问题并不深刻，相关的技术伦理和伦理风险问题不突出，但未来发展必然依赖大量适用的本土新兴技术，这类风险问题可能会出现。随着新兴经济体国家和地区的经济实力增长，影响面广的新兴技术必然成为其社会和经济模式发展的内部因素，也是蕴含新兴技术伦理解决方案的主要场所。

新兴经济体国家和地区的社会和经济发展道路，本质上需要向更为环保、更为节俭的方式发展，新兴经济体国家能够在未来超越当前的科技发达国家经济发展格局的重要方面，只能是靠一种新兴的发展理念和格局，创造新兴的可持续发展模式，这是由于世界资源的限制，科技发达国家的现有发展方式根本不足以支撑未来新兴经济体国家和地区的经济总量，因此只能依靠新兴经济体国家和地区自身的实践，其新兴技术的发展评估特点和社会“塑造”技术的方式必然也有本质的差异。

中 篇

新兴技术发展与辨识框架：主体、环境与生态

导 言

本篇主题着重于新兴技术发展过程的发展规律、主体和环境方面，其基本思路是，对新兴技术发展过程的认识及其辨识，离不开对这类技术发展规律的认识，特别是作为新兴技术发展过程的动力行为机制（主导者和推动者）的认识及适应相应的规律和促进新兴技术发展行为者的主体和环境的认识。本篇特别按照以下逻辑关系来安排这些主题，并与下篇中的主要内容形成呼应。

(1) 新兴技术的发展规律，结合新兴经济体国家和地区的发展实际，其中必然涉及对于新兴技术的不同概念的定义和分析。但本书强调以下观点：新兴技术既包含技术路径开拓意义上的、处在技术生命周期萌芽期以及萌芽期向发展期转型期间的技术形态，也包含路径依赖意义上的，但因应用于不同地区、不同产业而产生的新颖技术形态及其商业模式。同时，本书还强调，新兴技术的发展，除了在技术应用幅度（市场维度的衡量）和时间维度展开的二维平面曲线观测之外，还应注重技术路径宽度的第三维度的观测：技术路径宽度（或技术的多样化发展空间）在技术路径开拓期必然呈现更多元和更宽的发展状态，而新兴技术开拓者行为及相应的社会经济环境会影响这一初始宽度。值得强调的是，即使在后续的收敛发展的技术路径上，因地区和国别差别化应用其技术路径亦有可能拓宽，而技术路径的宽度实际上决定了各种新兴技术的发展空间。

同时，本篇在总结归纳新兴技术的定义、内涵和起源的基础上，将新兴技术的产生分为两种情形，并对应地将新兴技术划分为两种类型——Ⅰ类新兴技术和Ⅱ类新兴技术；进而结合新兴技术的本质特征以及技术生命周期各阶段的技术发展特征，探索了不同类型新兴技术与技术生命周期间的联系，为后续的理论和实证研究提供了相关依据。

(2) 对各类新兴技术的分析和辨识，应注重对主体，即新兴技术推动者和创新行为者的认识和辨识。本篇特别将新兴技术发展中的关键发明家个体、新兴技术发展的典型创新群体（主要是高校及其产学研联盟群、高校科研机构衍生的创新创业群、高新技术小微创新群、大型企业和小型企业的合作与联盟群等）作为新兴技术的典型推动者和创新行为者加以分析，为下篇中对新兴技术的具体辨识方式方法提供认识基础。

(3) 对新兴技术发展的认识和辨识，还需要对各类相关创新活动的环境给以充分的关注。本篇特别以适宜新兴技术发展的创新生态体系、高校产学研联盟发展和小微创新群发展的创新文化和政策支撑等主题作为其环境和设施建设的认识。

(4)对于新兴经济体国家和地区的新兴技术发展，还应十分注意新兴技术发展的国际关系和国际政治经济背景。新兴技术的国际化发展状态和不同情景，也是这些国家和地区发展自身新兴技术的大背景组成，对这类背景应当有清醒的认识。

本篇仍旧应用上篇中设计的图形来反映这些主题。其中，大的圆圈代表所有可能的新兴技术发展路径和状态信息，但并非规则分布(非圆形)；小的圆圈则代表更为独特的、具有引领作用潜力的新兴技术类型；而方框则代表人们所持有的对这些新兴技术发展规律的比较中规中矩的认识框架，在此类认识框架之下，采集的数据集和分析方法、辨识工具会有局限性，有可能失去对最为重要的新兴技术的把握，从而导致两种缺憾：一种缺憾是对数据集采集过于“居中”或“居要”，忽视了某些创新主体的作用；另一种缺憾则是对特别的新兴技术的独特性质认识不足，因而容易捕捉 A 而放过 B，重要原因则是对新兴技术发生发展的可能非均匀分布及相关创新主体的作用认识不足。

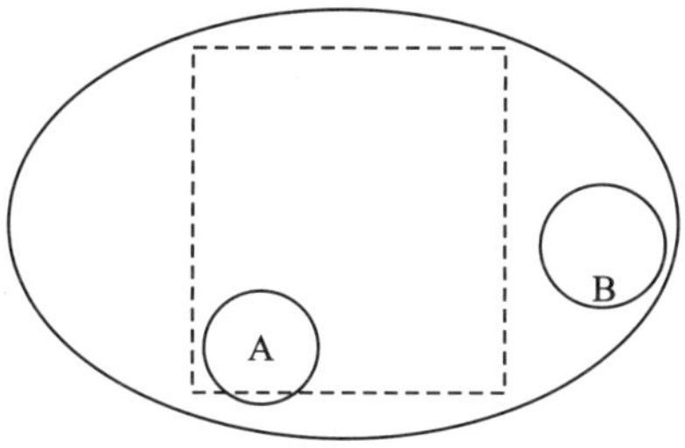

第五章　新兴经济体框架下的新兴技术概念与辨识框架分析

引言：本章旨在从新兴技术辨识的角度探讨新兴技术概念，特别是从新兴经济体框架之下认识和应用相应的概念。新兴技术可能是处于萌芽期的技术，也可能是处于发展或成熟期的技术，但应用于新的市场环境或新的产业领域而派生出来的新的技术形态，尤其从新兴经济体国家和地区的经济和社会背景出发，其新兴技术的发生发展概念与科技发达国家相比，既应有相同的特征，亦应有差异的部分。这主要是由于新兴技术所面对的社会经济问题及其解决方案的差异。而新兴技术的分析和相应的概念相似和差异点，又是理解新兴技术发生发展规律，进而对重要的新兴技术进行合理辨识的前提。因此，对这一概念的讨论十分必要，尤其需要和问题导向的新兴技术发展理念相结合。

5.1　新兴技术的概念：科技发达国家和中国学者对新兴技术定义的比较分析

根据上篇有关新兴技术发生发展的相关理论分析，新兴技术的发展主要从两个方面开展研究：一是技术发展生命周期的萌芽期以及向发展期转变的关键时期，表现为技术路径多样化发展的变化格局；二是技术发展生命周期的成熟期上出现差别化发展机会的关键时期，表现为渐进式技术创新和商业模式创新相结合的模式。

而结合新兴经济体国家和地区经济发展现实，有关新兴技术的含义可能更为广泛。随着新兴经济体国家参与国际市场竞争与合作的步伐加快，其着眼范围不仅在国际市场，更多还是展现在本土和本地区，其关注新兴技术发展的背景范围也应随之扩大。但比较科技发达国家和中国学者对新兴技术的定义，其中既有共同之处，也仍有重要的差别值得比较分析。

5.1.1　新兴技术概念的前期研究

科技发达国家对新兴技术的研究起步较早，但对新兴技术给出明确定义并取得较为一致的意见的情形并不多。

“新兴技术”早在 20 世纪 60 年代就出现在技术管理、经济学和公共政策等领域的研究文献中，但主要来自科技发达国家学者的研究工作，并从 20 世纪 90 年代开始得到频繁运用。有关新兴技术的定义在这些研究工作中也并不统一，甚至可以说，大量相关文献在并未对其进行一致定义的情况下在广泛使用“新兴技术”这一术语。

美国宾夕法尼亚大学沃顿商学院的 Day 和 Schoemaker 是较早研究新兴技术的学者。他们在 1994 年成立了一个行业学术合作团体，开始开展新兴技术方面的研究，并于 2000 年出版了《沃顿论新兴技术管理》一书。这本书集成了沃顿商学院对新兴技术的研究成果，可谓是研究新兴技术的第一本综合性文献。在该书中，这些学者将新兴技术定义为“建立在科学基础上的革新，并有潜力去创造一个新行业或者改变某个老行业”。在此基础上，这群学者们进一步指出新兴技术的特征，即“其知识基础在扩展；其现有市场中的应用正在经历革新；其新市场正在形成”(Day et al.，2000)。

后续学者又从多个角度对上述定义进行了完善和补充。其中，Porter 等(2002)、Hung 和 Chu (2006)强调了新兴技术对未来企业竞争力和经济发展的巨大影响；Carrocher 等(2003)、Bengisu(2003)、Bengisu 和 Nekhili(2006)、Valk 等(2009)等学者都从更为严谨的科学计量学角度提出新兴技术的定义，即应有其相应的创新成果表现——科学文献或专利的快速增长(或高于整体增长水平，或增长率为正)；而 Kajikawa 等(2008)则从时间意义上捕捉了能源领域的新兴技术，认为论文平均发表时间是衡量技术领域是否“新兴”的重要指标。综合分析，相关代表性内涵描述可以用表 5-1 列出。

表 5-1　科技发达国家学者对“新兴技术”的定义

文献	新兴技术定义
Day 等(2000)	定义 I：建立在科学基础上的革新，并有潜力去创造一个新行业或者改变某个旧行业
Day 等(2000)	定义 II：新兴技术特征：其知识基础在扩展；其现有市场中的应用正在经历革新；其新市场正在形成
Porter 等(2002)	新兴技术是那些可能为未来大约 15 年内的经济发展施加强大影响的技术
Carrocher 等(2003)	新兴技术应是那些在 1995～1996 年与 1998～1999 年相比专利增长率超过所有技术领域样本的平均数的技术
Bengisu(2003)	新兴技术可以由其相应的技术发表数目和发表时间之间的回归曲线决定，如果其间斜率是上升的，那么这样的技术就是新兴技术
Hung 和 Chu(2006)	新兴技术本身就是一种尚未显现出可以改变当前竞争态势那种潜力的核心技术
Bengisu 和 Nekhili(2006)	新兴技术所包含的研究文献和专利都是在增长的
Kajikawa 等(2008)	从时间意义上捕捉了能源领域的新兴技术，认为论文平均发表时间是衡量技术领域是否“新兴”的重要指标
Valk 等(2009)	新兴技术可以被刻画为具有显著的、快速发展的那些新思想和新技术

有关新兴技术考察的维度，也可以发现不同的视角。美国学者 Cozzens(2010)等曾深入挖掘“新兴技术”的定义及内涵，对大量相关文献集进行了文本挖掘分析，发现新兴技术的定义主要与时间维度(应是技术生命周期维度)、战略聚焦维度、技术类型维度、产业技术领域维度、学科主题维度等方面的内容相关，如表 5-2 所示。

表 5-2　"新兴技术"的使用维度及其他相关概念

维度	与"新兴技术"同时出现频率最高的相关概念
技术生命周期维度	新技术、当前技术、现存技术、技术体制、技术开发、技术进步、技术变革、技术成熟等
战略聚焦维度	高期望值技术、高技术、经济型技术、技术创新、技术应用、技术扩散、颠覆性技术
技术类型维度	互补技术、可替代技术、应用型技术
产业技术领域维度	信息技术、生物技术、纳米技术、健康技术、数字技术
学科主题维度	技术管理、技术预测、经济发展

注：Cozzens 等(2010)。

Cozzens 等(2010)概括出新兴技术定义的四个核心内容：①近年来快速增长的领域；②正处于转变或变革的过程中的技术领域；③尚未开发的市场和经济潜力领域；④更多以科学为基础的领域。

5.1.2　中国学者对新兴技术的定义分析

新兴技术的研究起源于科技发达国家，近年来中国也有越来越多的学者从经济学和管理学层面对这一主题展开丰富的研究，并从多个角度对新兴技术的定义与内涵进行了探讨和剖析，综合如表 5-3 所示。

表 5-3　国内学者对"新兴技术"的定义

文献来源	定义
华宏鸣(2005)	新兴技术是指未被商业化的，但在 3～5 年后能被商业化的技术，或是现在已被应用但将会发生明显变化的技术，如高温超导、航天飞机等
赵振元和银路(2004)	新兴技术是指那些新近出现或者正在发展的、对经济结构产生重要影响的高技术
鲁若愚和张红琪(2005)	新兴技术是一种新观念、新方法、新发明。它以科学为基础，并能够创造一个新的行业或者能够改变一个现有行业并能对经济结构产生重大影响
赵洪江等(2005)	正在涌现出来的、刚刚进入人们视野的技术，但其发展前景不明朗，可能忽视其存在
杨雪和张徽燕(2005)	正在出现的、具有较大发展潜力的，并对行业经济或产业结构产生较大影响的技术
李仕明等(2005)	建立在信息技术、生物技术和其他学科发展基础上，具有潜在产业前景，其发展、需求和管理具有高度不确定性，正在涌现并可能导致产业、企业、竞争及管理思维、业务流程、组织机构、经营模式变革的技术
吴东和张徽燕(2005)	新兴技术中的"新"不是一个时间概念，它的新内涵是指：该技术有新的应用领域，能实现新的功能或以新的方式实现已有的功能，能为顾客创造新的价值，从而创造新的需求和市场，因此厂商就有了新的利润空间。新兴的重点不是强调技术本身的兴起，而是强调市场对该技术的需求和厂商可能通过该技术获得的利润的兴起

对比可见，国内学者关于新兴技术的定义大体与国外学者类似，即注重其新近出现的时间特征、正在发展的蓬勃生命力特征、可能对未来经济和产业发展的巨大潜力特征及对其科学基础的依赖特征等。但总体而言，国内外有关新兴技术的最终定义也不是完全一致，表 5-3 中表现出，有些关于新兴技术的定义强调其潜在和隐而未发的特征，十分强调新兴技术的高度不确定性特征；而另外一些分析和定义则十分强调当前市场的显在发展趋势。

除此之外，新兴技术与市场的联系特征也是一个特点，如吴东和张徽燕(2005)从新兴技术的商业内涵出发，将新兴技术的“新”和“兴”与市场需求和厂商利润联系起来，以此阐释新兴技术的内涵。从中国学者的分析可见，作为新兴经济体国家和地区的新兴技术定义，似更强调其应用和市场结合的方面，这不仅拓展了新兴技术的内涵分析，更与新兴技术的管理实践息息相关。

综合分析，本章认为一项技术被视为新兴技术，必须符合以下特征：①技术本身足够新颖——但考虑到新兴经济体国家的发展实践，应当是既可表现为路径意义上的技术进步及新技术类型，也可以是原有技术路径的技术转移到新的应用场所和领域，并与新的商业模式的结合；②技术创新活动足够聚集——表现为相关市场蓬勃发展和不断变革、派生创新成果快速涌现以及技术路径的高度不确定性，这种特性包含了多路径技术创新的技术生命周期萌芽期技术，也包含了路径依赖但应用独特的创新形式；③足够大的商业潜力——具有潜在的广阔市场前景和利润空间；④足够强的科学知识创新或基础研究联系——技术的产生和技术性能的改善更多依赖于相应科学领域的研究成果。

但这类分析还应注意以下问题：考虑新兴技术的内涵，存在新兴技术的时间和空间上的占位区分。即当前对于新兴技术识别的占位(或时间立场)更多看到的是当前处于兴旺发展的技术，如何追寻以后可能成为市场发展热点的技术是识别新兴技术重要意义所在，而当已经存在大量专利或文献间的引用关系信息可供分析时，这样的新兴技术其实已经走过了关键的发展时期。换句话说，新兴技术的识别更多是以当前热点技术为出发点？还是以今天认识到的明天的可能热点技术为出发点？这个问题实际上在新兴技术预测和管理层面一直令人迷惑。由于当前热点技术的发展更容易定义和分析，也可能具有立竿见影的经济效应，对新兴经济体国家和地区而言尤其如此，但由此而来的开发代价(实践上往往是一种赶超类型的投入)很大，作为新技术开发的效益并不一定合适。而面向未来的新兴技术的分析在技术上可能比较困难和复杂(主要是由于不同时点上的新兴技术发展逻辑和动力机制都是完全不同的)，同时学习成本较高，但却有可能获得未来更大的竞争力。

此外，新兴技术的发展还有一个与社会文化相结合的发展范式问题。它代表着某种工业技术发展过程中形成的工业社会准则及其技术文化。这类文化的形成是一种社会因素的集成。它不但是一个技术族群，而且是技术与社会人的充分结合；它不但需要不同参与者的协调实践，也需要演化发展的时间。这里，技术范式的疑问无疑提出了发展机制的问题。

特别是，当技术发展与社会人结合之后，对于技术的功能上的认识就更为理性。即新兴技术的发展是为了解决当地的具体问题，是属于当地问题导向出现的技术发展认识，因而属于新兴技术的空间维度上的认识。值得强调的是，对于发展中国家，特别是新兴经济体国家和地区，新兴技术的当地解决方案的内涵更为重要。也是在这一点上，新兴经济体国家和地区发展新兴技术的功能导向有可能与工业发达国家发展新兴技术的逻辑不谋而合，也可能差别很大，但都是为了解决当地的具体社会、民生和产业乃至国家安全发展的实际问题。

随着技术发展特征的逐步清晰化，以特定产业为载体的技术发展尤其显得重要，不但值得在创新理论上进一步开发，而且在政策实践和企业战略实践层面，都值得深入分析和研究。

5.2　新兴技术的分析与识别

及时、准确地识别新兴技术是开展新兴技术、新兴产业乃至战略新兴产业研究和管理的必要条件。在新兴技术的经济学和管理学领域，新兴技术识别也是最为关键的一环。而新兴技术基础概念的分析又与新兴技术的识别有着密切的关系，基础概念是分析和识别新兴技术的指导，而新兴技术识别本身又会丰富新兴技术概念的分析本身。

5.2.1　新兴技术识别分析：从概念到方法

基于上述认识，对新兴技术发展的分析和识别研究，需要对新兴技术的内涵有深入的理解，并相应建立新兴技术概念与识别方法之间的联系框架，指导新兴技术的识别研究。

一般说，新兴技术的概念中包含了以下分析和识别新兴技术的要素。①时间维度，“快速发展”包含了增长速度的含义，有的学者从近期增长速度、分期增长速度维度给出了明确量化指标；而时间维度的具体划分，也反映差别化研究新兴技术发展的特征。②产业维度，“对经济和产业结构产生重要影响”的表述，可以有多重指标与之相关，需要对产业以及对特定地理范围(国家或局部区域)的影响设立量化标准。③学科维度，“日益增长的科学基础”“高技术”等界定，给出了新兴技术的行业和技术领域特征。④科学与技术的联系维度，“知识基础正在扩展”，其从学科多样化和学科交叉的角度为新兴技术的识别与测度提供参考依据。

为了迅速准确地辨识新兴技术并考察其发展演化过程，通常应用知识创新和技术创新成果数据及计量经济学的方法进行研究和分析，特别对新兴技术识别的量化研究中，需要从文献出版物和专利的数量特征中寻找新兴技术的特征及有效识别方式。这类研究包括，从论文和专利的数量的不同集合及其图谱特征中识别新兴技术。在较为传统的统计学识别方法上，主要运用论文和专利数量的增长率、技术增长曲线等指标和观测手段，根据技术载体的增长和变化趋势来识别新兴技术。随着社会网络分析方法的进步，知识图谱分析逐渐成为新兴技术识别研究的重要方法。Rotolo 等(2015)曾对大量文献进行总结分析，将现有文献对新兴技术的识别方法分为三种类型：①基于统计学的数量分析；②基于科学计量学的文献计量分析，包括文献的共引、引用、共词等；③混合方法，即混合使用上述两种方法。国内外学者对新兴技术识别的研究如表 5-4 所示。

在以上国内外对于新兴技术概念的分析工作中可见，新兴技术发展与其相应的科学研究基础的关系是共同的关注点。新兴技术概念的分析与科学研究基础的联系，在表现形式上是与科学论文和文献数据的联系；而动态发展过程上，则应与从事科学研究的团队紧密结合起来。由于高校是科学基础研究的主要力量，其知识创新成果对新兴技术的发展具有重要作用。因此，对于新兴技术与基础科学的联系维度，即知识创新与新兴技术的关系，主要应关注以下方面。①知识创新是技术创新的源头，应以其多样化发展为主要特征，从中发现蕴含多类别转化技术的创新机会、发生和推进新兴技术的潜能。②知识创新与新兴技术的增长速度匹配关系；近年来以论文、专利为载体的知识创新快速增长，其间应存在新兴技术同步增长的规律。③高精尖知识创新成果与新兴技术的高技术特征的相似度(如引用信息和网络聚集信息)。④知识创新反映出的新兴技术动态发展演化趋势，主要表现在对新兴技术识别的量化研究中，采用科学计量方法，从论文、专利等知识创新成果的多种数量特征中寻找新兴技术的识别方法。

表 5-4　国内外学者对新兴技术识别的研究

文献	数据	新兴技术识别方法
Bengisu (2003)	论文、专利	论文和专利数量的年度增长率
Daim 等 (2006)	专利	技术增长曲线、系统动力学模型
Kajikawa 等 (2008)	论文	直接引文网络、聚类、论文平均发表时间、增长趋势
Yoon 等 (2011)	专利	技术专利 IPC 分类的共引网络结构洞分析
Kajikawa 等 (2008)	论文	最高平均发表年份的文献聚类
Shibata 等 (2011)	论文	最高中间中心度值的文献聚类
Morris 等 (2003)	论文	引用更多近期文献/新兴研究前沿的文献聚类
Chiu 等 (2008)	论文	共词聚类中具有较低的中心度，较高的中间中心度，较低的接近中心度的聚类更倾向于在未来发展为核心技术
Ohniwa 等 (2010)	论文	指定期间内 TOP5%生物医学领域的主题词表 (MeSH) 的增长率
Zhang 等 (2014)	论文	词聚类和主成分分析
Rafols 等 (2009)	论文	知识地图图层叠加法，文献参考文献的余弦距离的聚类
Yoon 等 (2011)	专利	发明属性作用中小而密集的子网络
Small 等 (2014)	论文	文献聚类在直接引用模式和共引模式下都表现出高速增长模式
黄鲁成和卢文光 (2009)	问卷	利用属性综合评价方法对新兴技术进行识别
汪江桦等 (2014)	专利	用粗糙集理论的属性重要度和层次分析法确定评价指标权重，测度新兴技术未来影响力
侯剑华 (2008)	论文	基于论文共引网络的能源技术前沿演化分析
栾春娟 (2009)	专利	基于专利计量可视化的主题词共现分析
李蓓和陈向东 (2015)	专利	基于专利引用耦合聚类的纳米新兴技术识别
黄鲁成等 (2015)	论文	基于集成性与一致性的新兴技术跨领域评价

注：本书作者总结

5.2.2　新兴技术识别的定性分析和定量分析

新兴技术的识别是对新兴技术进行评估和选择的必要前提。由于新兴技术的复杂性和不确定性，以往新兴技术常常依靠定性方法来进行识别，如专家调查等。这类方法能综合多个相关科学技术领域的专家知识，代表了科技专家对未来技术发展方向的预测与展望。部分关于新兴技术的定量研究也经常以此为起点，以便对经专家评估确定后的新兴技术进一步实施评估、测量与验证。但另一方面，由于易受到专家个人研究领域、知识水平和主观倾向的影响，这种定性识别方法可能导致识别结果与实际技术发展间存在差距，因此有学者提出应充分利用现有可以获得的数据资源，通过科学合理的定量方法识别跟踪新兴技术领域，使其成为专家知识的重要补充，甚至某些情形下替代相应的定性分析。

表 5-5 列出了国际上科技发达国家开展新兴技术识别的主要方法。其中，探索型定量分析属于在未知技术主题条件下对新兴技术的分析，而判别型定量分析则是已知技术主题对新兴技术确认的分析。

表 5-5　国际上科技发达国家开展新兴技术识别的主要方法

来源	数据类型	识别方法	分析框架
Bengisu (2003)	论文和专利	论文和专利数量的年度增长率	判别型定量分析
Bengish 和 Nekhili (2006)	论文和专利	论文/专利基于 S 曲线的技术生命周期及发展速度	判别型定量分析
Cho 和 Shih (2011)	专利	专利引文网络、社会网络的结构洞分析	判别型定量分析
Cozzens 等 (2010)	论文和专利等	论文耦合分析、聚类或因子分析	探索型定量分析
Kajikawa 等 (2008)	论文	论文直接引文网络、拓扑聚类、论文的平均发表时间及数量增长趋势	探索型定量分析
Csardi 等 (2007)	专利	专利引文分析、聚类分析	探索型定量分析

上述列出根据定量分析中所使用的主要数据资源，可将当前的新兴技术定量识别研究简单分为两类。①一类倾向于使用论文数据，如 Cozzens 等(2010)认为虽然根据技术的生命发展周期，有多种数据可用于预测并评价技术的发展状态(如论文、专利、商业信息等)，但最适合于新兴技术识别的应为科研文献。因相比之下，其他类型数据具有更明显的滞后性，未必能及时捕捉技术的最新动态。但毕竟科研文献更多反映的是基础研究的成果，有些研究热点可能只是科学研究的起源，而并非新技术的起源，因此如何从科研文献中区分出技术主题将是一个难点与要点。此外，不少学者也强调尽管技术与科学的关系越来越密切，但两者的关系只能被视为“互动”。如 Meyer (2001)通过对纳米科学文献和纳米技术专利的主题词进行跟踪分析发现，纳米科学和技术之间虽然有重合之处，且相比其他技术领域而言彼此间的关系也更为紧密，但种种迹象也表明，这两类信息是各自独立发展的不同体系。这可能与科学与技术活动的目的不同有关，科学在于探索，而技术活动的重点却在于制造或设计。因此，仅从科研文献捕捉和追踪新兴技术是有所欠缺的。②另一类注重定量分析的学者则选择使用专利数据来挖掘新兴技术的相关信息，这是因为专利既能反映出技术价值，又能反映出市场价值(汪江桦等，2014)。一方面，专利能够体现出技术的新颖性，是技术研发最重要的产出成果，一直被视为技术信息最有效的载体(Trajtenberg et al.，1997)。另一方面，专利能够表现出技术的经济价值和商业潜力，是新兴技术进入市场、商业化可行的一个重要标志。此外，相比其他信息资源，专利文献还具有内容新颖、系统相近、格式规范和分类科学等特点(王朝晖，2008)。因此，综合来看，利用专利文献识别新兴技术切实可行，能较好地捕捉新兴技术的关键特征。

5.2.3　新兴技术识别中的判别型定量分析和探索型定量分析比较

依据定量分析具体的分析框架和数据处理方法，可将新兴技术的定量识别研究划分为判别型定量分析和探索型定量分析两种情况。其中，判别型定量分析是指首先利用现有的技术分类体系(如 IPC 体系)、分类标准(如 OECD 对高新技术 IPC 分类号的界定)或专家意见(如技术关键词)，确定目标技术集合，进而通过开展相应的定量分析，甄选出目标技术集合中正在蓬勃发展、具有巨大潜力的新兴技术。如 Bengisu(2003)以德尔菲法预测的20项新兴技术为研究对象，通过考察对比各技术的相关论文及专利数量增长趋势或者由S曲线所反映出的生命周期状态，提取出了其中确实呈快速发展状态的新兴技术。而Cho 和Shih(2011)则通过 IPC 体系的大类信息，将整个技术领域划分为129个类别，继而通过专利引文网络成功识别出了台湾这129个技术类别中具有重大发展潜力的新兴技术。这类方法虽然简单高效，但更多地表现为对既定技术集合的评估、测量和验证，而非真正意义上的新兴技术识别。

相比之下，探索型定量分析则直接从客观数据出发(如专利)，不受外界人为因素的先验性干扰，而仅借助数据自身的固有特征，识别数据内部的复杂结构及其随时间的演化规律，从而客观地展现出技术的发展动态，全面及时地识别出新兴技术。但在实证研究中，由于研究资源的限制，探索型定量分析往往结合了判别型定量分析方法，即先通过已知的分类体系或分类标准或专家意见，确定一个目标技术领域(非技术集合)，进而通过探索式定量分析探索该目标技术领域的内部结构及其演化。如 Kajikawa 等(2008)先借助关键词收集了能源领域的科研论文，进而运用直接引文分析和拓扑聚类方法，追踪显示了整个能源领域的技术发展状况，并通过各能源技术子领域论文的平均发表时间和论文数量增长趋势，挖掘出燃料电池和太阳能电池等正在迅速发展的新兴技术领域。Péter 等(2013)则选用美国全国经济研究所(National Bureau of Economic Research，NBER)所划分的第11类专利分类为研究对象，并以各专利被其他领域专利引用的情况为基础对该分类下的专利数据展开聚类分析，从而提取出了该分类下的子技术集，伴随着这些子技术集在时间维度上的变化和新子技术集的出现，便可捕捉到新兴技术的诞生和发展。可见，这类研究更为自由全面，是深入挖掘数据信息、及时捕捉新兴技术的重要途径。

通过上述文献可得到关于新兴技术识别的一些启示。第一，客观的定量分析方法是目前识别新兴技术的主要发展方向。相比于德尔菲法、情景分析法和技术路线图等定性方法，定量分析能通过对大样本的处理和追踪而克服专家知识的局限性，并能深入揭示技术的内部结构形态。第二，相比于论文，专利文献应被视为识别新兴技术的更有效合理的数据资源。第三，探索式定量分析方法由于能更好地排除外界干扰，且能更深刻地展现数据内部的自然结构和本质特征，是未来识别新兴技术的有力工具。

5.3　国内关于新兴技术识别的研究分析

国内关于新兴技术识别的研究也有较多类型，分布于前沿学者和相关主题的研究生学位论文研究工作中，更多与技术领域追踪与监测有关。如表5-6所示，以侯剑华(2008)、杜广强(2008)、栾春娟(2009)和尹丽春等(2010)等为代表的学者们普遍运用借助论文和专利数据信息，通过构建论文/专利间的共引网络，或开展高频主题词的共现分析，揭示了目标技术领域的前沿动态及其演进，为企业乃至国家跟踪目标技术领域的发展和制定相关战略提供了重要的决策依据。但需指出的是，技术前沿与新兴技术之间存在显著区别。从某种程度上说，技术前沿的探测更多地反映了当期的技术热点，尤其是通过高频主题词分析捕捉到的技术前沿更是如此。由此就可能忽视掉新近出现，正在快速发展，但总体规模还较小的新兴技术。

表 5-6　国内技术前沿/新兴技术识别研究示例

来源	研究主题	数据类型	研究方法	分析框架
侯剑华(2008)	技术前沿演进分析	论文	论文间的共引网络分析	探索型定量分析
杜广强(2008)	技术前沿识别	论文	主题词共现分析	探索型定量分析
栾春娟(2009)	技术前沿探测	专利	主题词共现分析	探索型定量分析
尹丽春等(2010)	技术前沿演进分析	专利	专利共引网络	探索型定量分析
黄鲁成和卢文光(2009)	新兴技术识别	问卷调查	属性综合评价和决策系统	判别型定量分析
王鹏(2013)	战略性新兴技术识别	专利	德温特手工代码共现分析	判别型定量分析
王凌燕等(2011)	新兴技术主题识别	专利	主题词共现分析	探索型定量分析

黄鲁成和卢文光(2009)在属性集和属性测度理论基础上提出了属性综合评价和决策系统，对一组国家自然科学基金委支持的 10 项新材料技术项目进行判别，寻找出其中的新兴技术。而王鹏(2013)则在以德温特手工代码共现分析作为技术领域分类的基础上，以社会网络的中心性指标和 Citespace 的 burst 指标为核心构建了战略性新兴技术的识别模型，并将其应用于中国风能产业。这些工作都属于典型的判别型定量分析。

王凌燕等(2011)根据新兴技术主题的概念和专利文献的内容特征，建立识别新兴技术主题的探索型定量分析框架，并以工业生物技术领域为研究对象，针对该领域的专利文献，采用文本聚类技术、共词战略坐标分析和共词网络分析等方法对该技术领域的新兴技术主题进行实证分析，并借助系统的新兴技术主题评价指标体系，最终判定出技术主题 H(发酵或使用酶的方法合成目标化合物或组合物或从外消旋混合物中分离旋光异构体——含氧有机化合物的制备、乙醇、含纤维素材料的基质）为工业生物技术领域新兴的技术主题。

而在确定的新兴技术领域发现和识别次级(或精细级别)的新兴技术主题和发展状态时，还需要考虑相应的技术领域的发展规律或相关的产业技术政策背景。比如：①具有独特的产业经济生态以及社会生态的技术类型(如，制药产业、20 世纪 80 年代以来在更大范围界定的健康产业或医疗健康产业等)；②具有国家竞争力特点的信息与通信技术(information and communications technology，ICT)产业或人工智能(artificial intelligence ，AI)产业，这类产业曾以软件行业、信息技术等类型的小范围技术定义，后来扩展为具有战略意义的产业技术，并延伸到相关制造业和服务业；③具有前瞻型和通用型技术发展意义的新材料产业，典型如纳米技术、石墨烯技术等；④具有国家竞争力特点的行业，早先为铁路业及铁路运输业、石油重化工行业和造船业等，后为信息通信、高速铁路运输、集成电路和芯片、核动力发电、航空航天产业；⑤具有快速增长和典型经济增长带动作用的产业，如早期的纺织行业、机械制造、电子和家电行业(如白色家电)、信息技术(包括软件)行业；⑥具有新兴经济体特点和节俭型创新特点的行业，如农业工程产业、食品卫生行业、小家电及新型建筑行业等；⑦具有可持续发展先导意义的绿色产业，如环保、新能源、新能源动力交通、智能交通和智能电力传输监控等产业。

由此可见，从中国社会和经济发展实际出发开展新兴技术的概念研究和开发相应的识别体系，国内已经出现各类探索性工作，而在研究方法和研究范围上相比国外的工作还有重要的发展空间。本章在吸取国内外学者优秀成果的基础上，从新兴技术产生和发展的本质特征出发，结合新兴经济体国家和地区的发展实际，构建新兴技术识别的框架体系，以求客观、合理、及时地追踪技术领域的动态发展演化。

5.4 新兴技术识别中的专利数据

针对专利数据的定量分析已成为识别新兴技术的主要发展方向，其具体包括两种分析模式：判别型定量分析——利用已存的分类体系（如 IPC 体系）或分类标准（如 OECD 对高新技术 IPC 分类号的界定）或专家意见（技术关键词）确定目标技术集合，再借助相应的定量分析，甄选出目标技术集合中正在蓬勃发展、具有巨大潜力的新兴技术；结合探索型定量分析——直接从客观数据出发（如专利文献），通过探索数据内部的复杂结构及其随时间的演化，客观地展现出技术的发展动态，从而全面及时地识别出新兴技术。

在早期定量分析中，学者们往往依靠专利数量的变化来识别和评估新兴技术。如 Bengisu（2003）以德尔菲法预测的 20 项新兴技术为研究对象，通过考察对比各技术的相关论文及专利数量增长趋势或者由 S 曲线所反映出的生命周期，提取出了其中确实呈快速发展状态的新兴技术。这类研究暗含的前提是某主体拥有的专利越多，则该主体就越重要。但这类分析显然适用于某个类型的技术刚刚出现时。对已经出现的技术主题，则适宜应用专利引文分析和社会网络分析相结合的方法。一方面专利文献之间的引用关系确实体现了技术发展的承接性，于是专利被引次数便可作为重要专利的标志（Albert et al.，1991）；另一方面技术体系间的互相依赖使得技术间的连接形成了网络（Wartburg et al.，2005），Harhoff 等（2003）更从专利引用信息总结出的专利家族的角度来看专利的价值。所以从宏观角度而言，借助专利间的引文关系便可构筑不同技术领域间不同性质的联系网络，该网络还会随着时间进行演化并显现出各技术领域当前在网络中的地位及未来的发展趋势（Cho and Shih，2011）。

从新兴经济体国家和地区的产业技术发展现实出发，一般应根据特定经济领域和特定产业技术领域，开展应用型新兴技术识别研究。

5.5 本章小结

本章内容主要分析新兴技术的概念，特别在科技发达国家相关研究工作基础上，分析新兴经济体国家和地区经济发展实践适用的概念内涵；同时，从各类技术辨识角度，总结具有操作意义的新兴技术概念及其相关辨识方法。本章还特别结合文献数据和专利信息作为新兴技术分析基础数据的场合，对相应的分析技术做了分析和介绍。

总体来看，综合多种信息，分析尚未形成显著发展路线和路径的技术进行辨识和提取，是一件有难度的分析工作，需要融合多个领域的专门知识，特别是数据采集和分析的相关手段(数据的正确采集和分析同样重要)。但尤其重要的是，需要结合本地和本国新兴技术发展的实际需要确定新兴技术的范畴和定义以及相应的辨识手段和分析方法，而不是人云亦云、盲目地追寻某种“尖端”技术。真正有前景的新兴技术，一定是符合本地区、本领域和本国发展实际的、并服从于某种社会-经济前瞻性发展战略的技术，这可能是新兴经济体国家和地区的实践者更应当注意的。

第六章　新兴技术发展的关键发明人分析和识别

引言：从国际上技术创新特别是针对新兴技术的研究看，认识新兴技术的发展动力和发展资源是把握新兴技术发展规律的重要分析和观测角度。这其中，首先是技术创新发明人或技术领导者的创新行为值得重视，如技术引导者的开拓行为，创业者行为和技术把门人的行为。因此，技术创新的开拓者个体(包括技术发明家和企业家行为)，都应是重要的研究内容。

而深入分析新兴技术发展的众多案例，最为原始的动力机制应当是技术发明者的行为和特性，无论技术的出现具有怎样的宏观经济解释，如市场需求的拉动，或者创新环境的建设和发展特征；抑或是科学研究机构与企业的密切合作，或产学研高效联盟等，最终还需要落实到技术发明人或技术发明人团队这些创造新技术的个体和相应的群体，尤其在本书所涉及的新兴技术辨识过程中对关键发明人辨识，往往是识别新兴技术发展特征的重要渠道和观测角度。

本章从新兴技术发展初始期以及发展期环节，来特别关注新兴技术发展的技术把门人/关键发明人及其团队的特殊作用，为此提供相应的国际国内相关研究，并提出识别关键发明人的一种认识框架，也是突出了本书对新兴技术发展过程中人的作用的认识逻辑。同时，后文将关注关键机构群体、关键技术合作联盟等机制作用的重要组成部分。

6.1　新兴技术产生和发展过程中的个体发明家作用

在目前国际相关研究领域，通常通过对创新者个体发明家与其相关组织的交互行为进行分析以获取数据，这需要更充分和深入的挖掘历史数据加以分析，而对个体发明者的信息及其行为分析有着突出的作用。这具体分析可以有以下几个方面。

6.1.1　个体发明家的创新行为

由于新兴技术的开创特点和新颖性特征，在其初始期，往往只有非常有限的个体发明家以及可能的研发团队在从事该技术的研究和创造。因此，如果以技术发展的方向和走势来看，必然是这些非常有限的个体发明家处于主导位置，于是这些个体发明家的技术倾向和创新行为(即表现其知识背景和技术领域以及特定技术主题的执着特征)就显得具有特殊的参考价值。本节提出个体发明家的技术倾向，也是为关键发明家的识别提供一种分析场景。事实上，个体发明家的重要作用主要应当是通过以下几个方面来体现：①个体发明家在某种新兴技术发展中的核心地位(相较其他发明家而言是否属于关键发明家？)；②个体发明家对特定技术主题的执着(相较其他技术主题，是否较长期地关注特定的技术主题？)；③个体发明家的纵向知识联系(是否与相关科学研究有较为丰富的联系？)；④个体发明家的横向知识联系(是否与多位其他发明家合作？)。

值得强调的是，关键发明人的分析和识别，可以根据一定的客观信息(如获奖数等)，但从特定主题的新兴技术分析角度，更应注重个体发明家及其相关团队的技术创新行为，这一点通常是可以通过专利技术信息来直接或间接了解和分析的。

在中国目前的科研领域，有关中国发明者个人及其相关的创业企业、小微企业、高校及研究机构等类型创新群体的技术创新行为研究还不多见。国际上，Hua 和 Mathews(2008)曾分析美国专利商标局(USPTO)中中国不同类型创新群体授权专利数量变化，结果显示1991～2005 年高等院校和公立研究机构的专利产出始终维持在高位，而民营机构对中国国家创新能力的贡献相对有限；然而2001年中国加入世界贸易组织(World Trade Organization，WTO)后，民营机构的专利申请和授权加强，2003 年以后民营机构专利活跃程度对中国国家创新能力的贡献超过其他类型的创新群体。这与2001年以后民营机构对中国实施知识产权国际化标准的信心提升及后续创新能力增长等因素密切相关。同时，研究机构改制而成的民营技术服务企业也可能影响此类状态的出现，并凸显出个体发明家的积极作用。乔永忠(2011)也曾对中国知识产权局1994年授权的专利数据进行分析，比较工矿企业、科研院所、个人、机关团体四类创新主体在中国获得授权的发明专利的维持时间、权利要求数、审查时间和发明人数差异。乔永忠(2011)发现科研院所的发明人数最多，工矿企业在中国获得授权的发明专利的平均维持时间、权利要求数及平均审查时间均最长，这也说明了中国高科技领域个体发明家的主要活跃场所——科研院所。

6.1.2 个体发明家的信息网络及其动态关系

发明人网络交流关系和发展水平往往预示着其技术创新的走向和创新机会。特别是应当关注研发团队中个体发明家的作用。这个主题也与现代科学技术为基础的发明家的知识背景问题有关。

传统工业时代的个体发明家往往体现的是对专业知识的相对聚焦，而现代科技发展状态下的个体发明家更多依靠的是对多种科技领域知识的集合。因此，从理论上说，单一发明家做出重要发明的情形已经完全过时了，必须依靠技术专家之间的信息交流和技术合作才能实现重要发明。同时，现代工程教育的体系发展和革新也会提供重要的知识资源和思维范式。因此，个体发明家或者说关键发明者个体在这个意义上往往是新兴技术核心概念和关键技术的积极推动者和组织者，与创新环境的发展格局有着重要的关联；也就是说，关键发明者个体往往代表了一个知识和信息交流网络，这一网络的个体权重分布往往介于金字塔型和多主体扁平作用型之间，就像金融市场中的做市商(market maker)那样的准金字塔体制。

6.1.3 关键发明者与领先型科学研究者个体活动比较

有关关键发明者的现象与科学研究的领先者及其群体现象有着相似的关系。科学论文产出过程遵从普赖斯定律。该定律发现在某一特定研究主题下，1/2 的论文为一群高生产能力作者所撰写，这一作者集合的数量约等于全部作者总数的平方根。众多技术创新或相近领域的学者发现，在技术研发领域，这一定律同样适用。即在现实的技术研发中，大多数研发人员只参与了极少数甚至一两项专利的研发，而绝大部分的专利则往往集中产生于少数研发人员手中。这种专利产出的集中现象早在20世纪90年代就引起了部分学者的关注。Narin和Breitaman(1995)是最早研究这个问题的学者，他们在对美国一家大型公司的研发部门展开调查后发现，该公司的专利产出高度集中于少数几个发明人手中。后续的多项研究也都从不同角度支持了这一结论，发现极少数的发明人拥有高水平的专利产出能力。这些发明人的专利产出水平往往是发明人平均产出水平的3～4倍，甚至5～10倍，因此往往被称为“关键发明人”。

6.1.4　关键行业和重要企业的技术发明人创新行为

由于关键发明人及其团队对特定企业及其产业经济增长有着超乎寻常的重要意义，针对关键行业、重要企业的发明人个体及其群体的创新行为研究也是十分有意义的研究线索。具体说，关键发明人及其团队的创新数量、创新质量分布以及生产力决定因素是相关研究的关注重点。Narin和Breitaman(1995)还曾利用洛特卡定律测试半导体行业四个企业R&D部门内的个人创新产出，发现其创新分布符合洛特卡定律。高产出的发明人数量相对很少，绝大多数发明人仅有一个发明。Ernst等(2000)分析43个德国公司发明人的发明数量以及质量，再次印证技术发明人的创新能力分布呈现有偏分布特征。Giuri等 (2007)基于PatVal-EU的调研数据，将发明人的个体特征加入分析框架内，以分析发明人专利数量及质量的影响因素，得出发明人产生的专利数量与专利最大价值之间没有直接关系这一结论。另一方面，虽然按常理说，有高学历并在大企业工作的发明人更有可能生产出更多数量的专利，但研究显示，发明人和企业特征并不直接影响发明的价值。也有研究提出更有意思的发现。例如，Schettino等(2008)的研究发现，发明人的创新数量不受个人特征影响，而与发明人是否在有创造力团队或大企业工作有关。意大利学者Schettino等(2008)调研1991～2005年申请专利的意大利发明人，结果显示在小企业工作的发明人的专利数量少于在中型和大型企业工作的发明人的专利数量，但同时这两组发明人所拥有的专利的平均质量则并无显著差异。而专利质量则与年龄、姓名、教育程度等个人特征相关。因此来自小企业或独立工作的专利发明人的专利质量并不输于大公司产生的专利质量。以上研究工作所反映的种种现象也间接说明，重要的技术，特别是形成新兴技术的那些前导型专利技术，与科学知识关联、一流研发团队工作经验可能都有一定关系，但最终还应落实到发明家个体的技术素质和经验上面。

根据以上分析，有必要对新兴技术发展过程中的发明人个体，尤其是关键发明人及其相关群体特性(包括网络联系特征)做深入的研究，这也是中国新兴技术辨识研究的重要线索及研究方法所在。

6.2　新兴技术产生和发展过程中的关键发明人及其群体特性分析逻辑

6.2.1　新兴技术产生和发展过程中的关键发明家个体行为关注点

在新兴技术产生与发展所遵循的以科学发现为导向的技术创新路线中，各个环节必须通过人的活动、人的行为才能实现和完成。但在以往的技术创新研究中，学者们往往更多地关注了机构层次的行为主体，而忽视了最根本的个人主体的行为特征。

首先，新兴技术的产生和发展过程实际上就是一个知识价值的增值过程。知识价值的增值表现在两个方面：①知识量的增加，新的知识被创造出来；②知识的扩散，知识使用范围的扩大(胡婉丽和汤书昆，2004)。其中，知识创造是知识实现价值增值的重要环节，它发生在整个研发过程中，涉及多个机构部门。而在研发部门，通常知识成果产生的效率和质量是有偏分布的，传统的普赖斯定律即是对这一现象的深刻说明(作者集合的数量约等于全部作者总数的平方根)。由此说明，少部分的重要发明人群体在知识创造过程中是实现知识价值增值的决定因素。同理，在新兴技术产生和发展的知识创造过程中，也存在这样的重要发明人群体，实现大量新技术开发的关键环节，直接促成了新兴技术的产生和发展。

其次，新兴技术发展过程的关键发明家个体行为关注点还在于其创新传播特征。知识价值的增值过程中还有一个知识的扩散过程，即知识的流动和转移过程。从知识流动和转移的层次看，它可以发生在任意个体与个体、个体与群组、群组与群组、群组与组织间。由于群组与组织都是由个体组成，所以个体间的信息交流和知识发展构成了群组间和组织间知识转移和流动的基础(马费成和王晓光，2006)。而单个科学家、工程师或技术人员不可能拥有所有的知识。因此，随着技术研发活动的开展，知识在人群的交往中逐步实现流动和扩散。虽然这种知识的流动常常以双向的形式存在，但是单个个体在该知识流动中的地位却是有所差异的。那些在开发活动中取得关键技术突破的关键发明人，与科研活动中的“明星科学家”类似，往往掌握了相关领域的关键技术知识(Ernst，1999；Pilkington et al.，2009)，尤其是那些特定技术和产业领域的隐性知识(Zucker et al.，2002)，从而在整个研发群体中具有较高的知识势能。而从根本上来说，知识的流动过程实际上是知识势能高的主体向知识势能低的主体转移知识的过程。因此，这些关键发明人往往成为技术知识在研发人员中流动的主要知识输出方，在技术知识，尤其是隐性知识的扩散过程中发挥了至关重要的作用。由于显性知识易编码化，可通过信息网络进行共享和传播；但隐性(默悟)知识往往很难用编码化和形式化的语言表达，通常和个人经验、技术诀窍和灵感有关，并且处于不断演变中，难以被复制和窃取。同时，Zucker 和 Darby (1997)曾指出，新发现或者新知识本身具有自然的排他性，如果该技术尚未被广泛使用，甚至尚未被人所了解，或者该技术的默悟性和复杂性程度较高，那么其他学者要想学习和应用该新知识，就必须从原始关键发明人及其研究团队的信息交流中获得相关实践经验。因此，与显性知识不同，关键发明人往往对隐性知识拥有更强的控制力，从而成为隐性知识流动中的关键枢纽，若想完成这种最有价值的隐性知识的转移和传播，就必须与其建立直接的密切交流与合作。

由此可见，在新兴技术的产生和发展过程中，可能存在这样一些重要发明人群体，他们实现关键的知识创造，并对知识的流动，尤其是隐性知识的流动起到至关重要的作用，从而推动了新兴技术的快速发展。如何准确识别出这类重要发明人群体并深入探索其行为特征，对把握新兴技术的发展规律具有重要意义。

6.2.2　技术把门人及其与重要发明人群体间关系

技术把门人的角色应当首先体现在具有重要研发意义的技术路径开发过程中，这一角色与完全处于发散状态的新路径开拓意义上的技术发明人还有不同。

把门人(Gatekeepers)概念最初由 Levin(1947)在一篇研究新闻学理论的论文中提及。他将主任记者的作用与家庭主妇的作用进行了类比。家庭主妇收集各种食品，然后进行加工，进而将食物端上餐桌，供其他家庭成员选择。家庭成员根据自己的喜好选择食品食用。同样，普通记者外出参访收集各种新闻后，上报给主任记者，主任记者对所有新闻进行分类加工整理；经过处理后的新闻在发表后，提供给各个行业阶层的读者。读者对这些新闻各取所需。由此可见家庭主妇和主任记者的一个很大的共同点，就是都成为某种事物传递的中介和桥梁，但其特殊的思维和相应的选择性可能会塑造这一特殊的中介或桥梁作用。可以说，在整个“成果”传递的过程中，家庭主妇和主任记者都充当了“门”的角色。也就是说，事物到达其最终使用者，必须通过这道“门”。Allen 和 Cohen(1969)受此启发，进一步将把门人的概念引入到技术创新研究领域，首次提出技术把门人的说法。

Allen(1971)发现，在科技信息进入企业研发团队内部的过程中，并不是每一个研发人员都会与外部信息来源发生直接关系。对许多研发团队信息交流模式的分析表明，存在少数几个关键人物，成为普通研发专业人员与外界沟通的桥梁。这些人员被称为“技术把门人”，因为他们充当了外部技术信息进入研发团队内部的“门”的角色。Tushman 和 Scanlan(1981)认为，技术把门人是关键的技术人员，他们同时与研发团队内部的同事和外部的信息来源都有紧密的联系，并且拥有将信息在组织内外进行转译的能力。所以，并不是任何人员都能充当技术把门人的角色。最初的研究认为，技术把门人应该是非常称职的技术人员，并且非常可能是一线的技术总监之类的角色(Allen，1977)。技术把门人一般拥有至少 5 年以上的工作经验，因为在组织内建立个人的交流网络需要一定时间；此外，技术把门人的另一个显著特点是应具有良好的社交能力(Macdonald and Williams，1993)。但有研究则认为，技术把门人由于需完成在网络中的调节功能，因此需要广泛的技术知识基础，相比于专家而言，其更应是一个多面手(Goetze，2010)。

技术把门人作为研发团队信息传递网络的关键节点，主要有如下三方面作用。第一，技术把门人从外部获取信息。可以将技术把门人比喻为企业的“天线”，搜索企业外部环境，获取与企业研发团队相关的最新科技研发信息。第二，技术把门人对外部信息进行转译。这一个过程指用某种方式对外部信息进行传播，保证研发团队成员可以使用此信息。Allen 甚至认为，技术把门人最重要的作用就是信息在企业内外传递时的转译作用。第三，技术把门人将信息在研发团队内传播。技术把门人对其所获得的信息可以自己使用，但也乐于将信息传递给团队内其他成员供使用。然而，技术把门人并不是简单地将外部信息大量转发。更多的情况是，他们更倾向于将信息传递给他们认为对此信息最感兴趣并具有使用该信息能力的研发人员。

对于关键发明人群体与技术把门人间的联系，有学者提出(Ernst，1999；Pilkington et al.，2009)，对新兴技术而言，那些关键发明人由于具有卓越的创新能力和关键的技术知识，构成了新兴技术发展的主要源泉，并担当起技术把门人的角色。而根据技术把门人的核心定义——“技术把门人是一种联系和知识的媒介(Tushman and Katz，1980)”，以及技术把门人的关键职责——信息传递时的转译作用(Allen，1977)，可知技术把门人的关键作用是对信息的控制，一方面掌握重要信息，另一方面又成为控制信息流通的关键枢纽。这些特征与重要发明人群体的本质特征正好一致——掌握重要的技术知识，并且是不易传递的隐性知识，因而具有较高的知识势能，成为控制显性知识，尤其是控制隐性知识流动的关键枢纽。从这个意义上来说，重要发明人群体也可称为技术发展尤其是新兴技术发展中的技术把门人。

6.3　关键发明人群体辨识框架与标准

综合相关研究文献可以看出，新兴技术的产生和发展过程实际上就是一个知识价值的增值过程。在这个过程中，少部分的关键发明人群体可能发挥了举足轻重的作用，从而导致了绝大部分专利的产生。此外，鉴于他们的知识创造能力，这类群体往往掌握了相关领域的关键技术知识，从而在整个技术研发人群中具有较高的知识势能，成为技术知识在研发人员中流动的主要知识输出方，对技术知识的流动和扩散至关重要。深入探索这类重要发明人群体的行为特征，并揭示其对新兴技术产生和发展的作用机制对把握新兴技术的发展规律具有重要意义。

但如前所述，仅仅从专利数量去考察发明人的研发绩效是不全面的。Ernst(1999)就认为，应同时考虑发明人的专利质量。如果兼顾发明的数量和质量分析，则相应的发明人特征可以有四个类型划分如图 6-1 所示。其中，关键发明人不仅专利数量多且专利质量也高；天才型发明人产出的专利数量虽然不多，但是质量高；勤勉型发明人则与天才型相反，虽然产出的专利数量多，但是质量不高；而低效能发明人则不仅产出的专利数量不多，质量也不高。

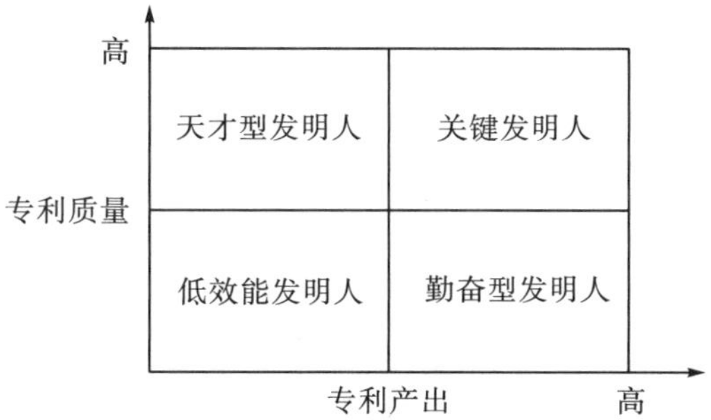

图 6-1　发明人类型划分图

以往研究中往往只重视关键发明人群体，如 Ernst(1999)与 Pilkington 等(2009)均采用此框架分别对较成熟的化学、电子和医药产业以及新兴的燃料电池和纳米产业展开实证研究，验证了研发产出在这几个行业中的集中性。但其研究的对象还是主要集中于关键发明人群体，对于天才型发明人和勤奋型发明人则关注得较少。而 Pilkington 在研究中指出，新兴产业中，关键发明人的比例要明显低于成熟行业，如燃料电池和纳米产业的关键发明人占比仅为 2.1%和 1.1%，远低于成熟行业的 6.9%。即在新兴产业中，虽然有一部分发明人的专利产出较高，但同时专利质量也高的并不多，更多的高产出发明人属于勤奋型发明人行列。因此，本书认为在探索新兴技术的重要发明人群体时，不应仅关注关键发明人群体，鉴于勤奋型发明人群体和天才型发明人群体在专利产出或专利质量上的优越表现，也应将其纳入重要发明人群体的范围，从而全面分析这三类重要发明人群体在新兴技术产生和发展过程中的作用和行为特征。

6.4　关键发明人类型划分的指标和标准

以专利技术信息的分析为基础，如何对关键发明人进行准确划分？本章主要考虑两个方面的内容：①专利产出和专利质量的测度指标；②划分专利产出和专利质量高低的数量标准。

在专利产出的测度指标上，学者们普遍采用的是发明人的专利申请量或授权量。前者是对研发活动活跃程度的有效度量，但后者能更直接有效地反应研发活动的成果和质量。这其中还有一个需要注意的问题是，由于研发活动往往是以合作研发的形式存在，一项专利也往往拥有多个发明人，那在这种情况下，应如何计算发明人的专利数量呢？是进行完整计数(whole count)，将每一项专利都完整地归入每一个发明人中(即该专利的每个发明人都算作拥有一条授权专利)；还是进行分部计数(fractional count)，依照某种规则将该专利在各个发明人间进行分配呢？这两种方法看似不同，但实际结果并不存在本质上的差异(Narin and Breitaman，1995)。因此，采用完整计数法所得专利授权量，作为各发明人专利产出的度量较为简便。

本书还特别关注专利相关集合中的耦合连接数来借以测度专利质量，而不是其他常用的专利文献引用等指标，这是因为以下原因。第一，专利被引次数需要时间的积累，往往在专利获得授权一段时间以后才能有快速增长，这对于新兴技术的专利质量测度而言不太适用。第二，相比于权利要求项数和专利家族等单维度指标而言，专利的耦合连接数是一个多维度指标，其实质是专利在相关专利集合的耦合网络中的度数中心度，即可通过专利与其他专利间的联系来衡量该专利在网络中的地位。某专利的耦合连接数越多，则该专利在耦合网络中的度数中心度就越高，地位也就越重要。因此，耦合连接数可作为专利在相关专利集合中重要程度的衡量。第三，通过专利耦合的定义可知，一项专利的耦合连接数与其自身的参考文献量间可能存在较强的正相关关系。一项专利的参考文献越多，知识吸收水平越高，则该专利在相关专利集合中可能与其他专利存在耦合的可能性越大，相应的耦合连接数也就可能越大。因此，专利耦合连接数也能在一定程度上间接反映专利的知识吸收水平。不仅如此，有学者认为，鉴于专利的参考文献最终由审查员决定这一特性，审查员会为限定专利申请的权利要求范围进行专门检索以寻求依据，因此通常专利说明书中的权利要求越复杂，审查员引用的参考文献也越多(李睿等，2012)。由此来看，以参考文献量为媒介，专利耦合连接数实际上与专利的权利要求复杂程度也有一定的正向关系。而当具体衡量某一发明人的专利质量时，还可采取求均值的方式，即用该发明人所有授权专利的耦合连接数的均值作为该发明人专利质量的总体水平的度量。

关于专利数量和专利质量高低的划分标准，学者们也持不同意见。Ernst(1999)在专利产出维度选用了2倍均值作为高低的划分标准，而在专利质量维度仅选用了单倍均值作为标准；Pilkington等(2009)则在专利产出和专利质量维度均采用了2倍均值作为高低的划分标准。此处，本书为更严格地区分不同种类的发明人群体，在两个维度上均选用了2倍均值作为高低的划分标准，发明人不同类型划分标准如图6-2所示。其中，发明人的专利耦合连接数即指发明人所有授权专利的耦合连接数均值。

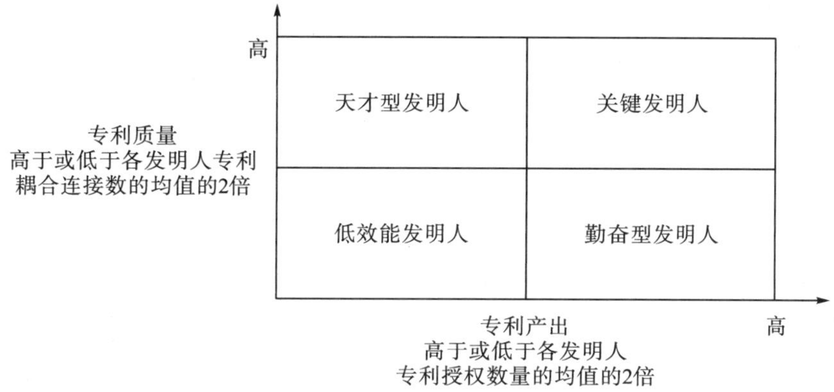

图6-2　发明人不同类型划分标准

6.5　本章小结

本章特别突出了发明人类型，特别是关键发明人的角色和地位。在各类新兴技术的发生发展过程中，创新者个人的作用十分重要，特别是在知识创造、新知识的应用、关键解决方案的产生、关键技术的关键性改进等方面，都是由特定的个体创新者完成的。值得提出的是，以往的研究对个体发明家的作用不是特别重视，往往用企业家群体和科研团队等群体概念替代个体关键行为的存在。而关键发明家的特殊作用还要依赖于特定创新环境的创新氛围，包括对个体创新成果的尊重、个体发明家和创新者合作的默契、科研与创新活动的道德操守等。同时，在分析特定方向的新兴技术发展时，也需要关注个体发明家的作用和创新行为，结合其创新环境，发现可能存在的新兴技术来源。实际上，国际上目前对众多专利权形式的、关键领域的新兴技术的研究，都十分关注其中的发明家信息以及发明家之间的合作信息。由此类考虑出发，相应地域和特定专业领域的创新环境也是可以进行专题研究的，借以发现，哪种环境更有利于创新型思想和技术的产生，哪些地方出现了某种特殊的新兴技术的聚集及其中的发展性格特征等。这些主题也都是新兴技术领域分析和研究的重要支撑。

第七章　新兴技术发展的产业载体和典型行为主体

引言：除了关键技术发明人(可以说是一个群体，但突出的意义是其中的个体)在新兴技术发展中的特殊作用之外，推动新兴技术发展的群体还体现在两条主要通道上：①差别化的产业载体支持的创新群体，②差别化的创新活动群体。本章强调高校、产学研联盟、小微高技术企业、大型企业与小型企业这类群体的互补作用，它们都是研究新兴技术发展以及新兴产业发展的重要研究对象。

7.1　新兴技术发展主体及其产业载体

7.1.1　与技术路线图相联系的主导企业群

技术路线图的分析更多聚焦于已经出现的、有相当积累的技术资料，因而不足以有效预测即将出现的技术方向，尤其不适于对未来新兴技术发展路径的预测。但技术路线图的分析可以帮助了解当前技术发展的主要推动者及其合作形式，以便与其他改进方法形成补充。

国际上相关研究提出的系列补充研究，如 Robinson 和 Propp(2008)提出过多重路径路线图(multi-path mapping)，该路线图的动态性特征可以从创新链(innovation chain)和潜在范式(potential paradigm)的角度详细描述未来技术的特征。值得注意的是，该方法不但关注技术活动的不同主体，同时特别将关注焦点放在企业规模为标志的两类企业行为(即小型企业和大型跨国公司)(图 7-1)。

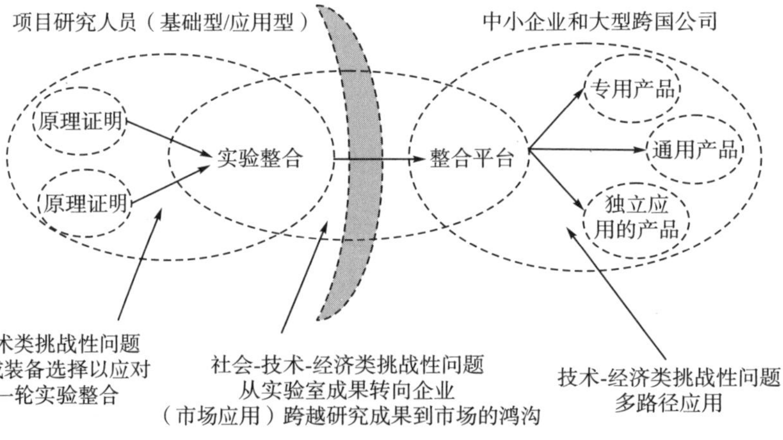

图 7-1　新兴产业发展的结构及其考察对象

注：引自 Robinson 和 Propp(2008)。

多重技术路线发展框架实际上涵盖了新兴技术从技术问题导向的研究项目到创新性市场应用的全过程，突出了其中的关键主体，如应对技术挑战的研究项目，以实验集成的形式表现潜在的新兴技术；而各类企业形成的网络合作平台则是实现新兴技术发展的环节，因而总体上囊括了新兴技术从应对技术挑战开始，通过解决社会-技术-经济问题的诸多方案，到最终解决技术-经济问题挑战，把成型的新兴技术成果推向市场，这一价值链条包含了参与新兴技术发展的主要参与者，与本书上篇中的相关章节所提到的主题形成呼应。

同时，图 7-1 关注研发活动到转化为市场效益的技术创新链，其中涉及技术应用过程的瓶颈评估过程，此类研究突出了企业群相互结合和相互补偿的发展状态。其中，以跨国公司为代表的大型企业通过其高门槛投入形式的研发资源，形成对新兴技术向纵深发展的支撑力量，而高技术小微企业则代表了对初创新兴技术的开拓作用，这二者的力量结合起来，就会形成推进新兴技术发展的健康序列。

7.1.2　与新兴产业技术机会结合的新兴技术发展群

国际上有学者将技术发展的机会作为重要的新兴技术发展线索，并与相应的企业群结合。其研究工作发现，往往是那些新出现的企业（也可以称作新兴企业）是新兴技术发展的载体，也是新兴技术发展辨识和分析的主要线索。例如，Valk 等（2009）通过构造技术机会矩阵，分析新出现的企业所标志的技术领域的动态变化，也从中得出特定产业的形成机会（相应称为新兴产业）；而通过网络分析方法，关注相关节点较多的技术领域，往往也是发现新兴技术领域主题的研究方法的重要参考。

对于新兴技术的产生和发展而言，新兴技术可能为大公司所占有，抑或是由极具创新性的小公司所开创和占有（Khessina and Carroll，2008）。在知识经济发展的大背景下其实更常见的形式是大型企业和小型创业型企业的互补机制：小型企业驾驭知识而创业，致力于知识创新活动中风险更大的部分，其中存在大于创新投入成本的盈利预期；而大型企业则倾向于知识创新活动中表现为关键性创新（大幅度改善可靠性和经济性，属于渐进性创新）的部分，因此其间存在互补和共生空间，Baumol 和 Oates（2002）将其称之为“David-Goliath Symbiosis”（即弱势与强势之战与合之意）[①]。由此可见，新兴技术发展，特别是新兴产业发展过程中不同规模企业之间的协调关系的重要性。

企业群乃至产业聚集现象被认为是研究新兴技术和新兴产业发展的重要方面。其中与知识转移和技术转移相关的网络体系就成为传统和新兴产业发展在组织机制上面的重要变革。而其中具有研究方法借鉴意义的是，借助产业间专利知识流网络可以辨别传统产业和新兴产业之间的差别和联系。

7.1.3　与科学型产业新技术发展相结合的产学研联盟

由上文可知，新兴技术的产生与发展过程中多遵循以科学发现为导向的技术创新路

① Davis 是西方圣经旧约故事中的牧羊人，与腓力斯巨人 Goliath 开战并战胜了他，此处作为小企业与大型企业之间的竞争与合作的象征。

线，这说明在某些新兴技术发生发展过程中企业单一主体的行为本身还远远不够，还要包括善于开展知识创新的大学和科研机构等多个类型的机构主体[参看洪银兴(2012)对科技创新活动中中国企业家行为的研究]。Etzkowitz(2000)典型的三螺旋创新模式框架下的产学研体系、创业型大学、大学主导的创业型企业及研发悖论(Lehrer et al.，2009)等相关主题研究中所分析的各类主体，都揭示了不同类型创新主体，特别是科研机构和高等学校与企业合作模式对新兴技术发展的重要贡献。

而传统的产学研合作相关研究认为，虽然各类创新主体在新兴技术的产生和发展过程中具有重要作用——如大学和科研机构构建了技术创新的科学基础，政府则通过对整个社会技术经济活动进行宏观管理与调控，提供了技术创新的制度保障(杜伟，2004)，但最终只有企业才是新兴技术产生和发展的关键机构主体。这是因为在以科学为先导的技术创新的价值链创造过程中，即由科学发现、创新性的知识孵化为新技术，或采用新技术的环节中，企业都发挥了主导作用，并直接促成了新兴技术的产生和发展。一般描述的此类纵向技术转移的环节及其企业地位的分析包括：第一，孵化新技术有产学研多个主体参与，但其中的主体工作及主要过程要依靠企业投资来实现；第二，孵化出的新技术虽然有技术先进性的要求，但最终成果必须要具有商业价值和产业化价值，能够确定其商业和产业化价值的只能是企业；第三，企业是新技术应用的主体，还包括选择应用时机，并提供产业化保障；第四，孵化新技术有风险，企业应是风险承担的主体，并成为新技术利益的最大享用者(洪银兴，2012；李新男，2007)。

但在新兴技术的发展过程中，对于高校知识创新导向的创业型企业创新作用还应给以充分的重视。首先，事实上，在高校创新创业的企业类型中，高校和相应的科研机构本身推进新兴技术发展的作用是十分突出的，尤其是高校知识创新导向的技术创新活动和新兴技术发展具有技术多样化发展的独特所用，而技术的多样化发展是新兴技术发展的富集资源。其次，高校知识创新过程还会通过外部网络的创造和建设，与外部资源合作形成技术创新关系，是一种高校一侧主动发起的产学研联盟形式。由于分工和专业化的发展，组织的资源、知识和能力趋向集中特定的领域，但创新活动需要多方位的合作和配合。一般而言，技术创新的源泉并不限于组织内部，更可能来自组织外部，因此企业的外部合作网络将对企业的技术创新模式和创新绩效产生重要影响，而高校或科研机构开展的外部合作具有更典型的意义。即，以开发新兴技术的形式来促进产业技术多样化，是这类联盟独特的贡献。

技术创新网络发展通常主要是两种：第一种是由 Etzkowitz (2000)提出的学-产-政(university-industry-government，UIG)三螺旋创新体系，强调的是大学、科研机构与企业间的联系与合作，并有政府政策的适度支持，促进科学知识的转化以及提高企业技术创新绩效；第二种是企业间形成的战略联盟网络，而新兴技术与新兴产业的发展尤其需要这样的联盟。Morris 和 Hergert(1987)早先的研究就发现大多数产学研联盟都集中在高新技术产业。以联盟作为技术创新的组织形式，会突破企业规模对技术创新的限制，有助于利用聚合知识，激发创新灵感，分散研发成本，缩短研发时间，提高技术创新成功率，降低技术创新风险。

综上来看，高校及其相关产学研联盟在孵化新技术以及采用新技术中可能起到重大作用，成为新兴技术产生、发展乃至形成新兴产业的不可忽视的主要力量。而本章则特别提出，即使是对产学研联盟的考察，也要分高校“主导”和企业“主导”两个类型，前者对新兴技术的发展和多元化技术资源的支撑作用更为关键。

7.2 差别化产业发展载体的新兴技术发展群

新兴技术和新兴产业的研究不但在于其内部动力因素和机制的研究(如前述技术领先者创新行为和主导企业群创新行为)，还需要分析其间产业技术创新的总体外部规律性表现和发展模式，特别是典型产业技术创新模式以及与此相关的产业创新个性和产业分类。

7.2.1 产业创新活动的分类

国际上技术创新经济学领域的学者在差别化产业发展特征主题上做出许多重要的基础性工作，不但具有研究思想上的参考，也具有较强的研究方法上的借鉴。如 Pavitt(1984)依据创新源以及专属性机制将产业进行分类；他将产业创新活动分为如下所示四种产业模式。

(1)“供应商主导”产业，例如纺织业、服务业等。该产业新的技术通常来自新零件或设备的应用，新技术的扩散以及学习过程通常在“干中学”或者“用中学”来实现。

(2)“规模密集型”产业，例如汽车业、钢铁业等。这类产业的创新过程相互联系，并且创新源不仅可以是内部的(R&D 和“干中学”)，也可以是外部的(设备制造商)，其专属性机制主要通过商业秘密以及专利的方式控制。

(3)“专业化供应商”，主要指生产过程设备制造商。这类产业的创新关注于性能的改进、可靠性以及客户导向，创新来源通过内部(默悟性知识和熟练的技术工人)以及通过外部(用户和供应商之间的信息交互反馈)，其专属性机制来源于区位性以及知识相互作用的本质。

(4)“基于科学的产业”(制药业、电子等)，其产品、工艺过程层次都有高频度创新率，主要依靠内部 R&D，依赖大学或者公共研发机构的基础研究，其专属性机制主要通过专利、生产周期、学习曲线、商业秘密等实现。

以上分类并未特别从新兴技术的观测角度加以分类，但大致可以看出，(4)以及(1)和(3)类产业可能蕴含更多的新兴技术发展机会，前者通过科学研究的知识创新和储备提供新技术思想，后两者则可能通过关键部件和关键装备、关键资源的新兴技术发展影响后续产业。

Pavitt 的分类被广泛应用，并且在实证研究中得到很好的验证。只是这四类依照创新活动性质分类的产业中，对新兴技术及其相关新兴产业，特别对战略型新兴产业概念下的产业技术创新而言针对性还不强，更多地偏向相对成熟边界的产业，但由于这一产业划分仍然注重其中的技术差别，是以技术特质而不是产品特质划分产业，其依照创新源与专属性机制的思想仍有重要的参考价值，特别对差别化产业技术发展的特质有重要的参考价值。同时，此类研究成果也说明，除了需要对新兴技术和新兴产业的共性开展研究之外，还需要关注不同产业和技术领域研究其技术创新和产业创新的专有特性，以便更好把握新兴技术未来发展和产业创新的关系。

7.2.2 差别化产业发展载体——动态边界产业下的新兴技术发展

在综合有关新兴技术资源、产业创新过程中的内部动力和外部表现研究工作的基础上，在对产业创新研究对象中，动态边界产业就成为其中最有代表性的一种，其间包含的新兴技术发展机会也相应更多。

由于新兴技术资源与新兴产业的发展往往是由市场激励和推动(包括自由市场和政府政策创造市场)的，客观上会有产业的交叉渗透。因此，对动态边界产业的研究会对新兴技术资源的发展，特别是战略性新兴产业的发展提供十分重要的理论基础和分析方法。

动态产业边界(dynamic bowndary industry)是分析产业发展研究中的重要概念及分析工具。在动态产业边界分析框架下来观测新兴技术的发展，虽然也是本着差别化产业发展的视角，但更注重跨产业的变革，注重新兴产业的发生发展，具体说可以有以下三个层次。

(1)产业体系中产品创新与市场需求变化互为补充的关系，即仍然在产业边界内的创新活动，重点是对产业经济增长和创新两者的激励以及触发机制，强调互补性所带来的发展潜力(Carlsson，2002)。因此，相应的新兴技术主要发生发展在那些产业内产品创新相对频繁、需求变革要求相对突出的领域。

(2)产业创新系统视角，将产业创新视为一系列参与者交互影响的过程。该视角强调企业的创新活动并非孤立，企业之间、企业与非盈利机构(如大学、研究中心、政府)以及与金融机构等的接触及其影响较多。值得注意的是，产业创新系统化的分析总需要包含对产业发展制度影响的分析，乃至于针对国家或产业创新体系的分析(Lundvall，1992；Carlsson，1995；Edquist，1997)；这类分析视角观测的新兴技术往往是那些社会经济影响相对较大、路径开拓性质突出的新兴技术领域，但仍然处在特定的产业内发展的情形。

(3)产业进化的观测视角。产业进化的相关研究为产业创新系统的发展提供重要的理论框架。该理论重视产业创新系统的动态发展；特别强调政策制定者和创新行为者的认知关系(例如，产业创新的宗旨、目标、预期等方面的特点)以及产业发展的学习和经验过程和参与者所处环境的影响；产业进化论的观测和分析方法主要关心产业经济变革所带来的 3 个经济过程：即技术、产品、企业和组织的产生和复制过程(关系到产业系统的交互和连贯性)，以及产业发展的选择过程(产生经济系统的多样化)(Metcalfe，1998)；特别以前产业-产业形成-产业发展线索开展研究的工作，尤其对新兴技术的发展留下较大研究空间。因此，这样的观点和视角更关注动态产业边界变化，是新兴产业级别观测相关新兴技术的情形，可以说更有针对性，尤其对新兴产业或跨产业发展的新兴技术背景更为关注。

7.3　产业新兴技术的群体构造：大型企业与小型企业、创业型企业的互补作用

7.3.1　大型企业与小型企业的互补作用

如前所述，产业创新系统本身不是一个静止的概念，而产业及边界也在随时间发展而变化。因此，产业发展本身也具有生命周期特点，反映产业动态发展从熊比特 I 型创新模式向熊比特 II 型创新模式转变的情形，如产业发展阶段初期(知识创新迅速，市场不确定性高，进入壁垒较低)，新公司是主要的创新动力以及产业创新的主要来源；随着产业发展逐渐成熟，技术创新本身塑造出相对稳定的技术轨道，规模经济、学习曲线、进入壁垒共同构成产业边界，在此过程中融资能力等资源对于竞争过程尤为重要。因此，大型企业逐渐占据产业创新的前沿；而在另一个方向上，当主流路径的知识、技术、市场呈现不连续发展，熊比特 II 型创新模式又可能被熊比特 I 型创新模式所替代，一个稳定的、具有垄断能力的组织可能被一个更加动荡的群组织作用所代替，反映新企业开拓新技术路径、专注于新需求的转变过程，后一种变化应当预示着战略性新兴产业发展的契机和场合。显然，对于新兴技术和新兴产业发展，特别是战略性新兴产业的技术创新动态特征的研究，企业规模的观测角度应是重要基础。

值得注意的是，国际上针对新兴产业发展动力的研究，大多是从技术创新资源的拥有企业规模类型来分析。一般而言，构成新兴产业发展的新兴技术，或者是由大公司所占有，或是由极具创新精神的小公司占有，新兴产业的发展可能来自已有产业中的现存企业(通常为大型企业)(Khessina and Carroll，2008)或者新进入的企业(中小企业)。Agarwal 和 Audretsch(2001)通过对 33 个行业的调查表明，在产业发展的初期阶段往往有 20～100 进入者，并且其成立的时间和规模有很大不同。并且，据 Dinlersoz 和 MacMillan(2009)等的研究，在新兴产业发展中，新成立或新进入的企业要比已存在的企业多，但后者成功的可能性更大，也间接说明了大型企业和中小型企业各自的角色和作用。

一般而言，工业技术资源沿着技术生命周期曲线进入收敛发展的动力机制主要是由特定产业的大型企业主导，特别是跨国公司为主导的投资与技术转移活动促成的，因此大型企业和跨国公司构成新兴产业向成熟产业过渡，特别是强化成熟产业的主要导向力量；而可能促进新兴产业形成的新兴技术资源的发展，则需要大量中小型创业型高新技术企业的力量。

需要指出的是，此类产业技术收敛和多样化发展的力量也是相互交叉的。Agrawal 和 Henderson(2002)、Agrawal 和 Cockburn(2003)从城市经济发展的角度针对特定技术领域的聚集研究了区域层面大学与工业界的研发活动的互动关系，并聚焦大型企业研究与开发活动带动地方大学的知识转移和工业界其他中小型商业研发活动的角色作用(称之为“主导承租人”)，起到区域层面知识转移的传承和示范作用。但该研究也同时肯定，这类大型企业作为区域“主导承租人”的作用实际上只是对技术领域的收敛起到更大的作用，进而推动了特定区域上技术领域聚集发展的趋势。

国际上针对新兴产业的形成和发展的研究工作也表现出，当强调产业转型发展时，创新资源多样化、技术资源的多元化和技术资源异质化发展，而非技术资源的收敛和井喷式扩散，就成为主要的考察对象；相应的研究工作则针对技术多元化或异质性技术创新活动的主体及其发展规律，这些技术创新活动的主导者主要不是大型企业和跨国公司，而是大学-工业界联盟所决定的技术创新和大量小型高技术企业的创业活动。

7.3.2　大型企业与创业型企业的互补作用

创业型企业在新兴技术发展过程中具有特殊的重要作用。Mustard 等曾特别对创业型企业和相关小微企业观测框架做专门的综合分析，并引用大量国际上现有的相关研究，综合得出异质性知识型创业活动的矩阵分析框架，并根据创业活动的开发模式，提出其主要影响因素是创业资源(包含技术资源以及社会资源)、商业模式(间接服务类型和直接产业化类型，以及与市场最终消费者的接近程度等)、机制或体系相关的因素，例如大型公司背景的技术资源延伸以及技术许可类型的技术资源扩散渠道。

Brush 等(1997)也曾分析构成知识型创业活动多样化发展的资源类型差异，具体可以包括：企业特有技术资源的质量和领域特征、人力资源(包括投资团队、管理团队、公司员工等)、社会资源等，而产业背景、融资环境、公司的社会资本或网络化合作质量也被认为是十分重要的条件因素(Elfring and Hulsink，2003)，也可以依照基于创业伙伴关系(内部技术特点)的网络和基于资源支持类型(外部资源环境特点)的网络关系两个类型划分创业的差异(Lee et al.，2001)。显然，两种类型存在的多种变化都可以直接导致创业活动的多样化差异。创新资源和创业活动也因此在地理区域范围上表现出更强的多元化和非均匀分布的特点。而在这类地理范围和创新网络关系上面，大型企业与创业型企业的关系尤其重要，其基本观测点是，大型企业或跨国公司与创业型企业的发展关系可能存在合作与制约两类。

总体来看，新兴技术发展的一个重要现象就是大型企业与小型创新创业型企业的互补，也就是说，两类企业的作用都需要给出相应的发展空间。

7.4　产业新兴技术载体的群体构造：高校创业型企业及相关高技术小微企业

在知识经济框架之下大学的创新活动与新兴产业的发展紧密相关，这一关系甚至是不可替代的。也就是说，大学的知识创新效应是产业动态边界发生变化的重要来源。

从产业创新活动来看，Nelson(1991)认为，大学是新兴产业的诞生地，目前也是生物技术产业的主要诞生地，未来也必将是为新兴工业注入生机的新兴基础性技术的主要源泉。他甚至将大学与产业界的研究联系比拟为生物技术产业的“生命血液”，这突出了大学的生物技术研究本身的发展特征具有基础性和“婴儿”阶段的特征。大学处在技术创新生态体系的上游这样一个位置，也使得大学在区域乃至国家层面技术多样化资源创新环节上占有不可替代的地位，并产生“大学学术资本主义”的概念及其效用问题。本章综合以下有关高校在推进新兴技术发展方面的重要作用进行论述。

7.4.1 高校新兴技术发展特殊作用——推动高技术创业活动

有关产业新兴技术的发生发展群体的研究特别聚焦在与创新创业有关的主题上，例如典型的三螺旋创新模式(Etzkowitz，1995，2000)、创业型大学(O' Shea et al.，2005，2007)、大学主导创业型企业(Eun，2006)等，其创新主体作用及其合作模式对于新兴技术乃至新兴产业发展有重要贡献。

国际上经济学领域的研究有聚焦创业研究的发展趋势。毫无疑问，创业活动，特别是与大学结合的高技术创业型企业及其活动对区域乃至国家经济可持续发展具有不可替代的重要作用。

大学作为区域和产业创新体系中的中介或媒介作用也十分重要，而这一作用在经济发达国家一直受到广泛重视。例如，反映在研发经费的投入方面，据有关研究，发达国家大学的研发经费一直保持较高比例，特别是美国，从早期的数据看，1945～1979 年，美国大学的研发经费增长率平均维持在 8.1%，高于同期美国 GDP 年平均增长率(5.3%)，而其后(1980～2004 年)美国大学的研发经费增长率有所下降(5.0%)，但仍旧高于同期美国 GDP 的年平均增长率(3.9%)；并且美国大学的研发经费总额在国家总体研发经费中所占比例也在提高，如从 20 世纪 70 年代的 10%上升为 2004 年的 14%(Youtie and Shapira，2008)。而大学研发经费的下降，则一定程度表现出相关国家和地区高技术发展的滞后，例如 20 世纪 90 年代后的拉美一些国家。

大学-工业界联盟还被认为是区域创新和产业创新过程中最具积极作用的一类资源，主要就是其间创新创业的支撑作用。此外，值得重视的是，关于大学-工业界的联系及大学的知识资源诞生地的作用，是发达国家有关国家创新体系，包括次级国家创新体系，特别是区域创新研究中的关键点。

7.4.2 高校新兴技术发展特殊作用——知识多样性和创新多样化

大学在新兴技术发展过程中的基础性作用是提供多样化的技术资源。大学创造出的知识成果类型是最为多样化的，这是由于大学的学术传统，充分“自愿”和“兴趣”的研究性质所决定的，即使在特定时期科技政策导向的基础上大学科研有向市场应用转化的趋势，但其知识积累惯性和知识流动特征仍然使得大学成为多样化知识资源的重要产生地。事实上，大学专利申请活动的多样化也反映出大学科研工作的质量因素，例如 Czmrnitzki 等(2009)的研究发现，专利申请的多样化水平与科研论文发表有密切关系。

一般而言，大学的知识扩散所覆盖的技术主题领域要远宽于企业之间技术扩散所涉及的技术领域，随着大学角色逐渐向市场转变，大学产生的知识宽度有狭窄化的趋势。如 Rosell 和 Agrawal(2009)的研究所示，使用赫芬达尔方法(Herfindahl-type measure)测度知识流动的集中程度，并应用 “倍差估计法”(difference-in-differences estimation)来比较两个时段上大学向公司的知识转移情况(通过公司引用大学的专利来考察)；该研究发现大学的知识扩散溢价(diffusion premium)的程度较前有所降低，同时多样化溢价(即 diversity premium，主要指大学引用其他机构的专利情况）也比以往大幅降低。这说明大学作为创新资源的知识产生地，正在从基础科学知识角色向应用科学知识角色转化，其辐射作用范围更为集中，不过该研究限于生物制药和部分电子产品领域，其研究结果表现出大学知识产权的市场意识逐渐增强，多样化水平却下降。这类趋势也具有明显的政策启示，即在大学整体向应用科学转向的同时，保留适当比例的基础研究仍然是必要的。但即使如此，大学涉及的技术领域仍然要比企业层面的技术范围更宽，这是一个重要的事实。

需要强调的是，大学的专利技术资源多样化水平也应当是重要的观测和研究对象。这是因为，首先，由于基础科学的研究更少受到市场发展的影响，因此基础研究的多样化程度比应用研究的多样化程度高；其次，大学所产生的这两类知识（基础型和应用型）是替代关系还是互补关系，虽然目前的研究尚不能完全明确，但根据现有的研究［例如，Agrawal 和 Henderson（2002）考察电子信息工程学科学者科研情况的研究］，初步证明大学中这两类研究活动仍然是互补关系，针对其他技术领域更为宽泛的研究也有类似发现（Looy et al.，2006），而更多的根据欧洲大学和研究者的研究也得出类似结果（Buenstorf，2006；Carayol，2007）。

7.4.3　高校新兴技术发展特殊作用——技术转移和扩散带来多样化技术资源

自大学延伸的知识型创业活动和技术扩散在目前的研究中认为有以下几种途径：①知识直接体内扩散，形成新企业，构造新型竞争实体，通过市场选择过程，促进经济发展，但这一假设并没有有力的实证支持（Geroski，1989；Roberts and Tybout，1996； Audretsch and Keilbach，2008）；②通过新知识的转移借助其他中介体（其他创业型企业）外部化造成经济影响，但 Jacobs（1979）、Glaeser 等（1992）以及 Audretsch 和 Keilbach（2008）认为在这一扩散的过程中，应当是新知识的多样性促进了经济发展，而非仅仅是向其他企业的转移这一现象；③特定社会和经济体的发展背景推进了技术的创新和扩散，突出了创业资本（entrepreneurial capital）的作用，这包括知识转化、知识创新型创业活动创造竞争、提高区域性的创新多样化水平这样一系列活动的综合，构成特定区域知识型创业经济发展的内在要素。同时，另一方面，区域经济的发展也将提高创业资本的效率和体量。其中，区域层面促进创业资本发展的多样化因素包括社会多元化因素和产业多元化因素，前者说明社会的包容程度有利于创业的发展，而后者则说明产业的过度集中有利于其他领域创业企业的发展（Feldman and Audretsch，1999）。

7.4.4　高校新兴技术发展特殊作用——促进创新群落发展扩大

近年来大学在创新链条中的作用正在以创新群落的方式为当地区域经济发展作出贡献，特别在那些当地政府政策导向希望实现赶超经济的区域，或者那些希望引领高新科技领域的地区。这种创新群落的发展模式使得大学越来越成为知识产生资源和知识运用资源相融合的设施平台。Youtie 和 Shapira（2008）所做的研究很清晰地勾勒出美国佐治亚理工学院如何通过转变为知识创新群落的方式，将其所在的地区从农业区转变为工业区，其成为创新驱动经济发展的重要范例，特别体现在新型引领机制、典型计划项目、组织形式，最终不断扩展大学的创新边界，以其融合与中介作用带动了学术研究、培训教育、创业活动、风险基金以及产业界和公共设施的全面发展。Youtie 和 Shapira(2008)认为，佐治亚理工学院的重要经验突出了网络关系、能力建设、基于高技术成果的创业活动及当地创新活动的实际引导作用。

事实上，大学早先曾作为知识工厂的角色，与目前转换到知识创新群落角色相比，其中最大差异在于，前者培养两类人才，即大规模生产模式下的流水线工人和生产研究论文的学者；而后者则注重能力和创新，特别聚焦当地经济发展，特别是类似动态性产业变化和发展的实际问题。美国的很多大学早在 20 世纪 90 年代就实现了这样的转变(Youtie and Shapira，2008)。这一发生在发达国家的转变被描述为从更为传统型的大规模生产模式和线性技术转移模式向后工业社会、知识经济、开放型经济及更为合作和互相促进的发展模式的转变(Chesbrough，2003)。

据此 Youtie 和 Shapira(2008)提出大学运行的三类机制模式：第一类模式是大学隔绝于工业界的发展模式(科学知识精英的发展模式)；第二类虽然注重大学作为创新知识源头的作用，但基本上按照知识扩散的线性模型运作；第三类知识创新群落模式则最适合知识经济发展的需要，不仅在于明示、编码知识的开发、获取和使用，而更在于结合默悟知识的更新、配置、再融合，充分体现了知识的再创新过程。此即从“知识工厂”的第二类模式(只注重明示知识的开发)向“知识创新群落”(注重明示类知识和默悟类知识再融合基础上的群落性开发和应用)的第三类模式的过渡。在实践上的重大区别则是，前者的创新模式是单向的研究成果商业化，不需要扩大大学的边界，而知识经济的发展需要大学与工商业界的互动和交流，因此需要双向的知识流动，造成事实上后者的大学边界扩大这一趋势，而这一扩大边界的发展和区域群落经济发展相结合，便形成区域创新的聚集现象。

美国比较成功的区域创新都是若干创新节点结合在一起的网络方式，其中必然存在围绕大学的知识创新节点。与此相反，创新活动不活跃的区域，则个别创新机构包括大学只是作为孤立的组织存在，以前述有关美国佐治亚理工学院的研究为例，该大学通过区域创新群落的转变而成功跻身全美前 10 位大学。

显然，以国别和区域的经济社会载体为成长依据的创业资本是大学成为创新群落的必要条件，也是创业型大学发展的重要考察方面。Audretsch 等(2008) 的研究构造了测度创业资本的模型，其中包含两类元素：①区域特有的创业活动机会因素，②适宜的经济发展环境因素。

7.4.5 高校新兴技术发展特殊作用——区域创新和国家创新体系重要支撑

高校作为研究型产出最重要的源泉之一，是与区域经济和区域创新活动更为紧密地连接在一起的，这一点，即使在国家创新体系层面，大学的作用也得到了特别的关注。但随着经济全球化的快速发展，以大学为核心的区域创新体制及次级国家创新体系的研究更为突出，以三螺旋模型为代表的理论和政策分析更多地应用于区域层面大学-工业-政府融合机制，在更为开放的经济发展体制之下，形成自下而上的 II 型创新全球化发展趋势，对于传统的自上而下政策模式引导的 I 型创新全球化发展产生重大冲击(Cooke，2007)。这种倾向于自下而上的 “全球化 II” 模式的发展，部分原因也是由于以区域为基础的创新活动更具有“自愿性”，所孕育的技术创新多样化水平更高。与此相关的比较典型的研究还包括 Andersson 等(2009)以单位区域人口的专利授权为考察指标，分析瑞典高校从集中模式转变为区域模式的 15 年间，区域生产率和创新产出所发生的变化。Andersson 等(2009)研究发现，更为区域性的高等教育投资模式会提高区域的生产率，并以区域性聚集形态促进区域创新水平。该研究显示，40%的生产率方面的累积贡献率来自范围在 10 公里内的新增高等教育设施资源。

从知识产权的角度来考察，依照 Bettencourt 等(2007)的研究，美国城市人口与专利申请量呈现理想的正相关关系。其表现为，美国新经济增长理论的实践反映，即城市成为整合人力资源，刺激吸引和容纳创新的理想平台，而这样的城市促进创新并进而促进经济发展的运行规律也只是更为突出地表现个人和企业之间的知识扩散的作用(Romer，1986；George et al.，1988)。以此来看，如果用人均专利或平均每发明者的专利数来衡量，则大型都市越来越成为创新活动的网络化聚集中心。

而在中国，大学知识转移和扩散的地理区域边界制约关系的研究还比较缺乏(Wei Hong，2008)，Wei Hong 利用中国专利数据对中国区域层面上大学与产业界的知识创新体进行了研究，其结果也支持更为区域化的创新体系和更为地方化的大学知识转移活动。

总之，可以确定的是，高校创新创业活动正在拉大国家之间和区域之间的技术差距。

7.5 新兴技术群体构造：小微企业技术创新群的发展形态

一般说，小微创新群包含个体创业群、高校及科研机构、小微企业等多种创新主体，具有创新主体类型多样性的特点。

美国小企业管理局曾收集 20 世纪对美国和世界有过巨大影响的 65 项发明和创新，包括光纤检测设备、心脏起搏器、光学扫描器、个人计算机等。其分析发现：上述发明和创新基本上都先由个人完成，然后取得专利，办起自己的小企业，生产和销售这种新产品，最后再发展成为大公司。由于小微创新群体不仅有很强的发明创造力，而且科技成果推出快，科技投资回收期约比大公司短 1/4，其发展新技术新产品的效率高于大企业。因此，挖掘和开发小微企业的创新能力得到了发达国家的普遍关注，具有较高技术创新能力的小微企业不断涌现，逐渐成长成为国家经济增长的重要动力。

在与技术主导型企业的创新活动比较方面，Acs 和 Audretsch (1988b)首次将小微企业纳入其研究框架，发现小微企业创新与技术主导型企业创新的决定因素非常相似。以美国为例，自 20 世纪初到 70 年代，美国的小微企业完成的科技发展项目占全国的 55%。20 世纪 80 年代后，这个比例进一步上升到 70%左右，小微企业的人均创新发明是大企业的两倍。总数约为两千万家的小微企业是美国经济中最具活力的部分，创造的就业机会占私营部门的 54%，销售额占全国销售总额的 47%，产值占国内生产总值的 50%。可以说，美国经济的核心动力之一是小微企业。

中华人民共和国工信部、国家统计局、国家发改委、财政部在2011年共同颁布的《中小企业划型标准规定》中首次提出了微型企业这一类型的标准，正式把企业分为：中型企业、小型企业和微型企业。小微企业是小型企业、微型企业、家庭作坊式企业、个体工商户的统称。该标准依据企业所处行业和销售收入、人数、资产总额等指标对企业进行划分。在该规定中，中国科技型小微企业认定应具备以下条件：中国境内依法设立，员工人数少则几人、十几人，多则在50～150人；具有大专以上学历的科技人员占职工总数的比例不低30%；直接从事研究开发的科技人员占职工总数的比例不低于10%；有良好的经营业绩，资产负债率不超过70%；每年用于新技术和新产品研究开发的经费不低于销售额的3%①。

改革开放以来，中国小微创新群体的技术创新对中国经济增长、区域发展、结构调整以及创新型国家建设等方面的作用日益突显。国家经济贸易委员会统计显示，相比于改革开放以前的小规模状况，1999年注册的中国小微企业数量超过一千万，小微企业增长相当迅猛。胡永健和周寄忠(2008)的研究发现：中国小微企业群体中，创新型小微企业数量只有16.2万家，仅占小微企业数量的2%左右，但却创造了大多数的新技术、新产品和专利等科技成果。中国约65%的专利、75%以上的技术创新、80%以上的新产品是由创新型小微企业完成的。目前，中国的小微企业贡献了全国60%以上的GDP，上缴税收占总税收的50%，进出口贸易额占总进出口贸易额的70%，并提供80%的城镇人口就业机会。

根据目前掌握的文献看，中国学者针对小微创新及对技术和经济的影响研究还远远不够，目前主要集中在小企业集群研究、小企业集群创新网络方面。仇保兴(1999)在其代表作《小企业集群研究》一书中，将小企业集群的结构定义为类似威廉姆森的“中间性体制组织”。他认为小企业集群是由众多独立自主又相互关联的小企业依据专业化分工和协作的关系并在某一地理空间高度聚集而建立起来的产业组织。魏江(2003)将小企业集群看作是产业集群的一个分支，该分支中的成员企业是规模较小的小企业，这些成员企业之间形成了一种特殊的网络关系。这种特殊的网络关系表象上表现为：①产业分工协作关系，②地理上高度密集而导致的产业互动关系。刘清华和吴晓波(2002)分析中小企业集群的知识转移机制，强调中小企业集群的灵活机制促进了知识转移和信息互动的高效运转，为中小企业赢得必要的竞争优势。

在针对小微创新群开展新兴技术相关研究时，需要特别关注以下问题。

1)小微创新群本身的小微规模及其特殊性

美国专利商标局对小微创新实体类型专利的判定主要基于两个层面：是否属于高等教育机构或非营利性组织，或盈利收入来自高等教育机构；企业是否规模较小或者创新总量较少。

小微创新群的认定关乎其特别的创新行为及背后隐含着的创新动机差异。有关小微企业技术创新策略(创新决策)也是学界较为关注的焦点，例如Banerjee和Cole(2010)等的研究。小微企业在资金上的局限对其创新及专利行为也有多种不同影响。

① 2011年6月18日，工业和信息化部、国家统计局、国家发展和改革委员会、财政部联合印发了《关于印发中小企业划型标准规定的通知》。

2) 小微创新群创新活动的划分

发现和定义“小微创新群”需要注意包含“前创新”“创新中”“后创新”三个阶段中的所有创新力量。其中，“前创新”阶段是创新的启蒙时期，新技术提出并获得包括专利在内的某种形式保护，创新群体包含个人、高等院校和科研院所等；“创新中”阶段是技术产品化，技术产品市场的开拓过程；“后创新”阶段是产品产业化、带动行业生产力开始变革的过程。后面两个阶段包含的创新群体以小微企业为主。因此，小微创新群包含的创新主体包含个人、小微企业、高等院校和科研院所，是与技术主导型企业群相区分的一类创新群体。各创新主体之间具有技术及产业联系，通过长期的竞合关系和交互学习产生外部经济效应并进而带动群体创新能力的提升。

小微创新群这种基于专业化分工和协作进行技术学习和开放创新，从而产生创新聚集效应、获得集群创新优势的创新行为可称为小微创新群创新行为。

小微创新集群应是以专业化分工和协作为基础的同一技术领域或相关产业的创新群体，通过技术学习和开放式创新产生创新集聚，形成交互学习机制，实现知识在集群内的快速流动和新知识的产生，从而获得创新优势的一种互动式创新形式。小微创新群集群发展和走低端发展的某些小微企业群行为的本质区别在于其具有熊彼特 I 型创新模式的特征，创新总量较高但创新者的规模普遍较小，创新者的等级排列并不稳定，新创新者的进入活跃。其发展道路是创新主体通过本地的投入产出联系进行广泛的技术学习及合作，获得技术的成长性；通过越来越精确的专业分工而获得降低成本的效果(外部范围经济)，获得经济的外部性。由于创新是一个社会化过程，不同的科学领域、不同的产业需要密集互动才能源源不断产出创新效果。

3) 小微创新群的创新活动的特征

根据以往研究理论分析，熊彼特 I 型创新模式相关的技术领域是小微创新群的生存土壤。相应的技术领域应位于技术竞争状态技术前导型发展阶段或由技术竞争状态 II 向技术竞争状态 III(技术成长、成熟阶段)发展的技术领域。此外，由于小微创新群包含多主体类型，适宜结合各类主体特点分别进行分析；而过分小微规模的主体应不对其技术创新规模作特别分析；而对于其他类型企业、高等院校、科研机构等，则应分析其创新规模大小；兼顾创新主体授权专利数量相对较少，或创新主体在本技术领域尚未形成大规模研发团队(即其获授权专利的发明人数量相对较少)的情形。

4) 小微创新群专利行为及其数据的选取

如前所述，小微创新群的专利行为可能具有特别的特质，一方面小微企业相比大企业申请的专利数量可能要少，特别在某些行业表现显著(Chabchoub and Niosi，2005)；另一方面小微企业更倾向于利用超前性、保密或其他手段来防止技术被模仿(Teece，1986)。同时，小微企业也非常关注其专利的许可以保证 R&D 投入的回报。例如，Rassenfosse (2012)就发现小微企业将其专利组合中很大一部分进行专利许可。同时，为吸引商业投资，小微企业有可能会将专利作为向潜在投资者和客户炫耀其技术能力和创新水平的标志。有关此类小微企业的专利行为的研究工作有很多可以借鉴和参考。例如，Arundel（2001）、Blind 等（2006）、Sichelman 和 Graham（2011）、Dosi 等（2006）、Helmers 和 Rogers（2011）的研究。值得强调的是，当大企业对特定市场开展技术扫描（technology scanning）以发现新的技术增长点时，小企业所拥有的专利往往是最可能参考的资源（Gick，2008），这也是小企业的技术优势与大企业“开展联姻”的最好时机。而大企业本身在吸引技术投资方面手段更为多样，包括利用现有的合作伙伴等，但也可能将整个专利组合作为创新标识（Deutsch and Ross，2003）。

7.6　本章小结

新兴技术发展的主体分析是新兴技术辨识的重要基础，可以说，没有对新兴技术主体的全面认识，对其中可能出现的新兴技术也就没有全面的把握。而这一认识基础，又是与新兴技术的发展目的紧密结合的。如本书第一章和第五章所分析，对于新兴经济体国家和地区发展而言，结合本国和本地区实际发展新兴技术十分重要，因而相应的新兴技术的概念和相关创新主体的认定都应有切合实际的讨论和准备。在此基础上，选择适宜的辨识手段、分析方法才可能事半功倍。

本章对新兴技术发展的主要动力机制和产业载体基础做了总结，对相关创新主体类型和特点做了较为全面的分析，特别提出产学研联盟、高校创业创新活动、小微创新群是需要重点关注的对象。当然，大型企业合理的和创新式的研发组织也会对促进重要新兴技术做出独特贡献，尤其是那些具有平台意义的关键产业（这些产业的研发门槛较高），大型企业有其特别的作用。同时对渐进创新形式可能产生的新兴技术（在应用于新市场时）也应给予关注，这类创新在新兴经济体国家和地区较为常见。但不论如何，高校和小微创新群仍然是新兴技术的发展主力，不但在于其新兴技术的起源性质，更在于它们是新兴技术多样化发展的源泉，也包括与大企业的合作联盟形式的技术产出方面。因此，无论怎样强调高校、产学研联盟、小微创新群在新兴技术发生发展的重要作用都是不为过的。

第八章　新兴技术发展的创新生态环境

引言：技术创新活动具有外部性，这一外部性强调集群成员在生产函数(技术)上的相互依赖：一方面，这一外部性表现为集群内知识的溢出，包括技术知识、技术诀窍、需求信息、供给信息、经营经验等知识的溢出；另一方面，这一外部性还表现知识的创造。Freeman(1995)认为集群内部存在知识溢出效应，该效应的存在是促进集群创新网络发展和集群经济增长的最根本动力，也应当是新兴技术发展和创新活动生存率提高的源泉。

本章关注新兴技术发展的创新生态环境的发展和建设，其重要性在于以下方面。①从技术资源的多样性发展来看，创新生态体系应是技术资源异质化和同质化创新交替发展的融合体，技术资源的同质化提高技术创新扩散的速率，促进某种技术范式之下的经济发展；但技术资源的异质化创新或技术资源的多样化状态决定经济发展方式的转变潜力，决定经济发展在关键技术范式之间的转换。②创新生态体系包含社会和文化设施，其中政策的作用比较突出，在强调技术资源多样化发展的前提下尤其如此。技术资源同质化发展的主要动力来自大型企业和跨国公司，其市场主导力量强；而异质化创新的主体则是高校、产学研联盟、高技术创新和创业型中小企业，在知识经济发展的框架下，尤其应以高等学校多样化的知识创新为源头，往往更需要政府政策和相关设施的支持。③创新生态体系还应当是一个开放式的创新体系，创新生态体系的发展应当促进具有动态边界的新兴产业的发生发展，因此产业之间的融合与各类企业之间的竞争与合作往往表现其全新的开放模式。

8.1　新兴技术发展的创新生态体系的组成

随着知识经济乃至知识工业的深入发展，以知识创新为核心的技术创新战略及创新成果的传播带来的影响越来越大。在这种发展形势之下，创新生态体系成为新兴技术发展的重要架构支撑，该体系突出了产业边界融合、工业结构多元、商业模式和市场不断变化发展格局之下资源共享、风险共担和创新合作关系。其创新生态不仅着眼产业运行者之间建立的有效创新网络关系，而且还重视生产者和消费者的共同参与。因而创新生态体系的发展更多地体现为新兴技术发展的网络效应和协同效应，特别是新兴技术发展过程中的动态组合、新兴产业发展过程中的协同。

技术创新活动的群聚、组合还可能形成技术邻近性(technology proximity)，具体表现为以共有的技术经验和技术知识为基础的创新活动积聚，有时因其无形性(相比地理意义上的聚集和产业意义上的积聚而言)被定义为虚拟邻近性(virtual proximity)。这类技术临近性的现象其实也是企业创新群的作用。特别是，小微创新群是以知识与信息为纽带而形成的一个知识整合体，是这类虚拟临近性的重要载体，起到一种介于市场与生产活动之间的中间组织作用。这类积聚体本身具有独特的学习和创新能力，大量隐性经验类知识的传播是这类集群创新的显著特征。技术邻近性并不指技术本身，而指知识主体对这些技术的应用。一方面创新主体为了从组织环境中获得外部知识应具有一定的先验知识与技术，另一方面创新主体也能够基于自身学习能力从集群中吸收知识和技术。

在相应的政策建设方面，一些国家政策部门提出国家创新生态体系的主要内涵，表现为技术创新的可持续。其要点主要包括：创新活动及其辅助资源相比现有技术更为重要；技术创新需要多样化的知识资源支撑；技术创新和扩散主要靠需求推动，而非仅仅是技术拉动；企业需要更多的外部资源；国家和区域层面考察创新活动更多呈现非线性特征等(Fukuda and Watanabe，2007)。概而言之，创新生态体系的侧重点：第一，将创新活动的市场需求、创新的知识供应及创新活动的资源条件(创新投资、人才资源、基础设施)三者形成体系，根本改变传统的管道模式的创新政策机制；第二，强调创新的产出质量重点在于经济增长、就业、生活质量、财富水平和比较优势的综合发展，是一个对综合性产出的度量，而非单一的经济产出。其重要启示意义在于，创新活动及其政策体系的投入和产出更多地体现为多元化、动态发展、非线性的特征。相关研究也指出，创新生态体系的政策工具特别适用于知识密集程度高，环境变化速度较快的情形(Jarzabkowski and Wilson，2006)，这些基本特点都是由多样化、可塑性强的知识创新资源来实现的。

创新生态体系的概念还强调一种循环机制，例如从知识创造-技术发明-工程技术体系-富有进取心的创业者队伍和产业人力资源及其相应的市场这样一种良性循环机制，如美国科技政策咨询委员会 2004 年撰写的有关维系国家创新生态体系的专题报告所描述，美国的创新生态体系的要素主要突出：有特色的科技人才(包括科学技术人员、发明家、创业者和技术工人及其队伍)、研究型和创业型大学、效率型的研究与开发中心，其他如为创业者提供资金源泉的风险基金产业、适应小型企业发生发展的经济、政治和社会环境以及政府资助的大量基础研究则都是为了刺激和维持这些多样化人才和多样化创新的设施平台。由此美国硅谷被认为是创新生态体系发展的绝好范例。

在企业层面，基于生态体系中生物协同发展的规律，强调企业角色之间在特定系统内的相互依赖的同时，又强调自身的不可替代性，由此强调协同进化，并推出相应的系统结构管理工具(如模块化设计和知识管理工具)，以确保多样性和增加企业内外的交互作用(Moore，1993)。值得注意的是，企业层面的生态体系首先是复杂生态体系(complex eco-system)的概念。作为企业战略管理的工具和方法，它是复杂性理论和混沌理论的一类外延，基本含义要求企业在复杂生态环境中选择合适但又能取得竞争优势的定位；显然，企业群中保持多样性是这一理论发挥作用的前提条件，也是企业竞争默认的环境平台。

综合而言，创新生态体系以生态体系的发展规律为基础，不论从微观层面还是宏观层面，不论是从技术层面还是政策层面，它都强调了创新活动的多样性(通过多元共享和共生演化这一基本内涵)，强调了技术创新的多样化和异质水平内涵。同时，由于创新生态体系强调合作与共享，创新活动本身实际上依照协同发展的路径而变化，因此创新网络、创新聚集及开放型创新体系等新概念都成为创新生态体系的组成部分和表现形式，而大学与工业界的联盟关系和创业型企业则是发达国家一直强调的创新生态体系中的关键环节。

由于经济水平和发展体制不同，创新生态框架下的投入产出会在不同国家有所差异，这也是开展国际比较研究的重要意义所在。尤其在中国，区域经济发展、产业经济发展、外国直接投资活动都是创新生态发展的重要影响因素，其中存在的与发达国家经济发展的差异现象显然更需要研究和比较。跨国或跨区域的比较研究和交流应当能够为这一领域和研究框架的发展提供更好的机会。

可以说，创新生态体系研究框架提供了观测和分析可持续创新和创新多样化发展所需要的创新政策和管理研究的前瞻性窗口，也因此提供了国际比较研究和成果交流的重要领域，而创新生态体系的特性和发展结构也是技术创新和新兴技术领域的重要研究议题。

8.2　新兴技术发展的产业体制和集群因素

国际上有关新兴技术与新兴产业形成的研究还比较注重产业形成的组织机制和环境因素，如 Ven 和 Garud（1989）提出研究新兴技术和新兴产业的方法，认为在研究新兴产业形成时，应该考虑三类信息和数据：①起重要作用的功能类数据，如该行业内公司的相关产品购买者和供应商信息；②辅助关键资源提供商信息，例如辅助该行业发展的相关大学和投资机构的信息；③该新兴产业的相关制度机构信息，如专利制度建设及其他政府机构的信息。近年来，相关主题的研究工作则进一步将创新者个体和产业之外的组织行为同等看待，将组织机制与环境的因素提到更高的水平。例如，Forbes 和 Kirsch（2010）认为对新兴产业的研究还需要对公司组织之外的个体和组织进行研究。

技术创新集群研究源于产业集群研究。根据 Porter（1998）的研究，按照规模、特征等要素，集群可以划分为出现、发展、成熟等多个阶段。European Commission（欧盟委员会）（2002）将集群的生命周期分为 6 个阶段：创立基于地方特定知识文化基础而衍生出的新企业（先导企业）；产生了一系列专门化的供应商、服务支撑公司及劳动力市场；支撑集群企业的新组织机构；吸引外部的企业、人才等资源，并给本地新企业的发展提供肥沃的土壤；培育促进本地的知识信息循环的成员之间非市场机制联系交流；集群发展出现抑制，进入衰退。Rosenfeld（1997）从模仿企业发展的角度将产业集群发展阶段划分出孕育期、成长期、成熟期以及衰退期四个阶段。Bergman（2008）则将集群演化与反映技术生命周期的“S”形曲线关联起来。他认为集群探索发展阶段发生在“S”形曲线转折点之前，该阶段适合创新活动，但不适合建立公司；随后集群进入开发扩展阶段，系统开发、集群规模经济、成熟的技术和有效率的公司推动着集群经济增长；最后进入集群枯竭阶段。由于扩展阶段的产业集群主体是小微企业，为获得对集群发展过程的认识，研究人员需要进一步对小微企业集群进行分析。

Lee 和 Tunzelmann（2005）的研究一定程度反映了发展中国家发展新兴产业的体系构成，认为产业发展中的重要元素有三类，除了技术创新资源发展（技术开发与创新活动）之外，产业发展的组织资源（企业及其产业组织特征）和产业发展的设施资源（金融与要素市场，政策环境等）同样也是重要的，实际上强调了新兴技术，特别是反映出新兴产业发展的机制特征。

产业体制组成层面也出现一些有代表性的实证研究及其分析方法，意在追寻产业发展过程中处在起始状态的主要影响因素。例如，von Burg 和 Kenney（2000）的研究工作十分看重风险资本在当地网络产业的成功兴起。这些研究都充分注意到新兴产业发展过程中产业机制的重要作用。

动态边界产业的概念十分重要，从地区或国家经济发展的需要来分析，就业、市场竞争和经济稳定发展(或持续发展)必须有新兴产业的激励作用，地区发展新技术产业方面的经验表明适宜的政策可以促进新兴技术向新产业的发展转化，而在这一相关商业化过程企业间合作伙伴关系的建立十分关键，也就是创新生态体系中的共生演进(Co-evolution)发展模式(Liang-Chih Chen，2009)。而与知识转移和技术转移相关的网络体系就成为传统和新兴产业发展在组织机制上面的重要变革。反过来看，借助产业间专利知识流网络也可以辨别传统产业和新兴产业之间的差别和联系，以韩国为例的相关研究说明，在这一过程中，知识网格的密度在稳定增加，专利知识流的鉴别和分析就显得分外重要(Han and Park，2006)。

产业体制和集群环境要有其开放性。实际上，自 21 世纪初开始，开放式创新就成为一种企业经营和产业技术创新的时尚。Chesbrough 和 Crowther(2006)曾调查 12 家低技术行业的中小企业，发现这些企业几乎都在某种程度上开展了开放式创新活动。经济合作与发展组织(Organization for Economic Co-operation and Development，OECD)的研究显示，近 1/2 的 OECD 国家中，开展合作创新的中小企业达到 10%～20%。Vrande 对荷兰中小企业的开放式创新状况进行了调查，结果表明开放式创新趋势在过去几年不断增强，绝大多数中小企业开展了多种形式的开放式创新。中国在 2007 年开展的全国工业企业创新调查中也曾指出：在 2004～2006 年，中国有 23.0%的中型企业、20.7%的小型企业从事过外部研发(国家统计局社会和科技统计司，2008)。信息化和全球化背景下熟练技能的人力资源的易得性、风险投资市场的兴起、技术市场交易成本和技术内部研发成本过高及不断增强的外部供应商的能力等都导致了开放式创新的蓬勃兴起。

产业集群正是一种开放式创新及技术学习所要求的组织形态，由于拥有类似的技术开发目标和相应的知识资源，集群内的企业在长期的合作竞争过程中，更容易沟通，产生信任，形成共生关系。随着开放式集群的发展，大学、科研机构也加入集群之中。其中高新技术中小企业因其市场高度不确定，更多以创业风险型企业家身份加入集群，这进一步丰富和优化了集群的组成结构。集群中的组织间关系向知识联盟演进，加快集群知识流动，完善集群的网络价值与网络创新水平，也使创新模式从封闭式企业创新转变为开放式集群创新。这样的产业集群发展无疑十分有利于新兴技术和新兴产业的发展。

8.3　高技术小微创新群的生态环境和政策支持

8.3.1　小微创新群及创新创业的政策环境

国际上大量政府政策都强力支持高新技术企业(主要是对创业型企业等小微创新活动的支持)，对新兴技术资源支撑的战略型产业发展及其组织资源(如产学研体制、高新技术企业孵化器、高新技术创业企业等)重点关注。这也说明新兴技术的发展与不同规模企业群的关系密切，特别是与高新技术中小企业的创新活动关系密切。但综合以往研究所得可以看出，特别对发展中国家而言，两类规模和特性的企业作用，或在更为复杂的层面上划分企业类型来研究新兴技术资源和产业创新，在理论和实践分析方面都还是一个亟待解决的研究课题。

Baumol（1990）从经济学层面对创业活动进行分析指出，创业者的供给因为不同社会结构和制度而有所差异，其中某些社会环境下创业活动可能表现出更高的效率，因而在不同国家和社会中创业活动的贡献水平差异会很大。Baumol 还因此划分了两类创业活动：①可以带来有效经济增长，并富含技术创新的创业活动，称作效率型创业（productive entrepreneurship）；②以寻租或非法活动为代表的、对社会甚至经济发展带来负面影响的创业活动，后者被称为非效率型创业（non-productive entrepreneurship）。Baumol（2007a）认为，是否能够提高社会福利应是创业活动是否具有效率的分类标准，其也是是否有效配置创新资源的评价标准。但通常对创新资源配置具有较大影响力的政策涉及创业行为规则、激励结构及运行制度本身，而这些制约资源配置效果的政策差异也就构成了创业活动在不同国家和地区之间的差别性分布。Clydesdale（2007）也因此根据他对中国经济和创业所做的研究批评 Baumol 所做的论断，他认为不同国家不同时间段上的相关政策及其约束创业活动的作用也都有很大的不同。换句话说，对于创业活动的政策类型应突出个性，而非跨区域和跨国家的共性。

从小微创新群相关的政策研究视角，可以发现相应的创新环境和生态建设的重要性。Sirilli（1987）较早将关注点放在专利发明人身上，通过对意大利专利发明人的调查，总结发明人、发明对象、发明环境的基本特征。Amesse 等（1991）通过对加拿大发明人的调查，分析个人的创新过程及个人创新与创业的关系。Scott（1996）最早以小创新群整体为研究对象，研究分析了美国小创新群的创新数量变化，发现相比于其他国家，美国国家创新体系（NIS）更能促进小创新群的创新活动。该研究还特别指出，由于美国专利制度对专利提供广范围的保护，所以美国的专利系统是 NIS 体系中最显著支持小创新群创新的部分；而对小创新群的调查结果显示，他们非常清楚美国专利系统提供的多方面保护，并加以利用。多数调研对象提到如果专利管理部门要求他们可以加快申请的速度，这反映出微创新群并没有以最快的速度完成申请过程。他们也非常了解专利系统给予他们的时间灵活性，认为根据相关法律，没有迅速将基于创新技术形成的新产品投放市场的必要。相较于资金较为充裕的大型企业来说，中小型企业更为关心的可能是申请专利所带来的直接收益问题，因而并不急于获取专利权；而大型企业则往往通过大量申请专利来达到垄断技术市场的目的，因而较早获取专利权可能至关重要，由此所导致的差异可能是大型企业相较于中小型企业更急于获取专利权。

目前国内外的研究结果都表明，知识创新的过程和成功在不同的地理区域和不同的国家可以很不相同，而知识两难（knowledge paradox）模型就是专门用来分析地区间的创新活动的差异情形。这些研究结果都表明，知识两难模型刻画了知识创造和研发过程的投资并不能如线性关系那样构成类似的产出效果，而观测和理解这一知识两难现象最重要的着眼点则在于特定地区“创业参与”的发展状态，于是创业资本就成为这一过程中的重要资源（Audretsch and Keilbach，2008）。创业资本的主导者是知识型企业家，但区域层面的社会经济发展条件也有重要影响。该研究发现，知识型创业对区域经济发展有显著的贡献，同时区域创新活动也对知识型创业形成有益的影响。

其次，从技术创新异质化特征的发展机制而言，以网络形式构成的多维度和多方位合作的创新群体成为技术创新异质化发展的基本载体。显然，这一网络关系的内在因素也会因地理区域和国家差异而表现出很大差异。但也正因为这一载体特征，可以说技术创新异质化发展的载体也必然是可持续创新发展的重要机制载体。创新生态体系的发展规律强调体系内创新活动主体之间的协同与合作，这一点尤其表现在那些高技术企业和具有动态边界的新兴产业发展实践中。

实际上，在网络经济充分发展的情形下，地理邻近已经不再是小微创新群发展的充分必要条件。由于信息与通信技术的快速发展和广泛应用于企业间的合作，地理位置对企业的影响逐渐减弱，也不会产生过度聚拢的负效应。甚至出现“临时性地理邻近(temporary geographical proximity，TGP)”，以突出以个体频繁出差的方式来满足合作创新过程中面对面交流的需要。因此，地理位置在空间上的邻近不会成为合作伙伴选择的首要条件及合作创新的必要条件。相反，由于距离对于知识的获取和传递已不再是主要的影响因素，永久性地理邻近的局限不断突显，更有学者(O' Brien，1992)提出“地理死亡论”，在这个意义上，创新环境的发展就有了弱化跨地理区域，而更加重视人力资源和智力资源的特征。

综合而言，目前在创业经济学和管理领域与产业技术多样化相关的创业活动的研究议题有以下这些：①创业活动在国家和地区层面的差异化发展问题包括创业者自身在不同国家和地区、不同性别和种族、不同社会和族群中存在的巨大差异，特别是创业活动及其环境在不同的国家和地区之间存在的差别化发展状态；②创业活动差别化的影响因素，包括地理区域上的人口分布状态、创业资源构成、创业活动所在的社会文化、机制背景、公共政策差异等，并且这些因素因不同产业和社会而有影响程度大小；③创业活动对经济增长的贡献程度，以及不同类型的创业活动对于经济社会发展而言的贡献程度也存在差异。

根据这样的发展倾向，国际上政府政策强力支持高新技术企业发展的多种政策模式，也主要是面向创业型企业和中小企业的支持，针对的是新兴技术资源支撑的战略型产业发展及其组织资源，如产学研体制、高新技术企业孵化器、高新技术创业企业等。这也说明新兴技术的发展与不同规模企业群的关系密切，特别是与高新技术中小企业的创新活动关系密切。但综合以往研究所得可以看出，特别对发展中国家而言，目前大学侧的创新创业活动及其对区域经济发展的贡献方式的研究还很不够。

8.3.2　新兴技术发展中创业活动的两类效率及其环境

如前所述，国际上针对高技术企业创业领域的研究提出的效率型和非效率型创业活动的概念，这本身也具有方法论意义上的参考价值；同时，其相关研究对创新创业发展新兴技术的环境和政策开发也具有参考意义。其中，Baumol（1988，1990，1993，2007b)针对创业活动对经济发展的贡献方式和规律所做的大量研究，包括效率型和非效率型的创业分类，开拓此类研究主题。Baumol(1990)之后，很多理论研究都基本遵循他的两分法，按照效率型和非效率型创业来针对不同对象展开研究工作，主要的研究者包括：Murphy 等(1991，1993)、Parente 和 Prescott (1999)等从经济学角度的研究；Holmes 和 Schmitz

(2001) 专门对非效率型创业活动角度进行分析，强调通过创业者规范化过程来阻止竞争者，包括对相关技术的新进入者和替代性产品的制造者。目前技术创新领域的研究工作还包括通过扩展 Grossman 和 Helpman 的技术梯度模型来研究创业活动的分布问题，认为本国及他国政策（例如关税）有助于将非效率型创业转化为效率型创业。

有关创业活动的研究还可进一步划分出效率型 (productive) 创业、非效率型 (non-productive) 创业和破坏性 (destructive) 创业三类。Sobel 在此基础上构造了净创业效率指数指标，通过测度非效率型创业活动提出，比较好的设施结构会激励和产生更多的人均风险投资基金、更高水平的人均专利、更快的本地适用性增长率和更高的创业比率。该指数也可以用来解释不同地区创业水平差异。Sobel 进一步认为，良好的创业设施改革已经使得某些国家和地区相对其他一些资源禀赋相当的国家和地区获得更快的经济增长速度。

Baumol 特别提出三个决定一般性创业活动发展的重要因素，即创业活动所在的社会的整体经济发展质量、政治框架和立法设施。在测度方面，他提出净创业生产力概念，与创业活动多元化相关的因素则以资源投入（人力资源等）、制度框架质量（政府政策环境、文化、法律等）、创业产出（专利、新产品）三者及其之间关系最为重要。其中，特别需要注意的是有关创业产出指标，包括专利模式（关系到技术质量）、新产品（市场竞争质量）、新范式（文化质量）等。这一测评指标体系突出了技术创新和市场质量对创新活动异质性的要求，同时也奠定了技术创新异质性与社会经济发展范式转变的基础性互动作用。

此外，不同国家出现的程度不同的大学知识扩散过程中的知识创新困境问题，即为何高校导出的创业活动在不同国家和地区存在很大的质量和数量的差异或非均匀性？通常的解释在于创业风险和创业所得预期水平在不同国家和地区的分布是非均匀的。由于知识溢出形成创业的过程实际上充满风险，但富含新思想和新知识的经济体总是蕴含更多的创业机会，因此国际上的研究工作推论，发达国家由于具有更为丰富的知识产生资源，因而相应有更多的由知识创新产生的创业机会，这被认为是创业活动的知识扩散理论的重要启示之一（Audretsch et al.，2006，2007）。这也说明，富含新知识的经济体（如发达国家）创业风险水平更高，但盈利预期也高，而新知识含量相对欠缺的经济体在技术向市场转化的意义上创业风险水平不高，但盈利预期也不高，如果还存在创业成本和其他社会成本较高的情况，则创业活动将受到压抑。

发达国家政府针对大学创业模式和创业效率的促进政策更多落实在特定的新兴产业领域。例如，近年来美国有关大学-工业界多种研究反映出，美国推进大学-工业界联盟机制的政策目标主要针对大学具有更为关键作用的研究密集型新兴产业（如生物技术），主要通过三类措施引领国家和地区层面的技术创新方向：①系列立法（例如美国的《拜杜法案》），为政府资金支持的专利成果的应用激励提供法律程序，以此促进大学的技术发明、专利申请、专利许可活动；②降低联邦政府和地方政府对于农业研究商业化活动的支持；③大力增加对大学生物技术研究的支持，以促使生物技术成为创新活动的重要动力，通过新技术的商业化引领经济发展。

对比之下，发展中国家，针对创业效率水平的支持仅仅表现为共性的投入和产出层面的支持，急需开发和应用具有个性的、面向各个阶段的差异化政策工具，以更好地支撑多样化创新的模式。

美国小微企业取得的成功与美国政府相关配套政策的持续激励密不可分。1982 年，小企业创新发展法案设立，美国小企业创新研究(Small Business Innovation Research，SBIR)计划随之被推出。SBIR 计划旨在刺激技术创新，通过提升小企业在联邦研发项目的参与度，加大来自联邦研发的创新成果在私营部门的商业化力度及培育少数族裔和弱势人群参与技术创新等。该计划由 2000 年小企业再授权法案再次授权，将其结束期延伸至 2008 年 9 月底。随后，该计划又得到美国国会的几次延伸，持续到 2017 年。有美国 11 家联邦机构参与 SBIR 计划：农业部、商务部、国防部、教育部、能源部、卫生与公共服务部、交通部、环保署、NASA 以及科学基金会。SBIR 计划规定，外部研发预算每年超过 1 亿美元的联邦机构，必须为 SBIR 单独设立 2.5%（自 1997 财年)的经费，提供给在美国的小企业(定义是包括附属单位在内少于 500 员工的企业)。由于 SBIR 计划可以为高风险、高收益的项目提供充足的启动资金，却不要求回报，因此吸引了成千上万的投标方案，在美国科技发展和科技成果转化过程中起了不可替代的重要作用。

“技术创新集群”概念进入中国学者的研究视野始于 20 世纪 80 年代初，张培刚、厉以宁两位教授于 1980 年首次向国内学者介绍熊彼特的创新理论，而“技术创新集群”思想作为熊彼特创新理论的重要组成部分也随之提及。1981 年，张培刚教授又专门撰文评述熊彼特的创新理论，“技术创新集群”也因此在国内得到更为详细的介绍和评价。

8.4　本章小结

本章对新兴技术发生发展的创新生态环境做了综合的分析，特别在创新生态组成结构及其各种要素方面，结合国际国内相关研究给出了各种各样的观察和研究观点。其中，除了市场作用机制之外，三个要素发挥了重要的创新生态环境作用：①政府政策和相关法律体制，②相关产业体制及其构造，③以创新创业文化为代表的创业者精神和实践活动(由此形成创新集群的活动质量)。而新兴技术的发生发展，与这样集成型的创新生态环境有着千丝万缕的联系。效率型、非效率型创新创业活动也必然影响相应的新兴技术的发生发展。与此密切相关的一点是，虽然大型跨国公司也在积极推进和产生不同类型甚至是十分关键的新兴技术，小微创新群仍然扮演着不可替代的角色，甚至可能影响到特定地区和特定国家的新兴技术发展的潜力和创新活动的长期发展。

第九章　新兴技术发展的全球化及其政治经济生态

引言：本章聚焦新兴技术发展的全球化环境。毫无疑问，战略性新兴产业和关键产业的技术在国际范围的流动是相对困难的。但新兴技术的发展充满不确定性，它既是未来技术发展的可能源泉，也有可能是众多发展技术道路中很快被淘汰的某种选择。因而，新兴技术的全球化发展是有一定空间的。同时，国际化发展新兴技术既有其直接相关的活动主题，也有大量政治和经济政策、创新环境、人才建设、工程教育等辐射性主题，可以学习的方面很多，也有更宽广的研究领域，需要这些领域的理论和实践研究工作来支持。

9.1　国际范围内新兴技术的创造及其科学、技术知识的有限共享空间

科学知识的产生、学习和运用应当被视为一种社会福利过程。这种社会福利过程的质量和水平会影响新兴技术的“簇生”、发展。因而，其福利过程显然属于一种特殊的社会福利范畴，需要相应的激励体系、学习环境、合作机制、共享文化等，该过程本质上是一种社会文明的进步和升华过程。其中，对于知识创造和知识成果的尊重是一种科学道德基础，也是这种社会福利过程的基本条件。

与此相关，科学活动过程产生的知识是否是一种完全的公共品，历来也有争议。首先是 STI(科学、技术、创新)领域的经济学家对此持有异议。他们认为科学知识的传递需要经过多年的教育和训练，如物理学和化学等学科，都需要大量的蕴含默悟类经验的学习和培训，方能理解高深的学科前沿知识，因而大学所产生的、无形的科学知识和信息，在相当长的时间上可能转化为工业界创造产品的有形财富，这种知识和信息也不应当是免费的。把这种问题放在国际环境之下就会带来更多类似的争议。事实上，不同国家的产业技术乃至经济发展的差异，很多是基于其各自的基础研究平台上的“科学储备”的差异，其中重要的表现之一是作为知识载体的人才培育、知识储备和发挥。而这类基础研究平台及其科学储备也已经被认作是国家层面上的战略资源。

随着知识经济时代和互联网技术的发展，知识的传播和技术的转移更为便捷，基础研究平台有向国际化发展的趋势。在某些专题领域，特别是与人类文明发展密切相关的领域，一些跨国和国际型的科学活动的平台及其基础研究项目已经逐步建立起来，“科学无国界”也是一种有一定发展根基的实践乃至政策目标。但即使如此，各个国家，尤其是科技和工业发达国家与发展中国家之间在基础研究领域的差距仍然是相当显著的。

以某些国际学者的研究看，科技和工业发达国家(例如美国)与发展中国家特别是新兴经济体国家在这一层面的最大差别是，前者大型企业的研发机构与高校在基础研究领域的研究(往往表现为科技论文发表数量)多有重合；而后者则较多分离，即企业更多关

注的是眼前的市场发展，较少顾及科学知识的储备。改革开放后，中国企业从规模经济逐渐转入质量发展型和创新发展型经济，也涌现出不少典型的高科技大型企业，其研发活动与高校的基础研究的重合现象也有突出的表现。例如，华为技术有限公司不但本身拥有大量的科学家参与研发，这些科学家发表的前瞻型科学论文也构成了科学新知识的重要组成。

一方面，如前几章内容所涉及，科学活动和基础研究提供新的思想，而大量创新群体和个体将这些新的思想转化为新鲜的生产力，相当一些新兴技术的发生发展由此而来，这一价值链条有其发展规律，有其共享空间(当然，其中的共享是有条件的，也就是需要反映其中的科学和技术的价值规律)。这种共享空间，一般可以总结为两条：①依据科学道德和知识产权原则，同时遵循知识创造和学习规律的科学家群体间的知识学习和共享，具有内在的知识联系和知识群体文化约束；②依据市场价值规律和知识产权原则，同时遵循市场发展策略的跨国商业群体(主体是跨国公司)的资本套利、商品套利、劳动套利和知识套利活动和策略行为，而伴随知识经济和互联网经济，中小企业国际化以及国际创业也是这类知识和技术共享的有效渠道，具有较强的经济发展约束；③依据国际政治和经济共同体，遵循相关协议而开展的科学、技术和工业合作，其间产生的知识和技术资源共享，具有较强的因时因地因素的约束。

另一方面，更多的知识和技术共享是在受控情形下的发展和有限共享，尤其在国家和地区之间的环境下，这种受控不仅来自知识创造和知识学习的自然规律(指知识和技术差距所带来的学习难度)，更来自国家层面的政策控制，特别当科技资源发展成为国家层面的重要战略资源时尤其如此。由此而来，地理区域特别是国家范围上的技术创新活动和新兴技术聚集、传播和扩散便成为一个重要也是敏感的话题。例如，“技术转移”就成为自20世纪70年代以来全球范围内最重要的主题关键词之一，其初时只是作为北方发达国家对于南方经济相对落后国家的一种南北合作的政策，但很快便成为针对后发国家技术进步和赶超研究，乃至国际政治和经济学研究中的重要课题。

事实上，很多著名的经济学家是从战略角度来研究技术变革和新兴技术现象的(Rosenbloom，1978)；甚至，创新经济学家熊彼特就认为，技术与战略行为的互动是资本主义经济发展框架下的主要动力机制，而寻求新的生产(产品和方式)是企业乃至国家寻求竞争力的主要来源(Walsh，2004)。因此，将重要的产业技术上升为国家层面的产业政治战略以及通过知识产权战略强化其法律和政策工具力度是常见的科技发达国家的市场运行方式。

根据现有国际上的研究，以美国为代表的典型科技发达国家的国际政治战略、科技发展战略、知识产权战略三个方面最可能反映其政策和国家战略意图走向，特别是美国学者曾有较多相关论著探讨此类问题。比如，Mclntyre 和 Papp(1986)所编著的《国际技术转移的政治经济体》就曾强调，西方国家之间的技术转移属于市场竞争维度，而西方国家和东方国家(当时主要指东欧及苏联)之间的技术转移属于国家战略维度。美国著名经济学家、提出产品生命周期理论的 Vernon(1986)就认为，应当注意美国原产的产业技术和生产技术通过国际市场转移的“搭便车”趋势，从而降低美国产业技术的竞争力。他的逻辑是，即使在美国这样的自由市场经济体内，产业技术的发展也具有国家公共利益性质，其典型例子是威斯汀豪斯退出核能市场、波音在商业飞机市场的起步、IBM 退出大型计算机市场等，虽然这些是私营企业行为，但也足以影响美国国家的公共利益。同时，Vernon(1986)认为，国际市场本身就是一个典型的非效率市场(即存在着显著信息不对称和市场失灵的多种机会)，因此，在这样的市场仅仅依赖看不见的手(即自由竞争市场)来提升竞争力是十分脆弱的。由此类研究推展开去，可以预料，当前针对 ICT(如 5G 技术)和人工智能技术的产业国际政治、国家安全层面的科技战略和知识产权战略研究，应当是当前中国多个关键产业上“卡脖子”关键核心技术的重要背景参考，甚至可以形成新的面向新兴经济体国家和地区的技术创新经济学理论的重要组成。

与本书关注的新兴技术主题联系起来，本书作者还认为，类似“卡脖子”关键核心技术的类型主要应指产业关键技术，特别是产业工程技术，而非萌芽期的新兴技术，但新兴技术可能决定后来的产业关键技术；其中，是否成为关键技术，还有一个“工程技术”的环节。因此，应将新兴产业技术和“工程技术”都作为十分重要的概念元素加以系统考察，才是理解新兴技术发展和其之所以为“新兴”的重要研究方向。这是因为，工程技术相对新兴技术主题而言更为系统，而决定产业关键技术发展的主要是工程技术。

9.2　新兴技术及工程技术国际化发展的典型历史回顾

由于技术转移和扩散，特别是新兴技术的转移和扩散，可能影响到国家的竞争力，因此，新兴技术的全球化或国际化本身就是一个国际政治和经济话题。在这一主题下可以发现一些非常生动、非常典型的史料可供参考。

在 18～19 世纪初出现的轰轰烈烈的世界工业革命浪潮之中，作为国际上经济发展的典型后起之秀：德国和美国，都有一个在工业技术和工业经济上赶超英国的问题。因此，“技术转移”和“技术传播”在这类语境之下，也是非常敏感的词汇。而从德国(当时的普鲁士王国)的情形来看，有一些特殊的因素使得原本仍然是农业经济的普鲁士王国快速发展成为一个现代化工业国家。

值得重点关注的首先是，早先的普鲁士王国其实已经具有独特的和世界一流的工程教育体系，据 Prais(1981)的分析，这个独特的工程教育体系，不但是在 19 世纪末使普鲁士王国在制造业上超越英国的少数几个重要因素之一，同时也是时至今日德国仍能在众多制造业的精细和质量上傲居世界群雄的因素之一。这类教育体系以“技术培训学院(Gewerbe-Institute)”为代表，其教育体系的精华主要是精确和经验的结合，同时逐渐强化其系统性和持续性。对比之下，英国虽然当时是世界工业革命的“领袖国家”，但其体系性的工程教育更多是“断续发展，相对迟缓，从来没有达到过德国工程教育的系统化水平”。

而在那个时候，关键制造技术作为一种国家安全资源的保护对象，大多国家注重的只是对技术装备这类有形物的控制(表现为对机械装备和工作母机的出口管制)，而对属于无形资产的技术，特别是专有技术的转让反而控制程度较低。据弗里曼的研究，在早期(19 世纪初的 10 余年里)英国的工业制造技术层面，当时那些新兴技术和关键的创新恰恰是掌握在工程师和机械师这样的人手里，核心的工程技术主要是金属精密加工的设计和制造，以便用于其他各类机械装备和机床制造，这些技术是用高度保密的方式加以保护的。而当时的普鲁士政府认准了这些技术是最为关键的工业技术，用高额方式(英国政府对出口工业母机课以重罚)进口工业机械装备，并将其用作技术储备和培训技师，学习进口的机械装备原理，以及培养德国的工艺人才，这些工匠和技术人才又把当时的现代化制造技术带到了普鲁士全境；甚至英国的技术人才也曾被吸引到普鲁士传授种种属于“默悟”类型的技术(据说当时英国四家最先进的工业装备制造企业家中的三家企业的技术人员都曾长期在普鲁士工作，起到了传授技术的作用，见弗里曼的著作)，这些都属于普鲁士王国当时的无形资产的投资活动。后来的国际学者们都强调，这些跨国技术的转让基本上都是由当时的普鲁士政府支持和协调的，取得了巨大成功。时至19世纪40～50年代，普鲁士王国的工作母机和机床制造业已经能够生产火车机头等大型机械制造产品。

由此德国经济学家李斯特在1841年撰写了著名的论文“政治经济的国家体系(The National System of Political Economy)”，这一提法被认为就是今天的国家创新体系(Lundvall et al.，2002)，也就是“弗里德里希-李斯特的国家主义”(技术创新经济学家弗里曼所言)”。由此可见，国家创新体系概念的提出就是用来分析国家间的技术和工业竞争力的。

李斯特对工业技术进步和赶超的重要理念是，无形资产和有形资产的投资应当是相互关联的，在那个只重视有形商品贸易和有形资产(如设备)投资的时代，强调对无形资产的投资显然是把相关的技术资源提升到罕有的高度。李斯特注意到当时国家层面的技术转移的成功发展，并形成其著作观点，强调引进国外先进技术与国内技术开发之间的相互作用关系，强调本土技术的开发，特别是无形资产(技术和工程人才)的开发。

按照弗里曼的总结，李斯特当时认定的国家创新体系(称作政治经济的国家体系)主要包含：教育和培训体制、科学体制、技术研究院、用户-生产商之间的互动和学习、知识积累、对引进技术的改进和开发、发展战略性产业等，这些部分直到今天也仍然是国家创新体系的重要组成部分。值得注意的是，适宜的工程教育和人才培养在这里被放在了国家创新体系第一位重要的资源，应当是国际上对国家层面创新和新兴技术发展现象的重要总结。

李斯特还曾在美国待过很长一段时间，因而非常了解美国作为一个后进国家如何快速赶超英国的工业发展的历史。他特别仔细研究了哈密尔顿1791发表的“制造业报告”，并注意到美国对教育体系的支持比起当时的普鲁士王国而言更有广阔的发展［参见Freeman(1982)(中译本2004)的研究；Albuquerque和Freeman(2004)合作的研究］，并且并不局限于工业发展背景的需要。但美国的工业技术进步更多是由移民带来的，更具备自由市场竞争的特点。

李斯特在19世纪完全没有预料到20世纪技术创新机制的两大发展渠道：①产业内和企业内变得越来越重要的研发设施，这些设施的力量，如本篇前述章节所述，是推动新兴技术越过技术发展曲线拐点走向发展期，并主导工业技术路径的主要力量；②当国际市场跨入20世纪40～50年代之后，随着跨国公司的兴起，国际技术转移也俨然成为一种全球化经济发展的重要组成，虽然它仍然可能具有国际政治和经济的含义，但更成为国际经济发展的重要渠道和必要环节。

事实上，产业内研发部门推进新兴技术发展的重要作用首先是由德国跨国公司大约在 19 世纪 70 年代发起的。Beer(1959)和弗里曼认为，虽然企业的产品创新和工艺创新早已存在，但研发机构作为一种“有利可图”的组织机构建立起来，却是德国化学染料公司的功劳；从此，R&D 就成为一种常规性的、系统化的、职业化的机构得以长足发展，德国的霍彻斯特(Hoechst)、拜尔(Bayer)、巴赛弗(BASF)都是沿着这样的组织路径发展而来的。Freeman(1982)认为，德国化工跨国公司的研发机构为世界化工企业发展设立了榜样；同时，化工和相关的制药等类工业部门的研发也成为其他行业技术发展的榜样。比如，美国和德国的电气行业企业大约也是在 19 世纪 80 年代建立其研发机构，但当时美国的研发机构又有不同，例如爱迪生研究院，却是以合同形式开展研发的，并不隶属于任何一家跨国公司或大型企业。也是由于这一研发设施的发展趋势，而且由于大多研发活动是由企业开展(即使是合同形式的研发也属民营)，因此研发占 GNP(国民生产总值)或后来的 GDP(国内生产总值)的比例，就成为衡量一个国家技术实力或产业技术发展潜力的重要指标。

从西方国家的历史看，研发活动进入政府政策项目，始于美国 20 世纪 40 年代的曼哈顿计划，该项目显示出科学和基础研究的巨大力量，并由此产生一个专门的名词——大科学(big sciencc)，后来的雷达设施、计算机、火箭和导弹等都受益于这类政府支持的研发项目，并因此形成政府-工业界和大学之间的密切合作。

时至今日，全世界有上百万甚至上千万的科学家和工程师供职于跨国公司的研发实验室或其他类型的大型研发项目，这成为国际上新兴技术发展的重要的、甚至某些领域上唯一的促进力量。

9.3 “技术的全球主义”与“技术的民族主义”及国家竞争力

新兴技术在不同地理空间上的发展形态各有千秋，因此有技术的全球主义(Technoglobalism)及技术的民族主义(Technonationalism)之说，但后者更多用来总结工业技术在不同地理区域和国家层面的发展特点，特别是近年来用于解释相对上述新兴技术和经济技术赶超现象的研究。技术的全球主义和技术的民族主义(甚至称为技术的国家主义)也引起相当多的争议。本节总结所谓的技术的全球主义，其出发点和立论依据，以及支持论据主要在于以下几个方面。

1) “技术的全球主义”的观点出发点和支持依据

(1) 随着科学群体和技术专家的交流日益频繁，同时科学技术开发的知识基础倾向一致，科学原理和对自然世界发展规律的认识本质上是一致的，因而在基础科学基础上诞生的各类技术具有一致性。因此，生产技术和工程技术随着时代发展和知识经济时代的到来将倾向一致，技术呈现出全球化发展的特点。

(2) 大型跨国公司垄断的情形在信息和网络时代也不尽然都成立，小型创业型企业也可能走向世界，全球型创业已经成为一个专门的词汇，用来形容此类发展趋势。但跨国公司的发展是一种不可阻挡的趋势，跨国公司的发展会进一步将工业制造技术乃至服务型技术规范化和标准化，于是技术的发展将无可避免地向全球化发展。

(3)即使跨国公司存在当地市场导向的经营策略，即迎合当地市场文化和经济发展特点开发适应的产品，甚至从这样的以当地市场导向的研发机制中获取本地化的新兴技术知识，但这种本地化运营的方式，包括研发机制运行方式，也是标准化的。同时，其差别化的市场需求导向的产品或工艺创新同样具有全球化技术和知识管理体系意义。即，其仍然是一种标准化的知识产生路径，也必然以同样的发展规律隶属于这样的知识产生体系。

(4)随着全球化经济的发展，产业经济和技术的发展体系(包括知识产权体系)取得较高级别的国际认同。相应的国家和政府的政策机制及其职能越来越“向上”及“向下”失落，表现为其职能(向上)向全球型或区域型国际组织让渡，或其控制范围(向下)向更活跃的区域和城市让渡(典型的例子如“硅谷”等区域的崛起)，因而逐步形成“向上区域”(upper region)和“向下区域”(nether region)，即处在中间的国家的边界正在逐步模糊和淡化，而相应的产业技术发展会有更多的“跨界”和趋同发展。

2)“技术的民族主义”出发点和支持依据

(1)技术的全球化发展是以自由市场经济理论为前提的，即市场竞争信息充分公开，跨国公司的各类套利活动(包括技术和知识的套利)相当充分。但实际上，国际市场并不是一个自由市场经济环境，市场竞争的信息并不完全透明，甚至，国际市场是一个典型的不完全竞争的市场，存在很强的国别和人为干预因素。

(2)发展中国家，特别是新兴经济体国家和地区具有强烈的经济和技术赶超意识和相应的战略，而技术的国家主义或民族主义的某些发展模式有利于这样的技术赶超。事实上，不论是今天发展中国家的国家经济发展的战略诉求，还是以往历史上所有经济后进国家赶超先进国家的历史经验，这些都说明，完全的技术全球主义发展是不存在的，而经济和技术赶超本身一定包含着“东道国”的政策参与和对市场的某种干预。

(3)即使超越国家的区域型组织的作用增大，以及一国之内某些区域和城市的创新活动日趋活跃，并可能成为其他地区发展的模式参照，技术发展的本国社会、文化制度等文化和政策因素仍然扮演重要的角色。

本书认为，事实上，技术的全球主义和技术的民族主义的分类并不是一个合理的政策分析术语。在当今世界的经济发展中，技术的两类发展倾向是并存的。同时，对于发展中国家而言，技术的发展反而是更为全球化的。这是由于，以往大多数工业技术(包括那些可能被科技发达国家“弃之不用”的技术)都可能由发展中国家承接下来。当然，确实存在一些可以跳跃过去(大概属于今天的 “弯道超车”)的工业技术，但某些技术是否可以以更为节约和更为环保的方式加以利用，也是大量发展中国家面临的选择。

从更为贴近跨国商业活动实际的角度出发，知识和技术的全球化抑或是民族化主题，其实更适宜用国家竞争力的观点和思想加以分析和概括。历史上，不论经济后进国家通过工业技术进步实现赶超的经验，还是当前世界上重要的科技发达国家实行的关键技术封锁，都体现了国家竞争力之间的博弈。仅仅从国际贸易角度看，该类活动也并不是单纯的经济活动。20世纪90年代美日贸易纠纷迭起，与之相关的技术变革和经济发展的研究更为重视国家层面的创新活动的质量和发展特性，并落实在对产业竞争力的分析上。当时的分析尤其注重美日企业之间汽车产业的发展和竞争，著名的有关日本企业技术创新过程的野中模型(Nonaka and Takeuchi，1995)就是在此时总结出来的。野中模型更是作为重要的、有别于原有科技发达国家和地区(如美国与欧洲)之外的技术创新活动规律得到推广。继而，后发经济体或新兴经济体国家和地区的产业技术创新模式也成为重要的研究焦点，差别化的企业、国家和地区层面的技术竞争战略研究也应运而生，这些都受益于对国家之间的工业特别是技术竞争力差异的总结和分析。

而技术战略或国家竞争力这类研究首先出自美国的商学院，商学院学者在开发战略管理的研究过程中，运用相应的研究方式和工具，提出独特的研究理念，来针对不同国家开展技术创新为主要载体的国家竞争力的研究。比较而言，在技术创新的战略管理主题上，企业组织仍然是最为生动的技术创新战略主体，因而管理学界对于特定企业、企业合作体、产学研联盟、产业和技术创新网络等主体技术创新活动特性的这类微观层面的研究终究成为十分经典的参照。例如，Porter(1985)最先将技术创新引入其竞争力模型来研究企业战略及基于资源的企业竞争理论，对企业层面的新兴技术相关的技术创新战略进行了扩展研究。但作为更为突出的经济学和管理学理论研究，无疑还是这些研究思想和方法在国别之间的竞争力分析主题上的应用，才把相对微观的新兴技术和产业技术战略相关研究与国别研究结合起来，才是更为显眼的一类研究主题。

9.4 新兴技术、新兴产业与国际化

毫无疑问，产业创新是国家创新体系的重要组成部分，新兴产业也是新兴技术发展的出路和载体。国家创新体系及创新政策研究领域的著名学者 Tunzelmann(1997)曾开展具有特殊意义的包含企业微观、产业中观和经济发展宏观三方面的产业革命发展规律方面的研究，也是一种将微观层面的技术资源和产业创新、国别竞争力加以融合的典型研究。他指出，国家技术体系，或称国家生产体系(national production system)，在每一次工业革命的发展方面都有根本性的不同，很难沿用以往的产业发展道路和规律。同时，他还肯定，每次工业革命的发展都不可能最终实现不同国家层面上的趋同或收敛，每一次工业革命的引领国家都可能发生置换，新兴技术及其新兴产业发展在企业层面、产业层面和国家创新体系层面存在潜在价值。Fai 和 Tunzelmann(2001)也曾应用专利数据研究产业技术的变革现象。

国际上以往研究工作更为重要的启示是，从战略性新兴产业的研究角度出发，新兴技术资源的规律研究需要结合相应的产业组织资源开展研究，于是将新兴技术的发展真正与产业创新活动相结合。如 Aldrich 和 Ruef(2006)就强调，对新兴产业的研究还缺乏对其组织机制演化和变革的了解，因为新兴产业的形成恰恰也是组织竞争的领域；Forbes 和 Kirsch(2011)也都指出，迫切需要建立研究新兴技术及其产业化发展的理论和经验研

究框架。显然，这些产业化都应当是在国际化的环境下发展的过程。Low 和 Abrahamson (1997) 在其专门研究新技术创新创业与产业演化的论文中，也曾提出这样的观点：新兴产业的发展就是新的组织形式被创造的过程；产业增长过程是一个充分利用新出现的法制化企业潜能的过程，因此可以用“搭车效应”来描述该过程；而成熟产业的发展则无外乎是一个复制已有企业的形式和生产模式，并且将一个产业所有知识融合和固化起来的过程。值得注意的是，这类研究将企业家个体、企业群体及企业间合作、竞争等影响，以及其中产生的组织、规则和制度(包括技术规则体系，即 technology regime)与新兴技术发展结合，形成新兴产业的研究，是为新兴技术的国际化主题提供了一个非常现实的研究平台。因为，也就是在这些方面，能够体现本土或他国的新兴技术的跨国性发展机会，这一点对战略性新兴产业的发展研究尤其重要。

而从区域经济发展层面看，新技术发展、创新乃至差别化的新兴产业发展也是决定区域经济可持续发展的重要原因。例如，Henderson 和 Wang (2006) 针对 1960～2000 年人口在 10 万人以上的国际样本城市的城市化问题进行研究，说明城市规模的发展是异质性的、非均衡的，而其中重要的决定因素是技术的发展，从地区或国家经济发展的需要来分析，就业、市场竞争和经济持续发展都必须有新兴产业和多样化的新兴技术发展的激励作用。

由于新兴产业的战略意义，政府政策及其效能日益成为分析焦点。Spencer 等 (2005) 直接以政府作用为题(“政府如何在创造新产业中发挥作用”)，就不同体制国家的政府在创造新兴产业的过程中面临的机遇和挑战加以剖析。他们通过社会组织层面维度将样本国家分为“间接联系”和“直接介入”两类，再依据社会集成方式维度将样本国家分为“行政的”(statist)和“社会的”(societal)两类，由此综合分为四类国家，分别分析各类国家政府在技术政策方面面临的机遇和挑战，强调了组织和联盟的制度结构影响政府技术政策的关键作用。

通过对大量中国有关国家创新体系和区域创新体系的研究(柳卸林和王海燕，2001；董金华，2005；刘云等，2010)可以发现，新兴产业的战略意义直接与政府的政策导向紧密联系。因此，发展战略性新兴产业的本质上是国家创新体系的重要组成部分，是针对市场失灵部分的政策导向体现，特别对发展中国家而言，也是在知识经济和国际化发展的背景下实现经济结构转型，在新型工业化道路上实现赶超的重要途径。

2010 年 10 月，中国政府发布《关于加快培育和发展战略性新兴产业的决定》，明确将从财税金融等方面出台一系列政策加快培育和发展战略性新兴产业，强调新兴科技和产业的结合，强调战略性新兴产业对国民经济的作用和对国家安全的重大影响；并结合中国国情和科技、产业基础，将节能环保、新一代信息技术、生物、高端装备制造、新能源、新材料、新能源汽车等七个方面的产业和技术作为重点培育和发展领域。本书也将具体参照这样的研究领域和战略性新兴产业发展思想探索技术创新经济学和国际产业经济发展领域的理论和政策实践效应。

所有这些研究，由于其国家和地区背景差异，就具有了更为典型的理论和实践理念上的参考意义。

9.5 新兴经济体国家发展新兴技术的国际化合作与障碍

9.5.1 新兴技术及相关新兴产业发展的国际化瓶颈

在国际经济全球化发展和开放型经济发展为基本发展趋势的情形下，产业技术发展通过国际贸易和国际要素流动平台实现交融和互惠是一种常见通道，但客观上也可能遭遇国际市场上的关键产业技术竞争，特别是遭遇与关键技术资源相关的国际政治经济意义上的“卡脖子”核心技术类型的封堵，其发展局限可能体现在以下方面：①发达国家期望更长时间垄断其相关产业技术而导致的“市场失灵”性质的关键技术封锁，从而使本土新兴技术的发展资源受限：②以特定产业工程技术为聚焦点的受控范围扩大，这些产业工程技术通常都有技术平台的意义，即可以作为多种工业产品的共性支撑技术，因而可能具有国际产业技术的政治含义(亦可上升为国家安全背景的技术)，这类技术往往不是萌芽型的新兴技术本身；但由于可以定义为关键工程技术的类型较多，赖其支撑的典型产业则成为重要的政策聚焦点，既包含科技发达国家产业政策发展惯性，也包含科技发达国家对特定产业技术地位的前瞻框架，可能间接影响到新兴技术的发展资源的支撑。新兴经济体国家和地区发展新兴技术的国际化瓶颈具体可能体现在以下方面。

(1)国际化市场上的商业竞争格局。近年来，考察国家层面、区域层面、产业层面及企业层面的创新活动的质量和发展潜力时，创新活动的多样性(或称异质特性)成为重要的考察类型，并强调这种多样化特性应具有“自发”和“自愿”的生长规律特点；而仅仅依靠市场惯性力量驱动的生长规律，往往会受到大型企业，特别是跨国公司的发展引导或挤压，其特点是沿着这些大型企业和跨国公司的产业技术路径发展，相应的创新活动和扩散速度明显加快，但非主流路径的技术创新活动则可能受到挤压，甚至挤出，这种技术创新的扩散速度差异特点特别成为发展中国家，尤其是新兴经济体国家需要特别关注的现象。

随着经济全球化的发展和技术创新的速率加快，大型企业和跨国公司在研究与开发过程上面的导向力量和辐射作用越来越大，而技术创新的“自愿”和“自发”特色有所下降。追踪这一重要发展趋势，得出国际化研发机构在控制、协调功能之外开发出的学习功能，有效吸收多样化资源的发展机制(Gerybadze and Reger，1999)。总体而言，跨国公司主导的技术发展道路无疑会制约技术资源多样化的发展，尤其可能会制约新兴经济体国家本身资源为基础的新兴技术的发展。

在我国外商直接投资活动数量增加和质量日益提高的环境之下中国产业技术资源也在面临同样的问题，因此考察外资和跨国公司参与中国市场竞争条件下的中国产业技术创新多样化水平并适时调整和实施适宜的技术创新政策和产业技术资源战略，以期把握中国企业在未来国际国内市场上的竞争地位，十分重要。

与前述两类创新活动生长活动规律相对应，应当着重指出的是，工业技术资源的发展实际上应是伴随着多样化和收敛两种趋势并相辅相成的，其中工业技术资源的收敛过程(即多样化水平降低的过程)也意味着特定技术的有效扩散和应用，是有效实现创新扩散的渠道。

(2)国际化市场上的国际政治和政策机制的约束。根据相关研究，在中国产业技术发展和“一带一路”倡议的发展建设过程中，国际上科技发达国家所掌握的关键技术，主要表现在中国目前存在较大技术差距的相应的产业技术清单上，如 2013 年麦肯锡行业报告(杨飞，2017)、典型“卡脖子”关键核心技术领域和技术主题相关分析文献(毛蕴诗等，2014；吴伟和纪明辉，2011)等，这些技术往往通过工艺和专利权控制，特别是通过工艺技术(即专有技术)，对其制成品(表现为关键核心器件)的贸易和技术转移设下巨大障碍，但对新兴技术发展的影响应当还不是主要的。

9.5.2　新兴技术及相关新兴产业发展的国际化突破方式

综合国际上相对成功的科技发达国家以往的赶超经济框架和现有科技前沿发展战略，新兴技术的发展能够实现国际化突破，主要体现在以下几个方式上。

1)路径开拓：转型技术发展逻辑

从科技发达国家的科技战略看，积极从事新路径技术的开发是重要的战略资源储备。例如，美国提出的“竞赛规则转换器”(game changer)，即是转型产业关键技术发展逻辑之下的产物。

综合分析科技发达国家关于产业关键技术的研究，特别是美国与国家安全有关的技术发展的研究，往往首先着眼于“领先”或“占先”的竞争逻辑，其中以“竞赛规则转换器”概念来强调其中的颠覆性新技术性质和产业聚焦特点最为典型，借以代换现有存在与他国竞争的技术发展路径。

Game-Changing 这个概念首先来自针对美国军事和国防安全的“下一代技术(NexTech)”(2013)项目，其定义十分重视应用效果：“任何可应用于显著(或根本性)改变冲突双方军事均势的技术或群组技术，这类技术的应用可以立即使现有参与者的政策、常规和组织方式沦为过时状态”。

比如以这个词汇所标志的美国产学研结合的产业化项目专著——*Game Changers–Energy on the Move*(2014 年出版)中，记载了五个来自美国高校的研发项目体系，并标记为可为美国国家能源体系提供更节约、更清洁和更安全的能源技术，其中比较突出的是由美国斯坦福大学、MIT、德克萨斯大学等产学研发展机制开发的页岩气能源的高效开采、应用信息技术的实时智能油田等成体系的案例。这些案例都被描述为以其高可靠性具有服务于美国军事体系的典型“竞赛规则转换器”特征，并用一个新的词汇“改变规则的能源创新”来表达。

此外，有关 IT 和人工智能技术主题范围及其关键产业的核心地位的认定，往往特别赋予了与国家安全、国家竞争力相关的认定原则。美国在 NexTech 工程系列中，特别强调增材制造、自治系统及半自治系统(用于侦测、监控、情报等)、定向能或导向能源(用于新型的定向能武器和动能武器)、网络能力和人类功能调节这五个有可能影响现代战争变化的关键技术领域。这些技术门类具有巨大潜力，并可能具有难以预测和难于管理的重大安全问题，乃至可能对未来战争施加强大影响(Brimley et al.，2014)。

2）科学资源支撑新兴技术发展的国际经验

如果注意世界上前沿技术的发展，可以发现科学活动的知识和人才支撑作用是不可低估的。而这种知识和人才培养，在未来新兴技术开发的意义上，更不能忽视其中科学与工程的联系。其中的观念转变非常重要。

“工程”应是处在工业界科技活动的核心和统帅地位，突出科技资源对于保证原创前沿型产业工程技术的作用。如美国从20世纪40年代就特别强调科学型的工程，以及后来的科学型产业，这为美国的产业技术注入了精密、质量检测和质量控制、工程数据档案存储与分析等现代制造业发展的职业思想内涵。

特别是突出 STEM（即科学、技术、工程和数学）四位一体的技术和工程理念及相应的工程科学人才教育体系。美国很早在高等教育上重视的是工程教育，并建立有相应的工程教育组织［例如，美国工程教育协会（American Society for Engineering Education），1946年建立］，而非单纯的“技术”；美国最早引入 STEM 四位一体的概念是在西点军校的美国军事科学院，与当时的沃彻斯特工学院（Worchester Institute of Technology）所代表的学徒式手工经验型的工程学习并行发展（Rynolds，1991），其后美国贯彻现代化工程教育的思想更突出了 STEM 思想传统，作为工程技术人才的基础，也作为解决当地和本土工程问题的紧密联系实际的基础。特别是将数学看作是工程和产业技术中的关键技术，也是一种重要的产业技术发展思想，比如 Springer 出版的系列专著 *Mathematics：Key Technology for the Future –Joint Projects between Universities and Industry 2004-2007*，就特别突出了数学技术在微电子工程、薄膜技术、计算机辅助医疗、交通和能源控制、金融和保险业的风险管理等重要产业领域中的应用。同时，这些工程应用的实践目的也十分清晰，如伦斯勒理工学院（Rensselaer Polytechnic Institute）是美国最早（1824年）建立的提供工程教育的高等学校，主要是为解决当地的农业和市政与运河工程问题而开设相应的学位和课程体系。密歇根大学、哈佛大学、耶鲁大学等包含的工学院形式虽有不同，但也是与当时当地工业发展的需要密切结合的。这套体系先进的工程技术人才队伍、前沿性和本地实践的特点，客观上造就了美国领先的工程技术储备。总体看来，高等工程技术的教育和人才培养是美国工程技术发展中的重要支撑。1986年，美国国家科学委员会发表的《本科的科学、数学和工程教育》，把培养优质科技人才直接与提高国家竞争力相提并论。2009年，奥巴马在 *Educate to Innovate* 的政府报告提出，要通过政府、企业、科技组织和非盈利机构的支持，进一步加强科学、技术、工程和数学领域的人才培养，以保证美国在科技领域的领先地位（Obama，2013）。这套概念体系保证了产业技术的前瞻性、前沿性和本地实践特点，客观上造就了在更大范围乃至世界范围领先的产业工程技术储备。

与此相关，大量的新兴技术是依赖大学的新思想和多样化技术资源，因此，产学研体制及其合作联盟发展是未来新兴技术发展重要渠道，甚至可能是唯一渠道。

依照关键工程技术的迭代演变规律，需要特别强调有成效的技术原生机制，其主要表现为有活力的产学研联盟机制，是市场前瞻和技术前瞻的结合，也是产业关键技术的重要储备，甚至随着国家安全相关的新兴技术需求变得更加紧迫，还需要快速反应的产学研合作机制。有多种研究和报道表明，科技发达国家，特别是美国在快速产学研合作成果方面的作用突出。美国大学技术管理协会（Association of University Technology Managers，AUTM）的财政年度报告曾反映，美国学术机构开展的创新成果的许可贸易的经济价值贡献超过400亿美元，并提供超过270000个工作岗位（Association of University Technology Managers，Inc，2000）。Agrawal 和 Audretsch（2001）在分析美国校-企知识转化的文章中也曾提到，产学研联盟在典型领域取得显著成功，如Cohen的发明（遗传学和医学，斯坦福大学）和 Boyer 的发明（生物学，加利福尼亚大学旧金山分校）利用基因剪接制作重组DNA（Agrawal and Audretsch，2001）。Boyer的发明组被称为生物技术产业的里程碑，并且在1997年12月到期前，许可贸易涉及多达380多家公司，在其15年的专利生命周期中，大约许可给480多人。类似例子还有由新加坡国立大学和新加坡国家科技部联合创立的微电子学院，其大部分项目都是由本土企业牵头建立，致力于核心技术创新，并造福于所有联盟企业（Flamm，1996）。前述以“竞赛规则转换器”命名的产学研合作则更有其显著的科研指向和突出的成果。

值得注意的是，西方国家对于中国与典型国家（特别是美国和西欧国家）大学之间的技术转移问题也开始高度重视，并有相应的研究（Moortel and Crispeels，2018），这说明高等教育机构中的科技活动也已成为国家层面产业科技发展的重要观测点及西方科技发达国家提升其产业科技发展警示的重要聚焦点之一。

3）新兴技术发展的社会体制：科学、技术与法律、贸易政策多元体系

科技发达国家在开发产业工程技术中的卓有成效，还在于成功地将科学、技术、工程等产业资源与法律体系建设很好地融合起来，实施通过法制体系（包括以知识产权为载体和以高技术产品贸易和投资活动为载体的法律和制度体系）来保证其对特定产业技术优势的垄断或主导地位。事实上，典型科技发达国家如美国，一直是将科学、法律、技术三位一体作为国家安全的基础资源，例如以“反恐”为主要目标的专著即以此署名［*National Security Issues in Science，Law，and Technology*（2016）］。

事实上，科技发展的开发和保护两者互为表里。将其作为战略资源来分析，二者都是战略资源的重要组成部分。美国和欧洲国家开发技术体制及相关社会能力的比较分析相关研究［典型研究如Fagerberg等（2014）］可揭示和解释科技发达国家擅长并使用其产业技术垄断机制，包括其理念和运行规律。

新兴技术和工程技术体系的保护体系，可以在更广的范围内予以组织和建设，包括知识产权体系保护和与高科技产品贸易和投资相关的保护政策。比如，与工程技术体系密切相关的知识产权保护体系及股权投资形式的专有技术保护体系，包含了攻击型保护和防护型保护。特别是提升为国家安全层面的、以相应的法律和政策保护的工程技术体系，研究分析以往科技发达国家认定为关系国家安全的关键工程技术的性质和功能，借以分析得出此类国家相应的工程技术考量维度和内涵。同时，运用知识产权体系作用，既可实现制约他人的功效，亦可利用该体系规避相关技术从而实现关键产业技术的赶超，日本等经济体在此类发展效应上有较为突出的实践经验（Taylor，1995）；而印度则从政策层面具有规避制药领域知识产权威胁的成功途径。

在政府政策的支持方面，美国等科技发达国家有独特的、丰富的成功经验，在“看不见的手”作用的市场中，引入“看得见的手”，在关键产业的科学技术的赶超和开发方面，注入了大量政府政策的支持，值得很好地总结和分析。比如，第二次世界大战时，美国设立联邦政府“科学研究和发展局”对关系国家安全和全民福祉关键技术进行管理。时任科学研究和发展局局长的Bush(1945)针对战备需要和战后发展，向时任总统罗斯福提交了《科学——无止境的前沿》的国家科技政策报告，详细阐述了政府在科技发展和科技转化中的地位和措施。美国的相应举措不仅推动了雷达、青霉素等一系列科技创新并直接推动了相应的产业关键技术的发展，而且此类做法也成为第二次世界大战后美国科学政策发展的重要指导和参考。进入20世纪80年代后，当美国的技术出口第一次小于技术进口时，当时的克林顿政府组织科技专家班子，就多项付诸实施的产业科技政策扶持计划进行讨论并分析研究其理论根据，如“先进技术计划(ATP)”“制造业拓展合作计划(MEP)”等，并编辑成书，将美国政府的技术政策由冷战时的幕后推向前台(见路易斯·伯兰斯卡姆等(1999)：《为创新投资——21世纪的创新战略》)，目标直指提升美国的工业科技竞争力，并取得明显的效果。进入21世纪之后，典型的此类政策还包括美国国防部支持的NexTech项目系列，提出多项具有颠覆性创新意义的产业科技门类(Brimley et al.，2014)。

中国学者武佳倩等(2017)对国外重大科技计划的组织管理模式做了比较和总结，从不同的政府角色维度将政府介入的国家重大科技专项计划的组织管理模式分为四种类型：国家主导型、政府牵引并多部门联合资助型、政府牵引并企业参与型以及企业主导型。国家主导型组织管理模式的如美国的阿波罗计划和曼哈顿计划；政府牵引并多部门联合资助型组织管理模式如美国的国家纳米计划；政府牵引并企业参与型组织管理模式有日本的超大规模集成电路(VLSI)项目；企业主导型组织管理模式有欧洲英、法、德联合推动的空中客车计划等。目前有关科技发达国家聚焦前瞻型和关键产业技术的政府科技政策支持框架分析的系统研究工作还亟待开展比较研究。

4)精益求精，渐进创新形式的产业新兴技术

新兴技术促进新兴产业发展，和重要产业支撑新兴技术发展，是新兴技术与产业支撑相辅相成的两个方面，对新兴经济体国家和地区而言，后者具有更为突出的意义。因而，精益求精，通过渐进创新形式的产业技术创新和工程技术的开发，发展有特色的新兴技术，是其中重要的发展途径。

为此，需要注意工程技术发展的渐进式创新和成熟工程经验(包括经验数据)积累：一方面，需要发现适宜的应用场所开发相应的新兴技术，另一方面也要避免过分频繁的动态创新，影响工程技术向精密和精益空间发展。因此，如本书相关章节所表述的规律，需要注重工程技术中的渐进式创新，注重通过规则化创新活动来积累和夯实领先的产业工程技术资源，并注意发展适宜本地需求形式的工程技术和新兴技术发展。

9.6 本章小结

随着经济全球化发展日益深入，新兴技术的国际化过程也日趋复杂。从新兴经济体国家和地区的发展实际来考察，有两个方面的制约：①国际市场(包括国内充分对外开放部分的市场)的竞争和垄断制约，②国际政治和经济发展的战略层面的制约。

在国际市场层面，特别以专利形式保护的工业化技术资源发展突出体现全球化配置的特征，其主导力量主要表现为跨国公司主导的、以现代知识产权制度为核心的知识和技术创新成果的集聚特点。同时，另一方面，全球化技术资源配置的发展并没有完全遏制国际技术创新生态环境恶化的倾向，与此有关的国家层面和区域层面的技术创新政策的研究议题表现为两个热点：①急需明确可持续经济发展机制所需要的技术创新内涵及其知识产权制度发展框架；②急需明确国家创新体系和区域创新体系发展此类可持续型技术创新(即多样化创新和本地化为基础的新兴技术发展)的适宜模式和适宜的知识产权(IP)制度体系的作用机制。前者可认为是国际上不同国家和地区工业化及后工业化过程具有共性的创新和制度问题，后者则体现为不同经济发展阶段的国家和地区所关心的区域性创新问题。而在国际政治和经济发展的战略制约层面，则需要多个领域的研究合作，从中发现可能存在的竞争、垄断与合作的可能空间。

总体看，目前相关主题的研究工作存在两类缺陷：①尚未将可持续经济发展所需要的技术资源类型和特征进行有效分类分析，②尚未将知识产权制度的改进发展与此类技术创新的需求相结合，并和新兴经济体国家和地区的发展实际相结合。但无论如何，在全球化经济发展的环境下，保持技术创新多样性是保证新兴经济体国家经济和技术可持续发展的重要资源特征，也需要技术创新多样性发展的适宜机制，需要相应的政策环境和知识产权体系对保障技术创新多样性的作用机制和设施建设。

下 篇

新兴技术发展的辨识分析方法和分析技术

导 言

在梳理和归纳大量新兴技术辨识方法文献基础上，本篇内容主要是开展新兴技术辨识分析的实证研究，相关研究工作还是突出了前两篇内容的观点——关键发明家、小微创新群等关键主体对推进新兴技术发生发展的作用值得引起充分重视。从目前学术界和新兴技术管理各类相关职业机构，乃至风险投资基金和天使基金的做法看，都热衷于应用各类科学计量学、统计学、信息学和社会学相关学科的分析方法和工具，对新兴技术发生、发展做探索型辨识或判别型分析，都有更为重要的可资参考和借鉴的研究成果。

如下图所示，本篇仍旧用两圆一方的框架来描述其中的关键技术。其中，大的椭圆标识新兴技术分析和辨识用到的数据集，而小的椭圆则表现有重要实践导向意义的新兴技术，方框则代表人们为此导向所应用的分析工具和辨识方法。显然，更具通用型(正方形)分析方法和辨识工具往往不如专门设计的分析和辨识方法(矩形)有效，说明新兴技术的分析和辨识方法选择本身也应具有一定的导向性。当此类方法不是十分有效时，我们并不一定能获得有重要实践意义的新兴技术信息，而充其量只是获得了其中的部分信息。

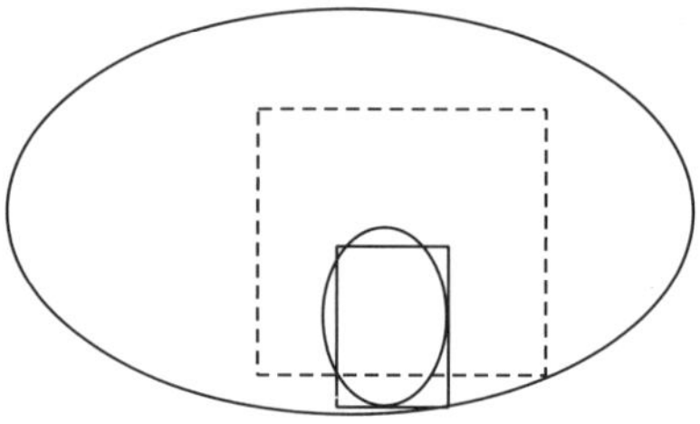

最后，本篇希望引用 Julian 等(2003)对北美和欧洲运营最好的天使类风险基金对新兴技术的看法作为读者的参考。他们的研究认为：风险投资者、创业者看待可能成功的投资者和创业(包括了其中的新兴技术)的立场不同，看法也不尽相同，但也有共同的地方，可以用下面的表格加以说明。

投资者立场 看好的投资者	投资者立场 看优秀的创业者	创业者立场 看好的投资者	创业者立场 看优秀的创业者
积极的网络合作者(35%)	有市场经验(52%)	有市场经验(41%)	前瞻型眼光 (创新型技术)
有市场经验(36%)	创新活动(20%)	网络合作(30%)	敢于冒险
交易自主(22%)	市场导向(20%)	接受风险(20%)	好的组织者
			具有领导力

从表格可以看出，新兴技术的发展既需要前瞻型眼光，也需要“接地气”的实践，这样才能被市场接受。当然，眼界放大到社会-经济发展的前瞻型技术，则需要有前瞻型的投资者和政策制定者来特别关心。

第十章　基于专利质量的新兴技术分析与辨识框架

引言：基于相关技术信息的可得性考虑，专利技术信息一般是新兴技术识别和分析的首选数据资源。但又由于专利技术的典型性和差别型技术领域覆盖特点，应用专利技术信息分析特定产业技术领域的技术发展总会具有一定的局限性。同时，专利信息本身也有质量差异，且专利技术彼此之间的价值差异也是巨大的。根据这些因素考虑，应用专利信息开展技术分析需要特别强调专利的质量因素。

一直以来，对于专利质量尚未有统一的定义，国际研究中对专利质量的分析归纳起来，有以下三种观点：一是指专利价值，也就是说一项专利的市场价值越高，其质量越高；二是指专利保护的技术发明本身的质量，也就是从技术的相对领先和其可能具有的社会和经济进步影响的角度；三是指专利申请的质量，如专利申请最终获得授权的成功率、专利权力项覆盖面(包括三方专利权等)、专利家族性质等。但这三项中前两项关键的考察维度都因为很大的不确定性而难于操作，只有第三项所包含的相关指标有一定的可操作性。

另一方面，由于专利技术是某种垄断竞争市场的产物，因而有关专利质量的分析事实上都是以特定的主体为聚焦的，并与相应的竞争对手(国际或国内以及局部区域等)参照而言确定的。不论是群专利(专利组合)的总体质量，还是单项专利的质量，特定主体和其他参照体之间总体专利质量或者单项专利质量比较关系是专利质量比较的关键。选取的比较对象不同，同一主体的专利质量状况就不同。而且，专利质量状况总是在动态发展的，其时域和地域的比较范围十分重要。即使某一时点或某一个时期内与特定对象相比较专利质量的状况相对稳定，但随着时间迁移和竞争格局的变化(包括不同主体的研发投入、技术创新活跃程度、专利申请及授权的变化及技术本身及市场环境的变化)，都不可避免地会影响特定主体的专利质量状况。

本章意在突出应用专利信息分析新兴技术、识别新兴技术发展时需要注意的研究特点，从而提供有比较意义的分析框架。

10.1　专利质量的考察方法与指标综合分析

近年来，专利质量的分析在中国创新政策的发展中变得越来越重要。而不同专利质量指标反映了专利质量测度的不同目的和方面。例如，专利文本信息反映的是专利撰写质量；专利的存续期则说明的是专利权人所持有的对待其专利潜在和现实应用情况的考虑，间接反映专利的应用价值；而专利宽度则诠释的是专利权保护范围，属于专利权力项的要求，但与专利本身具有的质量估计有直接关系，如此等等。如何综合考虑上述多种因素，给出专利质量分析的统一标准一直是学者深入探讨的话题。

本章综合以下几个维度的分析，并结合新兴技术分析工作的特点，总结专利质量的考察方法和典型指标。

10.1.1　专利权文件信息的指标和分析维度

1) 专利授权率

专利授权率(patent authorization rate，PAR)是专利授权数量占专利申请数量的比值。只有获得授权的专利才具有新颖性、创造性、实用性，因此授权数量及授权率的大小能更真实地反映专利技术的实际情况。

2) 专利引证信息

早在1949年，Seidel(1949)就第一个系统地提出专利引用分析对于专利技术的重要性。专利引证指标有引文数量和被引次数两个基础指标。经过深入开发，引文数量演化出引用专利文献数量(patent references)、引用非专利文献数量(non-patent references)、一般性(generality)、独创性(originality)、科学关联度(science linkage，SL)和技术循环周期(technology cycle time，TCT)等指标。另外还有一些改进和优化的专利引证指标，如累积引证(cumulative citation)和必要专利指数(essential patent index，EPI)。其中，Trajtenberg等(1997)提出的技术一般性和独创性两个指标使用最为广泛。但是研究人员对于专利引用能否有效表征专利质量始终存在质疑。Bessen (2008)的研究结果显示，技术一般性和独创性两指标对专利价值的影响并不十分显著。Wang等(2012)则发现，虽然企业专利的技术一般性和研究机构专利的技术独创性均对专利价值有显著标识作用，但企业专利的独创性和研究机构专利的一般性与专利价值的关系并不显著。但如果研究高被引专利数据，则其引用关系是可以支持专利质量的。以Narin和Breitaman(1995)的CHI公司研究人员验证了高被引专利和专家眼中的重要技术专利之间的关系。他们调查柯达公司1982～1983年在美国专利商标局获得的129项专利发现，被引次数最高的专利是最具有价值的专利，也是最具有技术影响力的专利。Carpenter等(1980)验证了具有重大技术进步的专利，远比随机挑选的专利被(美国)专利引用的平均次数为高；这些研究都说明专利高被引次数达到一定水平是可以评价专利的技术重要性。中国台湾地区学者陈达仁和李思宏(2005)构建了必要专利指数(essential patent index，EPI)，首先计算所有专利被引次数的平均数与标准差，借此将其划分成几个年代区段；其次根据每个区段内的专利被引情形给予不同权数；最后再将各年代区段的专利数乘以其权数，即可计算出每笔专利的积分，作为决定优质专利的依据(积分高者表示其优质程度愈好)。他们以积分排名前25%的专利为优质专利；将各国家或领域的必要专利数(essential patent numbers，EPN)除以其专利总数后再予以标准化，即可评估其拥有优质专利的程度。

专利引证分析主要依靠计算专利被引证的次数来实现。专利的引证可以分为后向引证和前向引证，相应表现特定专利可能引证以前出现的专利(或非专利文献)，或表现为被随后出现的专利(或非专利文献)所引证，高质量专利必然得到更多的引证(引证次数)和更为复杂的引证(来自不同技术领域专利的引证)，而该专利所引证其他专利的数量特点、领域交叉特点也间接构成这一专利的质量要素。同时，特定专利被已经认定为高质量的专利的引证，或该专利引证其他高质量的专利，这些特点也能在一定程度上为该专利的质量提供一定的“背书”。反之，一件专利也可能被后续低质量的专利引证，而这些低质量的专利几乎不会被引证。因此有理由认为，如果其他条件一样，被高质量专利引证的专利的质量比被低质量专利引证的专利的质量要高。而作为衡量专利质量方法的专利引证，如果把来自高质量的引证与来自低质量的引证不加区别地同等对待，即只考虑引证次数不考虑引证者专利质量的做法，还是存在很大问题的。Jaffe 等(2000)研究认为，与原始专利的引证相比较，引证其他专利的专利引证要打“折扣”。Atallah 和 Rodriguez(2006)提出了一种衡量专利质量的方法——累积专利引证指数分析法。该方法不仅考虑了一件专利被引证的次数，而且也考虑了以那件专利开始的“引证链”中涉及的所有专利的质量。这种方法更好地利用可得到的专利引证信息，与单纯计算引证次数相比是一种更精确的衡量专利质量的方法。概括而言，专利引证方法概括有以下几种。

(1)专利引文数量(cited index，CI)。该指标是指在一定时间范围内，在先专利被在后专利(一般以授权专利为统计对象)所引用的次数之和。拥有高被引次数专利的机构可能比其竞争者或同行在技术上更领先或更为基础，处于产业的强势地位，从而可以用来评估专利的技术影响力。此外，根据引用情况还可以揭示专利的继承性，帮助科研人员梳理科技创新脉络。

(2)引证率(cited rate，CR)。该指标可分为自引率(self-cited rate，SCR)和他引率(other-cited rate，OCR)。自引率指在先专利被该专利的权利人(或发明人)的在后专利所引用的次数与该在先专利所拥有的总被引次数的比值。同理，他引率指分析对象拥有的在先专利被他人的在后专利所引用的次数与该在先专利所拥有的总被引次数的比值。此项指标可在一定程度上反映分析对象在某领域研发的连续性、进展程度、集聚程度以及其围绕技术核心的专利战略情况。

(3)当前影响指数(current impact index，CII)。该指标是指每年授权专利被引次数与当年专利授权数量的比值。通过此指标，可以反映分析对象专利的组合质量和当前技术状况。

(4)技术周期(technology cycle time，TCT)。该指标是指分析对象拥有的授权专利所引用的所有专利的专利年龄的中位数。通过此指标，可以评估企业创新或科技发展的速度，并可与专利增长率指标相结合，分析某个对象研发活跃的技术领域。

(5)科学关联度(science linkage，SL)。该指标是指在一定时间范围内，分析对象各专利引用的科学类论文数量之和与其所拥有的专利数量的比值，即平均一件专利所引证的正式发表的科学类论文的数量。此指标可衡量专利技术和前沿科学研究的关系或影响强弱，它也具有产业依存性。

(6)“共引集群”(co-citation clusters)的时空线索关系。专利引证方法中，专利引用(包括文献引用)的网络关系表现尤其引人瞩目。特别是，三个时段以上的共引集群可以用来追踪研究领域可能出现的新兴产业，并预测近期未来的发展变化(Boyack and Klavans，2010)。引文分析关注的是引用和被引用的文章之间相似的研究主题，根据前向引用和后向引用信息，既可以分析特定技术主题的走向，还可以分析主导其走向的学者群或发明人群。时至今日，利用引文网络分析(citation network analysis)来发现新兴技术发展轨迹，乃至引出相关新兴产业群的分析路线，都是重要的方法参考。

但从新兴技术的分析角度出发，由于新兴技术的出现通常没有足够的时间来积累必要的后续专利对特定专利引证量，也无法充分考察其引证的复杂性，只有该专利引用其他专利的信息可资参考。但同样，当新兴技术出现并发展时，对已有专利文献的引用信息也有很大的局限。不过，新兴技术类型的专利对科学论文的引用和引证（即上述的科学关联度）有一定的参考价值，这可能构成新兴技术挖掘和识别的重要渠道。

3）专利权力项和专利保护范围

一项专利质量的高低除与专利技术本身有关外，还与专利权保护范围密切相关。大量的研究表明，权利要求数量与发明专利权的保护质量成正比关系，权利要求数量越多，相应的专利质量越高，这也是中国学者研究的共识（李清海等，2007）。但在数据操作层面，如果是以整段文本记录权利要求书中的独立权利要求，则难以批量计算具体的权利要求数量。

与此相关，专利宽度是专利实施效力的重要决定因素。专利保护范围越大，说明专利原创程度越高，专利质量越高。Klemperer（1990）、Gilbert 和 Shapiro（1990）最早分析专利宽度对发明人收益的正向影响。他们认为，专利宽度是指专利持有者在专利有效期间所能得到的流动利润率，强调在既定专利保护范围的情况下，专利持有者对专利垄断权的利用，因此具有定价能力。Gallini（1992）从模仿成本出发，认为专利宽度应该足够大使得无法模仿才能使社会福利最大化。

Wright（1999）从模仿数量出发，用能够进入某行业的潜在者数量来定义专利宽度。Matutes 等（1996）认为，专利宽度是最初创新者保留的对基础创新的某些独占性应用，这样才能促进技术扩散。Denicolo（1996）将专利宽度定义为技术知识流动度（degree of dissemination of technological knowledge），并建立专利竞赛模型。O' Donoghue 和 Scotchmer（1998）则将专利宽度划分为两种类型：延迟性宽度（lagging breadth）和领先性宽度（leading breadth）。延迟性宽度是用于保护来自低质量产品对专利产品的竞争，领先性宽度是用于保护来自高质量产品的竞争。

此外，专利的 IPC 分类号是根据发明创造的技术主题进行分类的，因此也可以通过 IPC 分类号个数来评价专利技术的覆盖范围。Lerner（1994）提出用专利说明书中不同的头四位 IPC 分类号个数来计算专利宽度。专利被分配的 IPC 分类号越多，说明该专利的技术覆盖范围越大，创新程度越高，专利质量越高。

国内学者对专利宽度的含义、作用也进行了一定程度上的探索。骆品亮和郑绍濂（1997）将专利宽度定义为：不侵权下创新深化的最小值；江旭等（2003）等认为，专利宽度是政府对专利保护的严厉程度，即政府对于侵犯专利权行为的制裁力度，体现在专利法及相关法律体系的规定中，严厉程度可用对侵权行为的惩罚包括罚金及量刑来量化。高山行等专家认为，当专利长度保持不变时，较宽的专利使得模仿者很难进入，先行创新者获得了绝对多数的垄断利益；而较窄的专利宽度，使得先行创新者的竞争者增多，可能使其获得的利润不能弥补成本。最优专利长度与宽度取决于行业特征、市场结构以及模仿成本等因素。对于完全竞争、高模仿成本、高风险、重大发明以及产品市场不完善的相关发明与专利，通常偏好长期限、窄范围的专利保护；而对于行业垄断、低模仿成本、低风险和小发明（诺德豪斯称之为一般性发明）应采取短期限、宽范围的专利保护方向。寇宗来（2004）研究认为，专利保护宽度是累积创新厂商之间的许可比率。

在具体应用中国专利数据分析层面，许珂和陈向东（2010）则主要考虑主分类号和副分类号之间的区别，应用以副分类号与主分类号的差异程度来衡量专利技术宽度。

另外，一项高质量的专利在申请本国专利的同时还会在其他多个国家进行专利申请，即形成一个专利族。专利族大小指同一个发明在不同国家获得的专利或提交的专利申请的数量。1996 年，Putnam 第一次将专利族大小作为专利质量（专利价值）指标引入，随后很多学者再次确认了它的有效性。专利族大小反映发明的技术重要性和经济重要性，因为随着寻求保护国家数量的增加，专利成本增加，申请人更愿意为具有价值的发明开展维护工作。然而 Burke 和 Reitzig（2007）认为一个专利的潜在市场越大，它的增量作用越大，而技术质量较低。因此，专利族大小作为专利质量指标的效力出现了分歧。事实上，专利族大小同时受技术质量和非技术因素（如市场、企业战略等）影响，可以同时作为专利价值指标和专利质量指标。Lanjouw 和 Shankerman（2004）发现美国超过 2/3 的发明人不在国外寻求保护，专利族大小仅在软件专利的质量评价中起作用。而欧洲发明人的情况又完全不同，可能是因为欧洲专利局提供了比较方便的专利申请，大部分专利申请指定多个国家。但是，现有文献表明，专利质量和专利族大小的关系不是很明确。一般对很多有价值的专利在几个大国受保护已经足够，同时专利族大小也并非都能线性反映专利价值。特别是，由于本书研究的研究对象是新兴技术，大量所有权人属于小微创新群体，其创新活动大多处于起步阶段，全球性的专利布局往往还不是当务之急，因此专利族指标不适用于针对新兴技术和小微创新群创新活动的研究。

4）专利存续期和专利存活率

专利存续期是指依据专利保护相关规定，专利权人依其对拥有的专利价值判断，缴纳一定年份的年费直至专利权届满等维持专利有效的活动过程。专利权持续时间越长、专利费缴纳成本越高，但也表征其技术储备能力越大，市场控制力越强，专利权人的预期收益可能冲抵并超越专利费成本而获得收益，也间接表征专利的质量和价值较高。Pakes 和 Schankerman（1984）最早利用专利存续信息数据开发价值判断模型，将专利存续期信息作为专利权人对其专利价值的判断依据。

Schankerman（1998）还运用非参数分析和参数分析方法分析专利存续期，发现不同技术领域（以典型的制药、化工、电子、机械四个技术领域为例）和不同国家（以法国、美国、英国、德国、日本为例）的专利质量分布是有高度差异性的。中国学者高山行与郭华涛（2002）、汪雪峰等（2008）、万小丽和朱雪忠（2007）等所开展的研究也对专利存续期信息给以充分关注，并提议将专利存续状态作为专利质量评价指标体系中的主要因素。张古鹏和陈向东（2012）也应用专利存续期评价专利价值的相关方法对中国及典型国家的专利价值做了跨技术领域的比较研究。另一方面，由于上述模型仅考虑失效专利数据（包括已达到最大保护年限和因不再续费而停止维持的专利），Maurseth（2005）和 Svensson（2007）又通过引入生存分析将未失效专利数据加入模型，他们对数据信息的使用更为充分。专利存续期也被称为专利长度，在后续的大量研究中，均被作为专利质量测度的重要工具。

中国学者在应用此方法于特定产业技术领域方面也有一定成果。胡元佳等(2007)将Lanjouw等的测评模型应用于制药企业品种选择问题中，实证研究发现高经济价值的药品也伴随着高专利价值指数，可利用专利价值指数对药品经济价值评估提供参考。张古鹏和陈向东(2011)基于中国专利存续期信息，对比新兴产业领域中外专利质量的差异；结果显示，虽然中国研发规模得到了大幅提升，但从专利授权率和专利平均付费期长度两方面均落后于发达国家，突显出专利质量的差距。宋爽和陈向东(2013)以专利存续期为专利质量的代理变量，也分析了中国信息技术领域专利质量的主要影响因素。

类似的指标还有专利存活率(patent validity rate，PVR)，即自申请日或授权日起一定期限后的有效专利数量占专利授权量的比值。由于维持专利权需要缴纳专利年费，一般来说专利权人只会对有价值的专利续费，因此该指标可在一定程度上衡量专利的重要性和技术水平。但从新兴技术分析视角看，由于新兴技术出现时间短，观测相关专利的维持时间存在着实际困难(大多这样的专利维持时间刚刚开始)，因此，专利维持比率及相关分析技术的适用性相对有限。

5) 专利文本信息分析

从专利文本信息角度分析专利质量，是说从文本信息(包括关键词、摘要及专利图文文本信息)入手分析，比如Abraham和Moitra(2001)提出的假设，专利质量越高，其名称所包含的细节(或者可以认为是修饰词)应越少。然而这一方法的使用需要对某行业技术有着相当的造诣才能加以判断，同时也受到专利数量的限制。

专利文本信息的利用还包括，采用申请文件(主要包括请求书、说明书及其摘要和权利要求书)的表征现象(如词汇、页数等)衡量专利技术的复杂度。一般较复杂的专利技术需要更多文字和图表说明，用申请文件长度衡量专利技术复杂度是合理的，但Zeebroeck(2007)又发现其对专利授权有消极作用，这与Burke和Reitzig (2007)的观点有冲突。

6) 专利审核时长

专利审核时长(grant lag)是指专利申请到获得授权所花费的时间长度。Harhoff和Wagner(2009)发现，专利价值与专利审核时长直接存在负向关联。现有研究认为，专利申请人往往通过完善申请文档和紧密配合知识产权局的审核要求加速高质量专利的申请过程。有争议的权利要求会导致授权缓慢，而文档完备准确的申请获授权更快。Regibeau和Rockett(2008)指出申请人员的努力程度是授权时间长短的主要因素，并且随着产业从起步阶段走向发展阶段重要创新的授权逐渐加快。张古鹏和陈向东(2012)将专利审核时长定义为条件寿命期(provisional life)，但关注的是授权时长反映出的企业专利战略差异，没有分析其与专利质量的关联。

7) 专利文本中的词频分析

利用词频分析技术对新兴技术情报数据开展定量技术识别和预测主要通过增长曲线的时间序列来实现，例如Logistic或Gompertz函数。国际上使用数据挖掘和数据库断层(database tomography，DT)的方法判断研究领域的分类结构和进行技术信息归类和技术预测。其中，分析高频次及相近词组和短语，提取关键词相关领域的技术文献或专利文献资料中的有用信息，并进行分类结构分析，形成细部类别，完成相应的技术识别和预测，这类方法对一般热点领域的新兴技术的分析和研究都是值得参考和借鉴的。

8) 专利质量综合信息指数

随着专利文本信息及法律状态挖掘的深入，学者开始探索将多个指标集合成一个综合指数，以更全面地反映质量信息，并有利于使用者更快捷地判断专利质量。全球最大的专业信息供应商 Dialog 曾提出专利强度(patent strength)的概念，并将此作为指标从海量的专利中筛选出质量较高、具有经济价值的专利。专利强度是一个综合指标，其中包含了专利引证、诉讼数量、权利要求数、长度及审查时间等 12 项在内的具体指标。Lanjouw 和 Schankerman (2004) 发现用综合指标可消减专利质量的评价误差，能更好地评价专利质量。他们利用 1975～1993 年 7 个技术领域的美国专利详细信息开发了专利质量综合指数。基于一个潜在公因子的多指标模型，他们将 4 个专利质量指标——权利要求数、被引次数、引文数量和专利族大小——综合成一个质量公因子作为专利质量综合指数。他们的研究发现，引文数量对于药品专利最重要，而权利要求数对其他 6 个技术领域的专利最重要，用综合指数可降低 20%～73%的专利质量误差，这说明大量的信息可以通过挖掘详细的专利特征获取。Mariani 和 Romanelli (2007) 也基于类似的模型利用 793 个欧洲发明人样本构建了一个专利质量综合指数。他们所用的专利质量指标是权利要求数、被引次数和引文数量。Schettino 等 (2008) 在论证发明效率与专利质量是否受研究个体和团队的特征所影响时，将被引次数、引用文献数、权利要求数和专利族大小作为专利质量指标，构建了一个专利质量综合指数。他们在构建综合指数的时候将引文数量分为 X 型参考文献和 Y 型参考文献并统计其数量及中立引文(除 X 和 Y 以外的其他类型参考文献)数量；所拟构建的综合指数模型分别纳入专利族大小、权利要求数和被引次数(改进模型加入了中立引文数)等。但有关研究也曾指出，引文数量不能代表专利发明的质量。Thoma (2014) 基于专利的市场价值将 20 个专利质量指标综合为三方面：专利长度和技术潜力、现有技术和发明的背景、专利申请和程序因素，并构建综合质量指数进行计算。他的研究结果显示，综合质量指数的引入使估计模型的解释能力成倍增长。

中国学者刘驰等 (2009) 曾提出专利长度、专利宽度和专利高度是专利质量的具体组成要素；冯君等 (2012) 基于专利技术质量、专利权保护质量、产业高度和社会经济效益建立单件发明专利质量评价指标体系，并利用层次分析法(analytic hierarchy process，AHP) 计算相应的权重。万小丽 (2009) 对中国获奖专利和中国在美国获取的专利数据对大量专利质量指标的效力进行验证，最终选择被引次数、权利要求数量和发明人数量三个指标构建专利质量指数模型，并在此基础上进行专利质量测度的实例分析。

专利质量指标均有其各自的局限性：专利引证指标面临时间截面、技术领域差异等问题；被引次数、引文数量、专利族大小并非线性反映专利质量；专利存续期也是一个行业差异较大的指标，不仅受时间的影响，还受各专利局审查系统和专利费用的影响。在选择识别指标时，如何考虑到专利保护覆盖广阔的技术领域，并有持续扩展的趋势，如何降低指标受到技术特征干扰程度；面对持续快速增长的海量专利数据，如何尽量选择简捷、易获得的指标，从而能快速地从海量数据信息中准确甄别高质量专利都是有待进一步深入探讨的问题。专利质量综合指数研究还处于发展阶段。针对中国专利数据的专利质量指数指标构建及相应的实证研究还有待进一步开展。

10.1.2　专利权人相关指标研究

综合 Khanna (1995) 等的研究，通过分析专利权人相关信息可得到如下反映专利质量的间接指标，从而对分析这些所有权人控制下的技术发展状态与可能存在的新兴技术有一定借鉴作用。

(1) 跨产业比较标准专利指标 (standardizd patent indicators for cross-industry comparison，SPIFCIC)，由于不同行业专利技术发展性质不同，因此作跨产业专利比较，需考虑相对水平比较，即将特定机构 (或专利权人) 指标值除以所在产业或行业该指标平均值，以判断其相对产业或行业平均水平的优劣程度。

(2) 专利自实施率 (self-actualization rate of patent，S-ARP)，即在一定时间范围内，授权专利自实施的数量占专利授权数量的比值。专利价值的实现是通过实施来达到减少投入、增加产出、提高产品质量、发展生产力等目的，因此一项专利授权后是否实施是衡量专利是否具有产业推广价值的重要指标。

(3) 专利转移率 (patent transfer rate，PTR)，即在一定时间范围内，专利转移数量与其占专利授权数量的比值。

(4) 同族专利授权率 (authorization rate of patent family，AROPF)，即在一定时间范围内，某分析对象所拥有的同族专利授权数量占其授权专利数量的比值。同族专利的规模大小能反映该项技术的重要程度；同族专利的区域分布情况可以反映专利权属主体的市场发展计划。

值得说明的是，此类指标关系到技术的竞争背景。随着技术复杂性的提高和技术变革的加速，专利申请活动动机及其战略形式都发生了重大的变化。从企业层面而言，为了在这样的竞争中占得先机，专利的申请和整体布局需要站在战略的高度上加以考虑。在此情况下，将每条专利继续作为独立的技术创新个体进行分析显然有失偏颇，研究人员开始考虑专利之间的技术关联性对专利质量的影响。Liu 等 (2008) 等通过将企业专利之间的相关关系 (定义为内部关联创新) 加入专利质量分析体系中，发现内部关联创新的创新质量高于孤立创新。

总体而言，上述分析专利文本信息的各类方法，对新兴技术发展的分析和识别都有一定的借鉴意义，也有一定的局限性，主要是因为处于新兴阶段的技术本身的信息量有限。以专利技术信息为基础数据的新兴技术识别方法主要应考虑：①根据专利信息分析和判定信息采集的逻辑和方式；②根据有限的新兴技术相关数据开发识别方法；③根据有限的新兴技术信息分析其中的技术路线图等，并融入前述重要影响因素及其关系。显然，其中借助和应用先进的技术信息监测和分析手段、提取手段和方法，都是适用的定量分析方法的重要环节。

10.2　专利密度与特定技术领域发展状态分析

专利密度信息可能体现熊彼特 I 型创新模式特征，特别是小微创新群生存和发展的相应技术领域。如前文所述，一方面技术领域创新数量应处于增长态势；另一方面要求技术领域内创新者数目有限且等级排列并不稳定，因而如何有效表征技术领域中创新活动的适度集中程度是分析新兴技术的重点。

世界知识产权组织在《2006 年专利报告》中引入“专利密度指数”概念，以体现国家规模的不同数据(如人口、GDP、研发投入)与专利申请量对比分析，评估各国和地区的专利申请状况①。Vichyanond（2009）基于美国国家经济研究局（National Bureau of Economic Research，NBER）专利数据库，使用产业授予的专利数量除以该产业的总销售额建构了美国产业的专利密度。徐明和姜南(2013)用产业内专利申请数量除以产业从业人员数量定义专利密集型产业，分析专利密集型产业的主要影响因素。从这一意义上讲，可将专利密度理解为创新活动中专利的集中程度。

本书将专利密度定义为特定技术领域内授权专利数量与对应所有权人数量之间的比例，即

$$\rho_i = \frac{P_i}{E_i} \tag{10.1}$$

其中，ρ_i为第 i 个技术领域的专利密度，件/人；P_i为第 i 个技术领域的授权专利数量，件；E_i为第 i 个技术领域专利所有权人数量，人。

显然，某一技术领域的专利密度较低反映的是在一定的专利总量水平下，领域内所有权人数相对较多，技术集中程度较低。对于专利数量处于发展过程中的技术领域，专利密度较低反映的是技术领域内大量专利权人在进行开拓性的创新活动，专利权人等级差异并不明显。对于专利数量达到一定规模的技术领域，较低的专利密度则反映出技术领域内专利丛林的发展态势，事实上是专利技术创新活动最有可能遭受摩擦和彼此钳制的状态，是典型的专利饱和状态。专利密度较高时，该技术领域上的所有权人数目相对较少，垄断水平相对较高，专利技术的价值实现主导者较为集中。在专利总量已经达到一定量级的情况下说明，该技术领域已经步入以主导专利权人的主导技术为技术引领的阶段。

因此可以看出，必须结合专利存量与专利密度两个维度分析技术领域的发展状态，特定技术领域专利密度与专利存量发展状态分析如图 10-1 所示。

对图 10-1 分析如下：当特定领域技术创新存量较低同时专利密度也较低，说明该领域创新活动较不活跃、创新主体相对分散，即为弱竞争技术探索阶段(象限 I)；随着部分创新主体的技术水平逐渐提升，专利密度随之增长而总体专利存量并不多，相应领域进入技术先导型发展阶段(象限 II)，新兴技术孕育其中；随着技术发展路径的明朗化和先导型创新

① 中华人民共和国国家知识产权局.WIPO 发布《2006 年专利报告》(二)[EB].[2008-5-20].http://www.sipo.gov.cn/sipo/xwdt/gwzscqxx/2006/200612/t20061205-123766.htm

的示范效应，越来越多的专利权人跟进该领域，专利存量不断增多，大企业研发力量凸显，强大的专利权人具有相对垄断地位，专利密度仍然较高，该技术领域进入成长、成熟发展状态(象限 III)；技术成熟后，拥有相应领域专利的创新主体的数量增多，专利密度下降，该技术领域进入饱和阶段(象限 IV)。显然，从第 I 象限向第 II 象限过渡的阶段创新者的等级排列不稳定，创新者进入活跃，这是小微创新群孕育和发展的重要领域，也是新兴技术的典型发展区间。而当某一技术领域的专利存量增大，同时专利权人数也增多，从而使得专利密度较低，相应的技术领域发展相互钳制，专利技术便处于饱和型竞争阶段。

图 10-1　特定技术领域专利密度与专利存量发展状态分析

类似技术生命周期理论将技术发展划分为萌芽期、成长期、成熟期、衰退期四个发展过程。我们以专利权人集合特征为基准来区别考察不同集合所拥有的专利领域发展状态，细致分析以下四种竞争状态。

(1)技术竞争状态 I(弱竞争技术探索阶段)，表现为专利数量相对较少，同时专利密度也比较低的状态。该竞争状态的专利权人集合在相应领域上处于一种无规律的技术探索状态，不同主体之间没有突出的竞争优势，也无法表现当前有明显发展趋势的技术领域，属于领域混沌时期的专利技术发展状态。

(2)技术竞争状态 II(技术前导型发展阶段)，表现为专利数量仍相对较小，但专利密度有所提高的状态。处在这一范围的专利权人集合虽然没有形成一定规模的技术产出但已初步具有开拓性技术开发优势地位。技术竞争状态 II 可以认为是熊彼特模式 I 的起始段。

(3)技术竞争状态 III(技术成长、成熟阶段)，表现为专利数量相对较多，同时专利密度也较高的状态。处在这一范围的专利权人集合开始形成相应领域上的垄断型竞争优势，领域技术发展脉络逐渐清晰，技术日渐成熟。熊彼特模式 I 慢慢向熊彼特模式 II 过渡。

(4)技术竞争地位 IV(饱和型专利发展阶段)，表现为专利数量份额大，同时专利密度较低的状态。处在这一范围的专利权人集合众多，专利技术不能发挥相应的垄断作用，也是专利制度效率较低的状态。

综上所述，处于技术竞争状态 II(技术前导型发展阶段)或由技术竞争状态 II 向技术竞争状态 III(技术成长、成熟阶段)发展的技术领域是新兴技术的重要发展状态，相应的小微创新群等创新主体作用十分关键。

10.3 基于专利增长数量的技术优势分析：中国专利数据分析实例

专利数量规模可以用来在一定程度上表现国家和地区的技术竞争实力，则特定领域上国内与国外有效发明专利的份额差异可以反映国内与国外的绝对技术优势。专利领域的所有权竞争和技术群竞争一直是反映现代工业技术，特别是新兴产业技术领域竞争的晴雨表。例如，下文以中国专利数据为例，选择有代表性的技术领域进行实际分析。

10.3.1 分类专利技术的发展对比——领域分析

由于专利技术领域以技术门类划分，而产业主要以产品门类划分，所以其中的对应关系一直是学者和政策制定者，特别是专利和知识产权研究机构重点关注的课题。目前，存在世界知识产权组织产业技术领域与专利领域的对应关系表(2008 年版包含 35 个产业技术细分领域，2010 年版包含 39 个产业技术细分领域，也存在世界经济合作与发展组织于 2008 年颁布的专利技术领域与新兴产业技术对应的 5 个大类 17 个细分领域的对照表)。

如果选择中国重点技术领域的竞争，采用世界知识产权组织提供的 2010 版技术领域与国际专利分类号(IPC 代码)对应表，共分电气工程、仪器、化工、机械工程、能源、其他六大类技术领域，及其 39 个子领域。根据全球《专利合作条约》(Patent Cooperation Treaty，PCT)申请量的年均增速，本书将当时增速超过 6%的 16 个领域定义为新兴技术领域(见本章附表 1)。本书选用有效发明专利数据。由于有效发明专利既表征具有较高技术含量的发明专利技术特点，同时又排除了授权后又失效的专利类型，因此能够较为客观地反映当前中国市场形成竞争的技术领域特点。

值得特别提出的是，从技术创新的发展理论和相关研究观点出发，专利技术本身还不能直接代表实际的技术创新成果，充其量只是说明技术创新活动的投入情况；但由于专利技术仍然是研发活动的前期产出，从所有权人角度反映其创新意愿，客观也上提供了后续创新的技术资源，同时其数据可得性好，数据的标准化水平高，具有国际国内技术创新研究意义上的可比性，因此专利数据仍被大量用来作为技术创新的活动反映，研究结果有一定的参考意义。但开展此类研究，仍应十分清醒地认识专利数据所代表的创新意愿(不论是政策意愿还是市场竞争意愿)和备用资源的含义，而非创新活动的效果含义。

本章应用截至 2010 年的有效发明专利数据，其总数已经达到 56.5 万。在六大技术领域上，国内形成绝对技术优势的领域仅有化工领域，在该领域上国内有效发明专利占比超过六成，优势主要体现在食品化学、药品(含中药)等细分领域；在其他类领域上，国内与国外势均力敌，国内有效发明专利占比约为 51.2%，略高于国外；在机械工程、电气工程、能源和仪器四个领域大类上，国内则明显处于劣势，如机械工程领域国外占比比国内高出了 24.5 个百分点。

从 39 个产业技术细分领域来看，国内形成明显优势的领域(有效发明专利占比超过竞争者 10 个百分点以上)有 12 个，其中地热能、食品化学、药品(含中药)3 个领域国内占比超过七成。国外形成明显优势的领域有 16 个，其中音像技术、光学、燃料电池技术等 7 个领域国外占比超过七成。不过从新兴技术领域来看，国内和国外形成明显优势的领域各有 6 个。

若以维持十年以上的有效发明专利为测算基础，国内与国外的差距更为突显。39 个细分领域中，国外占比全部高于国内，国内与国外的占比差距最小值都达到 18.7 个百分点。其中，国外占比超过八成的细分领域有 30 个，国内仅在食品化学、环境技术和基础材料化学 3 个细分领域上的占比超过 30%。

从表 10-1 可看出，国外在多个领域对本土创新形成了较为明显的竞争压力，并且国外的专利技术竞争优势具有较长延续性；国内积极培育新兴技术领域的本土创新能力，业已在数字通信、地热能、测量等领域形成专利竞争优势。

表 10-1 国内与国外形成明显技术优势的领域数目对比

		国内/个	国外/个
有效发明专利占比超过竞争者 10 个百分点以上	6 个技术领域大类	1	4
	39 个技术领域子类	12	16
	6 个技术领域子类	6	6
维持十年以上的有效发明专利占比超过竞争者 10 个百分点以上	16 个新兴技术领域	0	39

10.3.2 基于显性技术优势的专利技术领域比较分析

本节采用目前广泛应用的显性技术优势指数(revealed technology advantage，RTA)来考察国内和国外在各技术领域上的专利技术比较优势［类似研究工作可以参考 Nesta 和 Patel(2004)］，其计算公式为

$$\mathrm{RTA}_{it}=\frac{P_{it}\Big/\sum_{t}P_{it}}{\sum_{i}P_{it}\Big/\sum_{i,t}P_{it}} \tag{10.2}$$

其中，P_{it} 为国家 i 在技术领域 t 上的有效专利量；$\sum_{t}P_{it}$ 为国家 i 拥有的有效专利总量；$\sum_{i}P_{it}$ 为技术领域 t 上所有国家的有效专利量之和；$\sum_{i,t}P_{it}$ 为所有国家在所有领域上的有效专利总量。

当 RTA_{it} 取值大于 1 时，表示国家 i 在技术领域 t 上具有比较优势；当 RTA_{it} 取值小于 1 时，表示国家 i 在技术领域 t 上处于比较劣势。

依据有效发明专利量测算国内外在 39 个细分技术领域的 RTA 值，并与国内外两个大组的有效专利数量作对比(WIPO 曾应用技术领域更为宽泛的 39 制式，后又回归 35 技术领域的窄型技术领域制式)。

从图 10-2(见本书彩图图版)中可以看出，中国所有权人拥有的有效发明专利的领域优势与国外专利权人拥有的有效发明专利的领域优势存在既竞争又互补的形式，国内具有比较优势的技术领域有 19 个，包括地热能、食品化学、药品、材料与冶金等领域；国外具有比较优势的技术领域有 20 个，包括音像技术、光学、燃料电池、运输等领域。

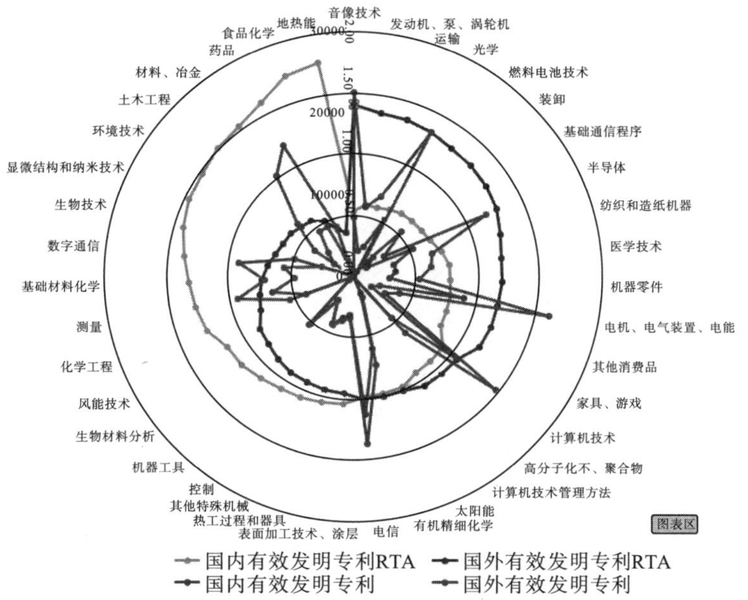

图 10-2　国内与国外有效发明专利数量及其对应 RTA 数值比较

注：截至 2010 年 39 个技术领域的数据，以中国国内 RTA 数值为基准作技术领域排序。

由图 10-2 可看出，由于专利技术的显性技术优势是在中外两个组合中对比，因此表现出明显的互补关系。中国专利权利人相比外国权利人的有效发明专利的数量优势主要表现在食品化学、药品、数字通信、测量等领域，而在电信、计算机技术、有机精细化学、电机电气装置电能、生物材料分析等技术领域与外国权利人则形成有力竞争及胶着状态，同时在音响技术、光学、半导体技术等领域则居于劣势。

RTA 所揭示出来的显性技术优势更多地体现在权利人主体在特定技术领域的自身比较优势与该领域在整体样本领域中聚集程度的比较方面，如果权利人主体在特定技术领域的自身聚焦度较高，而同时该领域在不同权利人拥有的所有专利领域上的聚焦程度又比较弱（特别在本例的情况下，如果外方权利人在该领域中的聚焦程度较弱），则会表现出这一权利人（或说中方权利人）较为突出的显性技术优势。图 10-2 就揭示出中国权利人的这一技术领域分割的特点，即在某些领域有效发明专利数量不一定多，但因该领域专利技术占总体数量较低，或相对边缘，而突显出中国权利人在这些领域上的突出的 RTA 优势。当然，客观上也存在中国权利人专利数量本身也较多而构成 RTA 优势的情形。

图 10-3（见本书彩图图版）是国内与国外维持十年以上有效发明专利数量及其 RTA 比较，表示了中国与外国权利人在华拥有的有效发明专利期限达 10 年以上的领域分布情况，仍以有效发明专利数量作为参照，并以中方权利人 RTA 数值强弱为基准作技术领域的排序。

显然，当比较 10 年以上仍旧有效的发明专利数量时，中国在各个领域的专利数量都在明显下降，而外国在多个领域上的优势大幅增强，如原有的音像技术、电信技术、电机电气装置电能技术，以及原来与中国权利人形成胶着竞争状态的计算机技术、有机精细化学等领域（特别在中国权利人原有较强数量竞争领域），也表现出突出的数量竞争优势（如在药品、基础材料化学、化学工程、风能等技术领域）。

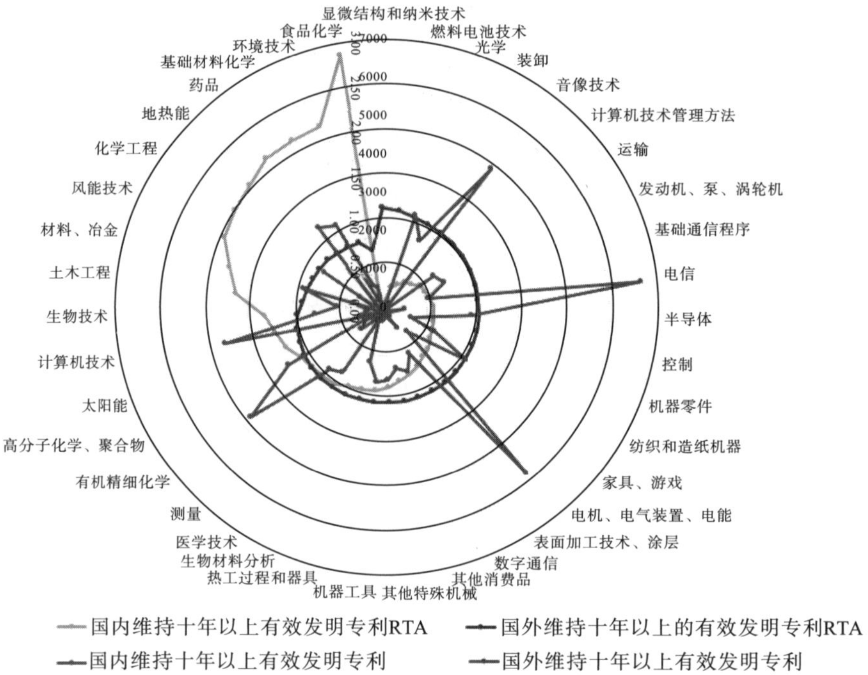

图 10-3　国内与国外维持十年以上有效发明专利数量及其 RTA 比较

注：截至 2010 年 39 个技术领域的数据，以中国国内 RTA 数值为基准作技术领域排序。

进一步考察维持十年以上有效发明专利的 RTA 数值，国内具有比较优势的技术领域减少到 13 个，而国外具有比较优势的技术领域则增加至 26 个。从这些数据分析可以体现，两类技术和相关产业领域值得引起关注：一是维持期较长时国内丧失比较优势的领域，二是维持期较长时国内比较劣势进一步恶化的领域(图 10-3)。如数字通信领域，国内有效发明专利的 RTA 值为 1.37，而维持十年以上的有效发明专利 RTA 值则减少至 0.76，由具有比较优势变为比较优势丧失。如燃料电池领域，国内有效发明专利的 RTA 值为 0.64，而维持十年以上的有效发明专利 RTA 值仅为 0.09，其比较劣势进一步恶化。

此外，一国 RTA 在技术领域分布上的变异系数(即所有样本领域上 RTA 数值的标准差与均值的比率)可反映该国在技术领域分布上的集中程度。RTA 的变异系数越高，说明该国具有比较优势的领域越集中，RTA 的变异系数越小，说明该国具有比较优势的领域越广泛(Nesta and Patel，2004)。这里根据对有效发明专利测算的 RTA 分布，国内与国外在 39 个子技术领域上 RTA 的变异系数分别是 32.8%和 29.9%，基本相当；而针对维持十年以上的有效发明专利测算的 RTA，国内与国外在 39 个子技术领域上 RTA 的变异系数分别是 66.0%和 10.26%，国内 RTA 的变异系数明显增加，国外 RTA 的变异系数明显降低，这说明从长期来看，国外专利权人的显性技术优势跨越领域更加广泛，而国内权利人的比较优势范围更趋狭窄。

图 10-4(见本书彩图图版)与图 10-5(见本书彩图图版)为以 2012 年为截至年份的有效发明专利数据分布及其 RTA 测算结果。值得说明的是，由于市场竞争和政策激励双重因素，中国国内申请专利近年来突飞猛进，截至 2012 年的有效发明专利总数已经增长到 87.5 万，在两年的时间内，相比截至 2010 年时的有效发明专利数量增长将近 55%。其中分领域的数

据表现又有不同，如食品化学、药品领域专利数量大大领先国外之外，数字通信技术和测量技术尤其增长迅速，也远超国外。特别对比维持 10 年以上寿命期的有效发明专利，中国专利权人在基础材料科学、计算机技术、半导体、有机精细化学、电信技术等领域的劣势有所改善；但同时，类似数字通信、测量等领域大量专利技术生命维持 10 年期限前后对比差距较大的情形，说明中国专利技术发展的政策激励存在过度或饱和情形，值得引起重视。

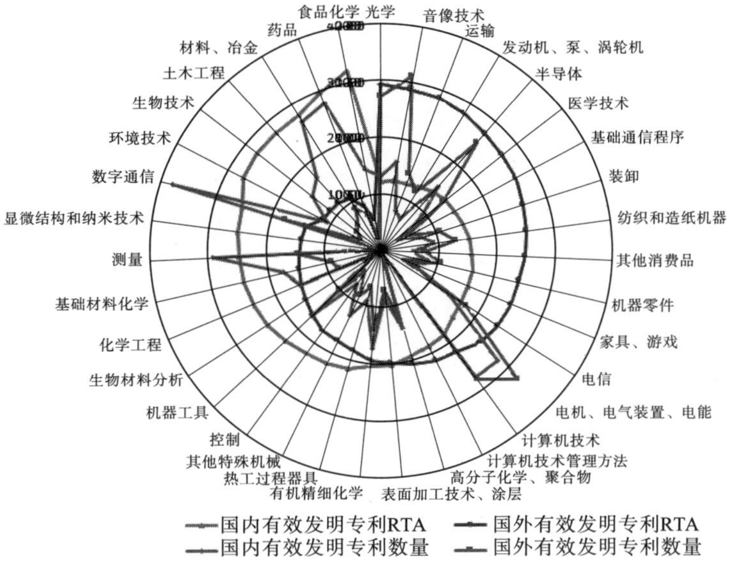

图 10-4　国内与国外所有有效发明专利数量及其 RTA 比较

注：截至 2012 年 35 个技术领域的数据，以中国国内 RTA 数值为基准作技术领域排序。

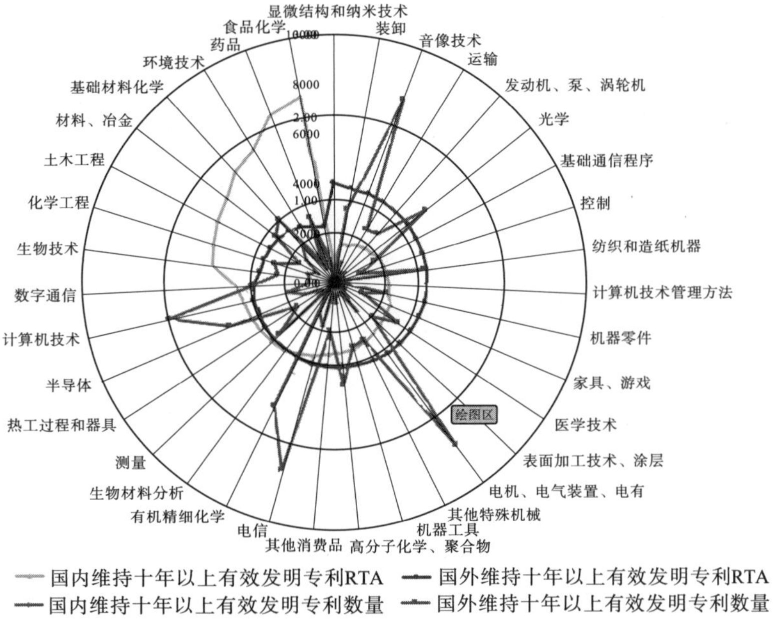

图 10-5　国内与国外维持十年以上的有效发明专利数量及其 RTA 指数比较

注：截至 2012 年 35 个技术领域的数据，以中国国内 RTA 数值为基准作技术领域排序。

10.3.3　核心领域与非核心领域的专利技术类型象限比较分析

借鉴 Gambardella 等(2007)对核心技术和非核心技术的划分思路，本节应用技术类型象限图分析法，以期反映中国市场上中外专利权人在不同领域上的技术发展特征。

技术类型象限图分析法是指按照专利份额(即 $P_{it}/\sum_{t}P_{it}$)和 RTA 指数将一国拥有的专利技术分为四类。其中，专利份额指标体现的是一国重点发展的技术方向，份额越大，说明该国在此领域上的专利产出多，具有较好技术积累；RTA 指数体现的是一国形成的技术比较优势大小，RTA 指数越大，说明该国在此领域上的比较优势越大。

四类技术及其划分标准如下，其中专利份额 4%的标准是基于国内外在 39 个细分技术领域的专利份额均值确定。①核心技术，即 RTA>1，且专利份额>4%，属于显性技术优势与技术份额双高型，表示该领域既是特定国别或团体专利权人当前重点发展技术，同时也是该群体具有比较优势的领域。②特色技术，即 RTA>1，但专利份额<4%，表示该领域是特定国别或团体专利权人具有比较优势、但并非当前重点发展的技术。③背景技术，即 RTA<1，但专利份额>4%，表示该领域是特定国别或团体专利权人的当前重点发展领域，但并未在此领域形成比较优势。④边缘技术，即 RTA<1，且专利份额<4%，属于显性技术优势和技术份额双低型，表示该领域既非特定国别或团体专利权人的重点发展方向，同时在此领域上也未形成比较优势。

依据截至 2010 年底的在华有效发明专利量，本节测算了国外和国内 39 个细分技术领域在技术类型四象限图中的布局，分别如图 10-6(见本书彩图图版)和图 10-7(见本书彩图图版)所示。

在中国市场上国内外专利权人的技术竞争中，国外的核心技术集中在电机电气电能、音像技术、电信、计算机技术、半导体和光学 6 个领域，特色技术领域包括燃料电池技术、发动机、基础通信程序等 14 个领域，边缘技术领域包括地热能、生物材料分析、食品化学等 19 个领域，无技术领域属于背景技术。

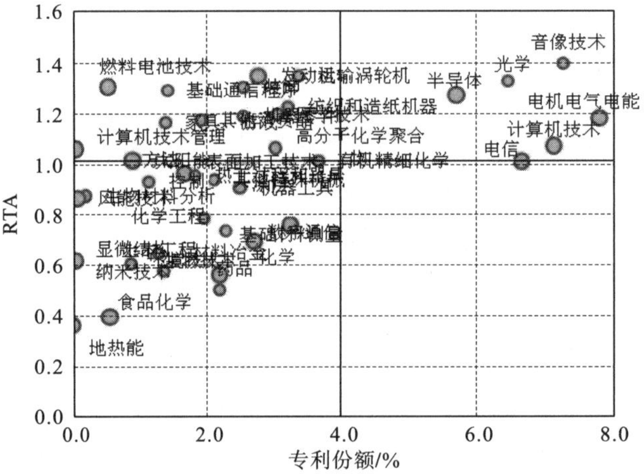

图 10-6　国外技术类型象限图

注：大气泡表示新兴技术领域(下同)。

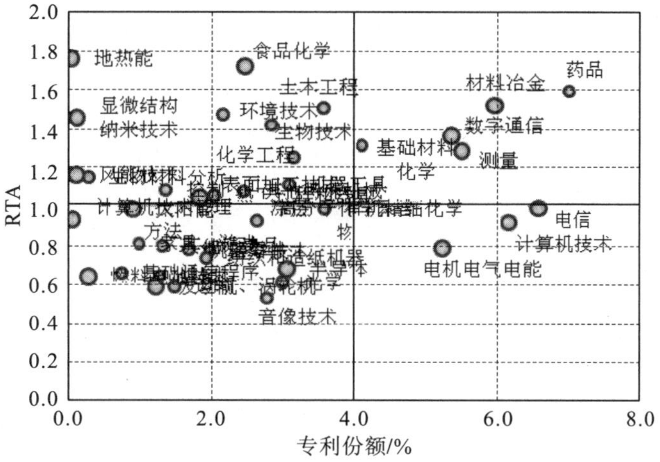

图 10-7　中国技术类型象限图

国内的核心技术则集中在药品、材料冶金、数字通信、基础材料化学和测量 5 个领域，特色技术领域则包括地热能、食品化学、土木工程、生物技术、环境技术等 14 个领域，背景技术包括电信、计算机技术和电机电气电能 3 个领域，而边缘技术包括燃料电池、发动机、太阳能等 17 个领域。

结合技术领域的成长性(是否属于新兴领域)及竞争对手的技术状况，进一步分析中国 39 个子技术领域的发展状态及其策略如下所示。

第一类是核心技术领域，即药品、材料冶金、数字通信、基础材料化学和测量这 5 个技术领域，在中国有效发明专利总量中占比达到 28%，是中国专利技术发展的重点。从国内外占比来看，在这 5 个领域的国内专利占比全部大于相应的国外专利占比，且超过幅度在 17 个百分点以上，说明中国在这 5 个技术领域上不仅具有比较优势，且在与国外的竞争中形成了明显的数量上的绝对优势。中国应继续巩固这 5 个核心技术领域的竞争优势，同时应积极推动这些子领域专利成果的商业化应用，通过相应的配套激励政策，促进技术优势向产业优势转化。

第二类是 14 个特色技术领域。根据技术领域的国内外份额差距状态可将其进一步分成两类。一类是与国外企业竞争中业已形成相对优势的特色技术领域，即国内占比超过国外占比 10 个百分点以上者，包括地热能、食品化学、土木工程、生物技术、环境技术、显微结构和纳米技术等 7 个领域。对此类具有绝对优势但产出规模偏小的特色技术领域，维持其技术竞争是发展重点，其间也可能孕育着向核心技术状态转变的空间。另一类是在与国外企业竞争中优势不明显甚至处于劣势的特色技术领域(共计 7 个领域)。对此类不具有相对优势的特色技术领域，应通过市场竞争来选择未来发展的重要领域，而不应过度依赖支撑性政策。如风能技术、表面加工技术和涂层两个领域，可能属于新兴领域，对未来产业发展存在重要支持潜力，企业层面的技术开发战略应重点关注，但是否需要通过政策支持则需谨慎。又如生物材料分析、控制、机器工具、其他特殊机械、热工过程和器具这 5 个领域，可以认为是市场导向的主要竞争领域，不适宜给予过度的政策支持。

第三类是背景技术领域。虽然中国在电信、计算机技术和电机电气电能 3 个领域的专利产出规模比较大，有了一定的技术积累，并形成一定的比较优势，但当前尚未形成比较优势。事实上，这 3 个领域都属于国外企业发展的核心技术领域，因此这些领域上的技术竞争相当激烈，中国专利权人面临着来自国外的竞争和挤压。因此，中国相应的创新政策应高度重视这些领域的发展机遇，加大创新投入力度，寻找适宜的发展突破点，特别对这 3 个领域的国外在华专利行为进行跟踪和监测，把握中国专利权人的技术发展后劲。

第四类是 17 个边缘技术领域。中国在这 17 个技术领域上专利产出规模小且不具备比较优势，其中音像技术、半导体、光学 3 个领域属于国外发展的核心技术，计算机技术、燃料电池技术、太阳能、发动机和涡轮机 4 个领域则属于成长性好的新兴领域。由于这 7 个领域的国内外份额差距较大，中国专利权人的技术基础相对薄弱，而同时这些领域上的市场发展潜力又很大，来自国际上的技术竞争压力也越来越强，因此应当是中国相关部门政策扶持和发展应当关注的重点。

10.4　小微创新群的专利技术特征分析

小微创新群的专利技术活动需要借助于专门的数据库。美国 USPTO 专利数据中有明确的“小型经济实体”分类，针对美国专利数据的小创新群研究相对较多。美国小创新群主要创新技术领域、与大企业群相比其涉及诉讼情况等是研究主要关注问题。Allison 和 Lemley（2000）通过将不同技术领域的专利根据美国 USPTO 的定义区分为“小创新群”和“大企业群”。其研究结果显示，超过 1/2 的医学设备和机械发明是由“小创新群”获得的，在计算机相关领域（软件、半导体）、化学、光学、汽车和能源相关领域小创新群只获得了该领域不到 20%的专利，而在其他领域仅获得了不到 1/3。事实上，相比于大企业，“小创新群”获得的专利往往更易面临法律诉讼。专利诉讼样本中，“小创新群”获授权专利占 39.2%，而“大企业群”仅占 13.6%。出现这一现象的原因可能有两个，其一是“小创新群”的专利质量更高，而相对“悲观”的解释是，相比于“大企业群”，“小创新群”在诉讼活动中往往不会遭受任何损失，而“大企业群”一旦对对手展开诉讼，对手也会展开对其自身的诉讼，形成“双输”的局面。“小创新群”往往缺乏这种专利强制实施过程中的成本与收益平衡，甚至会走向极端，不参与产品生产的专利所有权人状告那些实际参与产品生产的机构，只为从中获得一定赔偿。

William 和 Kevin（2006）在基于 1994～1997 年 USPTO 授权的“小创新群”专利数据，对 OECD*[①]国家“小创新群”的创新数量开展国际比较，并选用专利文献引用、技术类别分布、专利衰变率等指标针对每一种“小创新群”类型比较不同国家的创新行为特征。其研究结果显示：各国“小创新群”获授权专利占该国总专利数的 4.4%（日本）到 60%（斯洛伐克）不等，“小创新群”专利的比例取决于国家的经济能力和跨国公司（multinational corporations，MNCs）的数量；引用数量方面，电器类专利更经常被引用，而化学类专利最少被引用。同时，电器类专利也是技术创新数量最多的技术领域；美国个人专利具有最

① * OECD（Organization for economic Co-operation and development）：即经济合作与发展组织，是由 38 个市场经济国家组成的政府间国际经济组织，旨在共同应对全球化带来的经济、社会和政府治理等方面的挑战，并把握全球化带来的机遇。

高的被引次数，在专利维持率方面却最低。

专利是小微创新群保证自身技术创新经济产出的重要工具，许多小微企业的诞生正是基于专利保护下的创业行为。PatVal-EU 项目针对 1993～1997 年在欧洲专利局(The European Patent Office，EPO)申请专利的 27531 个技术发明人的调研结果显示：在获得的所有结果样本中，5.1%的专利催生了对应的新企业。其中，英国专利和西班牙专利对新企业诞生的促进作用最为明显，分别达到 9.7%和 9.3%。而德国和法国专利在该方面则相对最弱，为 2.7%和 1.6%。不同技术领域专利对新企业的孕育程度也不尽相同，医疗技术最强(10.5%)，其次是仪器类(7.5%)、加工工程(5.6%)、机械工程(5.4%)，化学和制药类专利最弱(仅为 3.1%)。由此可见，专利与小微创新群活动关系紧密，专利数据中包含了小微创新群的大量技术创新微观行为。通过分析专利数据能够确定小微创新群的活动特点并对其创新质量进行有效评价。

由于小微创新群的技术创新活动对于新企业乃至新兴产业的积极孕育作用，如何基于专利信息界定小微创新群是本书研究的基础。

PatVal-EU 项目研究中将专利技术发明人分为以下几大类型：小企业(企业员工人数小于 100 人)、中等企业(企业员工人数 100～250 人)、大企业(企业员工人数多于 250 人)、高等院校、公立或私立研究机构和个人。这一分类是为了方便对不同创新群体类型分析创新行为及其专利质量。

为对小微创新群提供减免专利年费的支持性措施，美国专利商标局直接给出了小创新实体和微创新实体的定义。小创新实体包括个人、小微企业(企业员工人数小于 500)、高等院校及符合美国国内税收法 501(c)条款的非营利性机构。其中，符合美国国内税收法 501(c)条款的非营利性组织包括宗教、教育、慈善、科学、文学、公共安全测试、促进业余体育竞争和防止虐待儿童或动物等七个类型①。

小微创新实体类型的定义建立在小创新实体的基础之上。申请人在符合小创新群标准的基础上，同时满足以下两个条件的，可以作为微创新类型提出申请。①申请人在已有发明专利、新式样专利或植物专利中作为专利发明人的数量没有超过 4 个。其中，不包括国际性的 PCT 申请专利和之前雇主拥有的专利。②满足下列条件之一：申请人在申请前一年的总收入少于人口普查局报告的平均家庭收入的三倍；大部分专利申请人的收入来自高等教育机构；申请人已将专利转让或即将转让给高等教育机构。

总而言之，对小微创新实体类型判定，主要注意两个层面：是否属于高等教育机构或非营利性组织，或盈利收入来自高等教育机构；企业是否规模较小或者创新总量较少。对小微创新群的专利技术活动中，技术领域特征和创新主体特征两个观测角度都很重要。

10.5　本章小结

从近些年来中国专利技术市场的竞争态势看，一方面中国具有高质量的专利技术与外国

① http://www.nolo.com/legal-encyclopedia/small-entities-micro-entities-what-s-the-difference.html.

典型国家专利权人的技术优势相比仍然处于劣势，特别在一些中国产业竞争力相对较强的领域，如电信、计算机、数字通信及燃料电池领域等领域；但另一方面中国专利权人拥有的技术优势也在改善，特别以专利寿命维持期限衡量专利质量的角度观测，中国某些技术领域竞争优势正在增强。但同时也应指出，中国相关创新政策激励在中国专利技术的发展上具有双重作用，一方面有力促进了不同领域，特别是新兴技术领域的专利技术数量的发展；但另一方面可能催生了大量以专利数量为技术创新标杆而有意无意忽略专利技术的市场竞争力效果这类投机型专利，通过10年期专利的数量和RTA测算可以一定程度反映出这样的发展问题。因此，从产业角度看中国专利技术的发展，需要重视市场竞争和政策激励这样两种发展动力机制，以及相应的名义专利技术竞争与实际的专利技术竞争优劣势分布。

本章附表

附表1　WIPO界定的技术领域与国际专利分类号对应表(2010版)及相应的增长速度对比

大类	序号	技术领域小类	对应IPC代码	增长速度/%
A电气工程	1	电机、电气装置、电能	F21#, H01B, H01C, H01F, H01G, H01H, H01J, H01K, H01M, H01R, H01T, H02#, H05B, H05C, H05F, H99Z	9
	2	音像技术	G09F, G09G, G11B, H04N-003, H04N-005, H04N-009, H04N-013, H04N-015, H04N-017, H04R, H04S, H05K	4.3
	3	电信	G08C, H01P, H01Q, H04B, H04H, H04J, H04K, H04M, H04N-001, H04N-007, H04N-011, H04Q	7.3
	4	数字通信	H04L	9.6
	5	基础通信程序	H03#	3.3
	6	计算机技术	(G06# not G06Q), G11C, G10L	11
	7	计算机技术管理方法	G06Q	10.5
	8	半导体	H01L	8
B仪器	9	光学	G02#, G03B, G03C, G03D, G03F, G03G, G03H, H01S	5
	10	测量	G01B, G01C, G01D, G01F, G01G, G01H, G01J, G01K, G01L, G01M, (G01N not G01N-033), G01P, G01R, G01S; G01V, G01W, G04#, G12B, G99Z	8.1
	11	生物材料分析	G01N-033	-1.6
	12	控制	G05B, G05D, G05F, G07#, G08B, G08G, G09B, G09C, G09D	5.8
	13	医学技术	A61B, A61C, A61D, A61F, A61G, A61H, A61J, A61L, A61M, A61N, H05G	5.5
C化工	14	有机精细化学	(C07B, C07C, C07D, C07F, C07H, C07J, C40B) not A61K, A61K-008, A61Q	2.5
	15	生物技术	(C07G, C07K, C12M, C12N, C12P, C12Q, C12R, C12S) not A61K	-1.5
	16	药品	A61K not A61K-008	5
	17	高分子化学、聚合物	C08B, C08C, C08F, C08G, C08H, C08K, C08L	2.4

续表

大类	序号	技术领域小类	对应 IPC 代码	增长速度/%
	18	**食品化学**	A01H，A21D，A23B，A23C，A23D，A23F，A23G，A23J，A23K，A23L，C12C，C12F，C12G，C12H，C12J，C13D，C13F，C13J，C13K	7
	19	基础材料化学	A01N，A01P，C05#，C06#，C09B，C09C，C09F，C09G，C09H，C09K，C09D，C09J，C10B，C10C，C10F，C10G，C10H，C10J，C10K，C10L，C10M，C10N，C11B，C11C，C11D，C99Z	5.2
	20	**材料、冶金**	C01#，C03C，C04#，C21#，C22#，B22#	6.9
	21	**表面加工技术、涂层**	B05C，B05D，B32#，C23#，C25#，C30#	7.2
	22	**显微结构和纳米技术**	B81#，B82#	9.2
	23	化学工程	B01B，B01D-000#，B01D-01##，B01D-02##，B01D-03##，B01D-041，B01D-043，B01D-057，B01D-059，B01D-06##，B01D-07##，B01F，B01J，B01L，B02C，B03#，B04#，B05B，B06B，B07#，B08#，D06B，D06C，D06L，F25J，F26#，C14C，H05H	3.8
	24	环境技术	A62D，B01D-045，B01D-046，B01D-047，B01D-049，B01D-050，B01D-051，B01D-052，B01D-053，B09#，B65F，C02#，F01N，F23G，F23J，G01T，E01F-008，A62C	5.8
D 机械工程	25	装卸	B25J，B65B，B65C，B65D，B65G，B65H，B66#，B67#	3.2
	26	机器工具	B21#，B23#，B24#，B26D，B26F，B27#，B30#，B25B，B25C，B25D，B25F，B25G，B25H，B26B	5.2
	27	**发动机、泵、涡轮机**	F01B，F01C，F01D，F01K，F01L，F01M，F01P，F02#，F03#，F04#，F23R，G21#，F99Z	6.1
	28	纺织和造纸机器	A41H，A43D，A46D，C14B，D01#，D02#，D03#，D04B，D04C，D04G，D04H，D05#，D06G，D06H，D06J，D06M，D06P，D06Q，D99Z，B31#，D21#，B41#	-0.2
	29	其他特殊机械	A01B，A01C，A01D，A01F，A01G，A01J，A01K，A01L，A01M，A21B，A21C，A22#，A23N，A23P，B02B，C12L，C13C，C13G，C13H，B28#，B29#，C03B，C08J，B99Z，F41#，F42#	2
	30	热工过程和器具	F22#，F23B，F23C，F23D，F23H，F23K，F23L，F23M，F23N，F23Q，F24#，F25B，F25C，F27#，F28#	5.7
	31	机器零件	F15#，F16#，F17#，G05G	5.3
	32	运输	B60#，B61#，B62#，B63B，B63C，B63G，B63H，B63J，B64#	4.7
E 其他领域	33	家具、游戏	A47#，A63#	5.7
	34	其他消费品	A24#，A41B，A41C，A41D，A41F，A41G，A42#，A43B，A43C，A44#，A45#，A46B，A62B，B42#，B43#，D04D，D07#，G10B，G10C，G10D，G10F，G10G，G10H，G10K，B44#，B68#，D06F，D06N，F25D，A99Z	3
	35	土木工程	E02#，E01B，E01C，E01D，E01F-001，E01F-003，E01F-005，E01F-007，E01F-009，E01F-01#，E01H，E03#，E04#，E05#，E06#，E21#，E99Z	4.2

续表

大类	序号	技术领域小类	对应 IPC 代码	增长速度/%
F 能源领域	36	**地热能**	F24J 3/08，F03G 4/00，F03G 7/05	21.7
	37	**风能技术**	F03D 1/00，F03D 3/00，F03D 5/00，F03D 7/00，F03D 9/00，F03D 11/00，B60L 8/00	
	38	**燃料电池技术**	H01M 4/00，H01M 4/86，H01M 4/88，H01M 4/90，H01M 8/00，H01M 8/02，H01M 8/04，H01M 8/06，H01M 8/08，H01M 8/10，H01M 8/12，H01M 8/14，H01M 8/16，H01M 8/18，H01M 8/20，H01M 8/22，H01M 8/24	
	39	**太阳能**	F24J2/00，F24J2/02，F24J2/04，F24J2/05，F24J2/06，F24J 2/07，F24J 2/08，F24J2/10，F24J 2/12，F24J 2/13，F24J 2/14，F24J 2/15，F24J 2/16，F24J 2/18，F24J2/23，F24J 2/24，F24J 2/36，F24J 2/38，F24J 2/42，F24J 2/46，F03G 6/06，G02B5/10，H01L 31/052，E04D 13/18，H01L 31/04，H01L 31/042，H01L 31/18，E04D1/30，G02F 1/136，G05F 1/67，H01L 25/00，H01L 31/00，H01L 31/048，H01L33/00，H02J 7/35，H02N 6/00	

注：①来源 http://www.wipo.int/ipstats/en/，世界知识产权组织 WIPO 编制的《2010 年全球知识产权指标报告》(World Intellectual Property Indicators 2010)。其中 F 能源领域是 2010 版的新增分类。②技术领域中文名称来自国家知识产权局的翻译。③本表用黑体标出增速在 6%及以上的技术领域，增速是指 2003～2007 年全球 PCT 申请量的年均增速。《2010 年全球知识产权指标报告》未给出 4 个能源细分领域增速的具体数值，但报告了能源领域大类 2000～2009 年年均增速为 21.7%。

第十一章　新兴技术的辨识框架

引言：新兴技术的辨识一般分为判别型分析和探索型分析两种。但如前几章所分析，新兴技术的辨识关键是应首先把握“新兴技术”概念的适宜性，而这一概念的分析和建立，则取决于当时、当地的经济、社会发展目标。可以说，任何新兴技术的开发，首先需要面对的是“新兴技术”概念的适宜性质以及与此相关的政策和市场的发展现实。

其次，关于新兴技术的“新颖性”认知，也是上述概念确定之后的辨识框架构造的重要问题。事实上，许多新兴技术识别的分析和研究工作要面对的是对既定技术信息集的判别分析(即判别型分析)，是对新兴技术辨识工作的某种准备。

相比之下，探索型分析直接从相应的数据集出发(如专利文献)，不受人为因素的先验干扰，它仅借助数据的固有特征，识别数据内部的复杂结构及其随时间的演化特征，力求客观地展现特定技术的动态发展形态，以争取全面和及时地辨识出新兴技术。因此，这类研究重在深入挖掘数据信息，捕捉新兴技术的发展特征。值得强调的是，虽然此类“捕捉”本身具有客观性，但这类“捕捉”的技术和方法的选择的确有着一定的主观性，或者说“适宜性”问题。

概括地说，尽管备用数据本身以及探索型分析过程本身具有较好的客观性，但数据集的采集和选择、探索型分析的方法和技术选择过程可能会渗入识别人的主观意识。因而，即使是探索型新兴技术辨识的过程，也仍然是一个主观意识和客观发现相互作用的过程。具体看，现有的探索型新兴技术辨识研究本身也存在不足，在数据处理方式和相关指标的建立上还存在诸多改进空间。

本章将从新兴技术产生和发展的本质特征出发，特别结合专利文献特点，设计新兴技术辨识的操作分析框架，并与后面几章新兴技术分析和辨识的例子形成呼应。

11.1　探索型新兴技术的辨识框架

11.1.1　探索型新兴技术辨识的逻辑维度：I 类和 II 类新兴技术

探索型新兴技术识别模式往往更多以专利文献为研究对象，应用基于文本挖掘等方法，聚焦专利文献之间的信息联系，如共词关系和共引关系等，来揭示海量专利之间的技术距离，并借助聚类分析等方法描绘出专利间的内部结构及各结构部分的重要特征，从而全面、及时地辨识新兴技术。上述分析过程事实上存在两个关键点。

第一个关键点是如何对专利文献进行有效分类，以便准确揭示专利信息间隐藏的内部结构。而目前关于专利聚类的方法主要有以下几种：共词聚类、同被引聚类和引用耦合聚类等。在当前相关研究中共词聚类和同被引聚类方法使用得较多，引用耦合聚类则不常见。美国麻省理工学院的教授Kessler(1963)在对《物理评论》期刊进行引文分析研究时发现，越是学科、专业内容相近的论文，其参考文献中相同文献的数量就越多。他把两篇(或多篇)同时引证一篇论文的论文称为耦合论文，并把它们之间的这种关系称为文献耦合。同理，专利信息之间也存在耦合现象。当A、B、C、……等若干件专利同时引用专利R作为已有技术时，A、B、C、……等若干件专利间即产生了引用耦合关系。根据相似原理，专利间的耦合强度可作为专利间相似性的判断指标，继而为专利聚类提供客观依据。有学者指出，引用耦合聚类具备更强的时效性、可操作性、完整性和稳定性等优点，它是比同被引聚类更能有效揭示专利间相似性的重要方法。多项实证研究也表明，相比于同被引聚类而言，引用耦合聚类在探寻研究前沿方面表现更为优异，其识别的研究前沿领域更多、更早且更准确。因此，对专利的引用耦合聚类分析可被作为识别新兴技术的重要数据处理方法。

第二个关键点是，在揭示专利的内部结构后，如何考察各结构部分的特征，从而准确识别出其中的新兴技术。

当前研究中，不同学者从多个角度选取了多种新兴技术的识别指标，主要包括专利的平均出现时间、专利数量增长率、最近一年专利数量占专利数量总体的比例和技术生长率等(Porter et al.，2002；Carrocher et al.，2003；Kajikawa et al.，2008；王凌燕等，2011)。总体来看，这些指标大致衡量了一项技术的两个方面：第一是技术的产生时间——学者们普遍认为出现时间的早晚是判别一项技术是否为新兴技术的最重要条件之一，一项技术出现的时间越晚，则该技术越新，就越有可能是新兴技术；第二是技术的生命力——这往往可从专利数量的相对指标来展现，如近年来的专利数量相比前些年的数量增长越快，则技术的生命力越旺盛，越符合新兴技术的特征。

本书作者还认为，仅从这两个方面识别新兴技术还不够全面。根据新兴技术的定义及产生和发展的特征可知，新兴技术往往是建立在科学认知意义上的，与科学研究的联系紧密，则可能有巨大的发展潜力。因此，如何衡量技术发展与科学认知活动之间的联系及技术未来的发展潜力，也是新兴技术辨识技术的重要内容。这一识别维度对于那些与基础研究紧密相连的新兴技术发展活动而言尤其重要，虽然这类活动应当主要发生于科技较为发达和创新知识高度发展的高等教育机构(习惯上说主要是在工业发达国家)，但对像中国这样的快速发展的新兴经济体国家而言，更有必要注重此类新兴技术的发展途径。

此外，如同本书以前章节所分析，除了普遍认可的I类新兴技术(即绝对新颖性)外，还存在II类新兴技术(相对新颖性)，即此类新兴技术是在已有技术发展基础上掀起的新的技术浪潮，因而其技术的原始出现时间比较早。如果仅仅分析新兴技术出现时间的特点，并将其作为新兴技术判别的最重要或唯一指标的话，将可能遗漏II类新兴技术。这一点对于新兴经济体国家和地区尤其重要(正是由于国外的某种技术在本国本土的应用可能具有特殊性，而这类“应用”有可能是新兴经济体国家和地区发展本土新兴技术的重要途径之一)。所以，考察和判断一项技术是否为新兴技术并不是一个简单的过程，而需从多个角度综合考虑。

鉴于此，本书推荐建立基于专利引用耦合聚类的新兴技术识别模型——首先以专利间的耦合关系为基础，对样本专利进行聚类，探索专利数据的内部结构，进而根据新兴技术的各项典型特征建立一个更加完善和全面的新兴技术识别指标体系，以帮助辨识新兴技术。

11.1.2 探索型新兴技术辨识的分析步骤

如前所述，探索型新兴技术辨识是针对新兴技术的两个基本特征进行识别：一是何种技术(即技术主题)，一是新兴特质(即如前所述的多种“新”和“兴”的表现)。

本书结合新兴技术及专利文献的核心特征，构建的基于专利引用耦合聚类的新兴技术辨识框架具体如图 11-1 所示。探索型新兴技术辨识模型主要包括收集样本专利、计算专利间的耦合强度、聚类分析、建立新兴技术辨识指标体系并判断各技术类别在该指标体系中的综合表现以及自然语言处理等步骤，以实现直接从专利文献识别出新兴技术及其技术主题的目标。

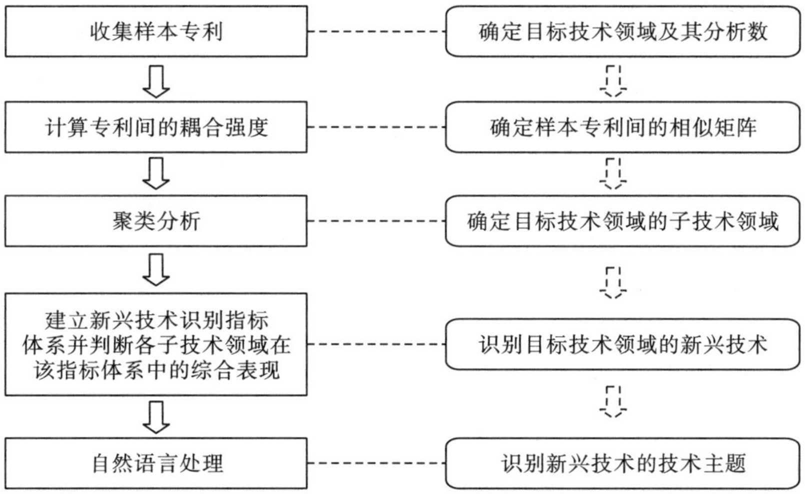

图 11-1 探索型新兴技术辨识模型

(1) 收集样本专利。收集样本专利是开展探索型新兴技术辨识的起点。但在实证研究中，考虑到信息资源的局限性，往往不一定对所有的专利文献展开分析，而是结合特定的研究目的，利用定量分析方法，借助已知的分类体系或分类标准及专家意见，确定一个目标技术领域集(而非技术集合)及其相应的专利检索策略，进而通过相关专利数据库收集拟定研究时间范围的专利信息，如专利号、题名、摘要、授权日、技术分类号、权利要求项数量和参考文献等，形成初始专利数据集。

(2) 计算专利间的耦合强度。根据样本专利的参考文献信息，可计算任意两两专利间的耦合强度，作为两专利间相似性的度量。假设专利 i 的参考文献集合为 A，专利 j 的参考文献集合为 B，则专利 i 和专利 j 的耦合强度 r_{ij} 的计算方法见式(11.1)

$$r_{ij} = \text{number of}(A \cap B) \tag{11.1}$$

但由于两篇专利文献间的耦合强度会受到其各自参考文献长度的影响，因此需对该耦合强度进行规范化处理，由此可得专利 i 和专利 j 的规范化耦合强度 CS_{ij} 如式(11.2)所示。

$$CS_{ij}=\frac{r_{ij}}{\sqrt{r_i \cdot r_j}} \tag{11.2}$$

其中，r_i 为专利 i 的参考文献量，r_j 为专利 j 的参考文献量；CS_{ij} 取值范围为[0,1]，当 $i=j$ 或 $r_i=r_j=r_{ij}$ 时，取最大值。

由式(11.2)不难看出，CS_{ij} 同时也为样本专利初始引证矩阵中横向量 i 与横向量 j 之间的夹角余弦，是对专利 i 和专利 j 间相似关系的精确度量。因此，若将样本专利间的规范化耦合强度矩阵记为 $\boldsymbol{S}$，则 $\boldsymbol{S}$ 同时也为专利间的相似矩阵，可将其作为下一步聚类分析的数据基础。

(3) 聚类分析。由相似矩阵 $\boldsymbol{S}$，即可对样本专利展开聚类分析，以探寻目标技术领域的子技术群。又由于矩阵 $\boldsymbol{S}$ 很可能是个稀疏矩阵，为了优化聚类效果，需设定一个合理的阈值。在此，本书作者曾针对特定技术主题和研究需要，定义专利 i 的耦合连接数 L_i 为矩阵 $\boldsymbol{S}$ 中列向量 i 的所有非零元素的个数减 1(去除专利 T_3 与自身耦合的情况)。由此，可设定阈值 ∂，即当且仅当 $L_i \geqslant \partial$ 时，专利 i 才予以保留，否则将被剔除，不参与聚类分析。所有保留下来的专利可被称为“核心专利”，根据这些专利间的相似矩阵 $\boldsymbol{S}_1$，采用层次聚类方法等即可对所有核心专利进行分类，确定其子技术群。

(4) 新兴技术识别指标体系及其应用。在确定目标技术领域的子技术群后，接下来的主要分析内容即为如何迅速准确地判断哪些子技术领域属于新兴技术。在此，本书研究工作根据新兴技术的概念和核心特征，建立了一个多维度的评价指标体系，主要衡量各子技术的新旧程度、技术活跃度、专利质量和发展潜力及与科学的联系等。描述各维度所选择的具体指标及其计算和评价方法如表 11-1 所示。

由前章节分析可知，若一项技术被视为新兴技术，则其必符合“新”(新颖特性)和“兴”(即增长特性)特征，同时拥有巨大的发展潜力和发展空间，并与基础科学研究联系紧密。表 11-1 中的四个维度则恰好对应新兴技术的这四个特征。①技术的新旧程度主要考察一项技术是否为新近出现，能否体现新兴技术在时间上的“新”，具体用专利的平均授权时间来衡量，平均授权时间越晚，则该技术越新。②技术活跃度展现的则是技术当前的发展状态，用于判断一项技术是否显现出了新兴技术的“兴”，即是否正处于快速发展中，拥有蓬勃的生命力。鉴于不同技术实际发展情况的差异，单个指标可能很难准确捕捉所有技术的发展态势，因此本书选择从专利数量年增长率、与目标技术总体增长水平之差、技术生长率和最近一年的专利增长水平四个角度来综合分析技术的当前状态。只要满足这四个指标中的任意一个判定条件，就可以说明一项技术当前是十分活跃的。③专利质量和发展潜力展现的是技术未来的发展空间，具体用专利的平均权利要求项数来测度。专利的平均权利要求项数越高，则专利的质量越高，技术未来的发展空间可能也就越大。④技术与科学研究的联系则通过专利的平均非专利参考文献量来衡量，专利的平均非专利参考文献数越多，则说明技术与科学之间的联系越紧密。

表 11-1　描述各维度所选择的具体指标及其计算和评价方法

衡量的技术特征	指标	计算方法	备注
技术的新旧程度	授权时间	子技术领域、T_i 中各项专利的授权时间的均值	该时间越晚，T_i 越“新”
技术活跃度	专利数量年增长率	子技术领域 T_i 的专利数量第 q 年年增长率 $g_{iq}=\left(N_{iq}-N_{iq-1}\right)/N_{iq-1}$ 式中，N_{iq} 为 T_i 中第 q 年的授权专利数量	若 g_{ig} 近年来皆大于 0 且逐年递增，则说明 T_i 正处于蓬勃发展状态
	与目标技术总体增长水平之差	子技术领域 T_i 与目标技术总体增长水平之差 $\Delta g=g_{iq}-g_q$ 式中，g_q 为目标技术总体核心专利第 q 年年增长率	若 Δg 近年来皆大于 0，则说明 T_i 显现出良好的成长态势
	技术生长率	子技术领域 T_i 的技术生长率 $V=a_q/A_q$ 式中，a_q 为 T_i 第 q 年的专利授权量，A_q 为 T_i 从第 q 年开始追溯 5 年的累积专利授权量	若 V 值近年来逐年递增，则 T_i 正处于快速生长阶段
	最近一年的专利增长水平	子技术领域 T_i 最近一年的专利增长水平 $R=a^*/A_s$ 式中，a^* 为 T_i 最近一年的专利授权数量；A_s 为 T_i 总专利授权数量	若 $R>20\%$，则表明 T_i 当前正处于迅猛增长状态
专利质量和发展潜力	权利要求项数	子技术领域 T_i 权利要求项数为 T_i 中各项专利的权利要求项数的均值	该指标越高，T_i 的专利质量越高，未来发展潜力越大
技术与科学研究的联系	非专利参考文献量	子技术领域 T_i 非专利参考文献量为 T_i 中各项专利的非专利参考文献量的均值	该指标越高，T_i 与科学研究的联系越紧密

注：本书作者整理。

由此，即可对各子技术领域的技术特征进行综合判断。若某子技术领域出现的时间很晚，当前的技术活跃度和专利质量都很高，且与科学研究间的联系也很紧密，则可以判断该子技术领域应为我们所寻找的目标技术领域的新兴技术。但若出现某子技术领域出现的时间较早，但当前仍很活跃，未来发展空间也较大的情形，就需要分情况讨论。第一种情况是该技术可能正位于成长期的后期，虽然其当前的发展势头迅猛，未来潜力较大，但其已不属于我们所讨论的新兴技术，而应属于追踪技术等行列；第二种情况是该技术可能属于Ⅱ类新兴技术。要将这两种情形区分开，则需借助技术的 S 曲线来进行综合判断。

(5) 自然语言处理。识别出新兴技术后，需进一步确定该技术的技术主题。在此，本书采用自然语言处理方式对新兴技术的各项专利展开分析，从而识别其技术主题。其大体步骤如下：第一，搜集该新兴技术各项专利的题名和摘要信息；第二，使用 Stanford Log-linear Part-Of-Speech Tagger 对上述信息进行词性标注；第三，根据技术术语的构成特征，通过语言过滤器提取出专利题名和摘要信息中的技术术语，其语言过滤器表达式如式(11.3)所示(Justeson and Katz，1995)；第四，结合各技术术语的出现频率和技术背景等信息，综合判断该新兴技术的主题词。

$$\left((\mathrm{Adj}\,|\,\mathrm{Noun})^{+}\,|\left((\mathrm{Adj}\,|\,\mathrm{Noun})^{*}(\mathrm{Noun\ Prep})^{?}\right)(\mathrm{Adj}\ \,|\,\mathrm{Noun})^{*}\right)\mathrm{Noun} \tag{11.3}$$

识别得到主题词之后，便可确定该细部新兴技术领域的主题。需要注意的是，由于此主题词的产生借助于计算机等机器过滤技术，使用上应当比较“生硬”，因而在实际应用中，最好结合专家调研和咨询，确定合理的技术主题名称。同时此类机器过滤的方法产生的词汇也可能具有某种前瞻性，保留其生硬的特色本身有时也具有合理性，因此附带相应的技术说明，应当是比较全面的处理方法。

11.2　判别型新兴技术的辨识框架

判别型新兴技术的辨识框架适应于主要技术主题领域已知的情形下，其研究背景及相关研究方法如下所示。

11.2.1　已知专题领域的新兴技术分析研究

当特定新兴技术领域已经确定，技术特质相对集中，则可以有的放矢地开发出相应的研究技术和方法。但即使如此，也只是在一个相对确定的大的技术主题范围之内，寻求更为细致的新兴技术主题。在这个意义上，新兴技术的发展仍旧具有发散性和不确定性。

此外，确定主题领域的新兴技术，通常大多为政府政策引领和商业企业研发引领两类线索来演化。政府政策引领往往是一系列的科技计划中的组成环节，其相对确定的技术主题领域往往也是由基础研究科学界专家或科技前沿研发专家咨询意见集成所得；而商业企业研发引领对特定技术领域的确定情形，则相对复杂，一般以大型企业研发活动的前端发展目标为根据，其确定逻辑需要看特定技术主题行业的市场发展规律，存在研发效率的斟酌与决策品质的考虑。值得强调的是，随着研发活动的日益资本化，对尖端技术的研发活动越来越集中在大型企业，特别是大型跨国公司的研发设施之下；与此相对，中小规模的高科技企业，特别是创业型企业，其新兴技术的领域发展往往倒是多元的和发散的，由此才能形成新兴技术发展的多样性和持续性。

值得特别关注的是，在政府政策引领框架之下，大部分主题相对确定的新兴技术集中在与社会效益较为集中的领域及可能形成平台型技术的领域。如日本以可持续发展为核心的新兴产业的相关技术集中在新能源、新材料等方面，相关监测分析方法的研究主要体现在对新兴技术的探测和追踪方面。例如，Kajikawa 等（2008）使用可视化的引用网络分析方法，通过对可持续能源的网络图谱追踪新兴研究领域。其结果显示，燃料电池和太阳能电池是两个正在迅速增长的新兴领域。而随着新兴技术的多样化发展，不同阶段又可能出现新的技术热点，并反映相关的技术瓶颈问题。例如，1998 年前后，燃料电池领域的研究热点是关于熔融碳酸盐、溶解度、极化问题；2001 年前后，该领域研究热点转变为陶瓷膜、钙钛矿型氧化物；2003 年，该领域则侧重关于高分子电解质、质子交换等问题。可见，政府政策引导确定的新兴技术主题的相关分析，其方法更为综合与交叉，所审视的技术领域虽然相对集中，但细部主题更为深入，掌握的信息宽度也较企业层面更周全、覆盖面相对完整。

11.2.2 新兴技术发展过程中的辨识

通常在政府政策和大型企业前瞻性技术战略引导框架之下，需要及时、准确和全面地辨识特定技术主题范围内的新兴技术，这往往是这类新兴技术乃至相关新兴产业、战略新兴产业发展的必要步骤。这类新兴技术有一个非常突出的特征——相应的新兴技术，应当视作是确定新兴技术主题范围上的过程发展，是一种“枝”和“叶”的发展，而非“树干”的发展。

在这类已知技术主题范围的情形下的新兴技术辨识，往往专利技术信息是唯一可选用的数据，相应的定量分析已成为识别新兴技术的主要发展方向。其具体分析工作包括：首先利用现有的技术分类体系(如 IPC 体系以及其他与专利技术领域相关的分类体系)、或分类标准(如 WIPO 对 IPC 分类号与相应高新技术领域关系的界定)、或专家意见(技术关键词)确定目标技术集合，再借助相应的筛选方法，甄选出目标技术集合中正在蓬勃发展、具有巨大潜力的新兴技术。

同时，还需要注意技术发展的层次。一方面，技术主题可以是相对粗糙和概念化的层次，例如，WIPO 分类本身可以视作是一种“树干”；但另一方面，这类分类又确实是相对粗糙的“树干”，不足以凝练有政策和战略意义的技术主题。因此，技术主题的确定性也是一个相对发展情形，取决于政策或战略目标的精确性。一般而言，这类确定主题范围的新兴技术识别和分析更适用于政策导向的主题分析以及主题相对抽象的宏观意义上的技术发展分析。

因此，国内外学者也曾试图从多种途径寻找新方法，专利引文分析和社会网络分析及其结合方法成为较为适宜的方法选项，并受到广泛关注。这种方法选择事实上也反映了主题技术的发展逻辑，即专利间的先后引用信息体现技术发展的承接性，而专利被引次数则可直接作为确认重要专利类型的指标及确定主要技术路径的参考，而这一主要技术路径的客观表现就是因其网络关系中依赖的权重性质而可能构成新的技术体系。所以，从宏观意义上的技术识别来看，借助专利间的引文关系亦可构筑不同技术领域间的联系网络及其权重分布，而这种分布也会随着时间演化显现出各技术主题领域在其网络中的地位及未来的发展趋势。

值得注意的是，由于这类技术主题权重分布的事实，还需要明确其中的“核心技术”及其发展意义。不论从国家(或地区)层次来看，还是若干企业之间的合作竞争网络关系来看，核心技术主题都是网络参与者之间对抗博弈及可能的合作过程中能够借力发挥的、起着关键和决定性作用的重要技术。该类技术往往在一个时间段上，足以代表这个特定的网络(国家、地区意义上，或是企业群意义上以及其他观测群的意义上)相对突出的技术发展。而对于网络中其他技术主题的开发、衍生和演化而言，它是一种基础技术，或是平台型技术。可见，对于此类基于专利信息相关关系的网络分析具有多种用途，不但可以辨识和发现其中起主导作用的核心技术，同时也可以发现这一技术发展的辐射技术主题；既可以发现核心技术的主导方，也可以发现这一主导地位和其他相关者地位之间的演化关系，分析其中的差别化技术水平和竞争优势，从而能够确定特定技术主题下不同差别化新兴技术的发展走势。

11.3　基于专利引文数据网络分析的核心型新兴技术的辨识框架分析

基于专利引文数据的网络分析可以构造技术领域关系网络，从而认识和辨识其中的重要节点技术和相应的所有权人及其群落。在确定样本专利的技术领域后，便可借助专利间的引用关系构建各技术领域间的引用网络，进而识别出具有核心地位或重大发展潜力的重要领域。其具体开展通过以下网络分析参数。

1）点度中心度

点度中心度刻画的是单个节点在网络中所处的核心位置。如果一个节点与很多其他节点存在直接联系，即具有较高的中心度，则该节点就居于较中心地位，能对其他节点产生重要影响。专利引文网络中，各节点（技术领域）有两个点度中心度——点入度和点出度。对给定节点 C，其点入度 $C_{D,\text{in}}$ 和点出度 $C_{D,\text{out}}$ 的计算方法分别如式（11.4）和式（11.5）所示。其中，点入度反映了特定技术领域引用和吸收其他领域信息的能力；而点出度体现了特定技术领域被其他领域引用的程度，即对其他领域技术创新的贡献度。通过比较各技术领域的中心度，即可揭示在给定的技术领域中，哪些是一国（或特定地区）的核心技术。

$$C_{D,\text{in}}(n_i)=\sum_{j=1}^{k} r_{ij,\text{in}} \tag{11.4}$$

$$C_{D,\text{out}}(n_i)=\sum_{j=1}^{k} r_{ij,\text{out}} \tag{11.5}$$

其中，r_{in} 和 r_{out} 分别为指向节点 i 和从节点 i 射出的连接，k 为网络中节点数。

2）结构洞

结构洞是指，直接看来两个节点或群体之间不存在连接，同时间接看来他们之间也不存在冗余关系，那么两者之间的空隙就是结构洞。据 Burt（2004）的观点，结构洞的占据者可获得更多、更新的非重复异质信息，并具有保持信息和控制信息两大优势，从而具备更强的竞争力和创新能力。专利引文网络中，某技术领域所跨越的结构洞越多，则获得的异质信息相对越多，可能产生的新想法和新技术也越多，未来的发展潜力越大——这正是新兴技术的典型特征。因此，结合各技术领域的点度中心度和结构洞信息即可捕捉重要的新兴技术领域。关于结构洞的测算主要有以下三个指标（刘军，2009）。

（1）有效规模。某节点的有效规模等于该节点的个体网络规模减去网络的冗余度。有效规模越大，则可能拥有的结构洞越多。节点 i 的有效规模 ES_i 的计算方法如式（11.6）所示

$$ES_i=\sum_{j}\left(1-\sum_{q} p_{iq} m_{jq}\right),\quad q\neq i,j \tag{11.6}$$

其中，j 为与 i 相连的所有点；q 是除了 i 和 j 之外的第三点；$p_{iq}m_{jq}$ 为节点 i 与特定节点 j 之间的冗余度；P_{iq} 为节点 i 投入节点 q 的关系所占比例；m_{jq} 是节点 j 到节点 q 的关系的边际强度，其等于节点 j 到节点 q 的关系取值除以节点 j 到其他节点关系中的最大值。

(2) 效率。某节点的效率等于该节点的有效规模与其个体网络实际规模之比。

(3) 网络约束系数。该系数从网络闭合性角度对结构洞进行测度，描述的是网络中某个节点与其他节点直接或间接联系的紧密程度。该系数越高，网络闭合性越高，结构洞越少，其算法表示如下所示。

第一步，计算节点 i 要与节点 j 相连受到的约束程度，如式(11.7)所示

$$CI_{ij} = \left(p_{ij} + \sum_{q} p_{iq} p_{qj} \right)^2 \tag{11.7}$$

第二步，计算节点 i 的网络约束系数，如式(11.8)所示

$$CI_i = \sum_{j} C_{ij} \tag{11.8}$$

其中，$q \neq i,j$，P_{ij} 为节点 i 投入节点 j 的关系所占比例。

根据以上参数，便可通过社会网络分析方法来辨识给定技术主题范围下的差别化新兴技术的分布状态，从而确定特定技术主题发展过程中的各类新兴技术主题。事实上，根据作者的研究所得，专利引文网络能从技术领域间的连接角度深入揭示各领域当前网络地位和未来发展趋势，并能更好地展示国家、地区间的技术差异，是辨识和评价核心技术和新兴技术的有效方法。

11.4　本章小结

本章特别以专利数据信息为对象，引入相应的分析和辨识技术，用于新兴技术分析和辨识，其中既有注重增长率方面的方法，也有注重网络关系的观测工具，但核心内容则是在较少相关领域专利信息的情形下，找到处于非正常增长和特殊联系的网络关系中的技术主题及其相关专利信息。其中，特殊联系的网络关系是关键，即需要观测这种联系的特殊性，而非仅仅是联系本身。专利之间的联系除了知识的链条关系之外，还存在其扩散的广度和深度问题。显然，知识链接过于宽广、知识深度显示过度发展，都一定程度失去新兴技术的跟踪意义。其中，所需要把握的“度”确实需要在不同的行业和技术领域逐渐探索。

第十二章　探索型新兴技术辨识——纳米技术

引言：本章作为新兴技术辨识研究的实证部分，主要以专利技术信息为基础，同时如第十一章所述，以两类方法开展研究：一类是探索型，即技术主题未知前提下对可能存在的新兴技术信息进行挖掘和辨识；另一类则是既定技术主题范围内的新兴技术识别。但即使是第一类探索型新兴技术辨识，也不是在完全空白的主题之下，只是其主题范围较为宽泛，可以容纳更多方向和更多维度的新兴技术辨识，因此本章主要以纳米技术为例。而对技术主题相对清晰的第二类新兴技术辨识，则对应更为精细的研究题目，例如后文中所展示的中国大陆与台湾地区的主题新兴技术比较。

12.1　探索型新兴技术识别——纳米技术的发展背景

21 世纪的纳米技术正在成为推动世界各国经济发展的主要驱动力之一。未来 20～30 年，纳米技术有望广泛应用于信息、能源、环保、生物医学、制造、国防等领域，产生新技术变革，促进传统产业改造和升级，并形成基于纳米技术的新兴产业。在信息领域，应用于新一代的芯片、显示器件和存储器中并发挥关键作用的纳米器件，将形成未来信息产业的核心竞争力。在能源领域，纳米技术能够提供新型、高效能源和替代能源（如锂离子电池、太阳能电池、燃料电池、氢能）及能源高效利用中的关键技术；在环保领域，纳米技术将用于治理原来难以治理的水、空气和土壤污染；在生物医学方面，纳米技术将用来发展疾病早期诊断技术、组织器官修复与低毒高效治疗技术等[①]。

科技发达国家无一不对纳米技术发展进行战略性布局，纷纷设立纳米技术发展计划支持其发展。至今，发布国家级纳米科学技术发展规划的国家已达 60 多个。经过不懈努力，中国现已成长为一个纳米技术强国，在国际上占有一席之地，并在一些基础科学研究领域位居世界领先水平（Bai，2005）。

同时，纳米技术领域作为一个典型的交叉科学技术领域，当前发展还呈现出其典型特点，如，纳米技术向多个领域快速渗透，由单一类型技术向集成型技术转变；多学科交叉，其发展往往面临重大科学挑战问题，同时可能孕育重大突破型技术。面对纳米技术产业化步伐明显加快的现实，巩固、提升中国在纳米技术领域的战略地位，必然需要多学科和多领域的协同发展，而及时准确地辨识其新兴技术并加快相关战略部署也将成为一个必然选择。

---

① 中华人民共和国科学技术部. 纳米研究国家重大科学研究计划“十二五”专项规划[EB]. 2012-06-21/2014-04-05。

12.2　探索型纳米技术领域新兴技术分析

12.2.1　纳米技术领域的专利信息采集

本章研究工作参照国际上主要相关主题研究方式，选取美国专利授权数据库为数据源。这一方面考虑到美国自身引领世界的科技创新能力及其巨大创新市场对各国高科技企业的吸引力，美国专利局授权的专利应可作为世界范围内技术进步的典型代表，尤其是高新技术。因此，采用美国专利局授权的专利作为数据源来识别新兴技术应是合理且高效的。另一方面，美国专利局授权的专利具有明确的专利参考文献信息，从而为分析专利间的耦合提供了重要数据基础。

经过综合考虑，本节选择以美国专利分类 977①为检索条件，共收集到 1976～2013 年间 9510 件纳米发明专利及其相关著录信息，如专利号、题名、摘要、授权日、技术分类号、权利要求项数量和参考文献（包括专利参考文献和非专利参考文献）等。经过对数据的初步整理和筛选，删去了其中 289 条无专利参考文献的专利，并利用结构化查询语言(structured query language，SQL)根据剩余的 9221 条专利信息建立了一个小型的纳米专利数据库，作为初始样本集。

从图 12-1 的纳米发明专利年度授权数量可见，近 40 年来，纳米技术经历了从无到有，再到迅猛发展的成长历程。1978 年，第一件纳米授权专利出现，但此后十年间，纳米专利始终较少，年度授权量保持在 10 件以内；自 1989 年开始，纳米专利授权量呈现快速增长，虽在 2000 年和 2004～2006 年出现短暂下滑，但总体上保持了明显的增长趋势。尤其是，在近几年，纳米专利授权数量一路上扬，充分展现了其迅猛发展的良好态势。此外，从纳米发明专利年度授权累积量来看，目前纳米技术总体上还处于成长期，未来发展前景广阔，潜力巨大。

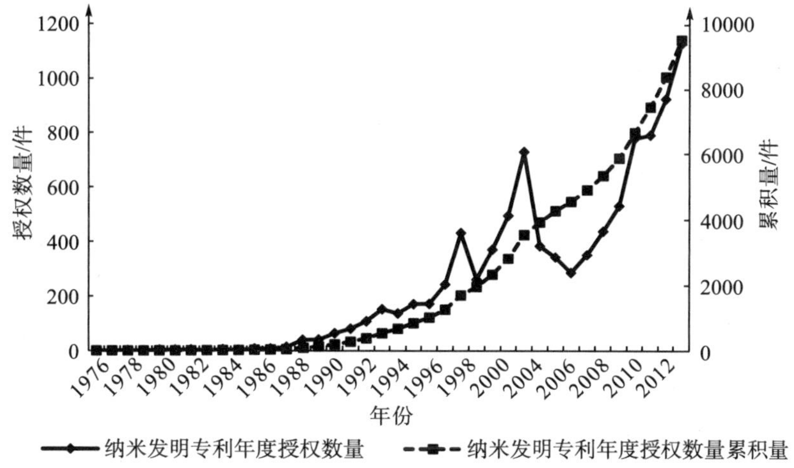

图 12-1　纳米发明专利年度授权数量及其累积量

① 2005 年，美国专利局推出了纳米技术专利专属分类 977，并对以往的专利进行了追加。

12.2.2　纳米专利技术间的耦合强度

根据 9221 条纳米专利的参考文献信息，可借助 SQL 平台的检索功能和 EXCEL 表格计算得知两两纳米专利间的耦合强度，并依照公式(11.2)进行规范化处理，从而得到任意两条纳米专利间的规范化耦合强度，生成纳米专利间的规范化耦合强度矩阵 ***S*** 如表 12-1 所示。该矩阵同时也为纳米专利间的相似矩阵，可作为下一步聚类分析的数据基础。

表 12-1　纳米发明专利间规范化耦合强度矩阵(部分)

专利号	4107288	4191812	4200695	4225581	4247340	4269821	4294245	4312956	4359537	4380590	4476590	4481616
4107288	1	0	0	0	0	0	0	0	0	0	0	0
4191812	0	1	0.1581	0	0.4472	0	0	0.2	0.6742	0.2	0	0
4200695	0	0.1581	1	0	0.1768	0	0	0.4743	0.2132	0.3162	0	0
4225581	0	0	0	1	0	0.8165	0	0	0	0	0	0
4247340	0	0.4472	0.1768	0	1	0	0	0	0.4523	0	0	0
4269821	0	0	0	0.8165	0	1	0	0	0	0	0	0
4294245	0	0	0	0	0	0	0	0	0	0	0	0
4312956	0	0.2	0.4743	0	0	0	0	1	0.1348	0.2	0	0
4359537	0	0.6742	0.2132	0	0.4523	0	0	0.1348	1	0.2697	0	0
4380590	0	0.2	0.3162	0	0	0	0	0.2	0.21697	1	0	0
4476590	0	0	0	0	0	0	0	0	0	0	1	0
4481616	0	0	0	0	0	0	0	0	0	0	0	1
4501726	0	0	0	0	0	0	0	0	0	0	0	0
4503021	0	0	0	0	0	0	0	0	0	0	0	0
4550257	0	0	0	0	0	0	0	0	0	0	0	0
4575822	0	0	0	0	0	0	0	0	0	0	0	0
4581028	0	0	0	0	0	0	0	0	0	0	0	0
4613541	0	0	0	0	0	0	0	0	0	0	0	0
4618767	0	0	0	0	0	0	0	0	0	0	0	0
4620206	0	0	0	0	0	0	0	0	0	0	0	0

12.2.3　纳米技术核心专利聚类分析

根据相似矩阵 ***S***，即可采用 Matlab 软件的层次聚类法对纳米专利展开聚类分析，以探寻纳米领域的子技术群。但如表 12-1 所示，矩阵 ***S*** 是个稀疏矩阵，为了优化聚类效果，还需通过各专利的耦合连接数设定一个合理的阈值 ∂。经过反复试验，发现将阈值 ∂ 设定为 10(即只将耦合连接数大于或等于 10 的专利予以保留)时的聚类效果较好，此时的核心专利共有 6472 条(占初始样本集的 70.19%)，并能以类别内的专利总量大于核心专利总量的 1%为标准提取出四个大类 $T_1 \sim T_4$。每一大类可视为代表纳米技术的一个子技术领域，由此可得各子技术领域近年来的专利年度授权数量及其累积量如图 12-2～图 12-5 所示。

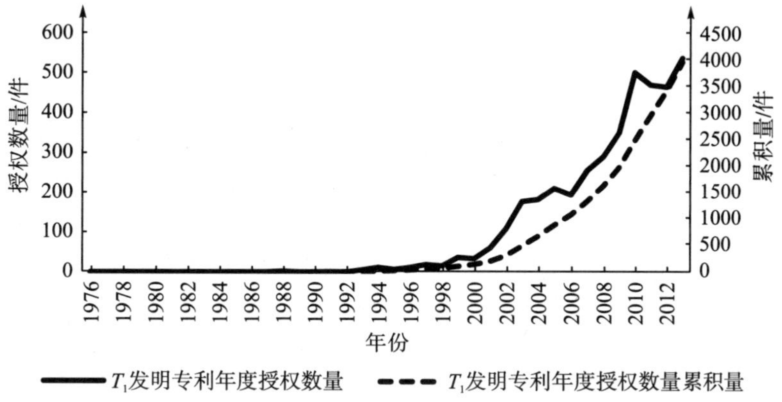

图 12-2　T_1 专利年度授权数量及其累积量

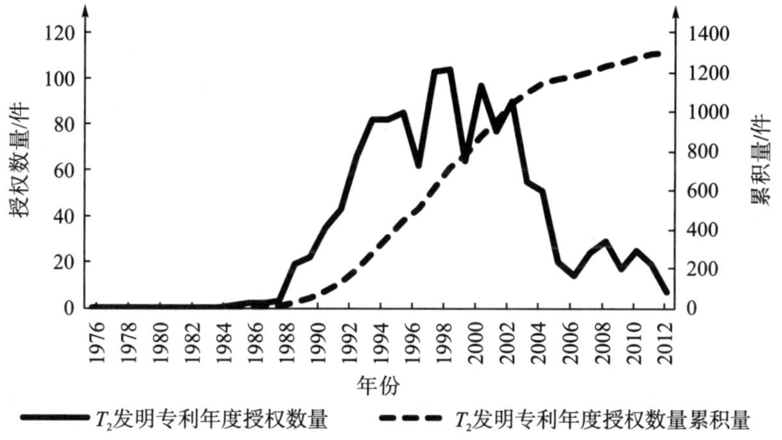

图 12-3　T_2 专利年度授权数量及其累积量

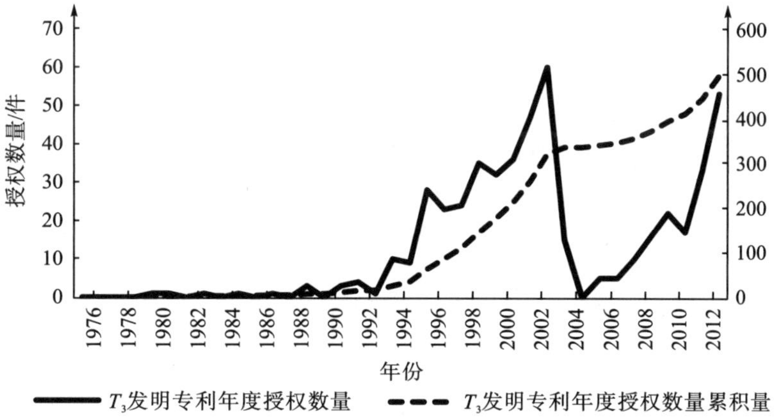

图 12-4　T_3 专利年度授权数量及其累积量

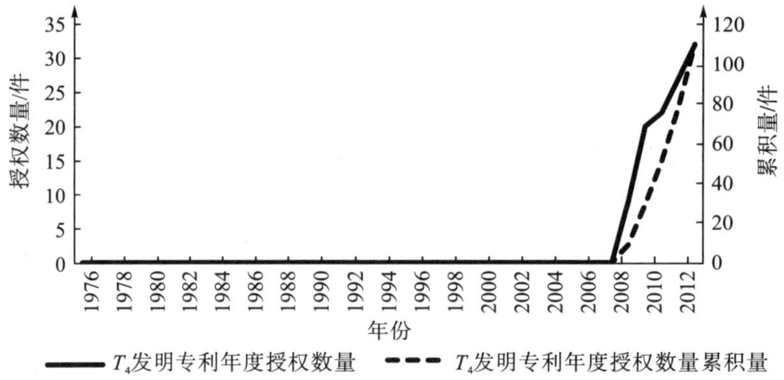

图 12-5　T_4专利年度授权数量及其累积量

由图 12-2 可见，T_1从 1991 年开始基本保持较快增长，是四个子技术领域中规模最大、增长最稳定的领域，显现了良好的成长性。T_2出现的时间最早，并从 1988 年开始快速增长，但在 1998 年和 1999 年其专利授权数量达到峰值，随后出现震荡下降，直至 2003 年，由此展现了该技术领域一个较为完整的生命周期。T_3虽然也经历了 1985～2005 年的一轮成长周期，甚至在 2005 年其专利授权数量降为 0，但从 2006 年开始，其又开始了新一轮增长，说明该子技术领域可能在原有研究基础上掀起了新的技术热潮。T_4产生的时间最晚，2009 年才出现第一件授权专利，并自出现以来一路保持快速增长，呈现出了蓬勃的生命力。

12.3　纳米技术领域新兴技术识别层次

12.3.1　纳米技术领域新兴技术识别——层次 I

依据新兴技术识别指标体系，可进而对各纳米子技术领域的新旧程度、技术活跃度、专利质量和发展潜力以及与科学研究的联系等展开综合测评，从而识别出其中的新兴技术。

由表 12-2 和表 12-3 不难看出，T_4呈现出了非常明显的新兴技术特征。首先，其授权时间相当晚，为 2012 年 1 月，这充分反映了该技术的新颖性；第二，从技术活跃度来看，自诞生以来，该子技术领域的专利数量年增长率一直保持在 10%以上，虽然没有出现逐年递增趋势，但连年高于纳米技术总体的增长水平，且 2013 年的专利增长水平高达 29.09%，强烈显现出了蓬勃的发展趋势；第三，从专利质量和发展潜力来看，该子技术领域纳米总体技术中处于中上水平，未来前景看好。美中不足的是，该领域与科学研究的关系可能并不紧密。但综合来看，T_4应被视为我们所寻找的纳米领域 I 类新兴技术。

另外需要讨论的是 T_3的情况。虽然该技术总体出现的时间较早，但是其技术生长率 2011～2013 年来逐年递增，技术活跃度高，且其权利要求项数和非专利参考文献量皆为各子技术领域中最高，显现出巨大的发展潜力和与科学研究的紧密联系特点。因此需对该技术是处于成长期后期还是属于 II 类新兴技术展开判断。从该技术经历 1985～2005 年的一轮成长周期后，2006 年开始又进入了新一轮增长的趋势看，可以推断 T_3应属于 II 类新兴技术的发展情形。若仅以该技术 2006 年后的专利为研究对象，本书发现该技术的授权时间为 2012 年 5 月 22 日，最近一年的专利数量占比高达 32.92%，且权利要求项数依然较高，而非专利参考文献量则进一步提升，与科学研究间的联系更加紧密。由此可见，T_3 也充分展现出了新兴技术的典型特征，应属于纳米技术领域的Ⅱ类新兴技术。

表 12-2　T_1～T_4 相关指标值

技术领域	专利数量	专利数量占比/%	授权时间	权利要求项数	非专利参考文献量
总体	6472	100	2008/3/4	17.82	7.21
T_1	3944	65.32	2009/12/29	19.69	20.67
T_2	1300	21.53	1999/7/16	17.71	6.74
T_3	496	8.21	2002/10/18	23.39	34.67
T_3-2006 年后	161	2.67	2012/5/22	20.94	48.20
T_4	110	1.82	2012/1/27	20.53	6.74

表 12-3　T_1～T_4 技术活跃度

技术领域	技术活跃度						是否符合判定条件
	分量指标	2009	2010	2011	2012	2013	
T_1	专利数量年增长率/%	20.69	42.86	−6.20	−1.07	15.52	
	与目标技术总体增长水平之差/%	-4.31	3.59	−3.22	−3.23	1.91	
	技术生长率/%	26.92	31.45	25.15	22.38	23.11	
	最近一年的专利增长水平/%			13.59			13.59
T_2	专利数量年增长率/%	20.83	−41.38	47.06	−24.00	−63.16	
	与目标技术总体增长水平之差/%	-4.17	−80.65	50.04	−26.17	−76.76	
	技术生长率/%	21.01	16.35	22.94	16.67	7.22	
	最近一年的专利增长水平/%			0.54			0.54
T_3	专利数量年增长率/%	60.00	37.50	−22.73	94.12	60.61	
	与目标技术总体增长水平之差/%	35.00	−1.77	−19.75	91.95	47.00	
	技术生长率/%	44.44	37.93	24.29	33.67	37.59	是
	最近一年的专利增长水平/%			10.69 (32.92)			10.69 (32.92)
T_4	专利数量年增长率/%		122.22	10.00	22.73	18.52	
	与目标技术总体增长水平之差/%		82.95	12.98	20.56	4.91	是
	技术生长率/%	100.00	68.97	43.14	34.62	29.09	
	最近一年的专利增长水平/%			13.59			13.59

12.3.2　纳米技术领域新兴技术识别——层次 II

由所有纳米专利的聚类结果可知，T_1是纳米领域中规模最大的子领域，共有 3944 条专利，占纳米所有专利数量的 65.32%。其虽不属于新兴技术，但从授权时间来看，该技术还很“年轻”，且自诞生以来，增速稳定，正处于成长期，发展状态良好。另外由非专利参考文献量可知，T_1与科学研究的关系也比较紧密。因此，在T_1中很可能还存在其他新兴技术，有必要对T_1展开更进一步的分析与探索。

1) T_1内专利聚类分析

根据T_1内 3944 条专利间的耦合强度，即可构建专利间的规范化耦合强度矩阵或相似矩阵$\boldsymbol{S}_1$，并由此对T_1内的各项专利展开聚类分析。通过 Matlab 软件的层次聚类法，并以类别内的专利总量大于T_1专利总量的 1%为标准，共可提取出T_1内的 7 个技术类别T_{11}～T_{17}，各类别近年来的专利年度授权数量及其累积量如图 12-6～图 12-12 所示。

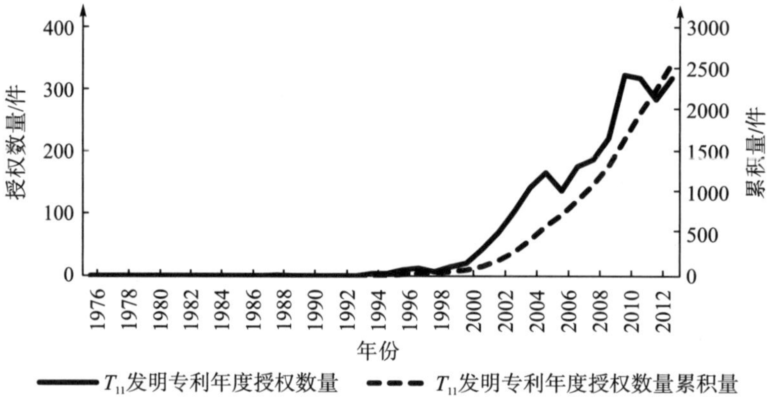

图 12-6　T_{11}专利年度授权数量及其累积量

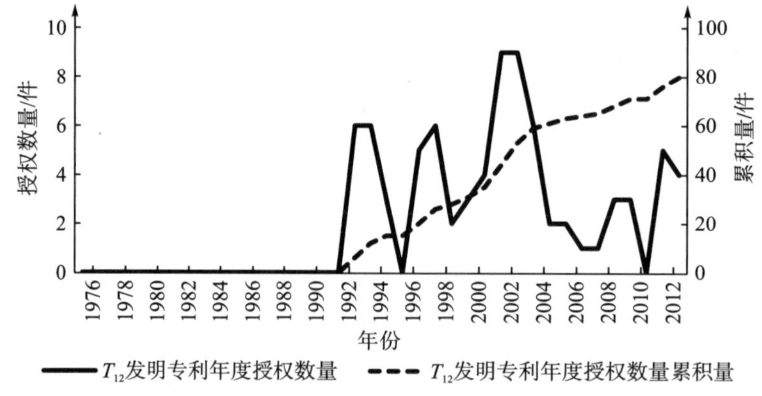

图 12-7　T_{12}专利年度授权数量及其累积量

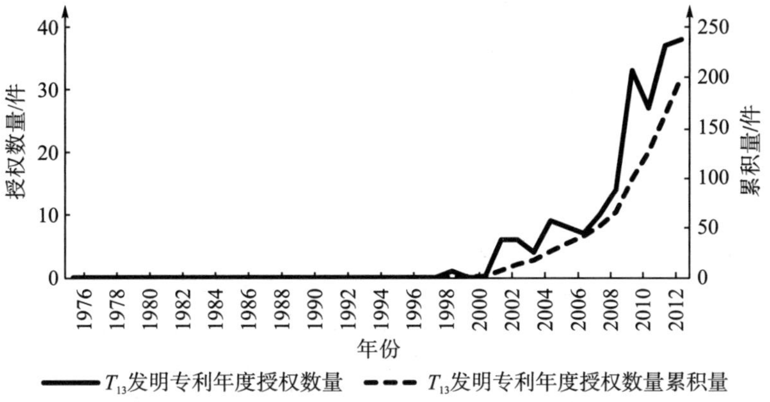

图 12-8　T_{13} 专利年度授权数量及其累积量

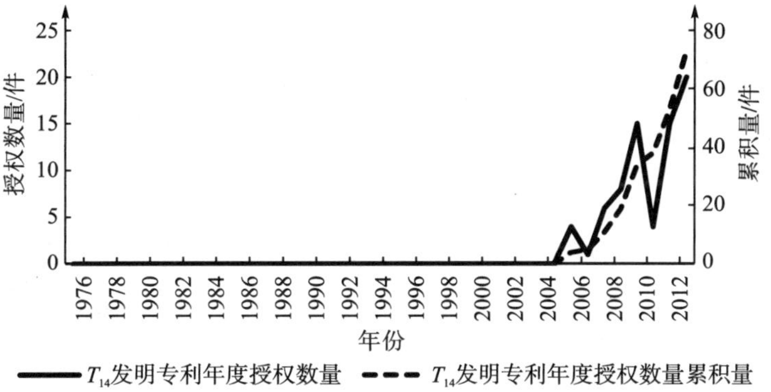

图 12-9　T_{14} 专利年度授权数量及其累积量

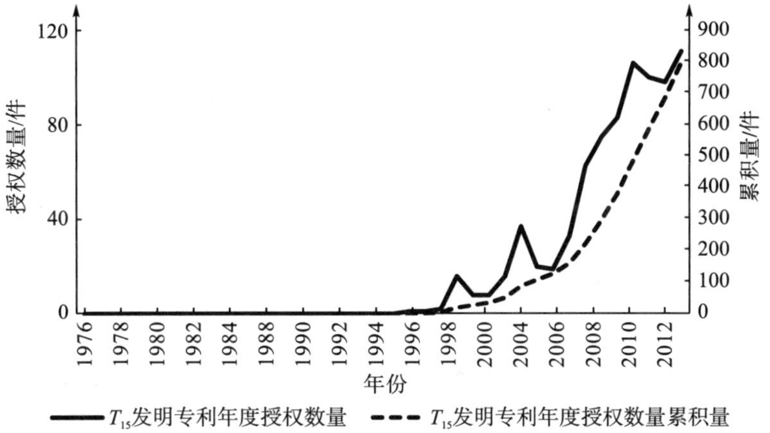

图 12-10　T_{15} 专利年度授权数量及其累积量

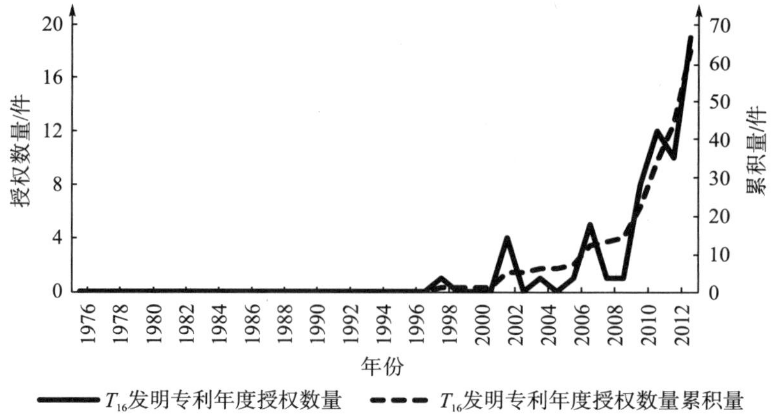

图 12-11　T_{16}专利年度授权数量及其累积量

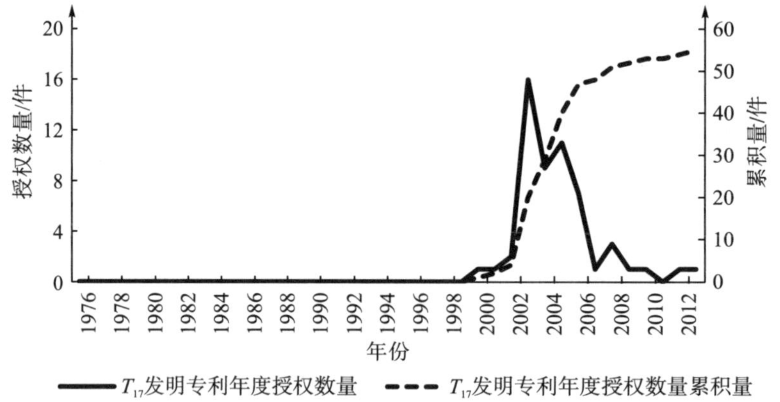

图 12-12　T_{17}专利年度授权数量及其累积量

初步观察来看，T_{11}和T_{15}这两个技术类别在T_1内的规模较大，出现得也较早，自诞生以来，均保持了比较稳定的增长趋势，处于良好的成长状态。而T_{13}、T_{14}和T_{16}出现的时间则相对较晚(尤其是T_{14}-2006年才开始出现第一条授权专利)，其中T_{13}的增长趋势一直比较稳定，而T_{14}和T_{16}近几年的专利数量虽持明显增长，但增长趋势并不稳定。T_{12}自出现以来始终处于波动状态，发展态势极不平稳，而T_{17}则看似正好经历了一个2000～2012年的完整生命周期，未来是否会开启新一轮的发展还未可知。

2) T_1内新兴技术识别

T_{11}～T_{17}在新旧程度、技术活跃度、专利质量和发展潜力以及与科学研究间的联系等维度上的指标值如表12-4和表12-5所示。

表 12-4 T_{11}～T_{17} 相关指标值

技术领域	专利数量	专利数量占比/%	授权时间	权利要求项数	非专利参考文献量
T_1	3944	100	2009/12/29	19.69	20.67
T_{11}	2566	65.06	2009/10/27	19.22	18.44
T_{12}	80	2.03	2002/7/23	18.03	10.15
T_{13}	200	5.07	2011/1/18	19.85	27.58
T_{14}	73	1.85	2011/9/6	17.47	14.73
T_{15}	797	20.21	2010/3/30	21.01	24.75
T_{16}	63	1.60	2011/9/6	20.13	21.79
T_{17}	55	1.39	2004/11/16	31.40	40.07

表 12-5 T_{11}～T_{17} 技术活跃度

技术领域	技术活跃度						是否符合判定条件
	分量指标	2009	2010	2011	2012	2013	
T_{11}	专利数量年增长率/%	18.72	45.50	−1.55	−10.69	11.97	
	与目标技术总体增长水平之差/%	−1.97	2.64	4.65	−9.63	−3.55	
	技术生长率/%	25.00	30.91	25.94	21.29	21.71	
	最近一年的专利增长水平/%			12.39			
T_{12}	专利数量年增长率/%	200.00	0.00	−100.00	*	−20.00	
	与目标技术总体增长水平之差/%	179.31	−42.86	−93.80	*	−35.52	
	技术生长率/%	33.33	30.00	0.00	41.67	26.67	
	最近一年的专利增长水平/%			5.00			
T_{13}	专利数量年增长率/%	40.00	135.71	−18.18	37.04	2.70	
	与目标技术总体增长水平之差/%	19.31	92.86	−11.98	38.10	−12.81	
	技术生长率/%	29.17	45.83	29.67	30.58	25.50	
	最近一年的专利增长水平/%			19.00			
T_{14}	专利数量年增长率/%	33.33	87.50	−73.33	275.00	33.33	
	与目标技术总体增长水平之差/%	12.64	44.64	−67.13	276.07	17.82	
	技术生长率/%	42.11	44.12	11.76	31.25	32.26	是
	最近一年的专利增长水平/%			27.40			是
T_{15}	专利数量年增长率/%	10.67	27.71	−5.66	−2.00	13.27	
	与目标技术总体增长水平之差/%	−10.02	−15.15	0.54	−0.93	−2.25	
	技术生长率/%	30.40	29.44	23.42	21.21	22.29	
	最近一年的专利增长水平/%			13.93			
T_{16}	专利数量年增长率/%	0.00	700.00	50.00	−16.67	90.00	

续表

技术领域	技术活跃度						是否符合判定条件
	分量指标	2009	2010	2011	2012	2013	
	与目标技术总体增长水平之差/%	-20.69	657.14	56.20	-15.60	74.48	
	技术生长率/%	12.50	50.00	44.44	31.25	38.00	是
	最近一年的专利增长水平/%			30.16			是
T_{17}	专利数量年增长率/%	-66.67	0.00	-100.00	*	0.00	
	与目标技术总体增长水平之差/%	-87.36	-42.86	-93.80	*	-15.52	
	技术生长率/%	4.35	7.69	0.00	16.67	15.57	
	最近一年的专利增长水平/%			1.82			

注：*是因为上一年专利数量为0，所以当年专利增长率无法计算

由表12-4和表12-5可以看出，T_{16}在各个维度上都符合新兴技术的重要特征。首先，其授权时间晚，为2011年9月6日，表明其是一项相当新的技术；其次，在技术活跃度方面，不仅技术生长率出现了近两年来的递增趋势，且最近一年的专利增长水平还高达30.16%，展现出蓬勃的生命力；第三，权利要求项数和非专利参考文献量均高于T_1的平均水平，显现出未来广阔的发展空间及与科学研究间的紧密联系。由此，可以认为T_{16}也应为新兴技术，且属于纳米技术领域内的Ⅰ类新兴技术。

此外，T_{14}的授权时间与T_{16}一样，也为2011年9月6日，且其当前的技术发展也很活跃——除了技术生长率在近三年呈现出明显的递增趋势外，最近一年的专利增长水平也达到27.40%，说明T_{14}也是一项新近出现的、正在蓬勃发展的技术。但美中不足的是，T_{14}的权利要求项数和非专利参考文献量均不高，均明显低于T_1的平均水平，因此其未来的发展潜力还有待考察。但鉴于其技术当前良好的成长状态，本书考虑依然将其纳入纳米领域内Ⅰ类新兴技术的范围。

12.3.3　纳米技术领域新兴技术识别——层次III

由表12-4可知，T_{11}作为T_1内规模最大的技术类别，共拥有专利2566项，在T_1内占比高达65.06%，而在所有纳米技术总体中占比高达39.65%。另外，从授权时间和其发展趋势来看，该技术依然是一项比较年轻的技术，目前正处于良好的成长期。因此，本书将继续对T_{11}展开聚类和判定分析，试图探索其内部可能包含的其他新兴技术。

1) T_{11}内专利聚类分析

根据T_{11}内所有专利间的耦合强度，即可构建2566条专利间的规范化耦合强度矩阵或相似矩阵$\boldsymbol{S}_2$，并由此对T_{11}内的各项专利展开聚类分析。通过Matlab软件的层次聚类法，并以类别内的专利总量大于T_{11}专利总量的1%为标准，共可提取出T_{11}内的10个技术类别T_{111}～T_{1110}，各类别近年来的专利年度授权数量及其累积量如图12-13～图12-22所示。

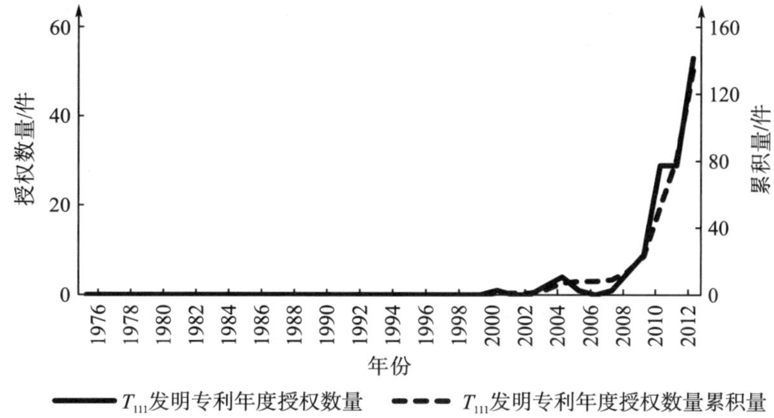

图 12-13　T_{111} 专利年度授权数量及其累积量

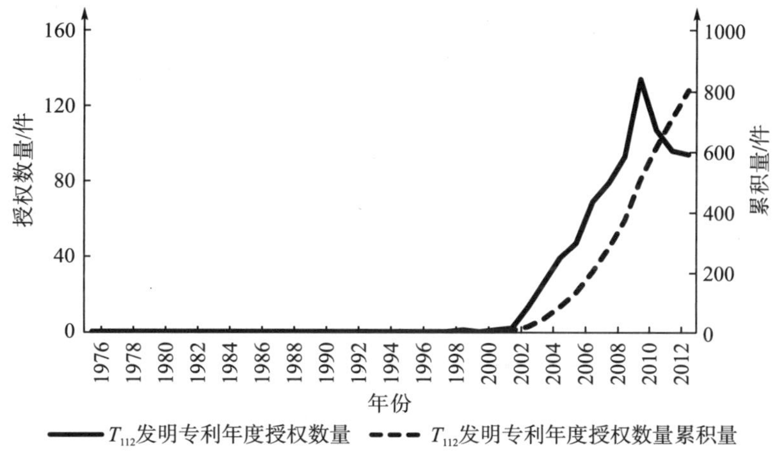

图 12-14　T_{112} 专利年度授权数量及其累积量

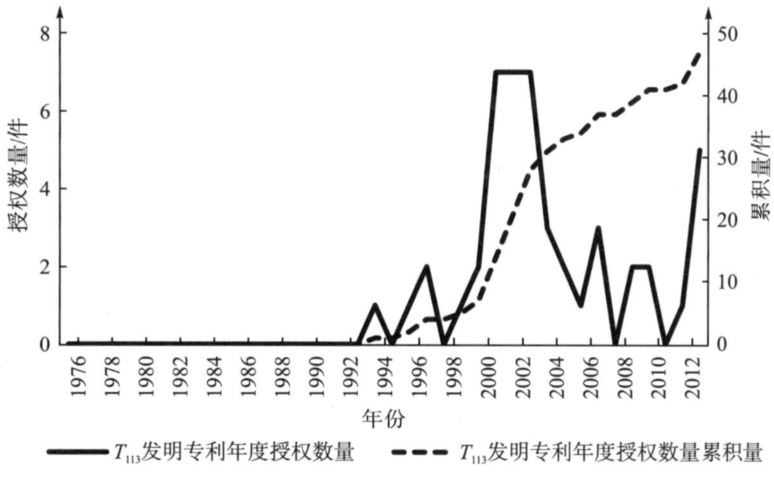

图 12-15　T_{113} 专利年度授权数量及其累积量

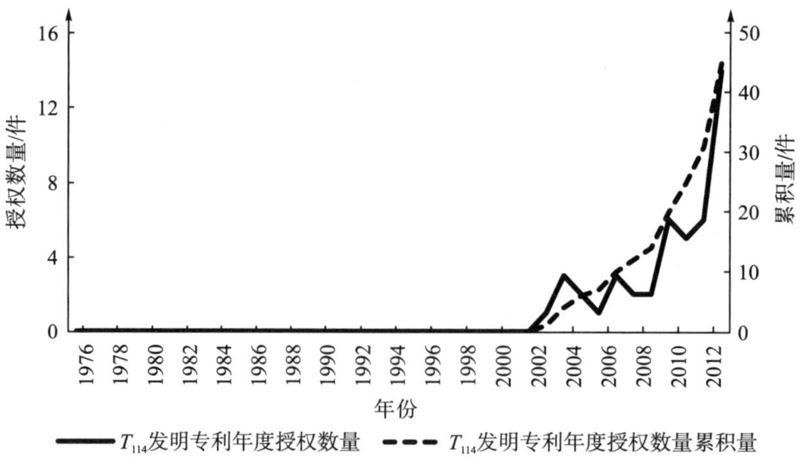

图 12-16　T_{114}专利年度授权数量及其累积量

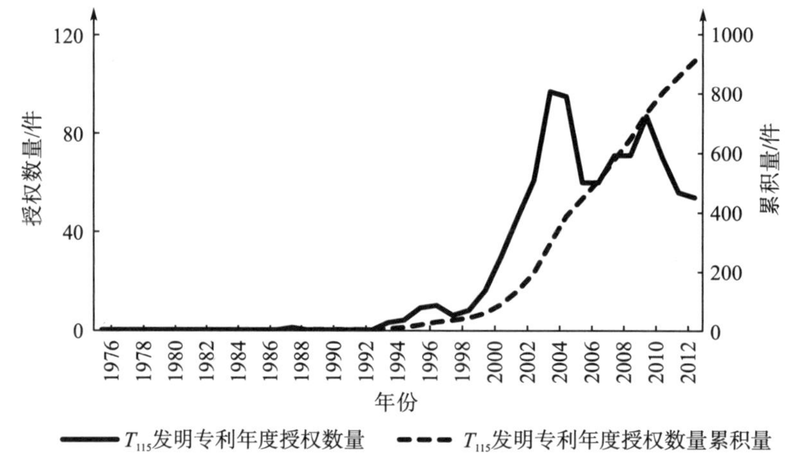

图 12-17　T_{115}专利年度授权数量及其累积量

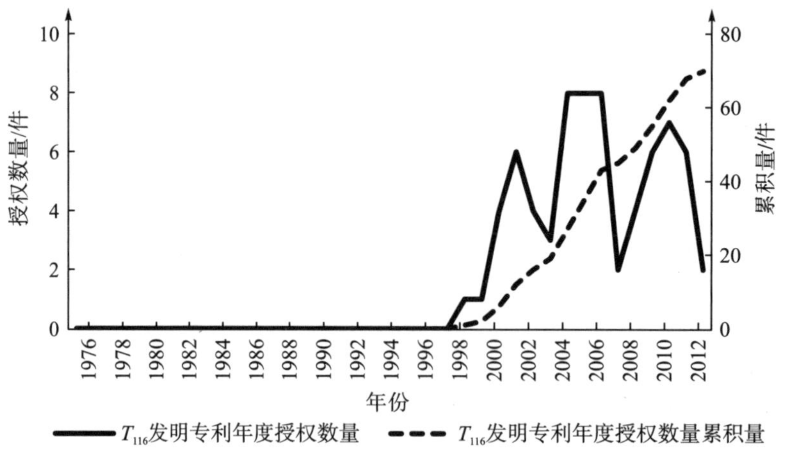

图 12-18　T_{116}专利年度授权数量及其累积量

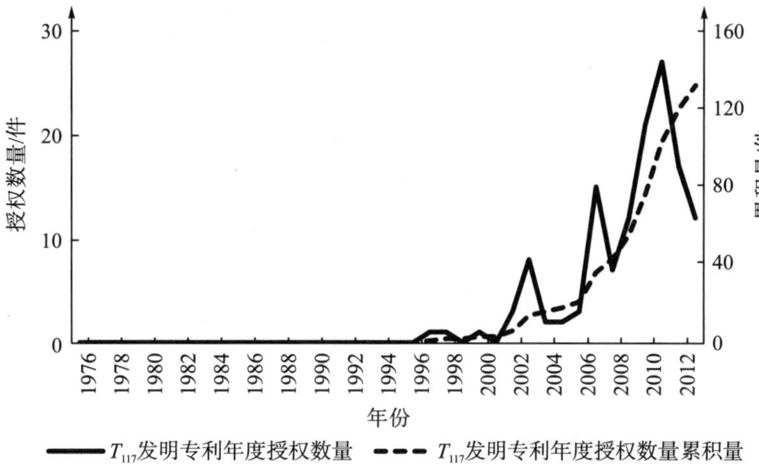

图 12-19　T_{117}专利年度授权数量及其累积量

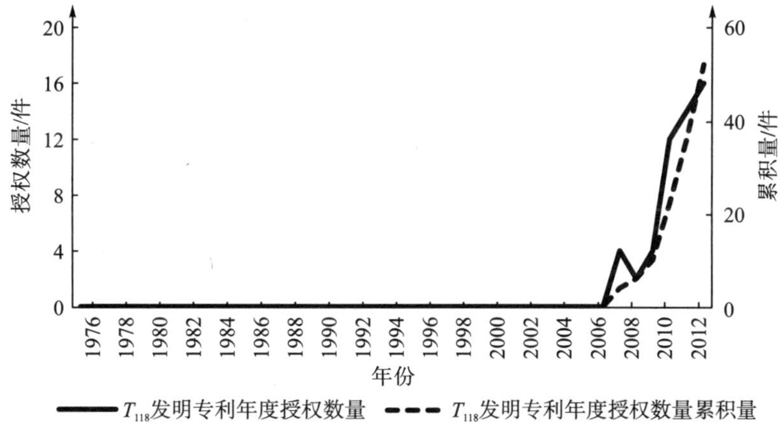

图 12-20　T_{118}专利年度授权数量及其累积量

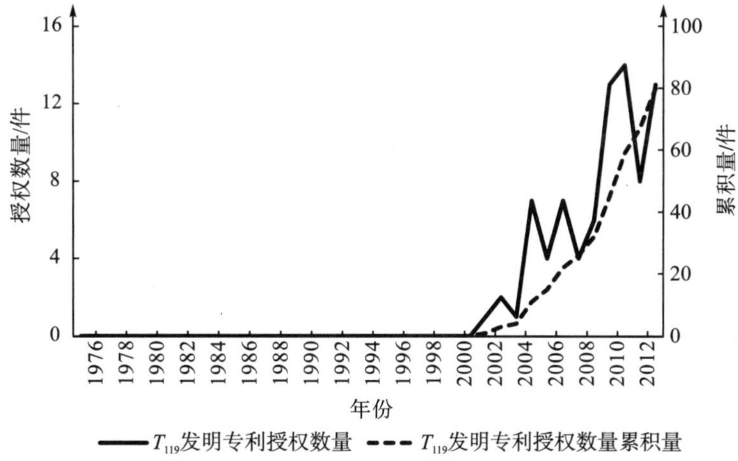

图 12-21　T_{119}专利年度授权数量及其累积量

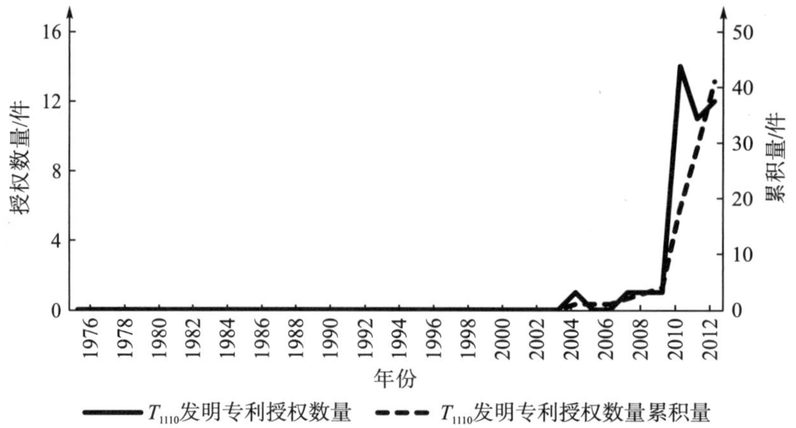

图 12-22　T_{1110}专利年度授权数量及其累积量

初步观察来看，T_{112}和T_{115}是T_{11}内两个规模最大的技术类别，它们出现的时间比较早，自诞生后均先保持了一段时间的稳步增长，但近年来似乎进入成熟期，专利数量呈现出下降趋势。T_{117}与T_{119}这两个技术类别的诞生时间也比较早，虽然总体显现出了增长态势，但是其发展状况始终不太稳定，处于连续波动中。T_{116}则可能刚经历完一轮发展周期，未来如何发展还不确定。而T_{113}虽然也经历了一个 1994～2009 年的一轮生命周期，但近几年似乎又进入了下一轮的发展。T_{111}、T_{114}、T_{118}和T_{1110}几个类别相对而言产生的时间相对较晚，且在近几年展现出迅猛发展的态势，很可能是我们所要寻找的新兴技术。

2) T_{11}内新兴技术识别

T_{111}～T_{1110}在新旧程度、技术活跃度、专利质量和发展潜力以及与科学研究间的联系等维度上的指标值如表 12-6～表 12-8 所示。

表 12-6　T_{111}～T_{1110}相关指标值

技术领域	专利数量/件	专利数量占比/%	授权时间	权利要求项数	非专利参考文献量
T_{11}	2566	65.06	2009/10/27	19.22	18.44
T_{111}	134	5.22	2012/9/7	17.35	10.23
T_{112}	801	31.22	2010/3/16	19.34	29.70
T_{113}	47	1.83	2003/7/1	21.70	12.96
T_{114}	45	1.75	2011/4/12	18.38	13.67
T_{115}	915	35.66	2007/2/27	20.60	13.86
T_{116}	70	2.73	2006/12/22	16.10	16.43
T_{117}	132	5.14	2010/7/20	18.33	18.08
T_{118}	52	2.03	2012/6/26	15.83	10.83
T_{119}	80	3.12	2010/8/6	15.48	18.26
T_{1110}	41	1.60	2012/3/27	17.17	8.44

表 12-7　T_{111}～T_{1110} 技术活跃度

技术领域	技术活跃度						是否符合判定条件
	分量指标	2009	2010	2011	2012	2013	
T_{111}	专利数量年增长率/%	400.00	80.00	222.22	0.00	82.76	
	与目标技术总体增长水平之差/%	381.28	34.50	223.77	10.69	70.79	是
	技术生长率/%	45.45	56.25	65.91	39.73	42.40	
	最近一年的专利增长水平/%			39.55			是
T_{112}	专利数量年增长率/%	17.72	44.09	−20.15	−10.28	−2.08	
	与目标技术总体增长水平之差/%	−1.00	−1.41	−18.60	0.41	−14.06	
	技术生长率/%	28.44	31.75	22.20	18.86	17.94	
	最近一年的专利增长水平/%			11.74			
T_{113}	专利数量年增长率/%	*	0.00	−100.00	*	400.00	
	与目标技术总体增长水平之差/%	*	−45.50	−98.45	*	388.03	
	技术生长率/%	25.00	25.00	0.00	20.00	50.00	是
	最近一年的专利增长水平/%			10.64			
T_{114}	专利数量年增长率/%	0.00	200.00	−16.67	20.00	133.33	
	与目标技术总体增长水平之差/%	−18.72	154.50	−15.12	30.69	121.36	
	技术生长率/%	20.00	42.86	27.78	28.57	42.42	是
	最近一年的专利增长水平/%			31.11			是
T_{115}	专利数量年增长率/%	0.00	22.54	−19.54	−20.00	−3.57	
	与目标技术总体增长水平之差/%	−18.72	−22.96	−17.99	−9.31	−15.54	
	技术生长率/%	19.89	24.93	19.50	15.77	15.98	
	最近一年的专利增长水平/%			5.90			
T_{116}	专利数量年增长率/%	100.00	50.00	16.67	−14.29	−66.67	
	与目标技术总体增长水平之差/%	81.28	4.50	18.21	−3.59	−78.64	
	技术生长率/%	13.33	21.43	25.93	24.00	8.00	
	最近一年的专利增长水平/%			2.86			
T_{117}	专利数量年增长率/%	71.43	75.00	28.57	−37.04	−29.41	
	与目标技术总体增长水平之差/%	52.71	29.50	30.12	−26.35	−41.38	

续表

技术领域	技术活跃度						是否符合判定条件
	分量指标	2009	2010	2011	2012	2013	
	技术生长率/%	30.77	36.21	32.93	20.24	13.48	
	最近一年的专利/%增长水平			9.09			
T_{118}	专利数量年增长率/%	-50.00	100.00	200.00	16.67	14.29	
	与目标技术总体增长水平之差/%	-68.72	54.50	201.55	27.36	2.31	是
	技术生长率/%	33.33	40.00	54.55	38.89	33.33	
	最近一年的专利增长水平/%			30.77			是
T_{119}	专利数量年增长率/%	50.00	116.67	7.69	-42.86	62.50	
	与目标技术总体增长水平之差/%	31.28	71.17	9.24	-32.17	50.53	
	技术生长率/%	21.43	38.24	31.82	17.78	24.07	
	最近一年的专利增长水平/%			16.25			
T_{1110}	专利数量年增长率/%	0.00	0.00	1300.00	-21.43	9.09	
	与目标技术总体增长水平之差/%	-18.72	-45.50	1301.55	-10.74	-2.88	
	技术生长率/%	33.33	33.33	82.35	39.29	30.77	
	最近一年的专利增长水平/%			29.27			是

注：*是因为上一年专利数量为0，所以当年专利增长率无法计算

由表 12-6 和表 12-7 可知，T_{111}、T_{114}、T_{118} 和这 T_{1110} 几个类别均为新近刚刚出现的新技术(其授权时间均较晚，除 T_{114} 的授权时间在 2011 年以外，其余几个的授权时间均在 2012 年)，且当前的技术发展状态十分活跃。首先，从总体来看，这几个类别最近一年的专利增长水平均近似达到 30%甚至 30%以上，充分显现出其近期迅猛的增长态势；其次，从各技术类别分别来看，T_{118} 和 T_{111} 在 4～5 年的时间里增长速度始终高于 T_{11} 的总体增长水平，而 T_{114} 的技术生长率则是在五年的时间段上保持了相对较高的递增趋势。由此说明这几个技术类别均为新近出现且正蓬勃发展的技术。但遗憾的是这几个类别的权利要求项数和非参考文献量均不高，都低于 T_{11} 的总体平均水平。但鉴于这几项技术当前的强劲发展状态，本书研究在此也将其归入纳米领域 I 类新兴技术的范围。

此外，需要关注的是 T_{113} 情况。该类别出现的时间较早，授权时间为 2003 年，不算新技术的范畴。但其技术生长率在近三年出现明显的逐年递增状态，说明该技术在当前非常活跃，生命力旺盛。此外，从权利要求项数来看，该技术的发展潜力也较大。因此，需结合该技术类别的 S 曲线进行综合判断。由图 12-15 的 T_{113} 发明专利年度授权数量累积量曲线可知，T_{113} 在经历了 1994～2009 年的一轮生命周期后，似乎又进入了下一轮的发展。所以，综合来看，T_{113} 在原有技术的基础上又掀起了新的技术热潮，应属于纳米领域的 II

类新兴技术。

12.4 纳米技术领域新兴技术主题辨识

从未知技术领域的样本中识别出纳米新兴技术的领域之后，需进一步确认其技术主题。由前一部分分析可知，本章研究共识别出了 9 项纳米领域的新兴技术，其中 7 项为 I 类新兴技术，分别为 T_4、T_{14}、T_{16}、T_{111}、T_{114}、T_{118} 和 T_{1110}；另两项为 II 类新兴技术，具体为 T_3 和 T_{113}。通过对这几项新兴技术中专利的题名和摘要信息进行自然语言处理，本节提取出了各项技术中可能的技术术语，进而结合各术语的出现频率和技术背景等信息，综合判断出这几项新兴技术的主题词如表 12-8 所示。

表 12-8　各纳米新兴技术的技术主题词

新兴技术类型	新兴技术	主题词
I 类新兴技术	T_4	magnetic memory（磁存储器），magnetic domain wall（磁畴壁），random access memory（随机存取存储器），magnetic tunnel junction（磁隧道结），storage device（存储设备）
	T_{14}	carbon nanotube（碳纳米管），Sing-walled（单壁），Transistor（晶体管），Sensor（传感器），nano graphene platelets（纳米石墨烯片晶）
	T_{16}	Nanopore（纳米孔），Micropore（微孔），Nanotube（纳米管），Nanofiber（纳米纤维）
	T_{111}	carbon nanotube film（碳纳米管薄膜），carbon nanotube wire（碳纳米管线），carbon nanotube yarn（碳纳米管线），carbon nanotube polymer composite（碳纳米管聚合物基复合材料），carbon nanotube composite material（碳纳米管复合材料）
	T_{114}	Nanotube（纳米管），carbon nanotubes（碳纳米管），Separation（分离），purification（提纯），Manufacturing（制造），Synthesis（合成）
	T_{118}	nanowire circuit（纳米线电路），nanowire mesh（纳米线网），nanowire channel（纳米线通道），nanowire sensor（纳米线传感器），nanowire field effect transistors（纳米线场效应晶体管）
	T_{1110}	photovoltaic device（光伏器件），solar cell（太阳能电池），optoelectronic device（光电器件），light emitting device（发光器件），Nanowire（纳米线）
II 类新兴技术	T_3	Microparticle（微粒），Nanoparticle（纳米粒子），cancer cell （癌细胞），drug delivery system（给药系统），diagnostic imaging（影像诊断），pharmaceutical agents（药物制剂）
	T_{113}	single electron（单电子），tunneling device（隧道器件），memory device（存储设备），electronic devices（电子器件），Transistor（晶体管）

注：新兴技术关键词汇系来自美国专利局（USPTO）数据，括号内为中文翻译。

由此可知，T_4 主要与磁存储有关，是一项利用磁畴壁和磁隧道等存储信息的新技术；T_{14} 则聚焦于单壁碳纳米管在晶体管和传感器上的应用；T_{16} 主要与纳米孔有关；T_{111} 涉及的则是碳纳米管线、碳纳米薄膜和碳纳米管复合材料等新型材料的生产和制造等内容；T_{114} 集中解决纳米管和碳纳米管的分离、提纯、合成和制造等问题；T_{118} 主要涉及纳米线在电子领域的各种应用，包括纳米线电路、纳米线传感器和纳米线场效应晶体管等；T_{1110} 关心的则是纳米线在光电领域的应用，如太阳能电池和光伏器件等；T_3 聚焦于纳米颗粒在生物和制药等领域，尤其是在靶向给药等方面的应用；T_{113} 则与单电子在存储器和晶体管等方面的应用有关。

12.5 本章小结

本章研究工作首先针对当前探索型新兴技术识别研究中的不足，建立了一个新的探索型新兴技术辨识框架，具体包括收集样本专利、计算专利间的耦合强度、聚类分析、建立新兴技术识别指标体系并判断各子技术领域在该指标体系中的综合表现以及自然语言处理等步骤，以实现直接从目标技术领域的专利文献识别出新兴技术及其技术主题的目标。

该框架的创新点主要包括两个方面。第一，以专利间的耦合关系，而非目前常用的共引关系、共词关系或直接引用关系为基础，对目标技术领域的专利文献展开聚类分析，从而更清晰地展现专利间的内部结构，为新兴技术的捕捉提供更好的技术分类基础。第二，完善了新兴技术识别和判定的指标体系。为全面考察一项技术是否完全体现出了新兴技术的“新”“兴”、发展潜力巨大及与科学间的联系紧密等典型特征，本章构建了一个包括技术的新旧程度、技术活跃度、专利质量以及与科学的联系程度等方面的多维度评价体系。尤其是在技术活跃度方面，鉴于各项技术具体发展情况的差异，本章还分别从专利数量增长率、与目标技术总体增长水平之差、技术生长率和最近一年的专利增长水平四个角度来判别分析技术的当前状态，从而防止单指标所可能产生的遗漏现象。

其次，为验证该框架的实用性和有效性，本章对纳米技术领域展开了实证研究。本章以美国专利授权数据库为数据源，并以美国专利分类 CLASS 977 为检索条件，收集1976～2013 年所有获得授权的纳米发明专利，并以两两专利间的耦合强度为基础，分三个层次对纳米专利展开聚类分析，从而层层深入地识别出了 9 项纳米新兴技术，其中 7 项为 I 类新兴技术，而另两项则为 II 类新兴技术；借助自然语言处理过程，进一步识别出了各新兴技术的技术主题，具体包括磁存储，碳纳米线、碳纳米薄膜和碳纳米管复合材料等新型材料的生产和制造，纳米线在光电领域的应用，纳米颗粒在生物和制药领域的应用等前沿内容。

本章研究所构建的探索型新兴技术辨识框架具有较高程度的可行性和有效性，同时适用于识别 I 类新兴技术和 II 类新兴技术；所识别出的 9 项纳米新兴技术均为正在积极涌现、蓬勃发展的技术，展现了未来纳米技术的多个可能空间。以此类分析方法推演出的技术类型，便于政策部门和相关企业制定相关发展战略，开展技术研发和专利布局，以掌握未来发展的契机。

第十三章　判别型新兴技术比较分析——大陆-台湾新兴技术的比较研究

引言：如前所述，专利引文分析和社会网络分析相结合的方法既可以用于探索型新兴技术的辨识分析，也可以用于已知主题领域的新兴技术分析，以及相应的比较分析。从微观角度而言，借助专利间的引文关系便可构筑不同技术领域间的联系网络，该网络会随着时间进行演化并显现出各技术领域当前在网络中的地位及未来的发展趋势。本章是应用判别型新兴技术比较分析的一个例子，主要以中国大陆地区和台湾地区的新兴技术发展比较作为聚焦点，其研究过程实现了特定主题领域的新兴技术分析和特征比较，可以作为这类分析的一个参考。

13.1　中国大陆-台湾地区新兴技术比较的数据基础

本章研究参考 Cho 和 Shih(2011)对台湾地区新兴技术领域的专利技术比较结果，该研究借助 IPC 分类体系将整个技术领域划分为 129 个类别的基础上，以台湾地区 1997～2008 年于美国专利局获得授权的发明专利及其专利引文为样本，通过专利引文网络成功识别出了台湾当前的核心技术及具有重大发展潜力的新兴技术，为台湾未来的技术发展导向提供了重要参考。

本章研究相应地应用IPC分类体系，将中国大陆地区整个技术领域划分为129个类别，进而借助专利引文网络对这些技术类别的现状和未来发展潜力展开评价，识别出其中的核心技术与重要新兴技术领域，并结合 Cho 和 Shih(2011)针对台湾地区的分析结果展开两岸的对比，为两岸未来科技发展战略及相关政策的制定和实施提供相关参考。

在分析之前，还需要明确一下核心技术的相关定义与意义。从国家(地区)层次而言，核心技术是指在国(或地区)与国(或地区)之间对抗和博弈过程中所发挥关键和决定性作用的重要技术，该类技术往往代表一个国家(或地区)尖端的技术水平，且对于其他技术的开发、衍生和应用等方面而言是不可或缺的基础技术。由新兴技术的定义可知，新兴技术显现的则是一国(或地区)未来的发展契机和可能的变化趋势，是发展中国家(或地区)实现经济赶超战略的重要因素(Perez and Soete，1988)。因此，将这两类技术联合起来考虑是十分必要的。通过对比两岸的核心技术与新兴技术，不仅能明确两岸当前各自的技术竞争优势，更能探寻到两岸未来的战略合作空间，从而促进经济的跨越式发展。

13.2 基于专利引文网络的核心及新兴技术识别

13.2.1 数据选取及专利技术发展状态分析

为清晰地构建专利引文网络，首先需将所有样本专利(相关发明专利及其专利引文)划分至相应的技术领域。在此，IPC 分类体系成为一个重要参考依据。该体系由部、大/小类和大/小组五级构成，从 1968 年生效至今，已修订至第八版，分为 8 个部、129 个大类(表 13-1)。由于“部”的技术主题太过宽泛，因此选择保留样本专利所属的大类信息，即其 IPC 号的前三位，作为其相应的技术领域代码。

表 13-1　第八版 IPC——8 个部和 129 个大类

部	大类
A	A01 A21 A22 A23 A24 A41 A42 A43 A44 A45 A46 A47 A61 A62 A63 A99
B	B01 B02 B03 B04 B05 B06 B07 B08 B09 B21 B22 B23 B24 B25 B26 B27 B28 B29 B30 B31 B32 B41 B42 B43 B44 B60 B61 B62 B63 B64 B65 B66 B67 B68 B81 B82 B99
C	C01 C02 C03 C04 C05 C06 C07 C08 C09 C10 C11 C12 C13 C14 C21 C22 C23 C25 C30 C40 C99
D	D01 D02 D03 D04 D05 D06 D07 D21 D99
E	E01 E02 E03 E04 E05 E06 E21 E99
F	F01 F02 F03 F04 F15 F16 F17 F21 F22 F23 F24 F25 F26 F27 F28 F41 F42 F99
G	G01 G02 G03 G04 G05 G06 G07 G08 G09 G10 G11 G12 G21 G99
H	H01 H02 H03 H04 H05 H99

此处选用美国专利数据库作为数据源——一方面可获得授权专利完整的引文信息，另一方面鉴于美国引领世界的科技创新能力和高度开放性，其他国家(地区)在其获得的专利授权可被视为该国(地区)技术创新成果的典型代表，本节并以发明人所属国度或所有权人所属国度为 CN 的检索条件，共收集到 1976～2012 年中国大陆于美国专利局获得授权的所有 15266 件专利，其中发明专利 12873 件。鉴于发明专利的创新性，在此仅选取发明专利为分析对象。

如图 13-1 所示，中国大陆于 1979 年在美国专利局获得第一项发明专利授权，且在此后 20 年间仅呈缓慢增长。直至 2000 年，大陆在美获得授权的年度发明专利首次突破 100 项，并以 36.04%的年平均增长率保持强劲增长至今。因此，为充分反映近年来大陆的技术发展状况并与 Cho 和 Shih(2011)针对台湾的分析结果展开对比，本节进一步选取 2000～2012 年，大陆于美国专利局获得授权的 12243 件发明专利及其 86085 项专利引文(包括前引和后引)作为分析样本。

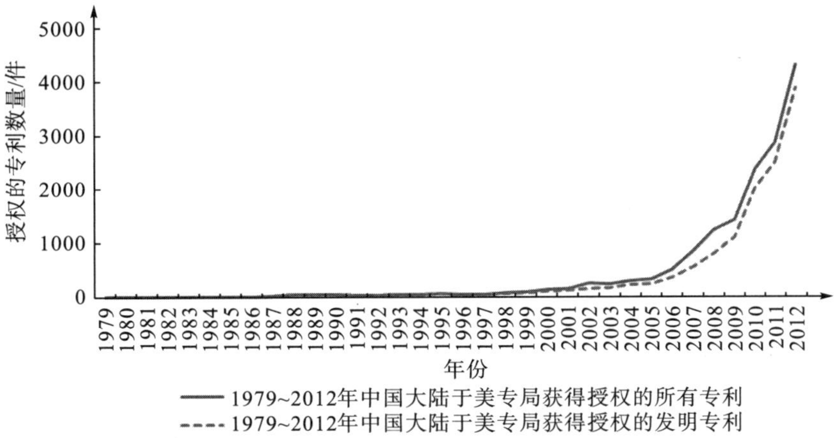

图 13-1　1979～2012 年中国大陆于美国专利局获得授权的专利

13.2.2　描述性统计分析

中国大陆发明专利所属前 20 个技术领域如表 13-2 所示，其包含了大陆所有发明专利的 80.14%。其中，H04（电通信技术）排名第一，占比 14.72%，H01（基本电气元件）、G06（计算技术）等领域紧随其后，前三项共占比 37.42%，前五大技术领域占比总和（50.37%）已经超过 50%，充分反映了大陆 2000～2012 年技术研发资源的主要流向。

对比发现，台湾发明专利所属的前 20 个技术领域中有 15 个与大陆相同，且前五大领域中竟有四项与大陆一致，只是排名有所差异。这似乎表明两岸在技术研发上总体处于“竞争”态势，而非“互补”。两者的不同之处主要在于大陆的技术领域分布更为均衡，而台湾相对集中。如台湾排名第一的 H01 占比高达 38.19%，甚至高于大陆排名前三位的 H04、H01 和 G06 的占比之和。

表 13-2　发明专利所属技术领域前 20 名

排名	大陆地区			台湾地区		
	技术领域	发明专利数	所占比例%	技术领域	发明专利数	所占比例%
1	H04	1802	14.72	H01	16289	38.19
2	H01	1492	12.19	G06	3073	7.21
3	G06	1287	10.51	H04	1896	4.45
4	H05	950	7.76	G11	1736	4.07
5	A61	636	5.19	H05	1620	3.80
6	G01	517	4.22	G02	1577	3.70
7	H02	378	3.09	H03	1527	3.58
8	F21	367	3.00	G01	1415	3.32
9	A47	312	2.55	H02	1139	2.67
10	G02	303	2.47	G09	898	2.11
11	C07	284	2.32	G03	876	2.05
12	H03	236	1.93	A47	686	1.61

续表

排名	大陆地区			台湾地区		
	技术领域	发明专利数	所占比例%	技术领域	发明专利数	所占比例%
13	B01	228	1.86	F21	586	1.37
14	F16	198	1.62	F16	578	1.36
15	E05	182	1.49	G05	482	1.13
16	G09	137	1.12	B65	478	1.12
17	G05	132	1.08	A63	425	1.00
18	B60	127	1.04	A61	377	0.88
19	A01	123	1.00	E05	350	0.82
20	B23	121	0.99	B25	345	0.81
小计		9812	80.14		36353	85.25
其他		2431	19.86		6297	14.75
总计		12243	100.00		42650	100.00

注：台湾数据来源：Cho 和 Shih（2011）。

13.2.3　专利引文网络分析

在确定样本专利的技术领域后，便可借助专利间的引用关系构建各技术领域间的引用网络，进而识别出具有核心地位或重大发展潜力的重要领域。

大陆发明专利及其专利引文中，排名前 20 位的被引技术领域和施引技术领域分别如表 13-3～表 13-5 所示。结合表 13-3～表 13-5，可见 H01、H04、G06、H05 和 A61 同为大陆被引和施引的前五大领域（只是排名略有差异），形成了近年来大陆技术研发中知识流动的最活跃地带。

与发明专利情况类似，台湾主要的被引和施引领域多与大陆相同，且知识流动最活跃的前五大领域也与大陆基本一致，但其分布仍更为集中。如台湾被引及施引第一领域 H01 的占比远高于大陆被引第一领域 H01 和施引第一领域 G06 的占比；且台湾更集中于领域 G（物理）和领域 H（电学）。

表 13-3　被引技术领域前 20 名

排名	大陆			台湾		
	技术领域	被引次数	所占比例/%	技术领域	被引次数	所占比例/%
1	H01	9670	11.23	H01	129528	45.82
2	H04	8500	9.87	G06	20389	7.21
3	G06	8028	9.33	H05	12843	4.54
4	H05	7588	8.81	H04	12640	4.47
5	A61	4761	5.53	G11	12560	4.44
6	G01	4565	5.30	H03	8531	3.02
7	H02	3595	4.18	G02	8209	2.90
8	A47	2652	3.08	G01	6586	2.33
9	B01	2029	2.36	H02	6332	2.24
10	F21	1903	2.21	G03	5631	1.99

续表

排名	大陆			台湾		
	技术领域	被引次数	所占比例/%	技术领域	被引次数	所占比例/%
11	F16	1766	2.05	G09	4993	1.77
12	G02	1727	2.01	A47	4026	1.42
13	E05	1707	1.98	G05	3049	1.08
14	C07	1383	1.61	A63	2534	0.90
15	H03	1353	1.57	B65	2370	0.84
16	B60	1189	1.38	E05	2359	0.83
17	G09	1125	1.31	F16	2317	0.82
18	B23	1114	1.29	B25	2244	0.79
19	B65	1096	1.27	B24	2201	0.78
20	F28	977	1.13	F21	2153	0.76
小计		66728	77.51		251495	88.96
其他		19357	22.49		31219	11.04
总计		86085	100.00		282714	100.00

注：台湾数据来源：Cho 和 Shih (2011)。

表 13-4 施引技术领域前 20 名

排名	大陆			台湾		
	技术领域	施引次数	所占比例/%	技术领域	施引次数	所占比例/%
1	G06	9536	11.08	H01	16289	45.68
2	H01	8832	10.26	G06	22440	7.94
3	H04	8694	10.10	G11	13372	4.73
4	H05	8631	10.03	H04	12989	4.59
5	A61	4873	5.66	H05	12027	4.25
6	G01	4418	5.13	H03	8212	2.90
7	H02	3786	4.40	G02	7904	2.80
8	A47	2752	3.20	G01	7637	2.70
9	B01	2335	2.71	H02	6264	2.22
10	F21	1918	2.23	G09	5233	1.85
11	E05	1727	2.01	G03	4407	1.56
12	F16	1504	1.75	A47	4153	1.47
13	C07	1483	1.72	G05	3020	1.07
14	G02	1297	1.51	A63	2650	0.94
15	H03	1282	1.49	F21	2585	0.91
16	B60	1223	1.42	E05	2412	0.85
17	B23	1197	1.39	B24	2196	0.78
18	A01	1019	1.18	F16	2183	0.77
19	A63	904	1.05	B65	2128	0.75
20	B65	904	1.05	B25	2113	0.75
小计		68315	79.36		253080	89.52
其他		17770	20.64		29634	10.48
总计		86085	100.00		282714	100.00

注：台湾数据来源：Cho 和 Shih (2011)。

表 13-5　专利引文网络中前 20 个重要技术领域相关指标值

大陆							台湾						
技术领域	点度中心度			结构洞			技术领域	点度中心度			结构洞		
	点出度	点入度	求和	有效规模	效率	网络约束系数		点出度	点入度	求和	有效规模	效率	网络约束系数
H01	74	85	159	68.678	0.731	0.045	H01	87	99	186	13.533	0.127	0.998
G01	67	87	154	68.016	0.724	0.046	G01	74	85	159	18.638	0.192	0.956
A61	68	76	144	63.394	0.720	0.047	G06	67	79	146	10.741	0.128	0.990
H05	63	76	139	55.759	0.688	0.048	H05	68	74	142	12.460	0.148	0.979
A47	65	68	133	53.859	0.690	0.050	A47	69	70	139	13.127	0.160	0.948
F16	63	62	125	47.626	0.652	0.052	B65	73	65	138	14.304	0.174	0.916
G06	55	69	124	51.898	0.674	0.050	F16	72	61	133	16.607	0.205	0.894
B01	62	61	123	47.285	0.666	0.051	A61	68	59	127	14.641	0.193	0.879
B65	58	62	120	47.581	0.661	0.052	B01	59	62	121	17.810	0.241	0.774
H02	44	61	105	40.359	0.602	0.056	G02	61	59	120	13.321	0.182	0.979
B23	50	54	104	36.201	0.593	0.055	H02	55	64	119	13.475	0.185	0.969
A01	45	54	99	42.521	0.635	0.053	G03	57	61	118	12.653	0.178	0.956
B32	58	40	98	39.807	0.632	0.054	B23	51	67	118	19.454	0.256	0.843
B05	53	42	95	38.473	0.611	0.055	B32	61	54	115	18.888	0.270	0.636
B60	44	50	94	31.348	0.560	0.060	B05	59	54	113	16.424	0.235	0.791
H04	39	54	93	36.456	0.598	0.057	B60	51	53	104	13.353	0.209	0.889
21	39	53	92	33.406	0.566	0.058	G05	54	47	101	12.608	0.200	0.940
B29	43	42	85	33.602	0.600	0.057	B25	51	49	100	10.610	0.177	0.944
A63	39	41	80	26.519	0.530	0.062	C23	56	42	98	19.052	0.293	0.740
G02	37	42	79	27.513	0.519	0.061	F21	49	49	98	13.707	0.218	0.935

注：台湾数据来源：Cho 和 Shih（2011）。

13.3　中国大陆与台湾典型技术领域专利引文网络分析比较

根据大陆发明专利及其专利引文的技术领域，即可得到 129 个技术领域间的原始引用矩阵。进而以 1 为阈值，将该原始引用矩阵转化为二值矩阵——若两技术领域间的原始引用值大于或等于 1，则将该值转化为 1，否则记为 0。由此，利用 UCINET 软件便可构建大陆各技术领域间的引文网络如图 13-2（见本书彩图图版）所示。其中，节点表示 129 个技术领域，节点间连线的方向指明了领域间的引用与被引用关系。该网络的出度中心势为 40.63%，入度中心势为 50.78%，虽然同比小于台湾的 48.87%和 58.32%（台湾的专利引文网络如图 13-3（见本书彩图图版）所示），但依然表明该网络的集中度较高，因此本书也仅据点度中心度选取该网络中的前 20 个重要技术领域展开讨论。

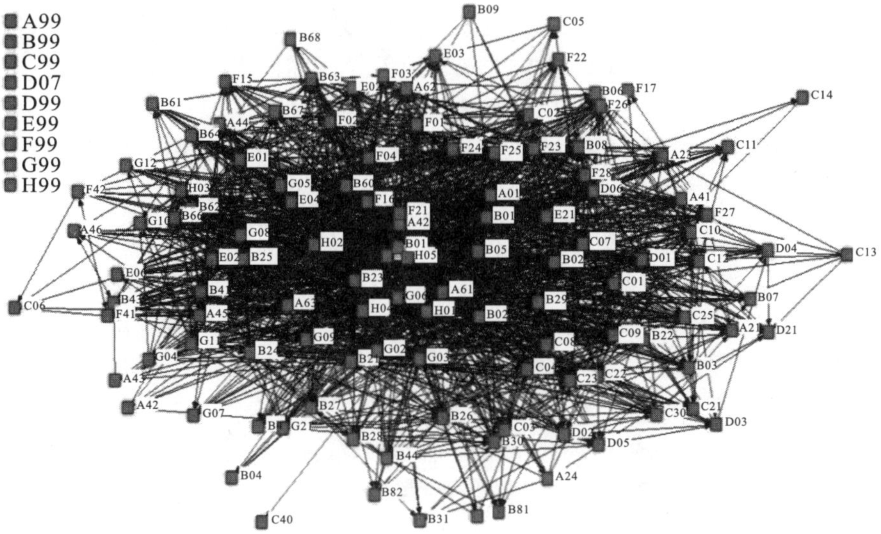

图 13-2　大陆专利引文网络

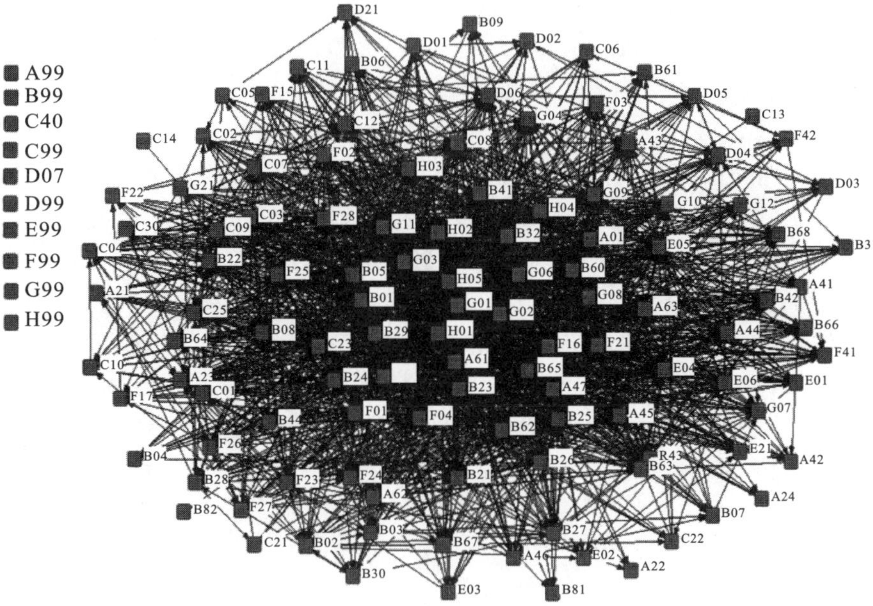

图 13-3　台湾专利引文网络

13.4　两地核心技术领域比较

13.4.1　核心技术领域分析

综合各技术领域的点出度和点入度来看，H01、G01（测量；测试）、A61、H05 和 A47（家具；家庭用的物品或设备等）等领域在大陆专利引文网络中拥有核心战略地位，对其他技术领域产生重大影响。而台湾的核心技术领域为 H01、G01、G06、H05 和 A47，与大陆高度重合——仅有 G06 这一个领域与大陆有所差异，这似乎进一步印证了两岸技术的竞争态势。

另外，将点出度和点入度相比较，大陆前 20 个重要技术领域中，除了 B32（层状产品）和 B05（一般喷射或雾化等）以外，其他技术领域的点出度都明显低于或近乎等于点入度。这说明，相比于向外部提供有价值的技术信息，这些技术领域反而更倾向于从外部不断搜寻和吸收新知识，即更多地表现为知识的流入。而台湾地区的多个重要技术领域如 B65（输送；包装；贮存等）、F16（工程元件或部件等）、A61、B32、B05、C23（对金属材料的镀覆等）和 G05（控制；调节）等则更多地表现为知识的流出，即能更多地支持其他技术领域的创新。

如前文所述，一个技术领域跨越的结构洞越多，就越显现出新兴技术的典型特征。而据表 13-5 的结构洞测算结果，大陆专利引文网络的前 20 个重要技术领域中，最具结构洞数量优势的 5 个领域依然是 H01、G01、A61、H05 和 A47[①]——这表明大陆的核心技术领域同时也为大陆当前最重要的新兴技术领域。相比，台湾最重要的新兴技术领域则是 B32、C23、B01（一般的物理或化学的方法或装置）、B05 和 B23（机床；不包含在其他类目中的金属加工），不仅与大陆的新兴技术完全不同，也与台湾自身的核心技术领域完全不同——台湾核心技术领域的结构洞数量优势在其 20 大技术领域中的排名较低，并显著小于其新兴技术领域的结构洞数量优势。

综合来看，两岸的核心技术领域虽高度重合，显现出“竞争态势”，但在发展阶段和未来发展潜力上存在明显差异。大陆的核心技术领域拥有更蓬勃的生命力和重大的技术创新潜力，应视为重要的新兴技术领域；而台湾的核心技术则发展更为成熟，且其他新兴技术领域也逐渐涌现。在分析技术层次上，上述差异很可能是由两岸专利引文网络的结构差异导致。大陆专利引文网络中，技术领域间的连接不够广泛，使得核心技术领域虽拥有较大的个体网规模，但其个体网的连通性较差，闭合性低，从而显现出较为宽泛的发展空间，这在一定程度上也说明大陆专利引文网络还不够成熟。相比之下，台湾地区各技术领域间的连接更频繁，核心技术领域的个体网络也更成熟，并可能催生出其他新兴技术领域。

13.4.2　描述性统计与专利引文网络分析结果比较

描述性统计主要用于反映各技术领域的数量特征，而网络分析则更强调从技术领域间的关系来反映各领域的网络地位和发展趋势。

由表 13-6，描述性统计分析发现大陆近年来技术研发资源的主要流向及知识交流最活跃的技术领域为 H04、H01、G06、H05 和 A61。而网络分析则另挖掘出了 G01 和 A47 这两个虽在描述性统计中不占明显数量优势，但在大陆专利引文网络中却拥有核心地位和结构洞数量优势的重要领域。相反，H04 和 G06 这两个在描述性统计分析中脱颖而出的技术领域却由于未能和其他领域形成有利的网络联系，在大陆专利引文网络中表现一般，尤其是 H04。这说明这两者虽从其自身而言表现优异，但对其他技术领域的影响有限，这也

① 据本文分析结果，即使在大陆所有 129 个技术领域中，这 5 个领域依然最具结构洞数量优势。

限制了其自身日后的发展。另外，描述性统计分析结果的比较并没有发现大陆和台湾的显著差异，但网络分析结果的比较却深刻地揭示了两岸的不同。

表 13-6　描述性统计与专利引文网络分析结果比较

方法		描述性统计		专利引文网络分析	
		发明专利数量统计（技术研发资源主要流向）	引文数量统计（知识交流最活跃领域）	点度中心度（核心技术领域）	结构洞（新兴技术领域）
大陆	1	H04	H01	H01	H01
	2	H01	H04	G01	G01
	3	G06	G06	A61	A61
	4	H05	H05	H05	H05
	5	A61	A61	A47	A47
台湾	1	H01	H01	H01	B32
	2	G06	G06	G01	B01
	3	H04	G11	G06	B05
	4	G11	H04	H05	C23
	5	H05	H05	A47	B23

注：台湾数据来源：Cho 和 Shih（2011）。

13.5　本章小结

本章以 IPC 体系为专利的技术领域划分依据，将大陆整个技术领域划分为 129 个技术类别，进而以 2000～2012 年中国大陆于美国专利局获得授权的发明专利及其专利引文为样本，借助专利引文网络分析方法识别出了大陆当前的核心技术及重要的新兴技术领域，并与 Cho 和 Shih 针对台湾的分析结果展开了对比，深刻地揭示了两岸的异同。这不仅弥补了国内目前未能利用专利间引文关系实施国家（地区）层次的核心技术与新兴技术识别的不足，更为寻找两岸未来的战略合作空间提供了新的研究视角。

本章的主要研究结论如下。①描述性统计分析与比较发现，H04、H01、H05 和 A61 等领域同为两岸当前的主要技术领域，显现出两岸在技术研发中的资源分配和知识交流上的高度重合。②专利引文网络分析与比较发现，当前两岸核心技术，竞争优势高度重合，都集中在 H01、G01、H05 和 A47 等领域，呈现出激烈的竞争态势。但在大陆方面，这些技术同时还拥有重大的技术创新潜力，因此也被视为当前最重要的新兴技术领域；而在台湾，这些核心技术已发展得更为成熟，且 B32、B01、B05、C23 和 B23 等其他新兴技术领域不断涌现，这都为两岸未来的战略竞争与合作提供了参考。

第十四章　新兴技术发展的重要发明人及其群体识别

引言：新兴技术发生发展的过程中，重要发明人的地位十分重要，是因为在技术发明出现的时候，首先是发明人个人的作用使之首次问世，不论该项技术是否成为后续发展的源头，甚至是否本身就是一种全“新”的技术，仍然是那些活跃的发明人个人组成的群体在发挥关键作用；其次，往往那些已经被证明是一种潜在的重要的新技术，其开发原理和关键过程是掌握在极少数发明人手中；这些重要发明人，特别是关键发明人(或者是单独一位，或者是一个精干的团队)，往往在某些重要的技术的开发活动中，处于“一夫当关，万夫莫开”的位置。因而，在新兴技术发展的辨识和分析活动中，十分重要的工作是要找到这样一些关键的技术把门人，发现其活动的规律，对相应的新兴技术的发展也同时具有了更深入的了解。

本章聚焦重要发明人的辨识和研究工作，仍旧以第十二章所观测的纳米技术为落脚点，其对重要发明人的识别和分析工作本身，具有一定的研究和参考借鉴意义。

14.1　新兴技术发展活动中重要发明人识别

在识别专题新兴技术(纳米技术)的研究工作基础上(参考书第十二章相关内容)，遵循重要发明人群体辨识框架和分析标准(参考第六章相关内容)，需要深入探索纳米新兴技术产生和发展过程中不同发明人群体，尤其是三类重要发明人群体及其行为特征。

本章研究首先根据各专利的发明人信息，一方面以完整计数法统计出各纳米新兴技术中各发明人的专利授权数量，以衡量发明人的专利产出；另一方面基于各授权专利在所有纳米专利集合中的耦合连接数，计算出各新兴技术中各发明人的专利耦合连接数，作为发明人专利质量的度量。进而以在专利产出和专利质量上高于或低于 2 倍均值为标准，划分出了各项新兴技术的不同发明人群体。但鉴于 I 类新兴技术和 II 类新兴技术的不同发展模式，以下将分类别探讨不同类型纳米新兴技术的重要发明人群体特征。

14.1.1　I 类纳米新兴技术的重要发明人群体识别

根据不同类型发明人群体的总发明人数量及其占比，本书研究从平均专利授权数等参数中获得不同发明人群体的具体特征，如表 14-1 所示。

表 14-1　各纳米 I 类新兴技术(部分)各类型发明人群体相关特征值

新兴技术	发明人类型	人数占比/%	平均专利授权数/件	平均专利耦合连接数	平均非专利参考文献量
T_4	关键发明人	3.45	6.83	92.65	14.76
	天才型发明人	4.02	2.29	119.67	29.57
	勤奋型发明人	13.22	6.65	25.25	3.93
	低效能发明人	79.31	1.57	27.27	5.32
	总体	100.00	2.45	32.97	6.44
T_{14}	关键发明人	0.56	4.00	145.00	13.00
	天才型发明人	11.73	1.19	122.33	67.62
	勤奋型发明人	5.03	3.89	37.52	12.96
	低效能发明人	82.68	1.10	33.34	9.53
	总体	100.00	1.27	44.62	16.53
T_{16}	关键发明人	2.03	3.33	251.06	20.69
	天才型发明人	9.46	1.07	187.89	28.86
	勤奋型发明人	4.05	3.17	19.88	21.21
	低效能发明人	84.46	1.17	36.18	22.64
	总体	100.00	1.28	54.23	23.13

虽然上述各项新兴技术的技术主题不同，在发明人总体数量上也有很大差异。如表 14-1 所示，仔细对比发现，相同类型的发明人群体在这些新兴技术中展现出了一些共性特征。①从发明人数量和占比上看，三类重要发明人群体在发明人总体中的规模并不大，三者加起来大致占总体的 20%左右。具体而言，关键发明人群体规模最小，而天才型发明人群体规模相对较大，在多项新兴技术中占到发明人总体 10%左右。②从平均非专利参考文献量来看，重要发明人群体与科学间的紧密程度明显高于低效能型发明人群体，尤其是天才型发明人群体，其在所有新兴技术中的平均非专利参考文献量皆明显高于该指标的总体均值，其次是关键发明人群体。由此说明这些重要发明人群体都倾向于与科学研究保持紧密联系，这与新兴技术与科学研究间具有密切联系的内涵也是一致的。

14.1.2　II 类纳米新兴技术的重要发明人群体识别

在第十二章所呈现的研究工作中识别出两项纳米 II 类新兴技术——T_3 和 T_{113}。但由于 T_{113} 的规模本来就小(总共只有 47 项专利)，且 2009 年进入新一轮发展周期后的专利总共也只有 9 项，样本量太小，可能导致分析结果的不准确，因此，本节研究仅针对 T_3 展开分析。

1) T_3 两阶段重要发明人群体识别

前文分析得知，T_3 在经历了 1985～2005 年的一轮成长周期后，2006 年又开始进入了新一轮的快速增长，属于在原有技术的基础上掀起了新的技术热潮。为深入揭示新的增长热潮与原有技术间的关系，本节将以 2006 年为分界点，分前阶段和现阶段两个阶段分别探索 T_3 的各类型发明人群体及其相应的特征值，具体如表 14-2 所示。

表 14-2　T_3 两阶段各类型发明人群体相关特征值

新兴技术	发明人类型	发明人数量占比/%	平均专利授权数/件	平均专利耦合连接数	平均非专利参考文献量
T_3 前阶段	关键发明人	1.83	7.25	99.42	76.66
	天才型发明人	8.40	1.27	98.67	45.45
	勤奋型发明人	7.48	5.08	32.63	25.45
	低效能发明人	82.29	1.35	26.02	20.36
	总体	100.00	1.73	33.96	23.88
T_3 现阶段	关键发明人	3.14	5.08	91.38	103.10
	天才型发明人	8.12	1.42	114.76	106.45
	勤奋型发明人	4.45	4.71	50.14	34.78
	低效能发明人	84.29	1.16	30.68	33.76
	总体	100.00	1.46	40.28	41.88

从两个阶段的对比来看，可见各类发明人群体的相关特征出现了以下变化。第一，从发明人数量占比来看，三类重要发明人群体之和在现阶段发明人总体中的占比略为下降，由 17.71%降为 15.71%。但具体来看关键发明人群体的比例不降反增，从 1.83%升至 3.14%；而天才型发明人群体和勤奋型发明人群体有所下降，尤其是勤奋型发明人群体的占比则出现较大程度的下降（由 7.48%降至 4.45%），可见在现阶段的新发展周期中，T_3 发明人群体的结构出现了调整。第二，从平均专利授权数量来看，除了天才型发明人群体以外，其余发明人群体的平均专利产出在 2006 年后均有不同程度的下降。其中，关键发明人群体的降幅最大，而勤奋型发明人群体与低效能发明人群体的降幅较小，说明现阶段中不同类型发明人群体间平均专利产出的差距缩小了，这在一定程度上也说明 T_3 中的专利产出可能更为分散。这与之前学者对新兴技术的分析结论是一致的，即相对于成熟产业而言，在新兴技术或新兴产业的发展初期，各发明人间的产出水平是更为均衡的。第三，以平均专利耦合连接数来看，T_3“现阶段”相对“前阶段”看，除关键发明人之外，其余两类重要发明人群体的平均专利质量均得到显著提升，总体水平也相应得到提升。

2）T_3 两阶段发明人重合度分析

既然 T_3 在现阶段出现了更高水平上的新增长，且不同类型发明人群体特征也显现出了阶段性差异，那么此处需要思考的一个问题是，T_3 前阶段的发明人与现阶段的发明人间有什么关系呢？这两个时期的发明人间会存在重合吗？如果有，重合的程度有多大呢？换句话说，既然 T_3 在原有技术的基础上掀起了新的技术热潮，那这股热潮是主要由原有技术的发明人所推动还是由新的发明人群体所推动呢？

为了回答这个问题，本节对 T_3 前阶段和现阶段的发明人间展开了匹配对比分析。结果发现，虽然 T_3 两个阶段的发明人群体都比较庞大，前阶段有 655 名发明人，现阶段也有 382 名发明人，但这两个阶段中只有 13 位发明人是重合的，即在 T_3 后阶段的新发展周期中，98.60%的发明人都是新发明人。这说明总体而言，T_3 现阶段的新发展几乎是由全新的发明人群体所推动，而与前阶段的发明人群体几乎没有关系。而不同发明人群体在两阶段中的具体重合情况则如表 14-3 所示。

表 14-3　T_3 两阶段发明人群体匹配表

现阶段发明人类型	总量	前阶段关键发明人	前阶段天才型发明人	前阶段勤奋型发明人	前阶段低效能发明人	全新发明人	全新发明人占比/%
关键发明人	12	0	2	0	1	9	75.00
天才型发明人	31	0	1	0	0	30	96.77
勤奋型发明人	17	0	0	0	1	16	94.12
低效能发明人	322	0	0	2	6	314	97.52
总体	382	0	3	2	8	369	96.60

由表 14-3 可知，除了关键发明人群体外，其余发明人群体现阶段的全新发明人均占到 90%以上，再次从发明人角度显现出了 T_3 在新发展周期中的新生命力。具体来看，现阶段的 12 位关键发明人中，有两位来源于前阶段的天才型发明人，一位来源于前阶段的低效能发明人，而在现阶段的勤奋型发明人中也有一位是来自前阶段的低效能发明人。这在一定程度上反映出了由于技术知识的积累效应所带来的“晋升”路径。即随着发明人在技术研发过程中知识和技能的增长，其研发能力和创新水平也不断提升，从而可能抓住新的技术机会，并在技术的新阶段发展中实现向更高级或更优秀的研发角色的转换，发明人类型转换图具体如图 14-1 所示。

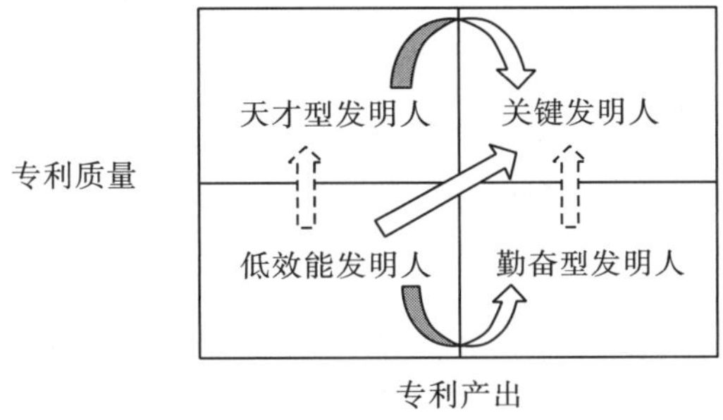

图 14-1　发明人类型转换图

图 14-1 中的实线箭头展示的就是在 T_3 发展过程中所产生的发明人类型间的跃迁情况。如低效能发明人向勤奋型发明人的横向跃迁或直接向关键发明人的跨级跃迁，以及天才型发明人向关键发明人的横向跃迁等。而在技术的实际发展中，可能还存在低效能发明人向天才型发明人的纵向跃迁以及勤奋型发明人向关键发明人的纵向跃迁等，如图 14-1 中虚线箭头所示，这还有待于在未来研究中进一步考证。

14.2　纳米新兴技术的重要发明人群体的知识创造特征

在识别出各项纳米新兴技术的重要发明人群体的基础上，即可对各群体，尤其是重要发明人群体的知识创造能力及相关特征展开评价和分析。此处，本书研究依然从专利产出和专利质量两个维度衡量不同发明人群体的知识创造能力。

由于此处关注的是各发明人群体的知识创造能力，而非个人的知识创造能力，因此如何确定不同类型发明人群体的专利产出和专利质量将是一个难题。经过统计观察，本书发现虽然绝大部分纳米新兴技术专利都是由多名发明人甚至是不同类型发明人合作产生的，但是这些合作往往产生于某一类重要发明人群体与低效能发明人群体之间，即三类重要发明人群体之间相互合作的情形相对较少。因此，为重点突出三类重要发明人群体的知识创造能力，本书设计了一种以完整计数法为基础的群体专利数量和专利质量测度方法。首先以完整计数法为原则，只要专利的发明人中包含了关键发明人或天才型发明人或勤奋型发明人，则将其完整地计入关键发明人群体或天才型发明人群体或勤奋型发明人群体的专利产出中；其次，统计所有发明人均为低效能发明人的专利数量，并将其作为低效能发明人群体的专利产出。因而专利总量减去低效能发明人群体的专利产出，就可被视为三类重要发明人群体的总产出。相应的，不同类型发明人群体的专利质量则用该群体所有专利的耦合连接数之和来度量。

此外，为了动态地考察不同发明人群体在新兴技术产生和发展过程中的知识创造特征，本书以发明专利年度授权数量的累积量分别达到该技术专利总量的 20%、70%以及 100%，将规模较大(授权专利总量大于 60)的 T_4、T_{14}、T_{16}、T_{111} 和 T_3-现阶段等技术的发展过程划分为三个阶段。其中，第一阶段为技术的专利累计数量从 0 增至 20%的发展阶段，代表新兴技术的产生；第二阶段为技术的专利累积数量从 20%增至 70%的发展阶段，表示新兴技术产生后的第一个快速发展时期；第三阶段为技术的专利累积数量从 70%增至 100%的发展阶段，代表新兴技术最近期的发展。另外，从新兴技术的识别过程可以看到，各项新兴技术最后一年的专利增长水平几乎都达到 30%，因此第三阶段实质上展现的是各项新兴技术在观测期截止时(该研究工作为 2013 年)的发展状况。

由此，本章研究一方面统计出各纳米新兴技术中(包括 I 类新兴技术和 II 类新兴技术)不同类型群体在各阶段及技术总体中的专利授权数量及授权专利耦合连接数的累积量，并计算出相应占比，来描述不同类型发明人群体对专利数量及质量的贡献，如表 14-4 和表 14-5 所示。

表 14-4　不同类型发明人群体的专利产出

新兴技术	阶段	关键发明人群体	天才型发明人群体	勤奋型发明人群体	低效能发明人群体	三类重要发明人占比
		占比/%	占比/%	占比/%	占比/%	占比/%
T_4	一	0	4.35	47.83	47.83	52.17
	二	16.67	11.67	35.00	36.67	63.33
	三	11.76	5.88	38.24	44.12	55.88
	总体	11.97	8.55	38.46	41.03	58.97

续表

新兴技术	阶段	关键发明人群体	天才型发明人群体	勤奋型发明人群体	低效能发明人群体	三类重要发明人占比
		占比/%	占比/%	占比/%	占比/%	占比/%
T_{14}	一	0	6.67	6.67	86.67	13.33
	二	8.33	11.11	27.78	52.78	47.22
	三	4.35	8.70	26.09	60.87	39.13
	总体	4.88	7.32	20.73	67.07	32.93
T_{16}	一	7.14	14.29	21.43	57.14	42.86
	二	3.13	3.13	18.75	75.00	25.00
	三	10.00	10.00	20.00	60.00	40.00
	总体	4.55	9.09	19.70	66.67	33.33
T_{111}	一	6.90	20.69	0	72.41	27.59
	二	4.29	8.57	45.71	41.43	58.57
	三	0	10.00	55.00	35.00	65.00
	总体	3.60	11.51	38.85	46.04	53.96
T_3-现阶段	一	2.86	8.57	34.29	54.29	45.71
	二	16.48	14.29	17.58	51.65	48.35
	三	14.81	3.70	37.04	44.44	55.56
	总体	13.33	10.00	26.67	50.00	50.00

注：表中数量指相应阶段内各发明人群体所有授权专利的耦合连接数的累积数量；占比表示对应的专利的耦合连接数的累积数量在该技术相应发展阶段内的所有专利数量中的比例。由于耦合连接数连接多个节点，耦合连接数的累计数有重复计算情况，因此不同发明人群体比例之和大于100%。

表 14-5　不同类型发明人群体的专利质量

新兴技术	阶段	关键发明人群体	天才型发明人群体	勤奋型发明人群体	低效能发明人群体	标准偏差 STD
		占比/%	占比/%	占比/%	占比/%	
T_4	一	0	2.83	46.46	50.71	0.2731
	二	36.57	32.96	28.19	27.85	0.0417
	三	38.71	24.07	29.28	32.01	0.0609
	总体	31.07	25.58	31.51	32.76	0.0318
T_{14}	一	0	16.91	3.90	79.18	0.3684
	二	18.05	30.18	21.16	30.61	0.0636
	三	22.67	8.86	15.71	52.76	0.1935
	总体	16.65	21.71	16.85	44.79	0.1340
T_{16}	一	40.91	68.58	7.71	23.72	0.2604
	二	14.02	14.02	7.01	78.97	0.3381
	三	26.18	53.51	8.32	38.17	0.1910
	总体	23.05	38.28	7.64	54.08	0.1995

续表

新兴技术	阶段	关键发明人群体	天才型发明人群体	勤奋型发明人群体	低效能发明人群体	标准偏差 STD
		占比/%	占比/%	占比/%	占比/%	
T_{111}	一	16.77	66.27	0	33.73	0.2830
	二	20.99	35.89	47.52	16.59	0.1417
	三	0	39.88	46.70	13.42	0.2200
	总体	13.12	42.28	39.38	18.34	0.1470
T_3-现阶段	一	9.93	23.97	45.03	30.99	0.1461
	二	35.08	37.19	25.08	33.10	0.0529
	三	30.11	8.41	48.46	38.11	0.1699
	总体	29.78	26.88	34.87	34.21	0.0379

注：表中数量指相应阶段内各发明人群体所有授权专利的耦合连接数的累积数量；占比表示对应的专利耦合连接数的累积数量在该技术相应发展阶段内的所有专利的耦合连接数之和中的比例。由于耦合连接数连接多个节点，耦合连接数的累计数有重复计算情况，因此不同发明人群体比例之和大于100%。

观察和对比表14-4和表14-5，可以发现各项新兴技术的总体发展过程呈现出以下特征。首先，虽然从人数来看，重要发明人(三类)群体的总体规模不高，但其专利产出的总和[①]在多数情况下要占到技术总体的1/2左右甚至更多，而在专利质量的累积量上则占比更高，在部分新兴技术中的占比都高达65%以上，最高达86.58%(T_{111})，充分展现出了其卓越的知识创造能力。其次，从这三类重要发明人群体对比来看，勤奋型发明人群体表现比较突出，其规模虽然不算最大，但是专利产出始终为三者中最高，尤其在T_4、T_{111}等新兴技术中，其占比甚至高达40%以上。天才型发明人群体作为规模最大的重要发明人群体，专利产出却始终仅占技术总体的10%左右，但是其专利质量的占比在多个技术中位居三个重要发明人群体的首位。相比之下，关键发明人群体则要略逊一筹，一方面专利产出在各技术中并不稳定，最高达到16.67%，但多数情况下小于5%甚至为0，另一方面对专利质量的贡献也不突出。由此说明，与以往研究结论不同的是，本研究发现，综合所有发展阶段来看，勤奋型发明人群体和天才型发明人群体在新兴技术的知识创造过程中发挥了比关键发明人群体更重要的作用，前者主要在于促进了专利的产出，而后者则有助于专利质量的积累和突破。

此外，通过观察新兴技术的动态发展过程，还可以发现以下现象。第一，与关键发明人群体和勤奋型发明人群体不同，天才型发明人群体在所有这些新兴技术的第一阶段即产生阶段都发挥了积极作用。尤其在T_{16}和T_{111}这两项技术的第一阶段中，天才型发明人群体专利产出的占比均达到该阶段技术总体约14%～20%以上，而专利质量的贡献度则均高达66%～69%(T_{16}和T_{111})。由此说明，天才型发明人群体对一项新兴技术的产生发挥着至关重要而且可能是最重要的作用，也说明这两类技术有可能最具有“新兴”性质。第二，鉴于各重要发明人群体在新兴技术各发展阶段的知识创造特征，可以将新兴技术的产生和发展模式划分为以下几种类型：模式①——天才型发明人群体与勤奋型发明人群体参与发

① 三类重要发明人群体专利数量占比总和=1−低效能发明人群体的专利数量占比。

起，关键发明人群体后期加入，共同促进技术的快速兴起，这主要包括T_4和T_{14}的发展情形。在这两项技术发展的第一阶段，并未有关键发明人出现，而是由天才型发明人群体和勤奋型发明人群体形成了较多的专利产出和质量积累，但是到第二阶段和第三阶段时，关键发明人群体开始发挥重要作用，对专利产出尤其是对专利质量作出了重大贡献，从而与其他类型发明人群体共同促进了新兴技术的快速发展。模式②——由关键发明人群体与天才型发明人群体参与发起，但关键发明人群体逐渐退出，勤奋型发明人群体后期加入，并逐渐成为知识创造的主力。如在T_{16}和T_{111}的第一阶段中，关键发明人群体与天才型发明人群体产生了极为重要的作用—两者的专利产出总和占比达到20%以上，而专利质量的贡献度则分别高达66%以上，而此时，勤奋型发明人尚未出现。但到第二阶段和第三阶段时，关键发明人群体的地位逐渐下降，勤奋型发明人群体的地位则快速提升，在专利产出和专利质量上都位居各类型发明人群体的首位。模式③——各类型发明人群体共同促进新兴技术的产生和快速发展，这主要包含T_4和T_3及其他技术发展的后续阶段(请看各阶段综合标准偏差最小的类型)。这些技术以及某些阶段的发展应更多由各类型的发明人群体共同作用形成的。

14.3　纳米新兴技术的重要发明人群体的知识流动

知识的流动是新兴技术产生和发展过程中的一个重要环节，也是知识增值的关键过程之一。考察不同类型发明人群体，尤其是重要发明人群体在知识流动中的行为特征，对于揭示新兴技术的发展规律具有重要意义。

根据知识创新活动的性质，知识可以分为显性知识和隐形(默悟)知识。其中，显性知识易编码化，可通过信息网络进行流动，且在流动过程中，知识的发送者与接收者可以分离。相比而言，隐形(默悟)知识往往很难用编码化和形式化的语言表达，其通常和个人经验、诀窍和灵感有关，必须依靠人与人之间的互动联结才能实现传递和流动。因此，不同的知识流动方式需要通过采取不同的分析媒介来进行度量。

14.3.1　纳米新兴技术的重要发明人群体的显性知识流动

知识总是存在于特定的载体中，而专利文献就是一种显性知识的重要载体，专利间的引用与被引用则反映了知识和情报内容的继承和利用，即显性知识的流动。因此，借助专利文献间的引用关系，即可构建技术内部的知识流动网络，从而为探索不同类型发明人群体在知识流动中的行为特征提供相关基础。但鉴于不同类型新兴技术的产生模式的差异，下面将分别讨论Ⅰ类新兴技术和Ⅱ类新兴技术重要发明人群体的显性知识流动。

1)纳米Ⅰ类新兴技术的重要发明人群体的显性知识流动

如前文所述，本书统计发现纳米新兴技术专利多由多名发明人甚至是不同类型发明人合作产生，因此若根据专利间的引用关系来直接构建具体发明人或者发明人群体间的引用关系会比较复杂且不准确。考虑到发明人间的合作往往产生于某一类重要发明人群体与低效能发明人群体之间，且三类重要发明人群体的平均知识创造水平均远远超出低效能发明人群体这些前提，本书假设在重要发明人群体与低效能发明人群体的合作研发中，重要发明人群体应处于主导地位，并由此根据纳米新兴技术专利发明人类型的实际组合情况，将所有纳米新兴技术专利划分为关键发明人主导、关键发明人和天才型发明人主导、天才型发明人主导、勤奋型发明人主导和低效能发明人主导等五种类型。各类型专利的发明人组合情况具体如表 14-6 所示。

表 14-6　专利发明人组合类型

专利类型	颜色	发明人组合情况
关键发明人主导	鲜红色	全为关键发明人
		关键发明人+低效能发明人
关键发明人 和天才型发明人主导	粉红色	关键发明人+天才型发明人
		关键发明人+天才型发明人+低效能发明人
天才型发明人主导	绿色	全为天才型发明人
		天才型发明人+低效能发明人
勤奋型发明人主导	橙色	全为勤奋型发明人
		勤奋型发明人+低效能发明人
低效能发明人主导	蓝色	全为低效能发明人

由此，便可借助专利间的引用关系来捕捉不同类型发明人群体在纳米新兴技术显性知识流动中的角色和作用。如表 14-7 所示，首先根据各纳米 I 类新兴技术的专利及其参考文献，构建各技术内部的专利引用对，进而得到各技术内部的专利引用矩阵，矩阵中的元素代表对应两专利间的引用关系。接下来，即可利用 UCINET 软件生成各新兴技术的专利引文网络如图 14-2(见本书彩图图版)所示。图 14-2 中的节点表示专利，节点间的连线表示对应专利间存在引用关系，而连线箭头则代表专利被引用的方向，即知识的流动方向。节点的颜色表示专利的类型，其中鲜红色节点代表关键发明人为主导的专利；粉红色节点代表以关键发明人和天才型发明人为主导的专利；绿色节点即以天才型发明人为主导的专利；橙色节点代表以勤奋型发明人为主导的专利；蓝色节点则表示低效能发明人主导的专利。

表 14-7　T_4 内的专利引用对(示例)

引用专利	引用专利所属技术	被引用专利	被引用专利所属技术
7933146	T_4	7502249	T_4
7974119	T_4	7502249	T_4

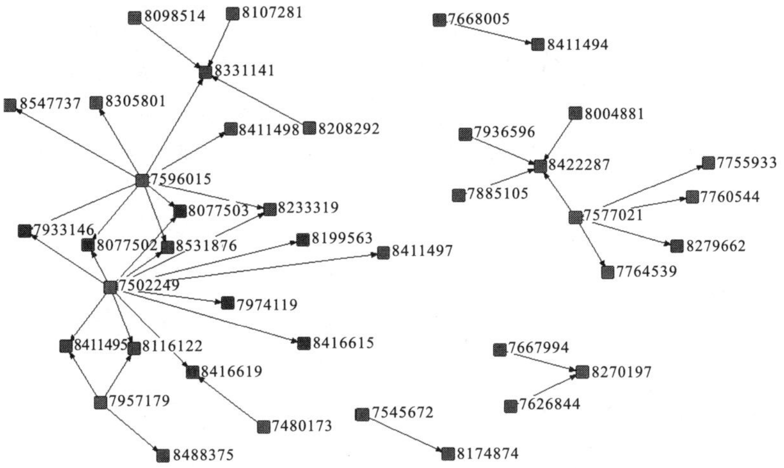

图 14-2　T_4 内专利引文网络

(1) 整体网络分析。本节研究选取从网络规模、网络规模占比、入度中心势和出度中心势等角度对 7 项新兴技术的专利引用网络整体状况进行描述，如表 14-8 所示。其中，网络规模是指网络中节点的数量；网络规模占比指网络中的节点数占该技术内所有专利数量的比例。网络中心势度量的则是网络的总体整合度，即整个网络的凝聚力能够在多大程度上围绕某些特定点组织起来，在有向网络中，又进一步分为入度中心势与出度中心势，分别反映整体网络中各节点点入度和点出度的差异程度。

表 14-8　纳米 I 类新兴技术专利引文网络总体特征

新兴技术	网络规模	网络规模占比/%	入度中心势/%	出度中心势/%
T_4	28	25.45	7.890	28.928
T_{14}	28	38.36	10.014	48.422
T_{16}	18	28.57	12.457	18.685
T_{111}	28	20.90	4.664	12.346
T_{114}	21	46.67	7.000	7.000
T_{118}	8	15.38	4.082	69.388
T_{1110}	10	24.39	16.049	16.049

从总体来看，各新兴技术的专利引文网络规模较小，在总体专利数量中的占比最高为 46.67%，而最低仅为 15.38%。这说明目前在各技术内部，专利间发生引用的情况还比较少，即显性知识流动不多，这与 I 类新兴技术的本质也是一致的。I 类新兴技术为新近出现的刚开始蓬勃发展的技术，专利“年龄”皆很年轻，绝大部分专利都是在近几年产生。因此，根据专利或科研文献的引用规律可知，这些“年轻”专利可能目前还较少被其他专利引用。这也从另一个角度说明各新兴技术正处于起步和变革阶段，未来发展空间广阔。另外，从各网络的中心势来看，网络的出度中心势常远远高于入度中心势，在部分新兴技术中，出度中心势还一度达到 50%左右(T_{14})，甚至接近 70%(T_{118})，说明在各技术的显性

知识流动中，相比于知识的吸收而言，知识的输出更为集中，且在某些情况下是高度集中。因此，综合来看，可以说，在总体上各技术内部专利间发生引用情况不多的情况下，有少部分专利却被其他专利频繁地引用，从而成为显性知识流动的主要输出方，在网络的知识流动中占据了主导地位，这从各技术的专利引文网络图中也可以清楚地看出，有少数专利在网络中居于局部中心位置，成为周围专利的重要信息源。

(2)不同类型专利的点入度与点出度分析。在专利引文网络中，节点的点入度和点出度的计算公式分别如第十一章中公式(11.4)和公式(11.5)所示。其中，点入度代表节点吸收其他领域信息的能力；而点出度则体现了节点被其他节点引用的程度，即对其他节点的贡献度。根据专利的发明人类型，本节统计出了各网络图中不同类型专利的点入度和点出度的累积值及其分别在相应网络所有节点点入度和点出度之和中的占比，具体如表 14-9 所示。

表 14-9 各新兴技术(部分)不同类型专利的点入度和点出度

新兴技术	专利类型	点入度累积量	点入度累积量占比/%	点出度累积量	点出度累积量占比/%	新兴技术	专利类型	点入度累积量	点入度累积量占比/%	点出度累积量	点出度累积量占比/%
T_4	关键发明人主导	9	22.50	0	0.00	T_{14}	关键发明人主导	9	23.08	6	15.38
	关键发明人和天才型发明人主导	11	27.50	0	0.00		关键发明人和天才型发明人主导	0	0	0	0
	天才型发明人主导	0	0	15	37.50		天才型发明人主导	3	7.69	0	0.00
	勤奋型发明人主导	7	17.50	18	45.00		勤奋型发明人主导	14	35.90	27	69.23
	低效能发明人主导	13	32.50	7	17.50		低效能发明人主导	13	33.33	6	15.38
	总体	40	100.00	40	100.00		总体	39	100.00	39	100.00
T_{16}	关键发明人主导	0	0.00	0	0.00	T_{111}	关键发明人主导	0	0	0	0
	关键发明人和天才型发明人主导	2	11.11	2	11.11		关键发明人和天才型发明人主导	4	18.18	3	13.64
	天才型发明人主导	3	16.67	0	0.00		天才型发明人主导	9	40.91	0	0.00
	勤奋型发明人主导	5	27.78	11	61.11		勤奋型发明人主导	7	31.82	6	27.27
	低效能发明人主导	8	44.44	5	27.78		低效能发明人主导	2	9.09	13	59.09
	总体	18	100.00	18	100.00		总体	22	100.00	22	100.00

仔细观察表 14-9 可见，首先从总体来看，由关键发明人、天才型发明人和勤奋型发明人所主导的专利成为各项新兴技术专利引文网络中知识流动的最主要输出方。在大部分新兴技术中，这三者所主导专利的点出度累积量之和在各网络所有节点点出度总和中的占

比均高达 60%左右，有的甚至超过 80%。由此充分展现出三类重要发明人群体在新兴技术显性知识网络中至关重要的战略地位。

其次，从不同类型专利的具体情况来看，关键发明人主导或关键发明人与天才型发明人共同主导的专利的点出度累积量占比并不算高，且其点出度累积量始终要小于或等于其点入度的累积量，这在一定程度上反映出关键发明人相对于向外输出知识而言，更倾向于不断从外部搜寻和吸收新知识，即具有较高的知识吸收能力。而天才型发明人主导的专利则在总体上也体现出了类似特征，即在更多情况下，点入度的累积量要大于或等于其点出度的累积量。但需看到，在某些情况下，天才型发明人主导的专利会拥有非常强大的知识输出水平。如 T_4 中，由天才型发明人主导的专利 7502249 被多项不同类型的专利引用，点出度高达 15，占到所有节点点出度总和的 30%以上。因此，可以说，天才型发明人虽然总体而言更倾向于从外部吸收知识，但在某些情形下，其可能成为技术发展过程中至关重要的知识输出方。勤奋型发明人则展现出了卓越的知识输出能力，由其主导的专利的点出度累积量占比在多项新兴技术中位居第一，在部分新兴技术中甚至高达 60%以上，从而成为技术显性知识流动中最主要的信息源。从各技术的专利引文网络图中可以看到，多项勤奋型发明人主导的专利被低效能甚至是天才型发明人频繁地引用，在某些情况下还成为局部网络的知识输出中心，如 T_{14}。而低能效发明人主导的专利则往往成为专利引文网络中最主要的知识吸收方，从不同类型的发明人中吸收了大量知识。

2) 纳米Ⅱ类新兴技术重要发明人群体的显性知识流动

由于Ⅱ类新兴技术是在原有技术基础上所掀起的新的热潮，因此虽然前文发现 T_3 前阶段和现阶段的发明人重合度非常低，但前阶段的技术积累依然可能对现阶段的发展产生重要影响。鉴于此，本书在研究 T_3 现阶段的知识流动时，不仅考察了现阶段的发明人间的知识流动，还考虑了前阶段的发明人对现阶段发明人的知识流动。具体分析步骤如下：首先，根据专利不同类型发明人间的组合情况，将各专利划分至各个不同类型。由于 T_3 中的专利总量较大，发明人间的组合情况也更为复杂，一共有 7 种，如表 14-10 所示。接下来，以 T_3 现阶段的专利为对象，对其参考文献与 T_3 内部的所有专利间(包括前阶段专利和现阶段专利)进行匹配分析，从而生成现阶段专利与 T_3 内所有专利间的引用对，如表 14-11 所示。进而以专利引用对为基础，构建专利间的引用矩阵，并利用 UCINET 生成 T_3 的现阶段专利引文图，如图 14-3(见本书彩图图版)所示。

表 14-10　T_3 内专利发明人组合类型

专利类型	颜色	发明人组合情况
关键发明人主导	鲜红色	全为关键发明人
		关键发明人+低效能发明人
天才型发明人主导	绿色	全为天才型发明人
		天才型发明人+低效能发明人
勤奋型发明人主导	橙色	全为勤奋型发明人
		勤奋型发明人+低效能发明人

续表

专利类型	颜色	发明人组合情况
关键发明人和天才型发明人主导	粉红色	关键发明人+天才型发明人
		关键发明人+天才型发明人+低效能发明人
关键发明人和勤奋型发明人主导	黄色	关键发明人+勤奋型发明人
		关键发明人+勤奋型发明人+低效能发明人
关键发明人+天才型发明人+勤奋型发明人主导	黑色	关键发明人+天才型发明人+勤奋型发明人
		关键发明人+天才型发明人+勤奋型发明人+低效能发明人
低效能发明人主导	蓝色	全为低效能发明人

表 14-11　T_3 现阶段专利与 T_3 内所有专利间的引用对(示例)

引用专利	所属阶段	所属新兴技术	被引用专利	所属阶段	所属新兴技术
8529428	现阶段	T_3	8308628	现阶段	T_3
8529428	现阶段	T_3	8313422	现阶段	T_3

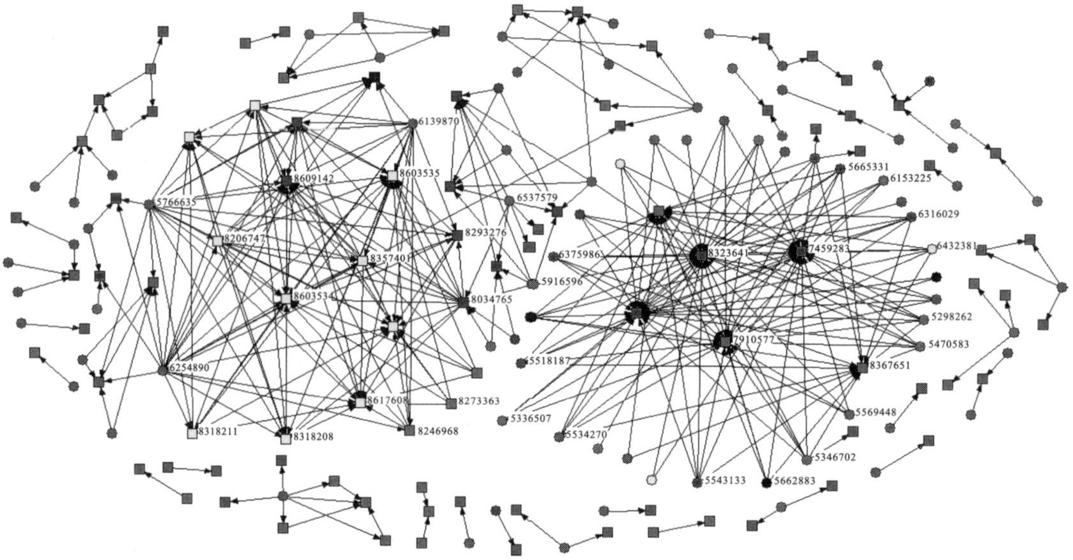

图 14-3　以现阶段专利为基础的 T_3 内专利引文网络

图 14-3 中，方形节点表示属于 T_3 现阶段的专利，而圆形节点则表示属于 T_3 前阶段的专利。由于 T_3 中的专利总量较大，专利发明人的不同类型组合情况也更为复杂，所以图中的颜色也更为丰富，一共有 7 种。

(1)整体网络分析。T_3 专利引文网络的规模为 179，其中来源于现阶段的专利 97 项，前阶段的专利为 82 项，分别占到现阶段与前阶段专利总量的 59.63%和 24.48%。可见与Ⅰ类新兴技术显著不同，Ⅱ类新兴技术由于原有技术的积累，内部专利间的引用更为普遍。其次，T_3 专利引文网络的入度中心势和出度中心势分别为 15.31%和 10.19%。这也与Ⅰ类新兴技术专利引文网络中点出度高度集中的情况不同。在Ⅱ类新兴技术中，相比专利的知识输出情况，专利的知识吸收水平在一定程度上显得更为集中，即有一部分专利的知识吸收程度相对较高，而各专利的知识输出水平则比较平均。

(2)不同类型专利间的点入度与点出度分析。根据T_3中专利的所属发展阶段以及发明人类型，本书分别统计出了前阶段和现阶段不同类型专利的点入度和点出度的累积值及其分别在该网络所有节点点入度和点出度之和中的占比，T_3不同阶段不同类型专利的点入度和点出度具体如表 14-12 所示。

表 14-12　T_3不同阶段不同类型专利的点入度和点出度

所属阶段	专利类型	点入度累积量	点入度累积量占比/%	点出度累积量	点出度累积量占比/%
T_3前阶段	关键发明人主导	0	0.00	16	4.36
	天才型发明人主导	0	0.00	23	6.27
	勤奋型发明人主导	0	0.00	41	11.17
	关键发明人和天才型发明人主导	0	0.00	33	8.99
	关键发明人和勤奋型发明人主导	0	0.00	12	3.27
	关键发明人+天才型发明人+勤奋型发明人主导	0	0.00	13	3.54
	低效能发明人主导	0	0.00	134	36.51
T_3现阶段	关键发明人主导	39	10.63	11	3.00
	天才型发明人主导	69	18.80	2	0.54
	勤奋型发明人主导	33	8.99	32	8.72
	关键发明人和天才型发明人主导	88	23.98	13	3.54
	关键发明人和勤奋型发明人主导	86	23.43	35	9.54
	关键发明人+天才型发明人+勤奋型发明人主导	0	0.00	0	0.00
	低效能发明人主导	52	14.17	2	0.54
	总体	367	100.00	367	100.00

通过观察表 14-12，可以发现许多重要现象。首先，从各类型专利的点出度来看，前阶段专利的点出度累积量之和在总体中的占比高达 74.11%，成为T_3现阶段显性知识流动中的主要输出方，由此说明虽然T_3的发明人在前后两个发展阶段中的重合度很低，但是现阶段的发展依然在很大程度上吸收了前阶段的发展成果。

其次，通过具体比较前阶段不同类型专利的点出度，还可惊讶地发现，T_3前阶段低效能发明人主导专利的点出度累积量占比在所有专利类型中位居首位，成为T_3现阶段显性知识流动的最主要来源。而由图 14-3 也可以清楚地看到，在该图的左半部分，形成了一个主要以三项前阶段低效能发明人主导的专利 5766635、6254890 和 6139870 为基础的局部知识流动网络。这三项专利被多项现阶段的专利引用，充分显现出其对T_3现阶段技术发展的重要作用。由本书用专利在既定技术集合中的耦合连接数作为专利质量测度指标可知，低效能发明人主导的专利往往可能耦合连接数较低，即与其他专利的联系较少，且共性较低，在既定技术集合中处于比较边缘的地位。而上述局部知识流网络的出现，则在一定程度上说明在前阶段处于较边缘的专利很可能蕴藏或昭示了其他的发展机遇，如果遇到合适的契机，则很有可能被进一步开发和拓展，进入新的生命周期。

第三，前阶段中除了低效能发明人以外，其余类型发明人所主导的专利也在T_3现阶段的知识流动中发挥了重要作用，其点出度累积量占比之和达到 37.60%。如图 14-3 的右半部分形成了一个以前阶段多个类型专利为基础的局部知识流动网络。这些专利被 6 项现阶段分别由天才型发明人主导或关键发明人与天才型发明人共同主导的专利频繁引用，为现阶段的技术创新提供了重要信息。

第四，对于现阶段的各类型专利中，就点出度而言，有勤奋型发明人以及关键发明人和勤奋型发明人共同主导的专利的点出度累积量占比较高，这在某种程度上也显现出了关键发明人，尤其是勤奋型发明人的较强的知识输出能力。而从点入度来看，除了低效能发明人主导的专利以外，其余类型专利的知识吸收能力都较强，尤其是关键发明人和天才型发明人共同主导或天才型发明人与勤奋型发明人共同主导的专利，如此更进一步显现出了重要发明人群体的卓越的知识吸收能力。

14.3.2　纳米新兴技术的重要发明人群体的隐性知识流动

由前文分析已知，关键发明人、天才型发明人和勤奋型发明人无论从个体平均水平上还是群体的综合水平上都具有卓越的知识创造能力，因此其往往掌握了关键的技术知识，并对极具价值的隐性知识拥有较强的控制力，从而成为隐性知识流动的关键枢纽，扮演起技术把门人的角色。因此，深入探索这几类发明人在新兴技术隐性知识流动中的行为特征对揭示新兴技术的产生和发展规律具有重要意义。

鉴于隐性知识必须依靠人与人之间的互动联结才能实现传递和流动，本节以发明人间的合作来探寻新兴技术发明人间的隐性知识流动情况。首先，根据各专利的发明人信息构建发明人间的合作对，然后据此生成发明人间的合作矩阵，矩阵中的元素代表发明人间的合作次数，进而以 1 为阈值，将该原始合作矩阵转化为二值矩阵——若两发明人间的合作专利数量大于或等于 1，则将该数量值转化为 1，否则为 0。由此便可借助 UCINET 软件绘制各新兴技术内的发明人合作网络。

为了动态地展现发明人合作网络，即隐性知识流动网络的变迁，在此选用 T_4、T_{14}、T_{16}、T_{111} 和 T_3-现阶段等规模较大(授权专利总量大于 60)的新兴技术为研究对象，并继续以发明专利年度授权数量的累积量分别达到该技术专利总量的 20%、70%以及 100%为标准，将各技术的发展过程划分为三个发展阶段。由此可得上述五项新兴技术分别于第一阶段、第一阶段至第二阶段、第一阶段至第三阶段的发明人合作网络，如图 14-4～图 14-6 的示例。图 14-4～图 14-6(见本书彩图图版)中节点代表发明人，节点名称代表发明人在各技术内按姓氏首字母排序所得的编号；节点间的连线表示发明人间存在合作关系，连线越粗，则发明人间的合作越密切；节点的颜色代表发明人类型，红色表示关键发明人，绿色表示天才型发明人，橙色表示勤奋型发明人，蓝色表示低效能发明人。

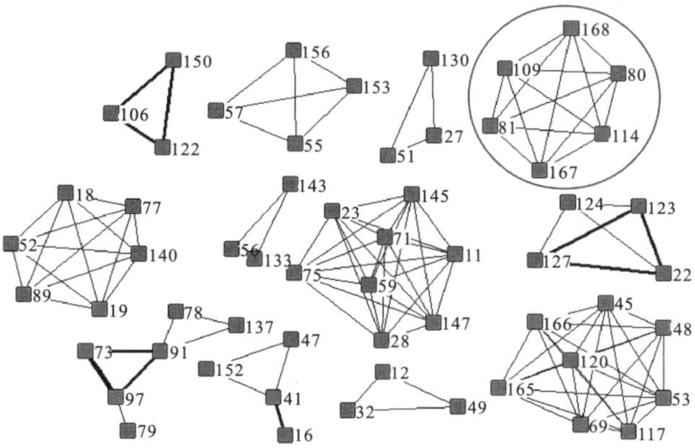

图 14-4　T_4 第一阶段发明人合作网络

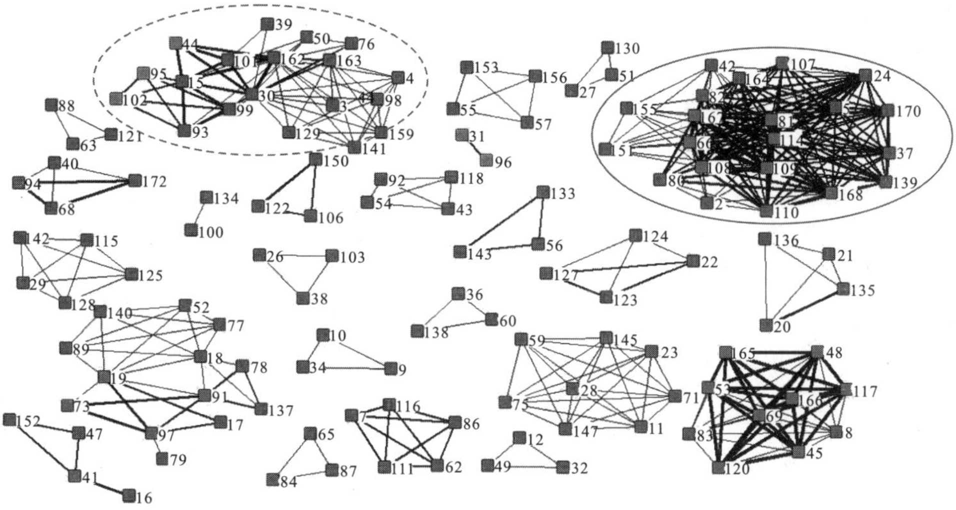

图 14-5　T_4 第一阶段至第二阶段发明人合作网络

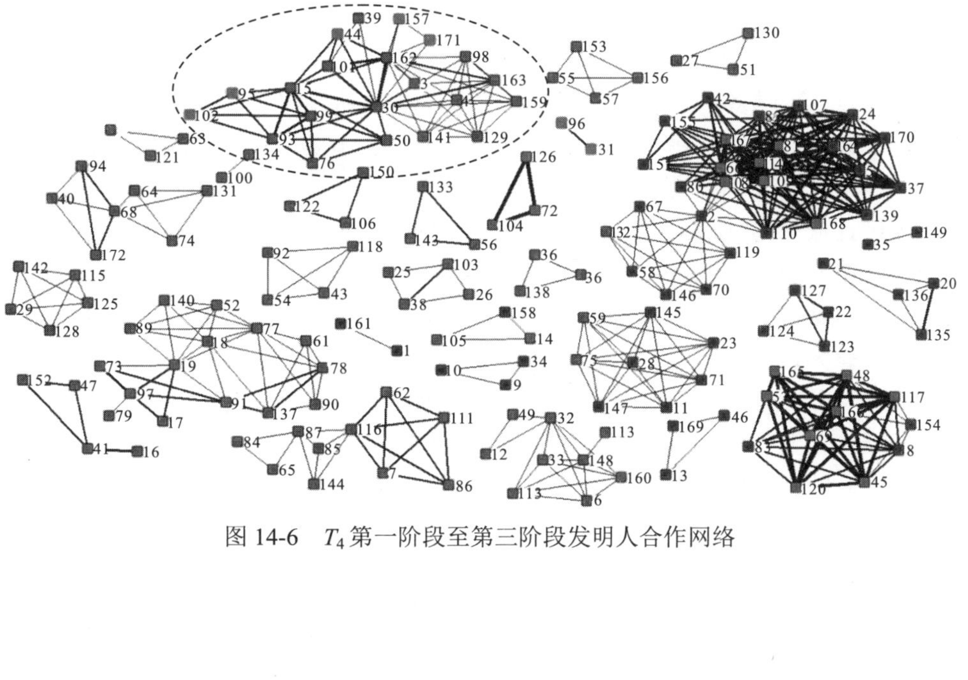

图 14-6　T_4 第一阶段至第三阶段发明人合作网络

1）整体网络分析

首先从网络规模、网络边数、网络密度和网络度数中心势等角度对各技术的发明人合作网络随时间变化的整体状况进行描述，各技术专利合作网络总体特征如表 14-13 所示。其中，网络边数指网络中连线的数量；网络密度指网络中实际拥有的边数与最多可能存在的边数之比，用来度量网络节点之间联系的紧密程度。

表 14-13　各技术专利合作网络总体特征

新兴技术	所属阶段	网络规模	网络边数	网络密度	网络度数中心势/%
T_4	第一阶段	58	242	0.0732	5.14
	第一阶段～第二阶段	136	818	0.0446	10.51
	第一阶段～第三阶段	172	980	0.0333	8.46
T_{14}	第一阶段	42	122	0.0708	7.93
	第一阶段～第二阶段	127	456	0.0285	3.56
	第一阶段～第三阶段	171	622	0.0214	14.47
T_{16}	第一阶段	36	160	0.127	7.73
	第一阶段～第二阶段	101	368	0.0364	3.42
	第一阶段～第三阶段	136	474	0.0258	2.64
T_{111}	第一阶段	69	224	0.0477	5.68
	第一阶段～第二阶段	184	684	0.0203	6.23
	第一阶段～第三阶段	241	968	0.0166	6.31
T_3-现阶段	第一阶段	92	334	0.0399	2.66
	第一阶段～第二阶段	282	1014	0.0128	1.58
	第一阶段～第三阶段	370	1394	0.0102	2.79

由表 14-13 可见，各项新兴技术的发明人合作网络规模和网络边数均随着时间出现了快速增长，表明越来越多的发明人间展开了专利合作。从网络密度来看，各技术的发明人合作网络均很稀疏，且随着网络规模的扩大，网络密度还呈现出逐渐缩小的趋势，说明从整体而言，各网络中发明人间的关系都不紧密，且随着时间的推移，发明人间合作联系的拓展速度还远远低于整体网络规模的增长速度。最后，从网络度数中心势来看，各技术的发明人合作网络呈现出了三种不同的发展情形：第一种，随着时间的推进，网络的度数中心势基本呈现出逐步或明显增长的趋势（如 T_4、T_{14} 和 T_{111}），表明发明人在合作网络中的地位逐渐出现差异，即逐步出现了部分发明人的地位明显高于其他发明人的情形。第二种，随着时间的推移，网络的度数中心势反而逐步减小（如 T_{16}），说明从总体而言，各发明人在网络中的地位差异在逐渐缩小，整体网络变得更为均衡。第三种，网络的度数中心势较低，且并未随时间发生明显改变（如 T_3-现阶段），即网络中的各发明人间的地位一直比较均衡，没有随时间产生明显的差异性变化。

2) 不同类型发明人的隐性知识流动

通过仔细观察各新兴技术发明人合作网络的动态演化，可以发现不同类型发明人的合作模式或隐性知识流动模式间存在明显差异。

(1) 首先分析天才型发明人的合作模式特征。①一方面从合作的对象来看，天才型发明人的合作方式主要包括两种。第一种也是最主要的合作方式为内部合作，即天才型发明人之间的合作，上述合作网络图中的多个仅由绿色节点连接而成的局部封闭网络，就代表这种合作情形。第二种是与关键发明人合作，参与到主要以关键发明人为中心的合作网络中。当然，除此之外，也会出现天才型发明人与勤奋型发明人或低效能发明人合作的情形，但是均不常见，只是在个别技术中存在。②另一方面。从合作群体随时间的成长变化来看，第一种仅由天才型发明人内部形成的团体几乎不具有"成长性"，即该团体形成后往往并不会随时间发生拓展，去吸纳新的成员，而是仅仅固定在其原始成员中。从上述发明人合作网络图，也可以发现虽然随着时间推移，各技术内不断出现新的仅由绿色节点构成的局部封闭网络，但这些网络的规模往往比较固定，并不随时间扩大。第二种由天才型与关键发明人合作的网络则会随时间逐步成长，不断会有新的成员加入，但这些成员的增加可能更多地是由原网络中的关键发明人的行为所导致的，而与天才型发明人无关，即新增成员往往和原网络中的天才型发明人无直接合作关系。各技术合作网络图中由虚线椭圆所标注的局部网络的变化就描绘了这种情形。由此，本书认为在新兴技术的隐性知识流动环节中，天才型发明人这类技术把门人的作用是有限的。其所拥有的隐性知识往往仅在既定的天才型发明人群体间流动，或在少数情况下向部分关键发明人或个别的勤奋型发明人和低效能发明人产生流动，扩散的范围较小。

(2) 再分析关键发明人和勤奋型发明人的情况。总体来看，这两类发明人的个体合作规模往往较大，合作的发明人类型也较丰富，除了大量的群体内部合作以外，还均与除自身群体以外的其他类型发明人间产生了广泛合作。最重要的是，围绕这两类发明人所建立的合作网络往往具有良好的"成长性"，网络规模常随着时间推移而迅速增大，各种类型的新成员不断增加。其中，关键发明人主导合作群中的新成员主要为天才型发明人，而勤奋型发明人主导合作群中的发明人则多为低效能发明人——上述合作网络图中实线椭圆所标注的局部网络的变化就充分体现了这种情形。由此说明，相比于天才型发明人，这两类技术把门人的隐性知识传播得更广，不仅传播到多个类型的发明人群体中，且随着时间的推移，这种传播范围还会逐渐扩大，流动到越来越多的发明人，尤其是低效能发明人中。因此，从总体上来说，关键发明人和勤奋型发明人这两类技术把门人在促进新兴技术隐性知识流动的过程中，发挥了更为重要的作用。

3) 纳米新兴技术核心发明人及其战略地位

核心发明人是指在发明人合作网络中相比于其他发明人而言，地位更加重要，在整体或局部网络中处于较中心地位的发明人。以往研究中常选用度数中心度这一指标识别并描绘网络中的核心节点。某节点度数中心度为与该点直接相连的其他点的个数。如果一个节点与很多其他节点存在直接联系，即具有较高的度数中心度，则该节点就居于较中心地位，能对其他节点产生重要影响。但考虑到专利发明中普遍存在多位发明人合作的情形，若仅从度数中心度考察核心发明人是不够全面的，还应考虑到发明人对网络中信息或知识流的控制能力。比如，有些发明人虽然度数中心度较高，但其个体网的闭合性也高，那就说明该发明人在其所属的发明人合作团体中的地位并不突出，对信息的把控不强；而有的发明人不仅度数中心度高，且其个体网的连通性差，闭合性低，从而显现出该发明人在局部网络中高度的信息控制能力和不可取代的战略地位。正因为如此，本书还将从结构洞的角度考察各核心发明人的信息优势。结构洞意指：直接看来两个节点不存在连接，同时间接看来他们之间也不存在冗余关系，那么两者之间的空隙就是结构洞。据 Burt 的观点，结构洞的占据者具有保持信息和控制信息两大优势，在网络中具有重要的战略地位。关于结构洞的测算主要有有效规模、效率和网络约束系数，具体计算公式请参考第十一章公式(11.6)、公式(11.7)和公式(11.8)。

据此，本章测算出各新兴技术整体发明人合作网络(第一至第三阶段合作网络)中度数中心度排名前十的核心发明人及其结构洞指标，各纳米新兴技术(部分)核心发明人及其结构洞优势分析具体如表 14-14 所示。

表 14-14　各纳米新兴技术(部分)核心发明人及其结构洞优势

新兴技术	发明人序列号	发明人类型	度数中心度		结构洞			
			指标值	排名	有效规模	效率	网络约束系数	排名
T_4	108	勤奋型发明人	20	1	6	0.3	0.187	5
	109	勤奋型发明人	20	2	6	0.3	0.187	6
	66	勤奋型发明人	20	3	6	0.3	0.187	4
	167	勤奋型发明人	20	4	6	0.3	0.187	8
	114	勤奋型发明人	20	5	6	0.3	0.187	7
	81	勤奋型发明人	19	6	5	0.263	0.195	11
	30	关键发明人	18	7	13.222	0.735	0.184	1
	24	低效能发明人	18	8	4	0.222	0.201	14
	168	勤奋型发明人	17	9	3	0.176	0.203	22
	110	低效能发明人	17	10	3	0.176	0.203	21
T_{111}	54	勤奋型发明人	19	1	13.947	0.734	0.183	1
	129	勤奋型发明人	16	2	10.625	0.664	0.2	2
	90	勤奋型发明人	15	3	9.267	0.618	0.23	3
	37	勤奋型发明人	11	4	6.818	0.62	0.311	4
	239	勤奋型发明人	11	5	6.818	0.62	0.311	5
	56	勤奋型发明人	10	6	3.4	0.34	0.299	12
	173	勤奋型发明人	10	7	3.4	0.34	0.299	14
	231	勤奋型发明人	9	8	2.333	0.259	0.315	17
	106	关键发明人	9	9	6.556	0.728	0.296	6
	130	低效能发明人	9	10	2.111	0.235	0.32	23

续表

新兴技术	发明人序列号	发明人类型	度数中心度		结构洞			
			指标值	排名	有效规模	效率	网络约束系数	排名
T_3-现阶段	173	低效能发明人	14	1	8	0.571	0.222	1
	241	低效能发明人	12	2	6.833	0.569	0.261	4
	218	勤奋型发明人	12	3	6.833	0.569	0.261	3
	316	低效能发明人	11	4	6.091	0.554	0.279	6
	346	勤奋型发明人	11	5	7.364	0.669	0.276	2
	16	勤奋型发明人	11	6	6.636	0.603	0.255	5
	324	关键发明人	8	7	5	0.625	0.363	7
	374	勤奋型发明人	8	8	5	0.625	0.363	8
	49	低效能发明人	7	9	1	0.143	0.416	70
	161	低效能发明人	7	10	1	0.143	0.41	170

注：结构洞排名以各网络中所有节点的有效规模为依据而测算得知。表中数据是按“度数中心度”水平排序的，“结构洞”排名居于从属地位，因此其排名是跳动的。

首先，从度数中心度来看，大部分新兴技术的前十大核心发明人均以勤奋型发明人和关键发明人为主，其次是低效能发明人。这再一次说明勤奋型发明人和关键发明人这两类技术把门人在新兴技术的隐性知识流动网络中，往往拥有最大的个体网络规模，从而使得隐性知识得以广泛的传播。

其次，结合结构洞测度指标来看，度数中心度较高的勤奋型发明人和关键发明人在网络中的结构洞优势依然遥遥领先，多排在前十位。而相比之下，度数中心度也较高的低效能发明人则往往在结构洞上的表现较差，排名很低。由此便显出了这几种发明人在网络中不同的信息优势。结合上文各新兴技术的发明人合作网络图可知，具有较大个体网规模的勤奋型发明人和关键发明人，往往跨越了多个结构洞，在局部网络中拥有强大的信息控制能力，而成为局部知识交流的关键枢纽，从而充分体现出技术把门人特征及其在新兴技术隐性知识交流中无可取代的战略地位。而个体网规模较大的低效能发明人则往往处于较封闭的局部网络中，信息的把控能力较弱。

14.4 关键发明人辨识研究结论

首先，从本章展开的有关关键发明人辨识的研究工作中看到，新兴技术辨识需要对发明人类型进行合理分类，在此分类逻辑基础上，完善技术发展过程中的重要发明人群体识别方法和标准。这具体表现在两个方面：第一，提出在新兴技术产生发展过程中，应不仅关注专利产出和专利质量均很高的关键发明人，还应关注分别在专利产出和专利质量上表现优异的勤奋型发明人和天才型发明人，这三类发明人群体共同组成了新兴技术的重要发明人群体。第二，认为专利授权数量是比专利申请量更合理的专利产出度量指标，并提出一个新的专利质量测度指标——专利耦合连接数，其能通过专利与其他专利间的联系来衡量该专利在专利集合中的地位，是更适用于新兴技术专利度量的多维度指标。由此，便可从专利产出和专利质量两个维度，并以 2 倍均值为标准识别出新兴技术产生和发展过程中的重要发明人群体。

其次，将上述可能改进的辨识框架应用于特定技术领域(本章研究聚焦纳米新兴技术领域)，识别出各项纳米新兴技术的重要发明人群体并对其相关特征展开了对比分析。本章研究工作发现，从发明人数量和占比上看，三类重要发明人群体虽然在发明人总体中的规模并不大，仅占比 20%左右，但从平均水平来看，确实具有高水平的产出能力，且相比于低效能发明人群体而言，与科学研究间的关系也更紧密，尤其是关键发明人群体。

第三，需要全面分析不同类型发明人群体，尤其是重要发明人群体在纳米新兴技术中的知识创造能力。从总体看，虽然三类重要发明人群体的总体规模较小，但其专利总产出却常占到各技术总体的 1/2 甚至更多，且对专利质量的贡献度也高达 65%以上，甚至 81.67%，从而成为新兴技术中知识创造的主体，充分展现出了卓越的知识创造能力。尤其是其中的天才型发明人群体和勤奋型发明人群体，往往在新兴技术的知识创造过程中发挥了比关键发明人群体更重要的作用，前者主要在于促进了专利的产出，而后者则有助于专利质量的积累和突破。另一方面从各重要发明人群体在新兴技术各发展阶段的知识创造特征来看，天才型发明人群体往往对一项新兴技术的产生发挥着至关重要而且可能是最重要的作用——其在所有纳米新兴技术的第一阶段即产生阶段都发挥了积极作用，尤其是在专利质量的积累上面。而结合关键发明人群体和勤奋型发明人群体的行为特征，可将新兴技术的产生和发展路径划分三种模式：模式①天才型发明人群体与勤奋型发明人群体参与发起，关键发明人群体后期加入，共同促进技术的快速兴起；模式②由关键发明人群体与天才型发明人群体参与发起，但关键发明人群体逐渐退出，勤奋型发明人群体后期加入，并逐渐成为知识创造的主力；模式③各类型发明人群体共同促进新兴技术的产生和快速发展。

本章研究还探索了重要发明人群体在新兴技术显性知识及隐性知识流动中的地位和作用，通过此类研究可以充分展现出技术把人的特征。首先，从显性知识流动来看，关键发明人、天才型发明人和勤奋型发明人所主导的专利成为各项新兴技术专利引文网络中知识流动的最主要输出方，尤其是由关键发明人和勤奋型发明人所主导的专利，由此充分展现出这三类重要发明人群体在新兴技术显性知识流动网络中的重要地位。从隐性知识流动来看，关键发明人和勤奋型发明人往往拥有大规模的个体隐性知识传播网络，不仅将隐性知识传播到多个类型的发明人群体中，且随着时间的推移，这种传播网络还具有良好的成长性，网络规模会逐渐扩大，新成员不断增加，从而促使隐性知识流动到越来越多的发明人，尤其是低效能发明人中，实现隐性知识的广泛流动。另外，从各发明人在隐性知识流动网络中的点度中心度和结构洞优势来看，这些拥有较大个体网规模而居于网络核心地位的关键发明人和勤奋型发明人往往还最具结构洞数量优势，从而在局部网络中拥有强大的信息控制能力，成为局部隐性知识交流的关键枢纽，充分突显出了其技术把门人特征以及在新兴技术隐性知识交流中无可取代的战略地位。

除此之外，通过对纳米Ⅱ类新兴技术前阶段和现阶段发明人间的重合度及显性知识流动展开分析，可以发现虽然前阶段和现阶段的发明人间重合度非常低，但是现阶段的发展依然在很大程度上吸收了前阶段的发展成果，尤其是在前阶段中位于较边缘地位，与其他专利共性较低的研发成果。而通过少数发明人在前阶段和现阶段角色的变迁，还可以总结出因技术知识的积累效应而带来的发明人“晋升”路径。

14.5 本章小结

从发明人个体层次来分析新兴技术发生发展，这一原始创新过程应当说主要是由关键发明人群体、天才型发明人群体和勤奋型发明人群体这三类重要发明人群体所推动的。本章一方面揭示技术创造的主体，由此簇生新兴技术发展初期绝大部分专利的产生和专利质量的积累；另一方面形成知识流动的主要源泉，不仅是显性知识流动的主要输出方，更是隐性知识流动的关键枢纽，从而担当起技术把门人的角色，促进了隐性知识的不断传播与扩散，推动了新兴技术的快速发展。而在各重要发明人群体内部之间，还显现出一定的分工与合作机制。在知识创造中，天才型发明人群体主要在于实现专利质量的积累和突破，尤其是在新兴技术的产生阶段，而勤奋型发明人群体主要在于促进了专利的产出。在知识的流动中，天才型发明人的作用主要体现于显性知识流动，关键发明人和勤奋型发明人则在隐性知识流动中做出了巨大贡献。

作为实现新兴技术辨识和分析过程的发明人群体识别，以上研究工作可能提供一定程度的参考。

第十五章　新兴技术产生、发展中的关键机构群体识别

引言：新兴技术产生和发展过程中，除了发明家个人为主体的创新活动之外，新兴技术发生发展更为重要的是创业者群体，即企业家群体，这也是熊彼特经济学中强调的创新群体，虽然在其创新和创业过程中表现为一个个的个体，但在创新活动的聚集特征上，更表现为个体聚集而成的群体，特别是机构群体。还由于创业者和相应的企业家的个人信息较难获得，因而研究新兴技术发展中的机构主体则是另一个合理的选择。

毫无疑问，不同类型个体发明家在新兴技术知识创造和知识流动过程中的行为特征起着关键、甚至有时是举足轻重的重要作用，但在市场经济的大环境下，个体发明家的作用往往附属于企业行为。即，或者是初创形式的创业型企业，或者是卓有成效的、已有长足发展的成熟企业。前者仍然可以进行个体行为考察(甚至有时创业者本身就是原来的技术发明者，这在专利信息中也可以获得)；而后者则更多体现为一个机构，个体行为往往已经不能独立存在，如绝大多数的专利发明目前都是以职务发明的形式存在。值得提出的是，高校和科研组织这类机构的专利技术，具体的发明家的作用处于一个相对独立和完全附属这样一个分布区间，当特定的技术发明和专利技术较为独特，发明家及其团队扮演“技术把门人”的角色时，他们的个体行为更为突显；反之，当特定的技术发明及其相关专利的技术垄断性以族群形式表现时，机构的角色则更为突显。

总之，某种程度上可以说，以企业、高校和科研院所等为代表的机构由于在社会资源上的优越性和主导性，其主导新兴技术的作用往往在相对热点技术(个体发明家主导的技术在其作用相对突显时往往还没有形成热点)上超越个体作用，成为技术创新活动的重要推进主体。如典型的三螺旋创新模式框架下的产学研体系、创业型大学、大学主导的创业型企业等相关主体表现形式，都突出了这样的机构作用。同时，这里引用的相关研究也在一定程度上揭示出不同类型的机构主体与个体发明家的可能相互作用，及其在技术创新与相关科研活动中的贡献方式。

本章讨论和分析新兴技术的产生和发展过程中，各类机构主体的作用和地位，以及它们如何实现和促进新兴技术的知识创造和知识流动过程？本章将仍以纳米技术为例，深入探索新兴技术产生和发展过程中的机构群体及其相关行为特征。

15.1　纳米新兴技术发展过程中的机构群体分析

本章仍以纳米技术领域的专利技术信息为基础，分析纳米新兴技术发展过程中的机构群体作用。通过对纳米新兴技术专利的所有权人信息进行分析，本书发现这些所有权人可

大致分为三类：企业、高校和科研/政府机构。其中，科研/政府机构主要是指除了高校以外的、开展相关科研活动的社会非营利性组织或政府机构。以下，本章就以这三种机构主体为研究对象，分别探讨纳米Ⅰ类新兴技术和纳米Ⅱ类新兴技术产生和发展过程中的机构群体特征。

15.1.1　Ⅰ类纳米新兴技术发展过程中的机构群体总体分析

在充分采集和分析纳米技术专利信息的基础上(参考第十二章)，本章列出相应的机构群体特征如表 15-1 所示，除了统计出 7 项纳米Ⅰ类新兴技术中不同机构群体的机构数量及其占比外，本章还选取了平均专利授权数量、平均专利耦合连接数和平均非专利参考文献量等指标来对比展现各类机构群体的具体特征。其中，平均专利授权数量展现的是机构群体的平均专利产出能力，平均专利耦合连接数度量的则是机构群体的平均专利质量水平，平均非专利参考文献量则体现了机构群体专利研发与科学研究的紧密程度。

表 15-1　纳米Ⅰ类新兴技术(部分)典型机构群体相关特征

新兴技术	机构群体类型	机构数量占比/%	平均专利授权数量	平均专利耦合连接数	平均非专利参考文献量
T_4	企业群体	57.69	7.07	33.83	6.02
	大学群体	26.92	1.00	26.14	6.00
	科研/政府机构群体	15.38	1.25	24.50	3.75
	总体	100.00	4.54	30.32	5.66
T_{14}	企业群体	64.81	1.54	42.73	13.99
	大学群体	24.07	1.15	59.31	20.18
	科研/政府机构群体	9.26	1.80	28.48	6.24
	总体	100.00	1.47	45.45	14.78
T_{16}	企业群体	59.52	1.72	47.59	15.11
	大学群体	33.33	1.43	44.39	44.61
	科研/政府机构群体	7.14	1.33	36.83	6.83
	总体	100.00	1.60	45.75	24.35

可以总结典型机构群体的相关创新活动特征如下所示。首先，从各机构群体的规模及其占比来看，企业群体是各新兴技术产生和发展过程中规模最大的机构群体，其机构数量占比在所有新兴技术中都位居第一，且在多项技术中超过 50%。排名第二位的为大学群体，其数量在各技术总体中的占比均在 20%以上。其次，从平均专利授权数量和平均专利耦合连接数来看，企业群体展现出了高水平的专利产出能力，其不仅在多数情况下拥有最高的平均专利产出，且平均专利质量也常位居第一，展现出其卓越的技术创新能力。排名第二位的依然是大学群体。虽然在某些新兴技术中，大学群体的平均专利授权数量要低于科研/政府机构群体，但是其平均专利耦合连接数在绝大多数情况下要明显更高。因此，综合来看，相比于科研/政府机构群体，大学群体的平均专利产出水平还是要略胜一筹。第三，从平均非专利参考文献量来看，大学群体显现出了与科学研究间最为密切的联系，其平均

非专利参考文献量在多项技术中位居第一。这与大学的机构属性是密切相关的。高校作为社会中最主要的科研机构之一，本身就具有卓越的科学创新能力。因此，其技术创新活动展现出与科学研究间的紧密联系不足为奇。这也在一定程度上显现出了大学群体在技术创新活动中的信息优势，其可以接触到最新、最前沿的科学成果，并应用于技术研发中。此外，还可以看到企业群体也显现出较强的科学应用能力，其平均非专利参考文献量在多项技术中排名第二，在部分情况下甚至超过大学群体，位居各机构第一。由此说明，企业群体在某些情况下，平均来说，也具有较强的科学知识吸收和应用能力。

15.1.2　II 类纳米新兴技术发展过程中的机构群体总体分析

1) T_3 两阶段各类机构群体相关特征

为深入揭示 II 类新兴技术的增长热潮与原有技术间的关系，依然以 T_3 为研究对象，并以 2006 年为分界点，分前阶段和现阶段两个阶段分别探索该技术的各类型机构群体及其相应特征，如表 15-2 所示。

表 15-2　T_3 两阶段各类型机构相关特征值

新兴技术	机构群体类型	机构数量占比/%	平均专利授权数量/件	平均专利耦合连接数	平均非专利参考文献量
T_3-前阶段	企业群体	78.65	1.95	34.21	25.65
	大学群体	16.29	1.59	30.37	42.69
	科研/政府机构群体	5.06	1.44	21.56	25.48
	总体	100.00	1.87	32.95	28.42
T_3-现阶段	企业群体	67.39	2.05	42.80	42.09
	大学群体	23.91	1.36	32.20	61.14
	科研/政府机构群体	8.70	1.25	16.13	11.67
	总体	100.00	1.82	37.95	40.00

从两个阶段的对比来看，各类机构群体间的特征产生了以下变化。第一，不同类型机构在数量上的占比出现调整。相比于前阶段而言，T_3-现阶段中的大学群体和科研/政府机构群体数量的比例均明显提升，而企业群体则相应下降。这在一定程度上说明在 T_3 新一轮的发展周期中，大学和科研/政府机构的参与程度比之前更高了。第二，在现阶段总体的平均专利授权数量出现下降的情形下，企业群体的平均专利授权数量不降反增，与大学群体和政府/科研机构群体间的差距进一步拉大，由此更加显现出企业群体较高的专利产出能力。第三，从平均专利耦合连接数和平均专利参考文献量来看，企业群体和高校群体在现阶段的平均专利质量显著提高，与科学间的联系也进一步加强，而政府/科研机构群体则出现完全相反的变化，说明在新一轮的发展周期中，企业和高校这两类机构群体可能在技术上取得了质的飞跃。

2) T_3 两阶段机构间重合度分析

由前文分析结果可知，从发明人层次来看，T_3 两阶段的发明人重合度非常低，在 T_3-

现阶段的 382 名发明人中，98.60%都是新发明人，即 T_3 近年来的新发展几乎是由全新的发明人群体所推动，显现出 T_3 新的生命力。但是考虑到发明人个体的技术创新行为本身就具有较大的不稳定性，如年龄的增长、研发兴趣的转移或者自身技术能力的限制等因素的影响都将可能导致原发明人退出该技术的研发，而相比之下机构的技术创新行为则更稳定。因此，为进一步探索 T_3-现阶段发展和前阶段的原有技术之间的关系，有必要进一步对 T_3 两阶段的机构间的重合度展开分析。

由表 15-3 可见，从总体而言，T_3-现阶段新机构数量的占比虽不如新发明人的占比那样高，但也依然高达 83.70%，且不同类型机构群体都显现出了类似特征，即新成员的占比高达 80%以上。这再一次从机构主体的角度说明 T_3 的新一轮发展周期的确是由新的主体所主导的。

表 15-3　T_3-现阶段各类型机构群体构成表

机构群体类型	已存机构数量	新机构数量/家	新机构数量占比/%
企业群体	9	53	85.48
大学群体	5	18	78.26
科研/政府机构群体	1	7	87.50
总体	15	77	83.70

同样，由表 15-4 可以看到，有 15 家机构同时参与了 T_3 两个阶段的研发，为了对比分析这些机构在前后两个阶段的发展变化，本书统计出了这 15 家机构分别于前后两个阶段所持有的专利数量及其在相应阶段中的占比。

表 15-4　T_3 两阶段重合机构专利数量及占比对比

机构名称	前阶段专利数量/件	前阶段专利数量占比/%	现阶段专利数量/件	现阶段专利数量占比/%
3M Innovative Properties Company	2	0.63	19	12.03
The General Hospital Corporation	4	1.26	4	2.53
Elan Pharma International Limited	4	1.26	3	1.90
Massachusetts Institute of Technology	4	1.26	3	1.90
Cornell Research Foundation，Inc.	1	0.31	2	1.27
Protiva Biotherapeutics，Inc.	1	0.31	2	1.27
The Board of Regents of the University of Michigan	2	0.63	2	1.27
The Regents of the University of California	6	1.89	2	1.27
The University of Akron	1	0.31	2	1.27
Vical Incorporated	1	0.31	2	1.27
Board of Regents，The University of Texas System	1	0.31	1	0.63
Bracco Research S.A.	2	0.63	1	0.63
Michigan Molecular Institute	1	0.31	1	0.63
NitroMed，Inc.	1	0.31	1	0.63
Yissum Research Development Company of the Hebrew University of Jerusalem	2	0.63	1	0.63

经比较发现，这 15 家机构中，除了一家（The Regents of the University of California）以外，其余机构在现阶段的专利占比均较前阶段有所增加或不变，尤其是 3M Innovative Properties Company，由前阶段的 0.63%一跃升至 12.03%，位于现阶段所有机构专利数量占比的第一位。这说明从总体上看，这些已存机构在 T_3 现阶段发展中的相对地位相比以前而言普遍提高了。这从机构层次再次显现出一定的技术积累效应，即虽然从机构数量上看，T_3 的新一轮发展周期主要是由全新的机构所推动的，但这些已存机构由于在原有技术研发中所积累的创新能力和经验，在 T_3-现阶段的发展中发挥着更加甚至是至关重要的作用。

15.2　纳米新兴技术发展过程各类典型机构群体的知识创造

在分析纳米新兴技术各机构群体总体特征的基础上，本章进一步从专利产出和专利质量两个维度深入揭示不同机构群体的知识创造能力。其中，专利产出依然通过专利授权数量来考察，而专利质量则从授权专利在所有纳米集合中的耦合连接数来度量。但考虑到此处机构类型较少，且各类机构彼此间可能都存在专利合作行为，本书研究在此没有采用简单的"完整计数"法来统计三种机构群体的专利数量及其质量，而是根据专利所有权人的特征，将所有专利划分成了"仅由企业所有、仅由大学所有、仅由科研/政府机构所有、由企业和大学共同所有、由大学和科研/政府机构所有、由企业和科研/政府机构所有以及由企业、高校和科研/政府机构共同所有"等 7 种情况。进而测度这 7 类专利在新兴技术不同发展阶段及其总体中的数量和质量总和及其相应占比，如表 15-5 和表 15-6 所示，以更明晰地展现不同机构群体及其合作在新兴技术知识创造活动的行为特征。

此处，新兴技术的发展阶段依然通过发明专利年度授权数量的累积量分别达到技术专利总量的 20%、70%以及 100%来进行划分。其中，第一阶段代表新兴技术的产生阶段，第二阶段代表新兴技术的第一个快速发展阶段，第三个阶段则表示新兴技术的近期发展（但鉴于有些新兴技术的专利总量较小，此处仅对规模较大的，授权专利总量超过 60 的 T_4、T_{14}、T_{16}、T_{111} 和 T_3-现阶段等技术的发展过程展开阶段划分，表 15-5 和表 15-6 中仅包括 T_4、T_{14}、T_{111}）。

表 15-5　不同机构群体的专利产出

新兴技术（部分）	专利类型	第一阶段	第二阶段	第三阶段	总体
		占比/%	占比/%	占比/%	占比/%
T_4	企业	95.65	88.89	90.32	90.74
	大学	0.00	3.70	0.00	1.85
	政府/科研机构	0.00	1.85	0.00	0.93
	企业+大学	0.00	1.85	6.45	2.78
	大学+科研/政府机构	0.00	0.00	0.00	0.00
	企业+科研/政府机构	0.00	3.70	3.23	2.78
	企业+大学+科研/政府机构	4.35	0.00	0.00	0.93
T_{14}	企业	73.33	57.58	77.27	67.14
	大学	13.33	24.24	13.64	18.57
	政府/科研机构	13.33	12.12	4.55	10.00

续表

新兴技术（部分）	专利类型	第一阶段	第二阶段	第三阶段	总体
		占比/%	占比/%	占比/%	占比/%
	企业+大学	0.00	3.03	4.55	2.86
	大学+科研/政府机构	0.00	0.00	0.00	0.00
	企业+科研/政府机构	0.00	3.03	0.00	1.43
	企业+大学+科研/政府机构	0.00	0.00	0.00	0.00
T_{111}	企业	42.31	43.08	38.46	41.54
	大学	38.46	13.85	15.38	19.23
	政府/科研机构	15.38	3.08	2.56	5.38
	企业+大学	0.00	38.46	43.59	32.31
	大学+科研/政府机构	3.85	1.54	0.00	1.54
	企业+科研/政府机构	0.00	0.00	0.00	0.00
	企业+大学+科研/政府机构	0.00	0.00	0.00	0.00

表 15-6　不同机构群体的专利质量

新兴技术（部分）	专利类型	第一阶段	第二阶段	第三阶段	总体
		占比/%	占比/%	占比/%	占比/%
T_4	企业	95.18	93.99	94.19	94.25
	大学	0.00	1.70	0.00	0.97
	政府/科研机构	0.00	0.94	0.00	0.53
	企业+大学	0.00	1.75	3.69	1.96
	大学+科研/政府机构	0.00	0.00	0.00	0.00
	企业+科研/政府机构	0.00	1.62	2.12	1.47
	企业+大学+科研/政府机构	4.82	0.00	0.00	0.82
T_{14}	企业	70.45	42.95	80.48	60.20
	大学	13.94	46.30	9.62	28.49
	政府/科研机构	15.61	9.14	4.29	8.63
	企业+大学	0.00	0.97	5.62	2.36
	大学+科研/政府机构	0.00	0.00	0.00	0.00
	企业+科研/政府机构	0.00	0.64	0.00	0.32
	企业+大学+科研/政府机构	0.00	0.00	0.00	0.00
	企业+大学+科研/政府机构	0.00	0.00	0.00	0.00
T_{111}	企业	62.09	48.63	42.56	48.80
	大学	26.83	8.35	14.45	13.54
	政府/科研机构	9.44	1.72	1.29	2.86
	企业+大学	0.00	40.73	41.69	34.25
	大学+科研/政府机构	1.64	0.56	0.00	0.55
	企业+科研/政府机构	0.00	0.00	0.00	0.00
	企业+大学+科研/政府机构	0.00	0.00	0.00	0.00

观察表 15-5、表 15-6 可知，总体上企业群体在新兴技术的知识创造过程中发挥了绝对主导作用。从专利产出来看，由企业群体独自拥有的专利在各技术专利总量中的占比往往高达 65%以上，在个别技术中甚至达到 90%；如若再加上企业与大学或科研机构合作的专利，则企业群体所拥有的专利更多，占比也更高，往往达到 70%以上甚至更高。其次，从专利质量上看，企业群体在各技术专利质量积累中的作用则更加重要——其独自拥有的专利的质量之和在技术专利质量累积总和中的占比就常达到 80%，甚至是 90%以上。因此，可以说，企业群体是新兴技术知识创造中最为重要的机构群体。排在第二位的则是大学群体。一方面大学群体独自拥有的专利数量在多个技术中的占比达到 20%左右，在部分技术中甚至高达 40%，与企业群体相差无几。另一方面，在个别技术领域，大学群体还存在与企业群体的广泛合作，如在 T_{111} 中，由企业和大学共同拥有的专利数量总体占比高达 34.25%，此时若再加上大学群体独自拥有的专利，大学群体在该技术中的专利数量占比要高达 50%以上。由此，充分显现出了大学群体在新兴技术中卓越的知识创造能力。

从各类型专利在各阶段中的数量和质量变化情形来看，在各机构群体及其相互合作行为的作用下，新兴技术的知识创造过程可以划分为两种模式。模式①由企业群体为主导，各类机构群体独立发展。这在多项新兴技术的发展过程中均有体现，即在新兴技术的各个发展阶段中，都同时出现了企业、大学和政府/科研机构的身影，但这些机构间鲜有合作，且企业群体处于绝对主导的地位，在专利产出和专利质量的积累上都做出了无可比拟的贡献。模式②企业群体和大学群体由彼此独立向深度合作迈进，共同促进新兴技术的快速发展。如在 T_{111} 的产生阶段，企业群体和大学群体彼此独立，且几近平分秋色，在专利产出中各占 40%左右。但到第二阶段，企业和大学间产生了大量合作，共同持有的专利由 0%升至 40.73%；而到第三阶段，这一比例再次上升至 41.69%。由此显现出不同类型机构间的合作机制。

15.3　纳米新兴技术发展过程中各典型机构群体的知识流动

在此，本章再次选择从显性知识流动和隐性知识流动两个角度探索各机构群体在新兴技术产生和发展过程中的行为特征。其中，显性知识流动主要借助专利间的引用关系来考察，而隐性知识流动则从机构间的合作来度量。

15.3.1　纳米新兴技术各机构群体的显性知识流动

与发明人间存在广泛合作不同，从表 15-5 和表 15-6 中可知，在机构层次，各典型机构间进行专利合作的情形是较少的。本书研究统计发现，在绝大多数纳米新兴技术授权专利中，由两家或两家以上机构共同持有的合作专利占比往往不到 10%。因此，可以各技术专利内部间的引用关系为基础，间接构建专利所有权人间的引用关系及其引用矩阵，从而获得技术内部各机构间的显性知识流动网络。但鉴于不同类型新兴技术的产生模式的差异，本书还是分别讨论 I 类新兴技术和 II 类新兴技术机构间的显性知识流动。

1)纳米 I 类新兴技术机构间的显性知识流动

首先根据各纳米 I 类新兴技术的专利及其参考文献，构建各技术内部的专利引用对，进而依据专利的所有权人信息，建立所有权人间的引用对，如若存在多位所有权人共同只有某专利的情况，则采用完整计数法一一构建专利所有权人间的引用对信息。例如，A 专利由专利权人 1 和专利权人 2 共同持有，专利 B 由专利权人 3 持有，专利 A 引用了专利 B，则视专利权人 1 和专利权人 2 分别引用专利权人 3 一次。由此便可构建各技术内部专利权人间的引用矩阵，矩阵中的元素代表专利权人间所发生的引用次数，并利用 UCINET 软件生成各新兴技术内的专利权人引文图如图 15-1～图 15-3(见本书彩图图版)示例。图 15-1～图 15-3 中的节点表示所有权人，所有权人间的连线代表机构间存在引用关系，连线的粗细代表引用次数，连线越粗，则引用次数越多。箭头的方向指明了被引用的方向，即知识的流动方向。节点的颜色代表所有权人所属的机构类型，其中蓝色代表企业，橙色代表大学，而绿色代表科研/政府机构。

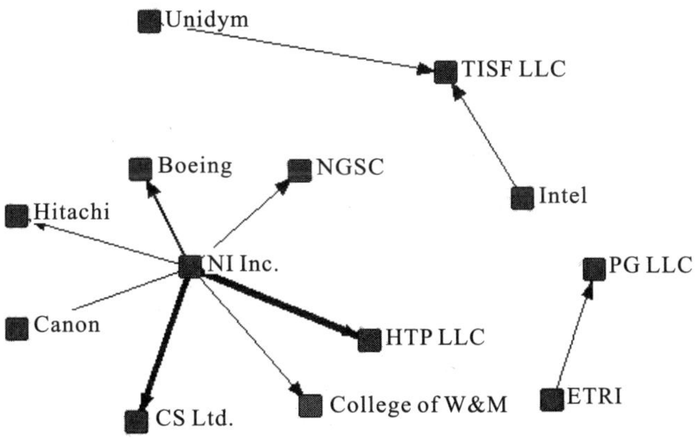

图 15-1　T_{14} 机构间引用网络

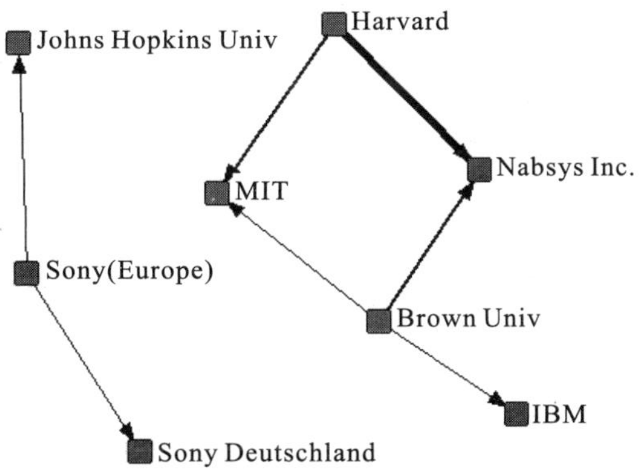

图 15-2　T_{16} 机构间引用网络

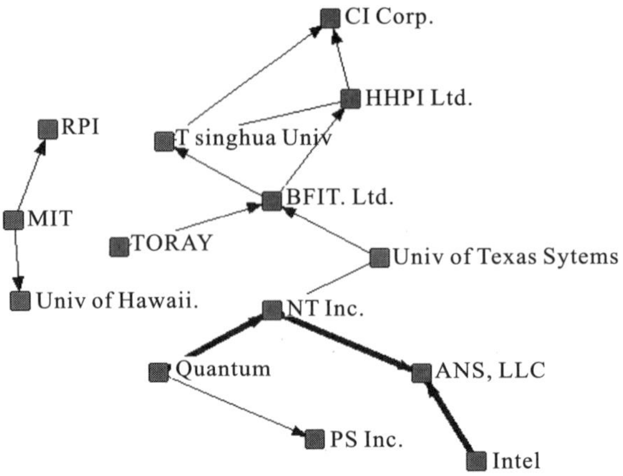

图 15-3　T_{111} 机构间引用网络

观察图 15-1～图 15-3，各 I 类纳米新兴技术机构间的显性知识流动大体可分为三种情形。第一种，以企业群体内部的知识流动为主。如 T_{14} 中，所有权人间的显性知识流动基本发生于企业与企业之间，大学和科研/政府机构则参与得较少，主要表现为某企业拥有较强的知识吸收能力，从多家其他企业中吸收知识，或某企业拥有较强的知识输出能力，其专利被多家其他企业甚至大学引用(如 T_{14} 中的 NI Inc.)。第二种，大学为主要的知识输出方。如 T_{16} 机构引用网络中，知识的流动主要从某些大学开始，被企业或其他大学所吸收，如 Harvard 和 Brown Univ 就成为 Nabsys Inc.、IBM 和 MIT 的主要知识源。第三种，知识在企业和大学之间相互流动，形成较为复杂的知识流动网络。如 T_{111} 就属于这种情形。由此可见，企业和高校均为 I 类纳米新兴技术机构间的显性知识流动的重要主体，但其在网络中的具体地位需视技术的具体发展情况而定。

2) 纳米 II 类新兴技术机构间的显性知识流动

为考察前阶段的技术积累可能对现阶段的发展产生的影响，本书在研究 T_3 现阶段的知识流动时，不仅考察了现阶段的机构间的知识流动，还考虑了前阶段的机构对现阶段机构的知识流动。具体分析步骤如下：首先，以 T_3 现阶段的专利为对象，对其参考文献与 T_3 内部的所有专利间(包括前阶段专利和现阶段专利)进行匹配分析，从而生成现阶段专利与 T_3 内所有专利间的引用对。接下来，结合专利所有权人信息，构建所有权人间的引用矩阵，并由此利用 UCINET 生成以现阶段专利为基础的 T_3 机构间引用网络，如图 15-4 所示。图 15-4(见本书彩图图版)中节点表示所有权人，节点间的连线表示所有权人间的存在引用关系；箭头的方向代表知识的流动方向；节点的颜色表示所有权人所属机构类型，其中蓝色为企业，橙色为大学，绿色为科研/政府机构；节点的形状表示所有权人所处的 T_3 发展阶段，方形代表现阶段出现的新机构，圆形代表仅在前阶段存在，现阶段退出的旧机构，三角形则代表在两个阶段都存在的已存机构。

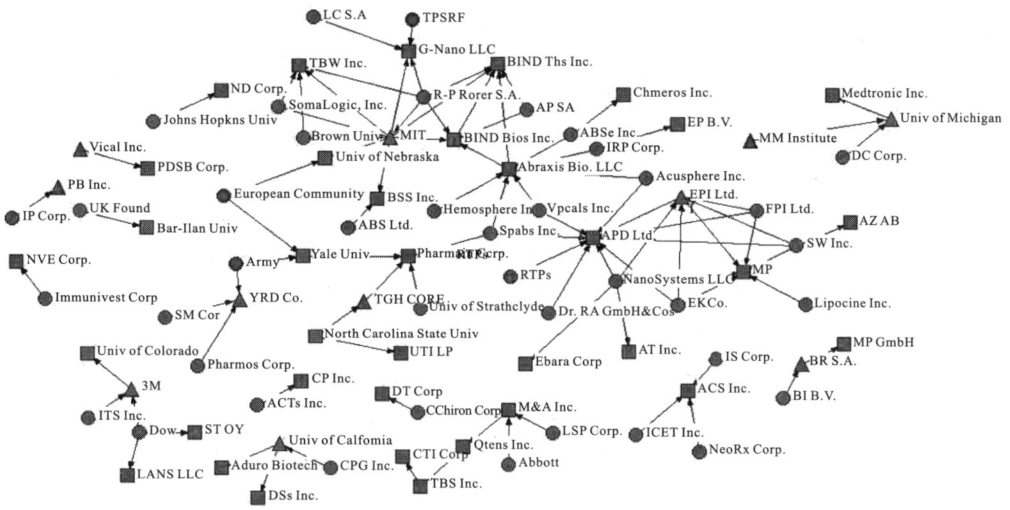

图 15-4 以现阶段专利为基础的 T_3 机构间引用网络

由图 15-4 可以看到，在 T_3 现阶段机构引用网络中，知识的流动首先主要发生在企业群体的内部——大部分连线都产生于蓝色的节点之间；其次，大学的知识多流向企业，如图 15-4 中多条由橙色节点指向蓝色节点的连线。为更清晰地展示不同机构群体在该网络中的角色，本节分阶段统计出了不同类型机构群体的点入度之和点出度累计值及其占比，如表 15-7 所示。

表 15-7 T_3 不同阶段不同类型机构群体的点入度和点出度累计值及其占比

机构所属阶段	机构群体类型	点入度	点入度占比/%	点出度	点出度占比/%
前阶段	旧企业群体	0	0.00	59	62.77
	旧大学群体	0	0.00	5	5.32
	旧科研/政府机构群体	0	0.00	5	5.32
前阶段+现阶段	已存企业群体	12	12.77	6	6.38
	已存大学群体	6	6.38	9	9.57
	已存科研/政府机构群体	0	0.00	1	1.06
现阶段	新企业群体	70	74.47	6	6.38
	新大学群体	6	6.38	3	3.19
	新科研/政府机构群体	0	0.00	0	0.00
	总计	94	100.00	94	100.00

由前文分析结果已知，T_3 前阶段和现阶段的机构重合度很低，即有大量机构退出了 T_3 新一轮的发展周期。但从表 15-7 可以看出，这些已退出机构的影响却并没有消失。从点出度来看，在以 T_3 现阶段机构为中心所构建的显性知识流动网络中，仅在前阶段出现的旧机构群体成为最主要的知识输出方——点出度占比之和高达 73.41%，尤其是其中的

旧企业群体——其点出度占比高达 62.77%，由此说明前阶段旧机构，尤其是其中的旧企业群体构成了 T_3 现阶段机构的最重要知识源，对 T_3 现阶段发展的起到了重要作用。排在第二位的知识输出方则是大学，所有大学类机构(包括旧大学群体、已存大学群体和新大学群体)的点出度占比之和为 18.08%，构成了 T_3 现阶段知识流动中的又一大信息源。

而从点入度来看，现阶段企业(包括已存企业和新企业)成为知识流动网络中的最主要接收方，其点入度占比之和高达 87.24%。而由图 15-4 也可观察到，前阶段旧机构或现阶段大学的知识绝大部分都流向了现阶段的企业群体。由此，可以说，企业群体依然是 T_4 现阶段的显性知识流动中最重要的机构主体。一方面，其是知识的最主要输出方(由前阶段的旧企业群体现)；另一方面又构成了知识的主要吸收方(由现阶段企业群——包括已存企业和新企业体现)，从而实现了知识流动，促进了新兴技术的发展。

15.3.2 纳米新兴技术各机构群体的隐性知识流动

如前所述，隐性知识的流动必须通过主体之间的合作来实现。因此，要探索机构群体之间的隐性知识流动，就需从机构间的合作入手。在此，本书就以所有权人合作持有的专利为对象，来分析新兴技术各机构群体间的隐性知识流动特征。如表 15-8 所示，鉴于在纳米新兴技术中合作专利较少的现象，此处不构建机构间的合作网络，而是通过具体统计出各项新兴技术中的机构间合作类型及其合作次数来展开具体分析。

表 15-8 不同机构合作类型及其合作次数

合作类型	T_4	T_{14}	T_{16}	T_{111}	T_{114}	T_{1110}	T_3-现阶段	总计	占比/%
企业+企业	1	3	2	4	0	1	2	13	15.85
企业+大学	3	2	0	42	1	1	3	52	63.41
企业+科研/政府机构	3	1	0	0	0	0	2	6	7.32
大学+大学	1	0	2	1	0	0	1	5	6.10
科研/政府机构+科研/政府机构	0	1	0	0	0	0	1	2	2.44
大学+科研/政府机构	0	0	0	2	0	1	0	3	3.66
企业+大学+科研/政府机构	1	0	0	0	0	0	0	1	1.22

注：T_{118} 中无所有权人间的合作专利，因此不包含在此表中。

由表 15-8 可见，在纳米新兴技术中，机构间最重要的隐性知识流动方式是企业和大学间的知识流动——其合作次数占比高达 63.41%，在机构间的各种合作类型中占据绝对主导地位。其次是企业与企业之间的隐性知识流动，其合作次数占比为 15.85%。排在第三位的则是企业和科研/政府机构间的合作。由此，综合来看，产学研合作是纳米新兴技术隐性知识实现流动的最主要方式，这也是目前学界最提倡的机构间合作创新方式。通过产学研合作，可以将大学、科研机构和企业间的优势进行互补，一方面使企业获得最前沿的科研信息和研究技能，另一方面也能使大学和科研/政府机构获得更多的市场信息。

15.4 主导企业群纳米新兴技术创新绩效影响因素分析

由前文分析可知，从机构层次而言，企业群体在新兴技术产生和发展过程中处于绝对主导地位，对新兴技术的知识创造和知识流动发挥了其他机构群体无可比拟的重要作用。因此，有必要对主导企业群展开更深层次的分析，从而揭示该群体与新兴技术间的密切联系。

多项研究指出，企业规模、技术多样化和外部网络等特征或行为皆能对其技术创新行为产生深刻影响，那么对于新兴技术的研发而言，企业的这些典型特征又将如何作用呢？以下本书将从多个角度探索企业在新兴技术创新绩效中的影响因素以及这些因素的作用机制。

15.4.1 企业新兴技术创新绩效及其影响因素分析——相关假设

由前文分析结果可知，纳米中的新兴技术绝大部分属于Ⅰ类新兴技术，且根据本书对Ⅰ类新兴技术的定义可知，Ⅰ类新兴技术本质上是新近出现的正在蓬勃发展的新技术，其往往是突破性创新或技术不连续的发展结果，很可能使原有技术轨道产生跃迁而对已存行业产生深远影响，也有可能对应一个全新的应用领域，从而创造一个新行业。从某种程度上来说，Ⅰ类新兴技术的创新性更强，发展潜力更大，也更符合社会各界对新兴技术的理解和认识。因此，本书以下将主要针对Ⅰ类新兴技术的情形探索影响企业在新兴技术上的创新绩效的主要因素及其作用机制。

影响企业新兴技术创新绩效的因素很多，经过综合考虑，本书研究认为主要包括以下几个方面。

(1) 企业规模。当前研究认为，企业规模与其技术创新行为间存在紧密联系，其中大型企业往往倾向于知识创新活动中表现为渐进性创新的部分，即积累性技术进步与创新，而小型企业则致力于知识创新活动中风险更大的部分。鉴于新兴技术的“创造性毁灭”特征和未来极高的不确定性，本书认为新兴技术的产生应更多的与小型企业有关。因此提出假设 1。

假设 1——企业规模应与企业的新兴技术创新绩效间呈负向关系。

(2) 企业年龄。企业年龄与技术创新间的关系与企业规模类似。年龄长的企业更多的与“在位企业”的概念相关，常注重于现有技术轨道上的连续性创新；而年龄短的企业则更多地被称为“新企业”，往往具有更强的创新性。据此，提出假设 2。

假设 2——企业年龄应与企业的新兴技术创新绩效间呈负向关系。

(3) 企业的研发质量。企业研发质量是对企业研发能力的切实反映，一般说来，企业的研发质量越高，则企业本身的研发能力越高，创新性越强，因此提出以下假设 3。

假设 3——企业的研发质量与企业新兴技术创新绩效间呈正向关系。

(4) 企业在相关技术领域的技术积累。一般而言，企业在相关技术领域的技术积累越多，则在相关技术领域的研发能力越强，对该领域的发展现状和未来方向把握得也越准确，越易在技术上取得新的突破，因此提出假设 4。

假设 4——企业在相关技术领域的技术积累与企业的新兴技术创新绩效间呈正向关系。

(5) 企业技术多样化程度。当前的多项研究表明企业技术多样化与创新绩效存在着显著的正相关关系。企业技术的多样化程度越高，则企业的技术积累越丰富，对多个领域技术的动态变化更敏锐，因此，提出假设 5。

假设 5——企业技术多样化程度应与企业的新兴技术创新绩效间存在正向关系。

(6) 企业对外合作程度。企业的对外合作与企业技术创新间存在紧密联系。首先，企业与大学和科研机构的合作，可以促进科学知识的转化；其次企业之间的合作联盟则有助于利用聚合知识，激发创新灵感，分散研发成本，缩短研发时间，提高技术创新成功率。据此，提出假设 6。

假设 6——企业对外合作程度应与企业的新兴技术创新绩效间存在正向关系。

15.4.2　企业新兴技术创新绩效影响因素模型分析

为验证上文所提出的各种假设，在此以前文识别出的 7 项纳米 I 类新兴技术为研究对象，对企业新兴技术创新绩效影响因素展开实证研究。其中，新兴技术创新绩效通过企业在新兴技术中持有的授权专利数量来度量，而各影响因素的具体测度指标如下所示。

(1) 企业规模——由于本书关注的是企业在技术层面的研发能力和创新绩效，因此此处的企业规模不用传统的经济类指标来度量，而是以该企业所持有的所有授权专利数量来衡量，某企业拥有的专利授权总量越多，则该企业在“技术层面”的规模越大。

(2) 企业年龄——类似的，此处的企业年龄也不以其法定注册时间为标准测算，而是以其拥有第一件授权专利的时间来测算，反应的是企业实际开展技术研发的年龄。

(3) 企业研发质量——以其所有授权专利的平均权利要求项数来度量。

(4) 企业在相关技术领域的技术积累——由于此处的研究对象是纳米领域的新兴技术，因此选择企业在纳米领域的所有授权专利数量来反映企业在该领域的技术积累。

(5) 企业技术多样化程度——以辛普森指数来度量企业所有授权专利在各技术领域中的多样化程度，辛普森指数越高，则企业技术多样化程度也越高，其具体计算过程如式(15.1)所示

$$D = 1 - \sum (N_i / N)^2 \tag{15.1}$$

其中，N 为企业的所有授权专利数量，N_i 为企业在第 i 个技术领域所拥有的专利授权数量。

此处，本节以 IPC 体系的 8 个部为基础，将所有专利划分至 8 个技术领域中，因此 $i = 8$。

(6) 企业对外合作程度——以企业所拥有的合作专利数量在其所有授权专利中的占比来衡量。

由此，本节以前文识别出的 7 项纳米 I 类新兴技术的专利信息，整理出了 148 家企业的具体名单，并以美国专利局授权数据库为数据源，收集和计算得到各企业的上述各指标值，进而以各企业在 7 项纳米 I 类新兴技术中拥有的总授权专利数量为因变量，以各企业在上述各指标中的取值为自变量，利用 SPSS 采用逐步回归法开展多元回归分析(数据处理过程本章从略)。

根据分析结果，共有4个自变量被选入回归模型中，按照其对因变量预测力的高低，依次是纳米授权专利总量、授权专利总量、年龄和合作专利占比。随着自变量的增加，模型的拟合度也逐步提高，R 方由0.640升至0.692，调整 R 方则由0.638升为0.685，且模型整体检验的 F 值均达到显著水平。

根据最优的回归模型结果，企业在纳米领域的技术积累、规模、年龄和对外合作程度均对企业在纳米新兴技术中的研发绩效产生了显著影响。其中，纳米领域的技术积累和对外合作程度对企业的新兴技术研发绩效产生了显著的正向影响，而企业规模和年龄则产生了显著的负向影响。由此，本研究所提出的假设1、假设2、假设4和假设6均得到验证。而其他两个影响因素——企业研发质量和企业技术多样化程度的相关指标由于不显著而被移除。

因此，综合看来，在纳米新兴技术的研发中，确实是那些规模较小的、年龄较短的企业更具有创造力，产生了更高的研发绩效，且企业本身在纳米技术领域的技术积累及其对外合作也对企业在新兴技术的研发发挥了关键作用，而企业的研发质量和技术多样化的影响却不显著。

15.5　本章小结

本章根据纳米新兴技术专利的所有权人信息，将纳米新兴技术的主要机构群体划分为企业群体、高校群体和科研/政府机构群体三类，识别比较各新兴技术中不同机构群体及其总体特征。研究发现，企业群体是各新兴技术产生和发展过程中规模最大机构群体，其机构数量在各技术总体中的占比往往达到50%以上，且其平均专利产出数量最多，质量也最高，显现出卓越的技术创新能力。而高校群体虽然从机构数量、专利产出和专利质量上皆位居第二，但其与科学研究间的关系最为紧密。

同时，分析不同类型机构群体在纳米新兴技术中的知识创造能力，其研究结果显示，企业群体在新兴技术的知识创造过程中发挥了绝对主导作用。一方面从专利产出来看，由企业群体独自拥有的专利在各技术专利总量中的占比往往高达65%以上，如若再加上与大学或科研机构合作的专利，企业群体所拥有的专利占比则往往达到70%以上。其次，从专利质量上看，企业群体独自拥有的专利的质量之和在技术专利质量累积总和中的占比就常达到80%，甚至是90%以上。因此，企业群体是新兴技术知识创造中最为重要的机构。其次，是大学群体，一方面其独自拥有的专利数量多，在各技术领域中占比达到20%左右，有时甚至与企业群体相差无几；另一方面，在个别技术领域，高校群体还存在与企业群体的广泛合作。

而从各机构群体在新兴技术不同发展阶段的行为特征来看，新兴技术的知识创造过程可以划分以下两种模式。模式①——由企业为主导，各类机构独立发展。即在新兴技术的各个发展阶段中，都同时出现了企业、高校和政府/科研机构的身影，但这些机构间鲜有合作，且企业处于绝对主导的地位，在专利产出和专利质量的积累上都做出了无可比拟的贡献。模式②——企业和高校由彼此独立向深度合作迈进，共同促进新兴技术的快速发展，显现出不同机构群体间的合作机制。

本书研究对企业纳米新兴技术创新绩效的影响因素及其作用机制的分析还发现：企业纳米新兴技术的创新绩效与企业规模、年龄、在纳米领域的技术积累以及对外合作程度有关。其中，企业规模和年龄均对企业纳米新兴技术创新绩效产生了显著的负向影响，即往往是规模较小的、年龄较短的企业更具有创造力，产生了更高的研发绩效；而纳米领域的技术积累和对外合作程度对企业的新兴技术研发绩效产生了显著的正向影响，对企业在新兴技术的研发发挥了重要作用。

而且，本章通过对纳米Ⅱ类新兴技术前阶段和现阶段机构间的重合度及显性知识流动展开分析，发现虽然前阶段和现阶段的机构重合度很低，即有大量机构退出了新一轮的技术发展周期，但这些机构的影响并没有消失，其构成了现阶段机构的最主要知识源，对现阶段发展的起到了重要作用。而通过对比在前阶段和现阶段均出现的已存机构在前后两个阶段中的发展变化，发现从总体上看，这些已存机构在现阶段发展中的相对地位相比以前而言普遍提高了，这再次从机构层次显现出一定的技术积累效应。

第十六章　小微创新群参与新兴技术载体：制药行业专利群技术质量分析和辨识

引言：由于药物创新的成功率极低，或者说，新药的研发风险很大，而药物创新成功之后又会极大强化所有权企业的独占性，并且在相当长的时间上保持这一优势，因此制药行业的研发费用占销售额比例远远高于其他行业，被广泛认为是一个研发驱动、创新活动频繁、新技术密集的部门，同时又是一个与基础研究活动密切相关的研发格局。而专利制度又能为药品创新提供非常典型的有效保护，从而使得企业高额的研发费用可能通过这种法律赋予的独占性机制得到补偿。对于制药业而言，控制了相当的专利也就等于控制了其竞争优势来源。McMillan 等(2000)认为，由于专利对于制药行业创新的保护作用，相比于其他行业而言，制药业是最倾向于申请专利的行业。专利是反映技术创新的一个很好的指标。相比于制药业，ICT 行业的专利保护倾向性更多体现在构筑市场进入壁垒，专利对其技术优势的控制不如制药行业那样突出。

正由于制药研发的高风险和高投入，单一企业或少数企业的创新必定独力难支，因此制药业又是一个容纳多种类型创新主体的创新行业。产业创新体系著名学者Malerba(2004)认为这主要是由于它所包含的直接的或者间接的创新活动涉及不同种类的企业、科研机构，乃至政府机构等多样化的参与者。而医药制造企业为获得外部技术和知识的来源和转移，也更倾向于和高等教育和科研机构的学术界保持更多联系，于是制药业与大学和公共研究机构的研究联系总是非常稳固(Carlsson，2002)。此外，McMillan 等(2000)研究还表明，制药业比其他高科技产业更加依赖公众介入和相应的公共科学，需要学术界和公共研究机构为其提供潜在的新思想来保持自身创新能力，这一点特别在生物制药业及其与大学的紧密合作中表现突出。因此，总体上说，制药业，特别是生物制药技术产业有着创新活动集群发展的特征，更被多种研究将其贴上了熊彼特 I 型创新模式典型产业的标签。

因此，本章聚焦制药技术和生物制药技术领域，希望从中分析和整理出多种创新群体，特别是小微创新群体开发新兴技术的规律及其相应的技术辨识框架。当然，这一领域的技术主要以专利权形式来保护，相关的分析和研究都主要是通过专利技术数据来开展的。

16.1　制药行业新兴技术发展的背景分析

制药行业是一个多种科学技术作为其备用知识资源的技术集成领域，特别与生物技术行业的发展关系密切。而生物技术是一个既传统、又新兴的技术领域，在这一领域从事技术创新的各类主体繁多。其中，产学研联盟、小微创新企业都是最为重要的新兴技术推进群体。

英国学者 Sharp(1996) 曾根据生物技术发展线索绘制出一副生物技术发展图谱，说明了生物技术与制药技术的发展关系，值得参考。

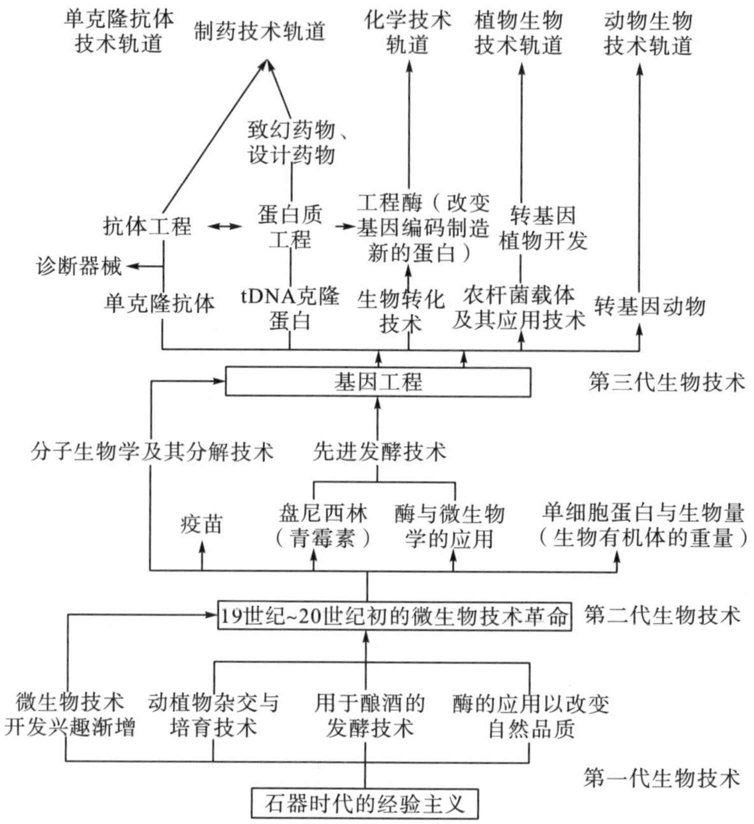

图 16-1　生物技术发展图谱

注：引自 Sharp(1996)

从图 16-1 中可以看出，生物技术和制药技术是交替发展的，微生物技术的研究兴趣和种种潜在实践需要刺激产生了青霉素等关键药品，而现代制药技术由此与微生物技术乃至后来的化工技术结合发展，又促进了生物技术的扩展，其中诊断器材和医疗器械也是必要的一环(例如，用于微生物技术发展的显微镜的发明)。可以说，生物技术和制药技术的发生发展是现代科学技术发展以及新兴技术发展的重要族群之一，而这样的族群型发展在人类文明历史的进展中其实并不多。

同样，从图 16-1 中发现，多种多样的技术路径开发者的类型众多，可以是从事科学研究的科学家，也可以是从事与生物技术有关的农业或食品行业的工匠，可以是大型企业的研发中心，也可以是小型企业的化合物开发，甚至是创业型企业的一个生物技术尝试。事实上，公布这一图谱的研究背景就曾强调英国蛋白质工程俱乐部的发展环境，本身就说明了俱乐部成员的多样性、复杂性，同时也具有的技术垄断性。

而制药技术和生物技术大多是通过专利保护的，尤其是生物制药技术，这一点在国际上的多种研究中也得到认可。如，有研究认为，生物制药技术最倾向于通过申请专利来保护自己的技术资源(Taylor and Siberston，1973)。Arundel 和 Kabla(1998)也通过问卷调查的数据，证明制药领域 79.2%的创新成果都倾向于申请专利保护；Arundel 还同时就此展开分析，他基于资源理论对数百年来各行业的发展变化的竞争优势进行研究，认为专利是一种产生竞争优势来源的源泉；另一方面，Zander(1997)也认为，专利数量不仅表现了在创新活动中投入的资源和人力，而且也是创新活动的产出和技术能力的体现。事实上，运用专利数据作为研发产出和对创新能力的简化衡量也是一种惯常做法。专利技术实际上已经成为科技发达国家进行制药产业垄断的一类利器，保护其产业和企业的全球市场发展。

16.2　中国制药业专利技术状态与发展特征分析

如前所述，制药业的研发和创新活动较一般产业发展具有很大的特殊性。从创新活动的特征角度看，制药业是一个典型的研发和创新活动密集型制造产业，其研发费用所占销售额的比例远远高于其他产业(Takayama et al.，2002)，因此被广泛地认为是一个技术驱动和创新驱动的产业(van Vianen et al.，1990)，并被认为是属于典型的熊彼特 I 型创新模式的产业，即创新总量较高但创新者的规模普遍较小，创新者的等级排列并不稳定，新创新者的进入活跃。但从国际上典型国家和相关行业来看，事实上并非完全如此。例如，某些制药技术领域的门槛是相当高的，并非小型企业创新活动的适宜领域；但某些生物制药技术的领域又有不同，确实存在着相当一些生物技术创业企业。因此，需要区别领域和发展背景进行深入的观察和分析。

16.2.1　中国制药业及其产业技术发展特征

在应用中国专利分析中国市场环境下的制药技术发展和新兴技术现象，有必要对中国制药业发展状态做一个简单分析。

中国制药业，依照统计口径包括化学药品原药制造、化学药品制剂制造、中药饮片加工、中成药生产、兽用药品制造、生物药品制造、卫生材料及医用药品制造等七个分行业。自改革开放以来，中国制药业的产值年均增长率在 16%左右。随着中国全面建设小康社会，人们对保健、防病治病的需求越来越高，中国制药业将有更大的发展。

中国制药业在产业技术方面长期以来主要以仿制药为主，国内药品有 97%为仿制药，从目前中国药品消费能力和水平来看，在市场上已经销售多年、疗效确切的仿制药将在很长时间内继续作为临床用药的主角在药品市场担当重任。和国外 70%是专利药的产品市场结构相比，中国医药制造业利润回报、风险性特点以及相对垄断性都表现得不如发达国家那样突出。此外，医药制造中大企业的相对垄断性较低，前 20 强企业的市场占有率约为 42%，远远低于国际上 66%左右的集中程度。

中国于 1984 年 3 月 12 日通过《专利法》，并于 1985 年开始对发明创造进行保护。但是鉴于药品的特殊性，1984 年通过的《专利法》并不对药品提供产品保护，而仅仅提供工艺保护。1992 年 1 月，中美两国政府签署了第一个关于知识产权保护的协议，即 1992MOU，中国并于同年修改《专利法》，更新版本的《专利法》对包括医药、生物、化学和医疗器械等医疗卫生领域的产品发明进行专利保护。同时，为保护外国药品独占权人的合法权益，1993 年 1 月 1 日颁布实施的《药品行政保护条例》，为国外药品生产商提供除专利保护外的另一种保护体系，目的是给予在其他国家获得专利的药品在中国市场的专有权。

2000 年，中国对《专利法》进行第二次修改，其中涉及医药产业则为提高药品保护水准，达到 TRIPS 的标准。这种趋势说明，中国正执行越来越严格的知识产权保护政策。世界卫生组织估计，发展中国家 75%的药品是仿制品。目前开发一种新的化学药品要花费 8 亿～10 亿美元，而 TRIPS 协议为世界医药专利提供了有效的，高标准保护的法律保障；但同时，也一定程度固化了发展中国家医药制造相对落后的长期局面。

从专利数据看，中国制药业技术创新活动的参与者可大致分三类：企业、高校及科研机构、处于创业初期的个体(根据 1985～2013 年中国授权专利数据，医药制造业授权发明专利累计 77076 件，其中个人获授权专利占 34.0%，高校及科研机构占 27.6%，企业则为 38.4%)。企业是本土创新和生产经营的中坚力量。高校及科研机构和处于创业初期的创新个人则为致力于创新的成长型主体，其创新实力也不容小觑。

16.2.2　中国制药业创新规模和增长特征分析

本章采用累计两年的专利数据避免随机效应所带来的偏误。专利增长率指标定义为

$$\text{Growth}_i = \frac{(\text{pat}_{i-1} + \text{pat}_i) - (\text{pat}_{i-2} + \text{pat}_{i-1})}{(\text{pat}_{i-2} + \text{pat}_{i-1})} \tag{16.1}$$

由图 16-2 可以看出，1987 年中国制药业开始出现受保护专利。随着时间的增长，专利数量不断增加。1987～1998 年授权专利稳中有增，但总量始终维持在 100 件左右，创新规模较小。1999 年是专利规模变化的拐点，专利数量是 1998 年的近 2 倍。2000 年专利数量的增幅最大。体现在增长率上，可以看到 2000 年专利增长率激增，高达 305.9%以上。这说明 2000 年有大量的获授权，行业创新活跃，行业创新轨道从稳定转变成活跃。除 2002 年专利有小幅下降，后续的 10 余年时间里中国制药业总量稳步增长。

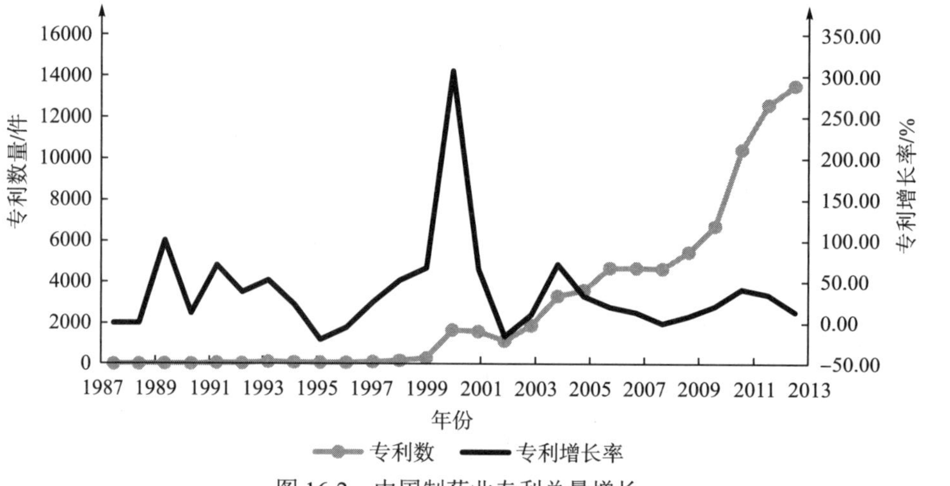

图 16-2　中国制药业专利总量增长

如果从参与者的角度考察市场结构和产业动态，则可以看出其中创新活动的结构特征。专利创新净进入率反映创新参与者随时间增加发展的程度，可以看出，中国制药业创新参与者增长显著，尤其在1999年后，经过几个波动，仍然持续和快速增长(图16-3)。

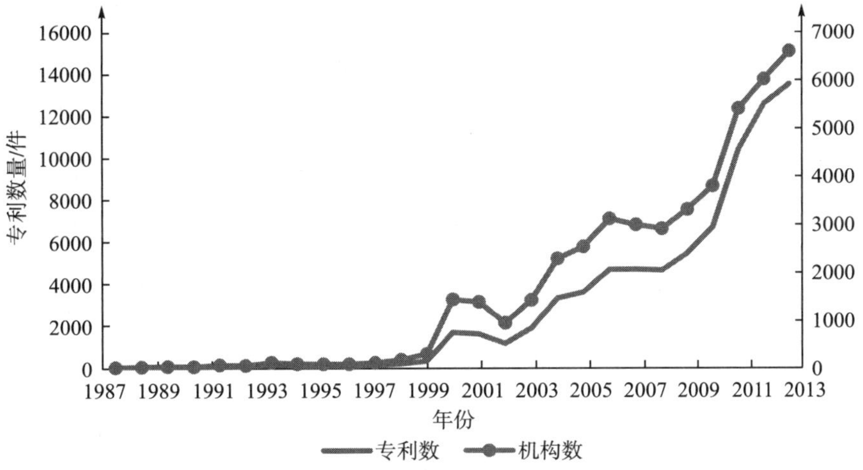

图16-3　中国制药业专利数量与参与者数量变化

专利增长信息可以表征创新者进入情况，其相关净进入率定义为

$$\text{Entry}_{\text{actor}_i}=\frac{NZ_i}{Z_i} \tag{16.2}$$

式中，Z_i为第i年所有的创新参与者；NZ_i第i年新进入的创新参与者。

考察这些创新者所申请专利的净进入率，可以看到，在整个时间段上，创新人员的净进入率始终较高。1987～2000年多个年份出现超过100%的创新人员净流入，尤其到2000年达到顶点，达到398.9%。2001～2013年创新人员净流入相对稳定，波动幅度保持在10%～60%。从创新人员总量来看，长期正向的创新参与者净流入推动创新人数逐年攀升，并在2000年以后总量达到一定规模后直线向上。与2000年专利增长率相对应，2000年专利创新净进入率也达到最高。这说明新兴创新主体的进入是推高专利创新规模的主要推手。由此可见，医药制造业的新创新者进入活跃。

制药业创新参与者的结构也可以用专利密度指标进行测度。专利密度如第十章所述

$$\rho_i=\frac{P_i}{E_i} \tag{16.3}$$

式中，ρ_i为第i个技术领域的专利密度；P_i为第i个技术领域的授权专利数量，单位：件；E_i为第i个技术领域专利所有权人数量，单位：人。

显然，某一技术领域的专利密度较低反映的是在一定的专利总量水平下专利的集中程度。领域内所有权人数相对较多，技术集中程度较低。对于专利数量处于发展过程中的技术领域，专利密度较低反映的是技术领域内大量专利权人在进行开拓性的创新活动，专利权人等级差异并不明显。对于专利数量达到一定规模的技术领域，较低的专利密度则反映出技术领域内专利丛林的发展态势，事实上是专利技术创新活动最有可能遭受摩擦和彼此

钳制的状态，是典型的专利饱和状态。专利密度较高时，该技术领域上的所有权人数目相对较少，垄断水平相对较高，专利技术的价值实现主导者较为集中。在专利总量已经达到一定量级的情况下说明领域技术发展步入以主导专利权人的主导技术为技术引领的阶段。因此，本节采用专利密度和专利数量二维模型进行分析。

由于专利密度和专利增长率的高低均为一个相对概念，为了解中国制药业专利集中程度，需要分析制药业的专利密度和专利的集中程度，并与全行业的专利密度做对比。可以看到，虽然行业专利密度的取值逐年有所增长，但在整个时间段上，制药业专利密度始终低于全行业整体专利密度，而且差距有逐年扩大的趋势。相比与专利数量及专利增长率的变化，专利密度变化随时间变化平稳，2012 年和 2013 年刚刚过 2。也就是说平均一个专利权人只拥有 2 个专利。而全行业平均专利密度 2008 年以后已超过 3.5。这反映出医药制行业创新集中度始终比较低，新兴创新者的涌入始终是制药业也专利规模增长的最主要因素，并未出现较多的技术垄断型企业或组织。制药业专利密度变化与全行业的对比如图 16-4 所示。

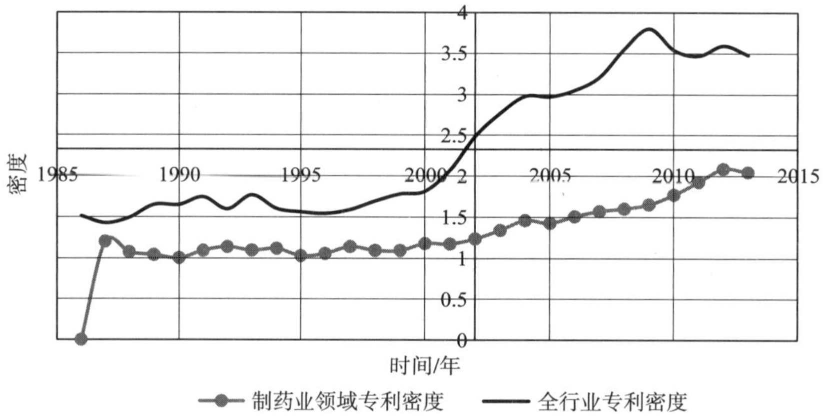

图 16-4　医药制造业专利密度变化与全行业的对比

为整体描摹制药业专利创新规模与创新机构特征随时间的演进规律，基于授权年份构造制药业演进路径二维识别图。以行业年平均专利数量和平均专利密度为坐标轴原点，横轴表示专利数量，纵轴为专利密度，制药业演进路径二维识别图如图 16-5 所示。

1985～2001 年领域内技术创新数量较低的同时专利密度也较低，但后续增长显著。可以说，中国制药业处于小微创新群孕育和发展的重要阶段，也呈现出新兴技术的典型发展形态。但结合目前中国制药业市场还大量使用仿制药的情形，应当说，制药业以本地专利权为代表的创新活动尚未表现为有效的生产能量，这种情形，说明本土专利权可能存在两种类型，一是其技术质量尚有差距，一可能是其技术发展阶段尚未解决必要的市场环节问题。

为进一步理解和分析中国制药业专利技术发展及其新兴技术群落，需要分领域和分主题分析相关的制药专利信息。

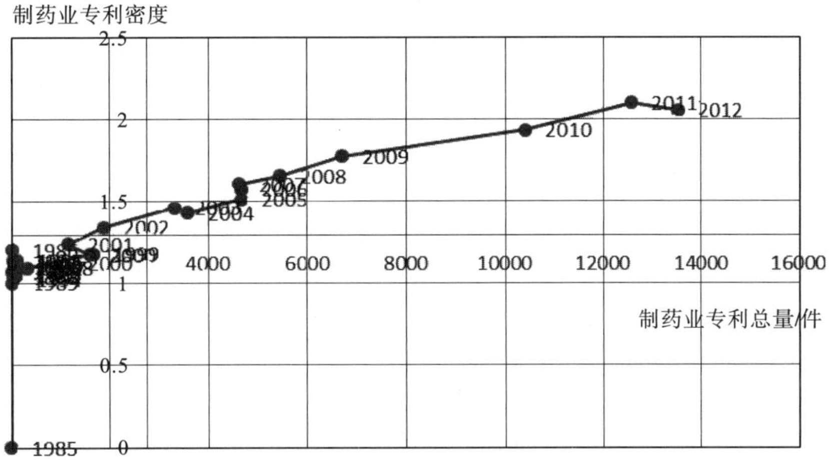

图 16-5　医药制造业演进路径二维识别图

16.3　中国制药业专利技术的分布分析

本章专利数据均来源国家知识产权局(China National Intellectual Property Administration，CNIPA)专利数据库，该数据库“包括了 1985 年 9 月 10 日以来公布的全部中国专利信息，包括发明、实用新型和外观设计三种专利的著录项目及摘要”。其中，授权发明专利需要经过最高水准的新颖性、创造性、实用性的实质性审查，因此具有最高的技术水准。因此，本节仅对发明专利展开分析；获得 1985～2013 年所有专利申请信息及专利实质性审查、审核通过、授权等法律状态信息；自建数据库，整理获得 1985～2013 年中国知识产权局的所有授权专利。

中国国家知识产权局提供的《国际专利分类与国民经济行业分类参照关系表》将医药制造业划分为化学药品原药制造、化学药品制剂制造、中药饮片加工、中成药生产、兽用药品制造、生物药品制造、卫生材料及医用药品制造等七个分行业，并给出了各分行业的 IPC 分类。为了更好地将专利数据与医药制造业对应，以该 IPC 分类作为行业类别判定依据，共包括在 1985～2013 年获授权的 77076 条医药制造业专利。创新参与者类型包括企业、高校及科研院所、个人等多种形式的组织和个人，共计 45078 个。

为开展针对中国制药业各技术子领域专利分布情况的分析，首先依照中国知识产权局提供的《国际专利分类与国民经济行业分类参照关系表》医药制造业对应 IPC 号如表 16-1 所示。该 IPC 号分类将界定范围限制到专利号小类、大组还有到小组，为保证分析的一致性，基于该分类确定医药制造业专利后，统一基于专利号小类进行分析。共得出医药制造业的 52 个专利子领域(专利号小类)。

1985～2013 年医药制造业创新技术领域分布如图 16-6(见本书彩图图版)所示。可见，医药制造业的创新活动分布非常不均匀，80%的专利集中在 A61K35、A61K31、C12N15、C12G3 四个技术子领域。其中又以 A61K35 占比最大，高达 63%。

表 16-1　制药业与 IPC 号参照关系

技术子领域	IPC 分类号
化学药品原药制造	A61K31、A61P、C12N9、C12P7/64、C12P7/66、C12P13/02、C12P13/06、C12P13/08、C12P13/10、C12P13/12、C12P13/14、C12P13/16、C12P13/18、C12P13/20、C12P13/22、C12P13/24、C12P17/04、C12P17/06、C12P17/12、C12P17/18、C12P19/30、C12P19/32、C12P19/34、C12P19/36、C12P19/38、C12P19/40、C12P19/42、C12P19/48、C12P19/50、C12P19/52、C12P19/54、C12P19/56、C12P19/62、C12P21、C12P23/00、C12P25/00、C12P27/00、C12P29/00、C12P33、C12P35、C12P37
化学药品制剂制造	A61F6、A61K9、A61K31、A61K33、A61K41、A61K45、A61K49、A61K51
中药饮片加工	A61K33、A61K35、A61K36
中成药生产	A61K9、A61K33、A61K35、A61K36、A61K49、A61P、C12G3
兽用药品制造	A61K9、A61K31、A61K33、A61K35、A61K36、A61K38、A61K38、A61K39、A61K45、A61K48、A61P
生物药品制造	A61K9、A61K38、A61K39、A61K41、A61K45、A61K48、A61K49、A61P、C12N1、C12N3、C12N5、C12N7、C12N11、C12N13、C12N15/00-C12N15/90、C12N15/113、C12N15/115、C12N15/117、C12N15/861-C12N15/869、C12N15/873、C12N15/877、C12Q
卫生材料及医用药品制造	A61F5、A61F13、A61K6、A61K9、A61K47、A61K50、A61L15、A61L17、A61L24、A61L26、A61L33

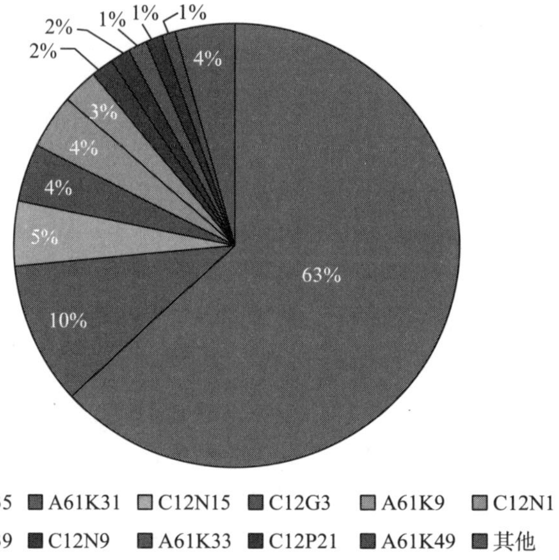

图 16-6　1985～2013 年制药业创新技术领域分布

为了解医药制造业在不同时间段的变化趋势，本节将时间区间进一步细分。2001 年 12 月 11 日中国正式加入 WTO，知识产权保护进一步加强。另一方面从制药业的专利数量变化图可以看到，2002 年行业内技术创新活动稳步高速增长。因此以 2002 年为界限，1985～2001 年制药业的创新活动局限于 18 个子领域，分布不均，A61K35 一家独大，占到 65%。2002～2013 年制药业创新子领域拓展到该分类下所有 53 个子领域，但有 20 个子领域在这 11 年中累积获授权专利接近个位数，创新活动规模非常小；剩余的 32 个子领域的专利分布也不均匀。但与 1985～2001 年时间段相比，多个子领域在行业的占比均有大规模的提升。A61K36、A61K31、A61K35、C12N15 四个子领域占比超过 10%，总量最大的 A61K36 子领域占比为 31%。2001～2013 年制药业创新领域分布如图 16-7(见本书彩图图版)所示。

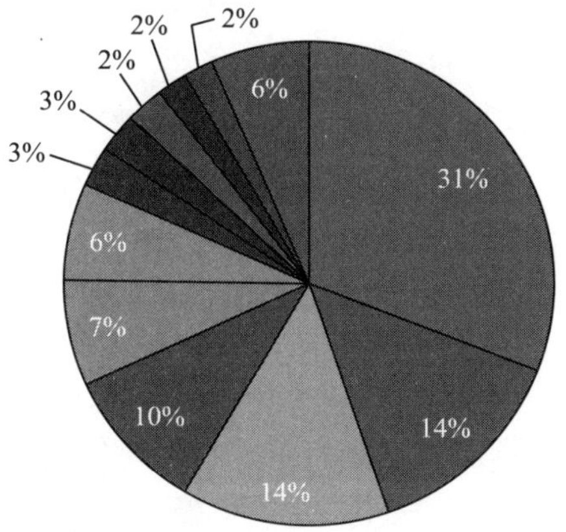

图 16-7　2001～2013 年医药制造业创新领域分布

选取专利总量排名靠前的 15 个子领域，进一步对比两个时间段各子领域的专利占比变化。A61K36(含有来自藻类、苔藓、真菌或植物或其派生物，例如传统草药的未确定结构的药物制剂)变化最大，从 1985～2001 年的 0 条专利发展到成为医药制造业总量最大的子领域，除 A61K35(含有其不明结构的原材料或其反应产物的医用配制品)、C12G3(其他酒精饮料的制备)、A61K33(含无机有效成分的医用配制品)、C12P21(肽或蛋白质的制备)四个子领域外，其他子领域的专利占比均有大幅增长。

依据表 16-1 医药制造业分类对这 15 个子领域的子行业归属进行判定，并与表 16-2 结合分析。可以得出以下结论：从创新规模看，中药制造各子领域占比有增有降，A61K36 增长迅猛，而 A61K35、A61K33 和 A61K9 三个中药配制品子领域和 C12G3 子领域的创新占比降幅较大。生物药品制造的所有子领域占比整体增长，在 C12N1(微生物本身，如原生动物；及其组合物)、C12N7(病毒，如噬菌体；其组合物；其制备或纯化)两个子领域增幅尤其剧烈。化学药品原料与制剂制造各子领域各有增减，C12N9(酶，如连接酶)子领域有一定增幅、C12P21(肽或蛋白质的制备)占比降幅明显。

表 16-2　医药制造业主要子领域行业归属

子行业分类	IPC 分类
化学药品原药制造	A61K31、C12N9、C12P21
化学药品制剂制造	A61K31、A61K9、A61K33、A61K45
中药饮片加工	A61K36、A61K35、A61K33
中成药生产	A61K36、A61K35、A61K9、C12G3、A61K33
兽用药品制造	A61K36、A61K31、A61K35、A61K9、A61K38、A61K39、A61K33、A61K45
生物药品制造	C12N15、A61K9、C12N1、A61K38、A61K39、C12N5、A61K45、C12N7
卫生材料及医用药品制造	A61K9

16.4 中国制药业小微创新群的界定

制药业是一个典型的研发和创新活动密集的制造产业，其研发费用所占销售额的比例远远高于其他产业，因此被广泛地认为是一个技术驱动和创新驱动的产业，体现出熊彼特创新模式 I 的典型特征。但由上节的分析可以看出，随着时间的推进各子技术领域的技术演进模式各不相同。小微创新群萌芽和发展于前导型发展和技术成长、成熟阶段，必须结合子领域的创新发展规模和技术演进路径挖掘前导型发展和成长、成熟阶段的技术子领域。

参照前文所述，这里把相应的技术创新的发生和发展过程中主要创新主体称为小微创新群，具体包含“前创新”(pre-innovation entity)、“创新中”(innovating entity)、“后创新”(post-innovation entity)三个阶段中的所有创新力量。其中，“前创新”阶段是创新的启蒙时期，新技术提出并获得包括专利在内的某种形式保护，创新群体包含个人、高等院校和科研院所等；“创新中”阶段是技术产品化，技术产品市场的开拓过程；“后创新”阶段是产品开始向产业化方向发展、带动行业生产力变革的过程。后面两个阶段包含的创新群体以小微企业为主。因此，小微创新群包含的创新主体包含个人、小微企业、高等院校和科研院所，是与技术主导企业群相对立的一类创新群体。

16.4.1 小微创新群所属技术子领域特征

基于前文理论分析，本书研究将基于专利数据从技术领域的技术创新规模和创新活动的结构两个角度界定小微创新群所属技术子领域。小微创新群所属技术子领域界定指标如表 16-3 所示。

由前文可知，小微创新群孕育的技术环境必符合以下特征：一是创新总量较高；二是创新者的创新规模普遍较小，创新者的等级排列并不稳定，新创新者的进入活跃时期。表 16-3 中的两个维度则恰好对上述特征。基于该分析维度的几个测度指标对各子领域进行深入分析。

表 16-3　小微创新群所属技术子领域界定指标

衡量的技术特征	指标	计算方法	备注
技术子领域的技术创新规模	子领域专利占比	$R_i = \dfrac{\text{pat}_i}{\sum_j^n \text{pat}_j}$ 式中，pat_i 为子领域 i 的授权专利量，n 为领域内子领域数量，$\sum_j^n \text{pat}_j$ 为领域内所有授权专利数量	占比越高，创新活动越活跃
	技术增长率	$\text{Growth}_i = \dfrac{(\text{pat}_{i-1} + \text{pat}_i) - (\text{pat}_{i-2} + \text{pat}_{i-1})}{(\text{pat}_{i-2} + \text{pat}_{i-1})}$ 式中，pat_i 为第 i 年子领域授权专利数量	70%的年份里技术增长率为正值，则该子领域技术处于创新增长状态

续表

衡量的技术特征	指标	计算方法	备注
创新活动的结构	创新参与者净进入率	$$\text{Entry}_{\text{actor}_i}=\frac{NZ_i}{Z_i}$$ 式中，Z_i 为第 i 年所有的创新参与者，NZ_i 第 i 年新进入的创新参与者	70%的年份里专利创新参与者净进入率为正值，则该子领域创新参与者进入活跃
	演进路径二维识别	以行业年平均专利数量和平均专利密度为坐标轴原点，构建子领域演进路径二维识别图。横轴表示专利数量，纵轴为专利密度。专利密度的技术方式如下 $$\rho_i=\frac{P_i}{E_i}$$ 式中，P_i 为第 i 个技术领域的授权专利数量；E_i 为第 i 个技术领域专利所有权人数量	分析技术子领域所处象限：处于第三象限为弱竞争技术探索阶段，处于第二象限为技术前导型发展阶段，处于第一象限为技术成长、成熟阶段，处于第四象限为饱和型专利发展阶段

16.4.2 小微创新群专利子领域创新活动指标及其状态分析

(1) 子领域专利占比。为保证研究子领域的技术新颖性和技术规模效应，选择 2002～2013 年专利占比排名的前 6 位分析其演进路径和所属技术竞争状态，分别是 A61K36、A61K31、A61K35、C12N15、A61K9、C12N1 六个技术领域。

(2) 专利技术增长率。依据公式，分别计算上述各技术子领域的技术增长率，结果如表 16-4 所示。

表 16-4 医药制造业创新活跃子领域技术增长率

领域 授权年份	A61K36/%	A61K31/%	A61K35/%	C12N15/%	A61K9/%	C12N1/%
1989			20.00			
1990		16.67	−16.67			−33.33
1991		214.29	180.00		0.00	−25.00
1992		40.91	100.00		−42.86	50.00
1993		−12.90	85.71	225.00	150.00	0.00
1994		3.70	25.00	84.62	110.00	22.22
1995		−32.14	−7.69	−37.50	−14.29	9.09
1996		−15.79	1.67	−13.33	−27.78	−25.00
1997		112.50	9.84	61.54	15.38	−55.56
1998		105.88	46.27	9.52	73.33	25.00
1999		54.29	140.82	13.04	26.92	60.00
2000		51.85	508.05	215.38	96.97	400.00
2001		46.34	63.97	59.76	40.00	57.50
2002		54.58	−27.92	−20.61	21.98	−36.51
2003		63.07	−16.63	88.46	50.45	107.50
2004		61.82	53.75	138.78	101.20	144.58
2005		38.20	27.69	36.54	51.79	34.98

续表

领域 授权年份	A61K36/%	A61K31/%	A61K35/%	C12N15/%	A61K9/%	C12N1/%
2006		10.79	33.75	13.46	−13.73	20.44
2007		−3.47	2.50	10.76	−26.82	26.67
2008	163.27	5.60	−43.33	2.37	5.59	15.55
2009	50.97	5.89	−42.51	8.88	75.29	10.56
2010	41.81	16.56	−38.87	14.75	55.54	45.69
2011	72.70	19.51	−55.94	33.50	33.76	42.16
2012	23.39	15.48	20.36	63.46	44.68	51.27
2013	-6.05	6.92	18.16	37.84	28.82	36.28

注：由于某些年度无授权专利而无法计算技术增长率的情况以数据为空表示

如观测增长率为正的年度总量，可发现上述6个子领域大多年份处于持续增长状态，尤其是A61K36领域，增长迅猛，短短6年时间即发展为占比13.83%的技术创新规模。

(3) 专利创新参与者净进入率。从参与者的角度考察市场结构和产业动态。逐年计算6个子领域的专利创新参与者净进入率，结果如表16-5所示。

表16-5　医药制造业创新活跃子领域创新参与者净进入率

领域 授权年份	A61K36/%	A61K31/%	A61K35/%	C12N15/%	A61K9/%	C12N1/%
1988			300.00			
1989		100.00	−50.00			40.00
1990		−83.33	50.00		33.33	−85.71
1991		2000.00	266.67		−25.00	400.00
1992		−52.38	54.55	−66.67	−66.67	−40.00
1993		70.00	100.00	1000.00	700.00	66.67
1994		−35.29	−14.71	9.09	12.50	0.00
1995		−27.27	0.00	−83.33	−33.33	20.00
1996		0.00	0.00	400.00	16.67	−50.00
1997		225.00	13.79	10.00	14.29	−66.67
1998		69.23	75.76	−9.09	125.00	300.00
1999		45.45	175.86	40.00	−16.67	0.00
2000		56.25	588.13	307.14	206.67	675.00
2001		40.00	−10.99	−15.79	−15.22	−12.90
2002		65.00	−43.98	−14.58	51.28	−51.85
2003		61.90	28.05	178.05	25.42	353.85
2004		61.76	57.89	79.82	125.68	59.32
2005		23.64	6.49	14.15	19.76	10.64
2006		0.40	48.05	7.69	−29.50	12.50
2007	2923.81	−7.32	−36.46	1.98	−7.80	41.88

续表

领域 授权年份	A61K36/%	A61K31/%	A61K35/%	C12N15/%	A61K9/%	C12N1/%
2008	59.21	19.54	−56.03	8.95	17.69	−3.01
2009	34.62	−5.53	−7.98	15.36	91.50	14.29
2010	39.75	39.95	−65.33	2.79	20.48	44.57
2011	67.72	4.91	−3.21	35.84	35.69	21.05
2012	−12.23	25.56	29.80	28.38	37.16	45.03
2013	4.29	−7.94	3.06	25.91	14.00	23.98

注：由于某些年度无授权专利而无法计算净进入率的情况以数据为空表示

六个子领域在 70%的年份里专利创新参与者净进入率为正，子领域创新参与者进入活跃。A61K36 技术领域在 2007 年的创新参与者净进入率高达 2923.81%，大量创新参与者的进入是该子领域创新规模急剧增长的主要原因。而 A61K35 领域在 1988～2000 年这一时间区间保持创新参与者的高速正向增长，但 2001 年以后增幅回落并在几个年份出现了负增长。

(4) 子领域演进路径二维识别。为分别描摹 6 个技术子领域专利创新规模与创新结构随时间的演进规律，本节逐年计算各子领域的专利数量及专利密度。以行业年平均专利数量和平均专利密度为坐标轴原点，横轴表示专利数量，纵轴为专利密度，构造技术领域演进路径二维识别图，典型结果如图 16-8～图 16-10 所示。

显然，某一技术领域的专利密度较低反映的是在一定的专利总量水平下，领域内所有权人数相对较多，技术集中程度较低。对于专利数量处于发展过程中的技术领域，专利密度较低反映的是技术领域内大量专利权人在进行开拓性的创新活动，专利权人等级差异并不明显。专利密度较高时，该技术领域上的所有权人数目相对较少，垄断水平相对较高，专利技术的价值实现主导者较为集中。在专利总量已经达到一定量级的情况下说明领域技术发展步入以主导专利权人的主导技术为技术引领的阶段。

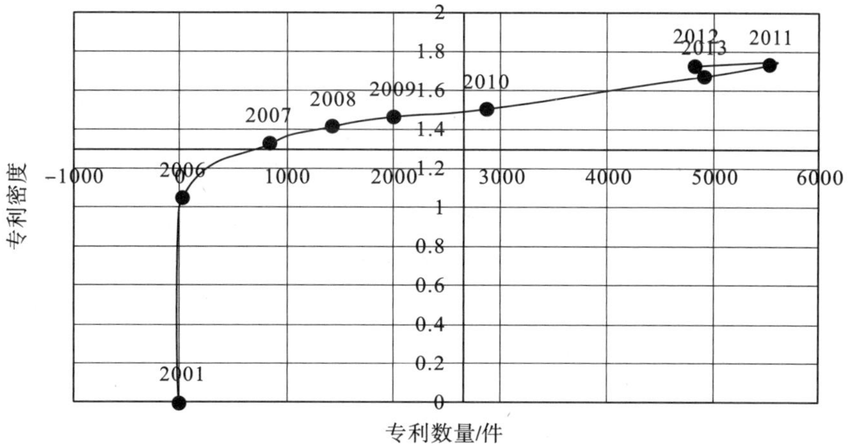

图 16-8　技术子领域 A61K36 演进路径二维识别图

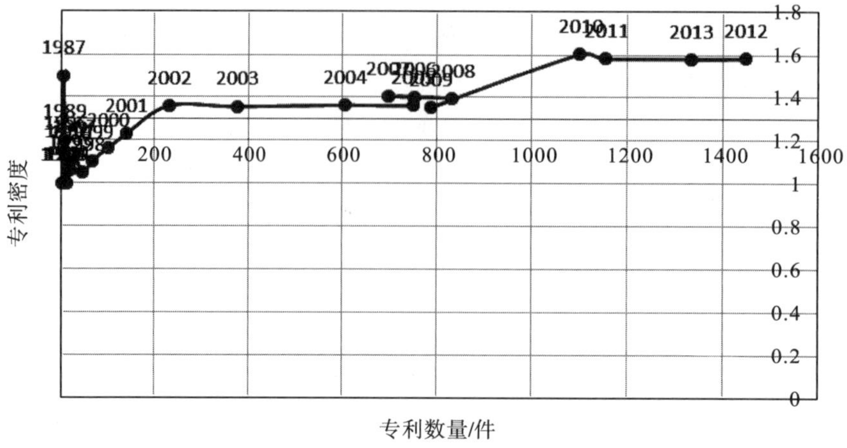

图 16-9　技术子领域 A61K31 演进路径二维识别图

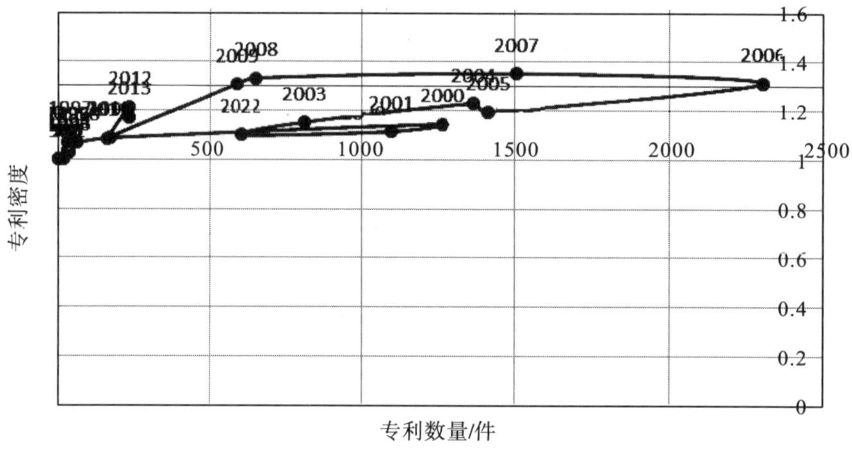

图 16-10　技术子领域 A61K35 演进路径二维识别图

领域内技术创新数量较低的同时专利密度也较低，说明该领域创新活动较不活跃、创新主体相对分散；本书将这一位于坐标轴第 III 象限的领域定义为弱竞争技术探索阶段(参考本书第十章内容及图 10.1 及其说明)。随着部分创新主体的技术水平逐渐提升，专利密度随之增长而总体专利数量并不多的时候，领域进入技术先导型发展阶段(第 II 象限)。技术发展路径的明朗化和先导型创新人的示范效应，导致越来越多的专利权人跟随进入该领域，专利数量不断增多，领域进入旺盛市场发展的状态。技术逐渐成熟后，主导创新主体的作用日益强大，使得技术领域体现出专利密度和专利数量均较高的状态(第 I 象限)，定义为技术成长、成熟阶段。处于第 II 象限和从第 II 象限向第 I 象限过渡的阶段体现出创新者的等级排列并不稳定，新创新者的进入活跃的特点，是小微创新群孕育和发展的重要阶段，也是新兴技术的典型发展形态。

技术子领域 A61K36 的发展路径于 2007 年进入第二象限后，专利数量及专利密度逐年提高，并于 2010 年脱离技术先导型发展阶段(第 II 象限)，进入技术成长、成熟阶段(第 I 象限)。A61K31、C12N15、A61K9、C12N1 基本处于技术先导型发展阶段(第 II 象限)，每年专利数量相对尚少，技术创新规模相对较小限制了技术子领域的成长和成熟。技术子领域 A61K35 最为特殊，发展形态为第 III 象限与第 II 象限之间来回拉锯，呈现出弱竞争技术探索阶段向技术先导型发展阶段发展的态势，但不太稳定。然而 A61K35 领域的总体创新规模最大，占医药制造业总量的 30.87%。同时专利密度始终较低，基本保持在 1.03～1.21，仍然认为该子领域符合小微创新群所属技术子领域的特征。只是由于后期创新规模有所降低，使得领域技术先导性特征有所弱化。

基于上述分析及指标测度，本节研究选择 A61K36、A61K31、A61K35、C12N15、A61K9、C12N1 六个技术领域为孕育小微创新群的技术领域。

16.5　中国制药业小微创新群创新活动生产力分析

本节研究基于中国知识产权局专利数据定义医药制造业小微创新群。专利申请遵循先国内、再国际的流程，国外申请人只会对在本国获得相当市场规模的成功创新才会考虑申请中国专利并随后进入中国市场。从这个意义上说国外申请主体不符合本书研究对小微创新群的定义，不在小微创新群技术创新质量探讨范围之内。

与学术生产力研究相比，科技创新主体的创新生产力研究非常有限，而且大多基于小规模样本和特定公司。Narin 和 Breitzman（1995）基于洛特卡定律检验了半导体行业四个公司 R&D 部门研发人员的创新生产力。Ernst 等（2000）对 43 个德国公司研发人员的专利数量及质量进行分析。研究结果均显示产业内的研发人员创新生产力呈有偏分布。但是由于上述研究的样本规模偏小，结论不具备普遍意义。

本节研究对医药制造业技术创新机构（包括企业、高等院校、科研机构等）的创新生产力进行分析。基于中国知识产权局的专利数据，分别统计 1985～2013 年 A61K36、A61K31、A61K35、C12N15、A61K9、C12N1 六个子领域所有技术创新机构的授权专利总量，并基于创新机构产出的专利数量构建创新机构的创新生产力分布；分析得出，医药制造业创新机构的创新生产力呈有偏分布。绝大多数的创新机构仅产出 1 个专利，随后断崖式下降，随着产出专利数量的增长创新机构数量基本呈逐步走低的态势。

1985～2013 年这 28 年间，医药制造业创新机构的专利产出量，90%以上专利产出保持在个位数，专利数量规模均较小，只有约 20%的创新机构专利产出超过 2 个。如果计算各子领域创新规模排名前 5%、前 10%和前 20%的创新机构产出专利总量占子领域创新总量的比例，结果如表 16-6 所示。

表 16-6　创新规模排名靠前的创新机构专利产出占比

子领域	前 5%	前 10%	前 20%
A61K36/%	38.27	45.64	59.12
A61K31/%	38.74	49.35	63.33
A61K35/%	26.65	37.63	46.94
C12N15/%	46.51	59.33	71.40
A61K9/%	32.34	44.03	59.12
C12N1/%	45.41	58.52	71.59

相比于科研生产力分布规律，创新机构的创新生产力更为分散，20%的创新机构普遍只产出了 60%左右的创新成果。而且结合前面的分析，前 20%的创新机构包含大量创新产出仅为 3 个、4 个等创新规模较小的机构，创新的规模效应并不高。

16.6 基于专利信息的制药业小微创新群创新质量测度

本节研究基于主体类型将界定标准分为两部分：创新领域为小微创新群所属技术领域中的所有个人类型的中国创新者，以及不包含在主导创新群之内且研发团队规模为小型的中国创新机构(包括企业、高等院校、科研机构等)。

基于上述定义对 1985～2013 年的中国知识产权局授权的、属于医药制造业六个子领域的发明专利进行统计，本节共识别出 18643 个小微创新群主体。其中，个人类型的创新主体 14800 个，占 79.39%；创新机构(包括企业、高等院校、科研机构等)类型主体 3843 个，占 20.61%。

16.6.1 小微创新群专利质量指标的选取

一件高质量技术创新要经历三个发展阶段：①基于创新主体的技术背景，组织一定的技术力量对现有产品或其制备方法中存在的问题进行改进，提出新的技术解决方案；②将新的技术方案进行专利申请，获得一定地域内、一定技术保护宽度的专利授权；③专利权人基于专利给自身带来的经济利益确定专利续费时长，或通过专利权许可将专利技术实施权转让。从专利制度的本质上看，获得专利授权不是专利申请的最终目的，只有将专利技术实施才是专利申请的根本目的，才能实现技术创新、专利申请、转化获益的良性循环。因此本书研究认为：专利质量的影响因素包括专利技术质量、专利应用程度、专利权保护范围和现有技术和发明的背景四个方面。

本节研究针对小微创新群创新质量的比较分析，因此创新主体在其在所处技术领域的竞争优势也是重点考察的影响因素之一。McGuinley(2008)研究发现，当一项专利的潜在收益不明朗时，相较于技术竞争优势较弱的创新主体，拥有较强竞争优势的创新主体往往更倾向于延长专利权存续期以期获取更高的潜在收益。此外，相较于技术竞争力较弱的技术领域，技术竞争力较强的技术领域内的创新主体往往更倾向于通过申请专利的方式垄断技术市场，并在必要的情况下获取专利权并尽可能地延续专利权以获取潜在的收益。然而从掌握的文献来看，尚未出现运用创新主体技术竞争优势指标测度专利质量的实证研究。参考 Kumaresan 和 Miyazaki(1999)的研究，本节研究创新主体的相对比较技术优势(Rel Tech Adv)来衡量申请人在专利所属领域(以专利主分类号的前四位划分)的比较优势，其计算公式为

$$\text{RelTechAdv} = (P_{ij} / \sum_{i} P_{ij}) / (\sum_{j} P_{ij} / \sum_{ij} P_{ij}) \tag{16.5}$$

式中，P_{ij} 指某一创新主体 i 在某一技术子领域 j 的专利申请量；$\sum_{i} P_{ij}$ 是指所有创新主体

在某一技术子领域 j 技术领域 j 的专利数量；$\sum_j P_{ij}$ 为某一创新主体 i 在所有技术子领域专利数量；$\sum_{ij} P_{ij}$ 是所有创新主体在所有技术子领域专利数量。

式(16.5)反映了某一创新主体在某一技术子领域的专利数量比重与该创新主体在所有技术领域专利数量的比重之比。RTA 大于 1 说明该创新主体所获专利比例超出平均值，体现出一定的相对优势。反之，则体现出一定的技术劣势。

与相对比较技术优势指标相对应的是创新主体的绝对技术优势(Abs Tech Adv)，用专利权人在专利所属领域申请专利数量所占百分比来衡量。该指标体现了创新主体在其所属领域内的绝对技术优势，其计算公式为

$$\text{AbsTechAdv} = \sum_j P_{ij} / \sum_{ij} P_{ij} \tag{16.6}$$

随着新技术复杂性的不断提高及其生命周期的不断缩短，单个企业或个人很少能够拥有实时创新所需的全部知识(Grotenhuis and Weggeman，2002)。因而许多企业或个人开始采用联合研发这一模式，在合作的一定范围内共享伙伴间的互补性知识，以共同完成研发工作。Guellec 和 van Pottelsberghe (2002)、Yong-Gil Lee 等(2007) 等学者提出发明人数量和申请人数量能够反映专利的技术质量。理论上，发明人数量越多，可贡献的科学知识越多，创造能力越强，凝结在发明中的创新越多，专利的技术质量越高。申请人数量越多，说明投入专利研究和开发的资金越多。因为申请人大多是投资研发的企业，专利的技术质量应该越高。Burke 和 Reitzig(2007)发现发明人数量与专利技术质量高度正相关，而申请人数量与专利技术质量无关。宋爽和陈向东(2013)也曾对中国知识产权局 1985～2004 年授权的发明专利分析，发现申请人数量对中国专利维持时长有正向影响。

在分析专利质量影响因素并参考国内外已有专利质量测度指标的基础上，基于科学性，独立性、数据可获得的原则，本节分析专利质量的主要影响因素，并结合中国专利数据的特点选择待研究的专利质量指标，总结如表 16-9 所示。

表 16-9　专利质量影响因素及对应指标

专利质量影响因素	表征指标	指标说明
A 专利技术质量	A1 专利引用、被引情况	中国专利数据不包含相关信息，弃用
	A2 申请书页数	用于评价专利技术复杂度
B 专利应用程度	B1 专利存续期	最核心的专利质量指标
	B2 专利是否许可	首次加入专利质量测度研究框架中
C 专利权保护范围	C1 权利要求数	反映专利权保护范围，批量统计困难，弃用
	C2 专利族数量	不适用于小微创新群技术创新研究，弃用
	C3 专利宽度	反映专利保护技术范围
	C4 专利审核时长	首次加入中国专利质量研究框架中
D 现有技术和发明的背景	D1 创新主体的比较技术优势	首次加入专利质量测度研究框架中
	D2 创新主体的绝对技术优势	首次加入专利质量测度研究框架中
	D3 发明人数	反映技术创新人力投入
	D4 申请人数	反映技术创新的合作方式

16.6.2　中国制药业小微创新群技术创新质量测度

理论上设置的专利质量影响因素及对应的专利质量指标只有通过有效性检验，才能成为真正的专利质量指标。本节研究将以医药制造业小微创新群技术创新为研究对象，基于中国专利数据构建专利质量影响因素分析模型，从专利信息出发筛选出对专利质量产生稳定影响的所有指标。

1）制药业专利技术质量影响因素分析

国外学者的相关研究结果也显示，专利维持时间与专利质量有很强的正相关性。例如，Moore 将授权的美国专利分为维持 4 年、8 年、12 年和届满四个等级，研究发现维持时间越长的专利，权力要求数量越多，被引次数越高，说明专利质量越高。Harhoff 等（1999）发现维持届满的专利比提前终止的专利拥有更多的被引次数，专利质量更高。

从寻找促进高质量专利形成的因素角度出发，本书研究将专利维持时间区分为短期维持和长期维持两类。由于未失效专利的专利存续期并不确定，而对于中国专利数据而言，该指标是反映专利质量的最重要指标，将导致专利质量测度的失准。因此本节研究仅对 1985～2013 年医药制造业小微创新群产生的失效授权数据进行测度，共得到 12389 条专利数据。

从图 16-11 中可以看出，大量专利维持在 3～5 年。高低质量专利本身的异质性会使得分别隶属于这两类维持时间的专利应该能够表现出相对明显不同的特征差异。

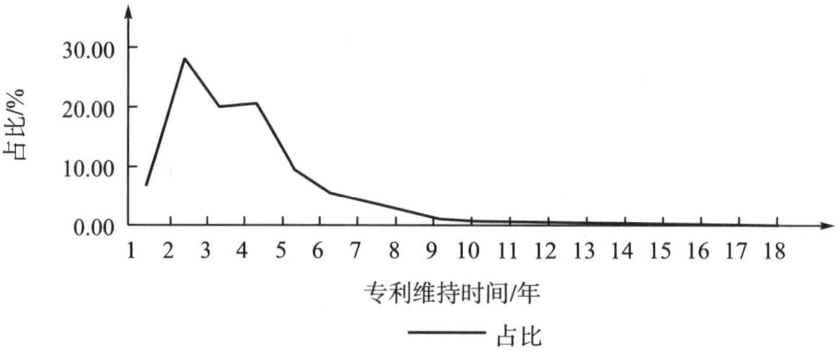

图 16-11　1985～2013 年医药制造业小微创新群授权专利维持时间分布

结合上文对技术创新质量影响因素及常用指标的理论分析，从中国小微创新群授权专利数据出发，选用 Logit 和 Probit 回归模型分别构建专利质量影响因素分析的实证模型，以专利存续期为专利质量代理变量，对前一节保留的申请书页数、专利宽度、发明人数量和申请人数量五个指标，以及在现有研究中尚未检验的专利许可、专利审核时长、专利权人的比较技术优势和绝对技术优势三个指标进行整体效力验证、最终确定稳定而有效的专利质量指标。

2）Logit 模型和 Probit 模型的估计结果

对 1985～2013 年制药业获得的 12389 件创新专利数据分别采用 Logit 模型和 Probit

模型进行逐步回归，用极大似然估计法计算得出各变量回归系数的估计值和统计检验 p 值，Logit 模型和 Probit 模型的估计结果如表 16-10 所示。

表 16-10　Logit 模型和 Probit 模型的估计结果

专利质量	Logit 模型	Probit 模型
申请书页数	0.0130 (0.1912)	0.0067 (0.1692)
专利宽度	−0.7044*** (<.0001)	−0.3086*** (<.0001)
发明人数量	0.1095*** (0.0005)	0.0533*** (0.0006)
申请人数量	−0.0509 (0.6095)	−0.0243 (0.6083)
专利许可#	1.7716*** (<.0001)	0.8117*** (<.0001)
专利审核时长	0.2152*** (<.0001)	0.1056*** (<.0001)
创新主体的比较技术优势	0.1229*** (<.0001)	0.0668*** (<.0001)
创新主体的绝对技术优势	0.0315 (0.6611)	0.0219 (0.4921)
LR Chi-squared	482.6942	493.4356
Prob >Chi-squared	<.0001	<.0001
Score Chi-Square Prob >Chi-squared	411.6058 <.0001	411.6058 <.0001
Number of Obs.	12389	12389

注：***、**、*分别表示参数估计值在 1%、5%、10%水平下显著。

两模型本身均通过了统计性检验，且除了回归系数取值略有差异外，回归结果基本一致。以 1%水平下作为显著性判断标准，发明人数量、专利许可、创新主体的比较技术优势均是高质量专利产生的促进因素，专利宽度却对专利质量体现出一定抑制作用；同时，申请书页数、申请人数量、创新主体的绝对技术优势等均没有通过统计性检验。

为进一步验证指标的稳定性，以专利数量出现拐点的 2002 年为节点，分为 1985～2001 年和 2002～2013 年两个时间段再次使用 Logit 模型和 Probit 模型进行估计，结果如表 16-11 所示。

以 10%水平下作为显著性判断标准，申请书页数、发明人数量、专利宽度、创新主体的绝对技术优势等指标在两个细分时间区间没有全部通过显著性检验。而专利许可、创新主体的比较技术优势均通过了显著性检验，指标稳定性较好。可以得出，专利许可和创新主体的比较技术优势均为医药制造业小微创新群专利质量的稳定促进因素，可以加入专利质量综合指数模型研究框架中。

表 16-11　稳健性检验结果

	Logit		Probit	
授权时间/年	1985～2001	2002～2013	1985～2001	2002～2013
申请书页数	0.0443***	0.00273	0.0245***	0.00106
	(0.009)	(0.8846)	(0.0015)	(0.8941)
专利宽度	0.0165	-0.5833***	0.00616	-0.2259***
	(0.8288)	(<.0001)	(0.8815)	(<.0001)
发明人数量	0.1000***	0.1033	0.0541***	0.0456*
	(0.0077)	(0.1004)	(0.0100)	(0.0756)
申请人数量	-0.1205	0.1473	-0.0663	0.0678
	(0.3581)	(0.3292)	(0.3390)	(0.2881)
专利许可#	3.2393***	1.3383**	1.9164***	0.5030*
	(<.0001)	(0.0313)	(<.0001)	(0.0785)
专利审核时长	-0.0198	0.0475	-0.0102	0.0176
	(0.6208)	(0.5251)	(0.6332)	(0.5674)
创新主体的比较技术优势	0.0972***	0.1244***	0.0543***	0.0596***
	(0.0009)	(0.0001)	(0.0011)	(<.0001)
创新主体的绝对技术优势	0.2972***	-0.0115	0.1568***	0.00412
	(0.0036)	(0.9250)	(0.0048)	(0.9294)
LR Chi-squared	57.6989	92.2926	57.5737	96.2411
Prob >Chi-squared	<.0001	<.0001	<.0001	<.0001
Score Chi-Square	79.4288	83.2346	79.4288	83.2343
Prob >Chi-squared	<.0001	<.0001	<.0001	<.0001
Number of Obs.	2632	9757	2632	9757

注：***、**、* 分别表示参数估计值在 1%、5%、10%水平下显著。

16.7　中国制药业小微创新群专利存续期分布及其专利质量反映

根据前文定义，小微创新群包含的专利为：1985～2013 年专利中国知识产权局授权、属于医药制造业 A61K36、A61K31、A61K35、C12N15、A61K9、C12N1 六个子领域的所有个人类型中国创新者，以及不包含在主导创新群之内且研发团队规模为小型的中国创新机构(包括企业、高等院校、科研机构等)产生的所有发明专利，本节采集共计 8985 个小微创新主体产生的 28661 条专利。其中，个人类型创新主体 7950 个，占 88.48%；创新机构(包括企业、高等院校、科研机构等)类型主体 1035 个，占 11.52%。75.8%的创新主体只拥有 1 个专利，仅有 10.2%的创新主体产出专利数超过 3 个。

16.7.1　中国制药业小微创新群专利质量分布

一直以来，专利存续期被作为专利质量测度的主要指标。本节研究构建医药制造业小微创新群专利存续期分布曲线如图 16-12 所示，可以看出基于存续期分布曲线与专利质量综合指数模型计算出的专利质量分布曲线的变化趋势基本一致，也呈现出大量专利存续期很短，少量专利存续期较长的特征。这也从一个侧面验证了本节研究提出的质量测度方法的可靠性。

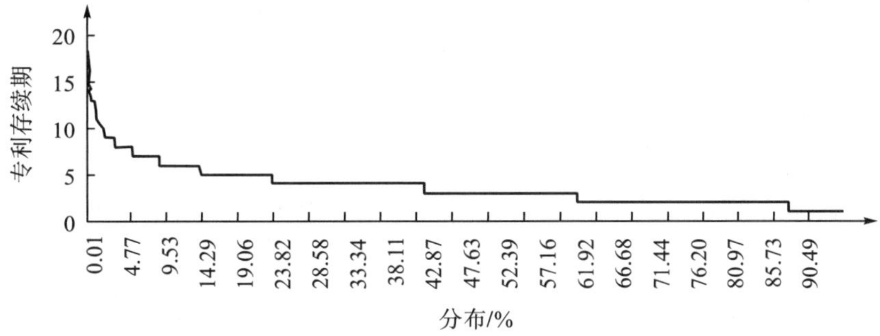

图 16-12　医药制造业小微创新群专利存续期分布曲线

基于不同专利质量取值的频次统计可以进一步看出高水平专利的稀缺，6047 条专利(占总量的 48.81%)的专利质量极低，只有 620 条专利(占总量的 5%)的专利质量高于 2。

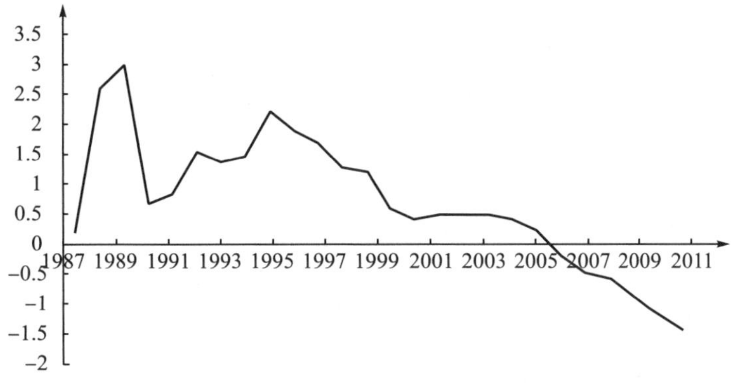

图 16-13　不同授权年份专利平均质量

区分技术领域计算各子领域的专利平均质量可以发现，专利总量较大的 A61K35 和 A61K36 两个技术子领域的平均专利质量并非最高，在六个子领域中位居中等。而 A61K31、C12N15 两个子领域虽然总量较少，但平均质量相对较高。C12N1 子领域专利总量最少、平均质量也是最低的。结合各子领域的行业归属，中药饮片加工和中成药生产方面的创新成果最多，但质量一般。化学药品原药及制剂制造、生物制药中涉及突变或遗传工程方面的创新产出虽不能与中药生产比肩，但质量较高。生物制药中微生物研究方面的质量最低(图 16-14)。

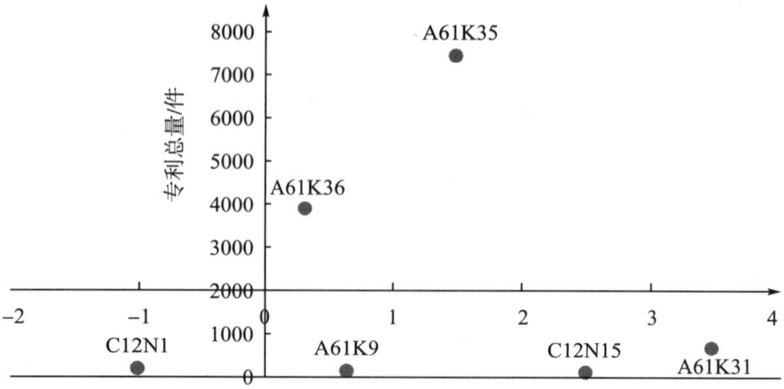

图 16-14　技术子领域专利总量与专利平均质量的关系

16.7.2　中国制药业小微创新群与主导创新群专利存续期比较

本章研究逐条计算制药业小微创新群和主导企业群产生的发明专利从授权至失效所经历的时间长度，获得每条专利的生存时间，并对删失数据进行标注。根据前文制药业创新机构的创新生产力分析发现，制药业创新机构的创新生产力更为分散，20%的创新机构普遍产出 60%左右的创新成果。而且结合前面的分析，前 20%的创新机构包含大量产出仅为 3 个、4 个等创新规模较小的机构，这也说明，制药业的专利的质量很可能属于“一夫当关、万夫莫开”的类型，某些专利数量少，但控制作用大。为提高区分度，选择 10%为分析阈值。因此，本节研究将创新产出数量位于行业前 10%的所有创新机构定义为主导创新群。共计 431 个主导创新机构产生的 9286 条发明专利。

通常采用的估计方法有寿命表法和 Kaplan-Meier 法两种。由于每个专利对象都有确切的死亡时间或删失时间，选择 Kaplan-Meier 法估计。现对 Kaplan-Meier 法的估计方式进行具体说明。假设有一个带有删失观测的专利生存时间样本，并假设：d_j 为在时间 t_j 处结束的观测个数；m_j 为在区间$[t_j,\ t_j+1]$处删失的观测的个数；$r_j=\sum_{l|l\geqslant j}(d_l+m_l)$ 为在时点 t_j 处处于风险中的观测个数。则 Kaplan-Meier 法的估计公式为

$$\hat{S}(t)=\prod^{f|f_j\leqslant t}\frac{r_j-d_j}{r_j} \tag{16.7}$$

基于 Kaplan-Meier 法对样本的生存函数进行估计，并将估计结果拟合而成生存曲线。生存曲线是时间的减函数，即随着时间的延长，专利权继续延续的比例越来越低，直到接近于零。信息技术领域 Kaplan-Meier 生存曲线如图 16-15 所示，其中横坐标表示时间 t(单位：天)，纵坐标表示生存函数 $S(t)$ 的估计值 $\hat{S}(t)$ 。

通过比较两条生存曲线的高度，可以对其专利维持情况有所把握。即群体所申请的专利维持较长时间则专利生存曲线往往位于较高位置。可以看到主导创新群的专利生存概率在绝大部分时间节点均远远高于小微创新群产生的专利，但在大约 6000 天后小微创新群产生专利的生存概率超过了主导创新群，说明有一部分小微创新群产出的专利得到了市场的认可。

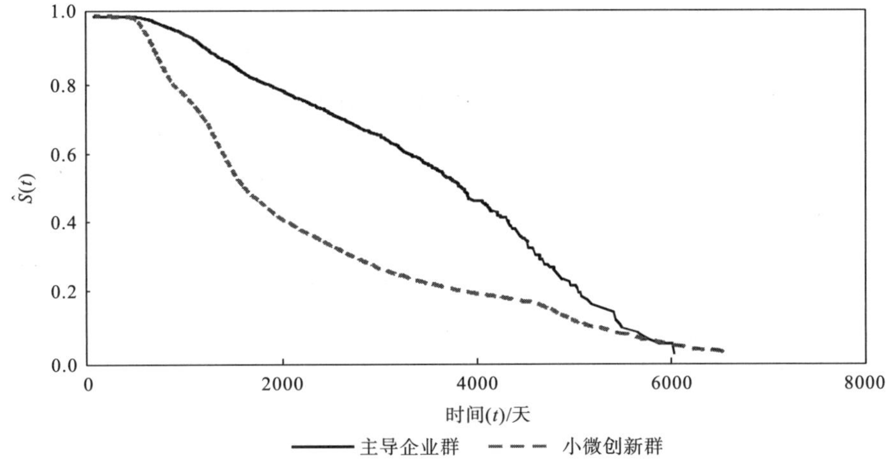

图 16-15　小微创新群与主导创新群的专利生存曲线

利用生存函数与分布函数之间的转换关系，得 $F(m)=1-S(m)$。由于中位生存期为使得 $F(m)$ 取值为 1/2 的 t 值，可将其转化为计算使生存函数 $S(t)$ 取值为 1/2 的 t 值。根据 $S(t)$ 的估计值 $\hat{S}(t)$ 得：在 95%的置信度下，小微创新群产生专利的中位生存期为约 4.4 年(1617 天)，而主导创新群产生专利中位生存期则约为 10.5 年(3836 天)。可见总体看来，相比于主导创新群，中国制药业小微创新群专利虽然创新群体庞大、总体产出量大，但绝大部分的专利质量较低，市场影响较小。

另一方面，以专利存续期为基准来观测制药业新兴技术的发展有较大局限性，在较短的生命周期范围内，尚无法更为精细地分离出可能具有较高潜在价值的、代表某种新兴技术的专利。

16.8　本章小结

制药业是一个急需本土和国际化创新活动融合的领域，也是一个急需多种创新主体融合的产业领域。其中，小微创新群的创新质量，可能会成为发展中国家自主知识产权实际效用的关键。但现实发展中，也有其发展瓶颈。从小微创新群发展的典型领域——中国制药业发展的实际分析此类问题，可能了解其中存在的关键缺陷和需要发展的创新资源方面。本章的内容意图覆盖其中的典型状态，同时也可能反映三类有关制药业创新活动质量研究主题：①中国多主体参与的整体技术资源经营战略平衡主题，及其相关的产业和企业创新质量；②相应的创新制度建设，包括中国专利制度建设适度向小微创新活动倾斜的政策问题；③与小微创新活动相关的国家创新体系问题。

同时，本章研究基于专利质量测度基本理论，来重点测度中国制药业重要领域的专利技术发展，多种创新主体反映出，小微创新群产生的专利质量、优质技术领域及重点发展区域，都有较大局限性，与科技发达国家相比有较大差距。因此，比较小微创新群体与主导企业群及小微创新群不同主体类型之间创新质量差异，以及开展国际范围的小微创新群的创新质量比较，都有持续开展的必要。

第十七章　结语：新兴经济体新兴技术发展分析线索

本着新兴经济体国家和地区发展新兴技术的立场，本书在以往相关主题的研究工作基础上，总结和分析来自科技发达国家经典理论研究，当前知识经济发展、创新活动密集背景下新兴技术、新兴产业发展相关理论研究和针对专利和其他相关数据的实证研究，希望突出以下观点，突出新兴经济体国家新兴技术的认识逻辑及其方法线索的认识。

(1)新兴技术发展应当立足于解决本地区、本国家的社会-经济发展问题，站在解决本土和本经济体发展的立场，开发相应的技术方案，并从这样的立场来定义新兴技术，定义新兴产业，以及相应的分析方法和辨识技术。

(2)新兴技术发展的最重要的指标，应当与技术发展的多样化有关，唯有多样化的技术资源，未来新兴技术发展的空间才有可能扩大，才有可能以可持续的方式发展。而新兴技术的多样化和创新活动多样化的重要来源是科技资源的发展和小微创新群的活跃水平。因此，任何聚焦新兴技术的分析和辨识研究主题，都应把技术多元化发展作为重要的质量评测指标之一。

(3)无论科技发达国家还是新兴经济体国家和地区，或是欠发达国家和地区，开发新兴技术和相应的产业，科学资源的培育和开发(特别是掌握科学知识、从事科学研究的人才培育与科研气氛、合作环境、国际合作空间的开发等)，是必备的资源，客观上也存在这样的发展空间，应当从政策和市场多个角度促进这样的资源发展。

(4)个体发明家和企业家的作用十分关键，知识创新和新兴技术类型的创新活动首先是创新者的个人行为，之后才有可能形成创新群体行为；因而新兴技术的发展离不开一个鼓励和刺激个体发明和个体创新的友好环境，以及知识产权意识和促进创新合作的科研道德环境、公平公正商业道德和良好社会伦理发展的环境；而新兴技术的分析和辨识重要的途径和方法，也应从技术开发者、关键技术发明人等主体线索来开展。

(5)小微创新群是新兴技术发展的重要驱动力量，而构成小微创新群的资源多种多样，特别以高校创新活动、产学研联盟、科技创业企业、中小型创业企业和大型企业与小型企业的联盟等形式为主体。特别需要强调的是，世界上多个国家，包括科技发达国家，都面临高等教育机构的改革和创新，其核心就是如何在现代知识技术高速发展的背景下，用更为高效和持续的方式，提供适应现代创新人才培养的各类教育体系。而新兴技术的创造和发展可能是多样化教育机构或设施改革的新使命，在这样的进步环节上掉队可能会很大程度丧失国家和地区的科技竞争实力。而对新兴经济体国家和地区而言，教育体制的改革和创新，也是使这些地区转型发展的唯一加速型设施。相应的，新兴技术的分析和辨识，聚焦这类多主体的小微创新群来开展和挖掘，以及开展分析和评价、地区和国际比较研究，也应聚焦这类主体来进行。

(6)新兴经济体国家和地区发展新兴技术、新兴产业，既需要本着区域和国际经济与技术合作的开放思维和心态，也需要有国际政治经济框架下的战略性技术瓶颈预判，特别在那些具有平台型潜质的新兴技术发展过程中，尤其需要在相应的发展战略和策略层面认识和把握这类技术瓶颈的成因、可能走向和适宜的发展和突破路径。

(7)新兴经济体国家和地区发展新兴技术、新兴产业还特别需要从新兴技术的社会效益把握技术创新和产业创新的走向，以把握可持续发展经济模式的可能先机。因而，需要更深入和持久地开展负责任的创新运行机制的实验，从建立有效的负责任创新活动的机制的过程，把握相应的政策概念和新兴技术发展概念，以实现新兴技术推进社会进步的真正目标。

根据以上分析，出于中国经济和社会发展效益考虑的新兴技术的可能领域，也是未来中国作为新兴经济体领先发展新兴技术的可能模式选择，应当是那些以人口众多、资源有限、区域经济发展不均衡为基本国情特点的技术领域。因而，相应的远程公共交通、远程医疗、群体传染疾病控制、食品安全、远程高质量教育、环境友好型生产、社会型人才教育、社会型技术(人机交互、危机管理、诚信管理、知识管理等)等，都应当是中国新兴技术发展的关键领域，也可能孕育中国新兴技术国际竞争力的重要构成。这些相关技术，既可能需要开发尖端和科技前沿技术，也有可能应用节俭型创新或朴素型创新活动就可以开发出来的技术。因此，未来的新兴技术必然是一个社会型创新活动的发展结果，有序发展而又有着强烈的生命力。

参 考 文 献

陈达仁, 李思弘, 2005. 由专利指标看 TFT-LCD 中段制程技术之国家竞争力与研发特性. 智慧财产权月刊, 79: 49-69.

陈向东, 李婷, 2006. 工业技术资源收敛理论分析——我国 FDI 环境下的技术收敛. 科学学研究, 3: 348-354.

德布瑞森 C, 王胜光, 1989. 培育创新组群: 能动发展的源泉. 科学学译丛, 04: 1-4.

获平和已和高技术创新研究组, 2015. 高技术创新研究组. 日本制造业的战略(日文版). 东京: 钻石出版社.

董金华, 2005. 美国国家创新体系三大主体角色新动向的启示. 科学学研究, 23 卷(5): 715-720.

杜广强, 2008. 基于知识图谱的国际先进制造技术前沿研究. 科技进步与对策, 25(6): 61-65.

杜伟, 2004. 关于技术创新主体问题的理论分析与实证考察. 经济评论, 3(2), 32-35.

范·杜因, 1993. 经济长波与创新. 刘守英, 罗靖, 译. 上海: 上海译文出版社.

冯君, 周静珍, 杜芸, 2012. 单件专利质量评价指标体系研究. 科技管理研究, 23: 166-170.

弗里曼, 2004. 工业创新经济学. 华宏勋, 等, 译. 北京: 北京大学出版社.

高山行, 郭华涛, 2002. 中国专利权质量估计及分析. 管理工程学报, (3): 66-68.

国家统计局社会和科技统计司, 2008. 2007 年全国工业企业创新调查统计资料. 北京: 中国统计出版社.

洪银兴, 2012. 科技创新中的企业家及其创新行为. 中国工业经济, 6: 83-93.

侯剑华, 2008. 国际能源技术前沿热点领域演进的可视化. 中国科技论坛, 11: 140-144.

胡婉丽, 汤书昆, 2004. 基于研发过程的知识创造和知识转移. 科学学与科学技术管理 (1): 20-23.

胡永健, 周寄忠, 2008. 政府直接资助强度与企业技术创新投入的关系研究 . 中国软科学, 11.

胡元佳, 卞鹰, 王一涛, 2007. Lanjouw-Schankerman 专利价值评估模型在制药企业品种选择中的应用. 中国医药工业杂志, 2: 20-22.

华宏鸣, 2005, 技术与管理创新简明教程. 北京: 中国人民大学出版社

黄鲁成, 郭彦丽, 吴菲菲, 等, 2015. 新兴技术跨领域评价方法研究——以 3D 打印技术为例. 中国科技论坛, (5): 42-47.

黄鲁成, 卢文光, 2009. 基于属性综合评价系统的新兴技术识别研究. 科研管理, 30(4): 190-194.

江旭, 高山行, 周为, 2003. 最优专利长度与宽度设计研究. 科学学研究, 21(2): 191-194.

寇宗来, 2004. 专利保护宽度和累积创新竞赛中的信息披露. 经济学季刊, 3(3): 743-762.

李蓓, 陈向东, 2015. 基于专利引用耦合聚类的纳米新兴技术识别. 情报学杂志, 34(05): 35-40.

李清海, 刘洋, 吴泗宗, 等, 2007. 专利价值评价指标概述及层次分析. 科学学研究, 25(2): 281-286.

李睿, 张玲玲, 郭世月, 2012. 专利同被引聚类与专利引用耦合聚类的对比分析. 图书情报工作, 56(8): 91-95.

李仕明, 李平, 肖磊, 2005. 新兴技术变革及战略资源观. 管理学报, (3): 304-306.

李新男, 2007. 企业技术创新主体地位与建设创新型国家. 中国科技论坛, 6: 15-18.

刘驰, 靖继鹏, 于洁, 2009. 知识产权中的专利质量界定及组成要素分析, 情报科学, 11: 1710-1713.

刘军, 2009. 整体网分析讲义: UCINET 软件实用指南. 上海: 格致出版社.

刘清华, 吴晓波, 2002. 中小企业集群的知识转移分析. 技术经济与管理研究, 4: 88-88.

刘云, 李正风, 刘立, 等, 2010. 国家创新体系国际化理论与政策研究的若干思考. 科学学与科学技术管理, (3): 61-67.

柳卸林, 王海燕, 2001. 从 2001 科学基础设施排名地位看中国科技发展的重点. 科学学与科学技术管理, (10): 5-8.

鲁若愚，张红琪，2005. 基于快变市场的新兴技术产品更新策略. 管理学报，2(3)：317-320.

路易斯 • 伯兰斯卡姆，杰姆斯·凯勒，1999. 为创新投资——21 世纪的创新战略. 陈向东，译. 北京：光明日报出版社.

栾春娟，2009. 基于专利计量与可视化手段的技术前沿探测. 情报理论与实践，9：68-71.

骆品亮，郑绍濂，1997. 专利的保护年限与保护宽度之优化确定. 系统工程理论方法应用，6(2)：49-54.

马费成，王晓光，2006. 知识转移的社会网络模型研究. 江西社会科学，7：38-44.

毛蕴诗，徐向龙，陈涛，2014. 基于核心技术与关键零部件的产业竞争力分析——以中国制造业为例. 经济与管理研究，01：64-72.

内森 • 罗森伯格，2004. 探索黑箱——技术、经济学和历史. 王文勇，吕睿，译. 北京：商务印书馆.

乔永忠，2011. 不同类型创新主体发明专利维持信息实证研究. 科学学研究，(3)：442-447.

乔治 • 泰奇，2002. 研究与开发政策的经济学. 苏竣，柏杰，译. 北京：清华大学出版社.

仇保兴，1999. 小企业集群研究. 上海：复旦大学出版社.

斯托克斯，1999. 基础科学与技术创新. 北京：科学出版社.

宋爽，陈向东，2013. 中国专利维持时间影响因素研究 ——基于专利质量的考量. 图书情报工作，(7)：96-100.

万小丽，2009. 专利质量指标研究. 武汉：华中科技大学.

万小丽，朱雪忠，2007. 专利价值的评估指标体系与模糊综合评判. 科研管理，29(2)：185-191.

汪江桦，冷伏海，汤建国，2014. 基于专利的新兴技术未来产业影响力评价研究. 情报杂志，33(5)：44-48.

汪雪峰，刘晓轩，朱东华，2008. 专利价值评价指标研究. 科学管理研究，26(6)：115-117.

王朝晖，2008. 专利文献的特点及其利用. 现代情报，(9)：151-152，156.

王磊，陈向东，2008. 在华电子行业的中外企业技术收敛特征研究. 科学学与科学技术管理，11：25-31.

王凌燕，方曙，季培培，2011. 利用专利文献识别新兴技术主题的技术框架研究. 图书情报工作，55 (18)：74-78

王鹏，2013. 战略性新兴技术辨识方法研究. 大连：大连大学.

魏江，2003. 小企业集群创新网络的知识溢出效应分析. 科研管理，(4)：54-60.

吴东，张徽燕，2005. 论新兴技术概念的商业内涵. 科学学与科学技术管理，7：64-67.

吴伟，纪明辉，2011. 通过产学研全面合作提高企业自主创新能力的个案研究. 经济纵横，08：108-111.

武佳倩，关忠诚，侯胜杰，等，2017. 国外经验对中国民口重大科技计划实行分类管理的启示. 中国科技论坛，12：167-173.

徐明，姜南，2013. 我国专利密集型产业及其影响因素的实证研究. 科学学研究，31(2). 201-222.

许珂，陈向东，2010. 基于专利技术宽度测度的专利价值研究. 科学学研究，2：202-210.

杨飞，2017. 中美制造业技术差距及其影响因素研究. 世界经济研究，08：122-134，137.

杨雪，张徽燕，2005. 新兴技术给企业带来的管理挑战. 现代管理科学，6：72-73.

尹丽春，殷福亮，刘则渊，2010. 中国数字信息通信技术前沿演进的可视化研究. 科研管理，(11)：36-40.

约瑟夫·熊彼特，1999a. 汉译世界学术名著丛书：资本主义、社会主义与民主. 吴良健译，北京：商务印书馆.

约瑟夫·熊彼特，1999b. 资本主义、社会主义与民主. 上海：商务印书馆.

张古鹏，陈向东，2011. 基于专利的中外新兴产业创新质量差异研究. 科学学研究 12：1813-1820.

张古鹏，陈向东，2012. 基于发明专利条件寿命期的中外企业专利战略比较研究. 中国软科学，3：1-11.

赵洪江，陈学华，苏晓波，2005. 新兴技术、新技术、高技术及高新技术概念辨析. 企业技术开发，24(3)：41-45.

赵振元，银路，2004. 新兴技术对传统管理的挑战和特殊市场开拓思路. 中国软科学，(7)：72-77.

邹德文，倪燕翎，2004. U 型曲线技术创新规律与中小企业技术创新能力培育//第三届软科学国际研讨会论文集，252-259.

Abraham B P, Moitra S D, 2001. Innovation assessment through patent analysis. Technovation, 21: 245-252.

Acs Z J, Audretsch D B, 1988a. Innovation in Large and Small Firms: An Empirical Analysis. American Economic Review, 78(4): 678-690.

Acs Z J, Audretsch D B, 1988b. Innovation and firm size: the new learning. International Journal of Tehnology Management, 5(6): 23-25.

Agarwal R, Audretsch D, 2001. Does entry size matter? The impact of the life cycle and technology on firm survival. Journal of Industrial Economics, 49: 21–43.

Agawl A, Cockburn I, 2003. The anchor tenant hypothesis: exploring the role of large, local, R&D-intensive firms in regional innovation systems. International Journal of Industrial Organization, (21): 1227-1253.

Agrawal A K, 2001. University - to - industry knowledge transfer: Literature review and unanswered questions. International Journal of management reviews, 3(4): 285-302.

Agrawal A, Henderson R, 2002. Putting Patents in Context: Exploring Knowledge Transfer from MIT. Management Science, 48(1): 44-60.

Akrich M, 1992. The description of technological objects. // W. Bijker, J. Law. Shaping technology building society: Studies in sociotechnical change. MA: MIT Press.

Albert M B, Avery D, Narin F, et al., 1991. Direct validation of citation counts as indicators of industrially important patents. Research Policy, 20(3): 251-259.

Albuquerque D M E, Freeman E C, 2004. The 'National System of Innovation' in Historical Perspective. Revista Brasileira De Inovao, 3(1): 9-34.

Aldrich H, Ruef M, 2006. Organization evolving. London: Sage publication: 16-60.

Allen T J, 1971. Communication networks in R&D laboratories. R&D Management, 1: 14-21.

Allen T J, 1977. Managing the Flow of Technology. Cambridge, MA: MIT Press.

Allen T J, Cohen S I, 1969. Information flow in research and development laboratories. Administrative Science Quarterly, 14(1): 12-19.

Allison J R, Lemley M A, 2000. [2019-09-15]. Who's Patenting What? An Empirical Exploration of Patent Prosecution. http://escholarship. org/uc/item/9bd4p8st.

Amesse F, Desranleau C, Etemad H, et al., 1991. The individual inventor and the role of entrepreneurship: A survey of the Canadian evidence. Research Policy, 20(1): 13-27.

Anderson P , Tushman M L, 1990. Technological Discontinuities and Dominant Design: A Cyclical Model of Technology Change. Administrative Science Quarterly, 35(4): 604-633.

Andersson R, Quigley J M, Wilhelmsson M, 2009. Urbanization, Productivity, and Innovation: Evidence from investment in higher education. Journal of Urban Economics, (66): 2-15.

Arundel A, 2001. The Relative Effectiveness of Patents and Secrecy for A probability. Research Policy, 30(4): 611-624.

Arundel A, Kabla I, 1998. What percentage of innovations are patented? empirical estimates for European firms. Research Policy, 27(2): 127-141.

Asheim B T, Isaksen A, 2002. Regional Innovation Systems: The Integration of Local "Sticky" and G. lobal "Ubiquitous" knowledge. Journal of Technology Transfer, 27: 77-86.

Association of University Technology Managers, Inc, 2000. Survey, Statistics, and Metrics Committee. AUTM Licensing Survey: Fiscal Year 1999. AUTM.

Atallah G, Rodriguez G, 2006. Indirect Patent Citations. Scientometrics, 67(3): 437-465.

Audretsch D B, Feldman M P, 1999. Innovation in Cities: Science-Based Diversity, Specialization and Localized Competition . European Economic Review Volume 43, Issue 2: 409-429.

Audretsch D B, Grilo I, Thurik A R, 2007. Handbook of research on entrepreneurship policy. Cheltenham: Edward Elgar.

Audretsch D B, Keibach M C, Lemann E E, 2006. Entrepreneurship and economic growth. Oxford: Oxford University Press.

Audretsch D B, Keilbach M, 2008. Resolving the knowledge paradox: Knowledge-spillover entrepreneurship and economic growth. Research Policy, 37(10): 1697-1705.

Audretsch D, Bönte W, Keilbach M, 2008. Entrepreneurship capital and its impact on knowledge diffusion and economic performance. Journal of Business Venturing, 23(6): 687-698.

Bai C L, 2005 Ascent of Nanoscience in China. Science, 309 (5731): 61– 63.

Banerjee P M, Cole B M, 2010. Breadth-of-impact frontier: How firm-level decisions and selection environment dynamics generate boundary-spanning inventions. Technovation, 30: 411-419.

Barben D, Eric F, Cynthia S, et al., 2008. Anticipatory governance of nanotechnology: Foresight, engagement, and integration // Edward J. Hackett, Olga Amsterdamska, Michael Lynch, Judy Wajcman. Handbook of Science and Technology Studies. Cambridge, Mass: The MIT press.

Barnett H G, 1965. OTHER: Industrial Creativity Handbook of research on leadership and creativity / edited by M D Mumford, S Hemlin. The Psychology of the Inventor. Joseph Rossman. Introduction by Gardner Murphy, American Anthropologist Volume 67, Issue 1

Baumol W J, 1988. Is Entrepreneurship always Productive? // Leibenstein H, Ray D. Entrepreneurship and Economic Development. New York: United Nations: 85–94.

Baumol W J, 1990. Entrepreneurship: Productive, Unproductive and Destructive. Journal of Political Economy, 98(1): 892–921.

Baumol W J, 1993. Entrepreneurship, Management and the Structure of Payoffs. Cambridge, Mass and London: Massachussetts Institute of Technology Press.

Baumol W J, 2007a. Entrepreneurship and economic growth. Strategic Entrepreneurship Journal, 1(3-4): 233-237.

Baumol W J, 2007b. On income distribution and growth. Journal of Policy Modeling, 29(4): 545-548.

Baumol W J, Oates W E, 2002. The theory of environmental policy. Cambridge: Cambridge University Press.

Beer J J, 1959. The emergence of German dye industry. Chicago: University of Illinois Press.

Bengisu M, 2003. Critical and Emerging Technologies in Materials, Manufacturing, and Industrial Engineering: a Study for Priority Setting. Scientometrics, 58(3): 473-487.

Bengisu M, Nekhili R, 2006. Forcecasting Emerging Technologies with the Aid of Science and Technology Databases. Technological Forecasting and Social Change, 73(7): 835-844.

Bergman E M, 2008. Cluster life-cycles: an emerging synthesis // Karlsson, C. Handbook of Research on Cluster Theory (Handbooks of research on clusters series). Northampton, MA: Edward Elgar.

Bessen J, 2008. The value of US patents by owner and patent characteristics. Research Policy, 5: 932-945.

Bettencourt L M A, Lobo J, Strumsky D, 2007. Invention in the city: Increasing returns to patenting as a scaling function of metropolitan size. Research Policy, 36(1): 107-120.

Biggadike E R, 1979. The Risky Business of Diversification. Social Science Electronic Publishing, 57(3): 103-111.

Bijker W E, Law J, 1994, Shaping technology // Building Society, Baskerville, Cambridge, MIT.

Blind K, Edler J, Frietsch R, et al., 2006. Motives to patent: Empirical evidence from Germany. Research Policy, 35(5): 655-672.

Boyack K W, Klavans R, 2010. Co-citation analysis, bibliographic coupling, and direct citation: which citation approach represents the research front most accurately?. Journal of the American society for information science and technology, 61(12): 2389-2404.

Brandscomb L M, Keller J H, eds, 1998.Investing in Innovation: Creating a Research and Innovation Policy That Works. MA: The MIT Press.

Breschi S, Lissoni F, Malerba F, 2003. Knowledge-relatedness in firm technological diversification. Research Policy, 32: 69-87.

Brey P, 2012. Anticipating ethical issues in emerging IT. Ethics and Information Technology. Volume 14, Issue 4: 305-317.

Brimley S, FitzGerald B, Sayler K, 2014. Game Changers: Disruptive Technology and US Defense Strategy // Shultz G P, Armstrong R C. Game Changers-Energy on the move: Five R&D efforts from American universities that are offering a cheaper, cleaner, and more secure national energy system. Stanford University: Hoover Institution Press.

Brush C G, Greene P G, Hart M M, 1997. Resource linkages configurations over the life cycle of ventures // Reynolds P D, Bygrave W D, Carter N M, et al. Frontiers of Entrepreneurship Research, Proceedings of the Babson Conference 1997. Wellesley: Babson College: 315-329.

Brusoni S, Prencipe A, Pavitt K, 2001. Knowledge specialization, organizational coupling, and the boundaries of the firm: why do firms know more than they make? Administrative Science Quarterly, 46(4): 597-621.

Buenstorf G , 2006. How useful is generalized Darwinism as a framework to study competition and industrial evolution? Journal of Evolutionary Economics, 16(5): 511-527.

Burke P F, Reitzig M, 2007. Measuring Patent Assessment Quality: Analyzing the Degree and Kind of (in) Consistency in Patent Offices Decision Making. Research Policy, 36(9): 1404-1430.

Burt R S, 2004. Structural holes and good ideas1. American Journal of Sociology, 110(2): 349-399.

Bush V, 1945. Science, the endless frontier: a report to the President. Washington, DC: US Government printing office.

Callon M, Law J, Rip A, 1986, Mapping the dynamics of science and technology. London: Macmillan Press.

Carayol N, 2007. Academic Incentives and Research Organization for Patenting at a Large French University. Economics of Innovation and New Technology, 16(2): 119-138.

Carlsson B, 2002. Technological Systems in the Bio Industries: An International Study. Boston, MA: Kluwer Academic Publisher, Springer.

Carlsson B, 1995. Technological System and Economic Performance: The Case of Factory Automation. Boston : Kluwer.

Carpenter M, Cooper M, Narin F, 1980. Linkage between Basic Research Literature and Patents. Research Management, 23(2): 30-35.

Carrocher N, Malerba F, Montobbio F, 2003. The Emergence of New Technologies in the ICT Field: Main Actors, Geographical Distribution, and Knowledge Sources. Working Papers of Faculty of Economics Università degli Studi dell' Insubria, 37 Varese, Italy, http: //eco. uninsubria. it/dipeco/Quaderni/files/QF2003_2037. pdf.

Chabchoub N, Niosi J, 2005. Explaining the propensity to patent computer software. Technovation, 25(9): 971-978.

Chesbrough H, 2003, Open Innovation: The New Imperative for Creating and Profiting from Technology. Boston: Harvard Business School Press.

Chesbrough H, Crowther A K, 2006. Beyond high tech: early adopters of open innovation in other industries. R&D Management, 36(3): 229-236.

Chiu Y C, Lai H C, Liaw Y C, et al., 2008. Technological diversification, complementary assets, and performance. Technological

Forecasting & Social Change, (75): 875-892.

Cho T S, Shih H Y, 2011. Patent citation network analysis of core and emerging technologies in Taiwan: 1997–2008. Scientometrics, 89(3): 795-811.

Clydesdale G, 2007. Economic Decline and the failure of Chinese Entrepreneurs. The Quarterly Journal of Austrian Economics, 10(2): 63–82.

Cohen W M, Levinthal D A, 1990. Absorptive capacity: a new perspective of learning and innovation. Administrative Science Quarterly, 35(1): 128-152.

Cohen W M, Sauermann H, 2007. Schumpeter' s Prophecy and Individual s Incentives as a Driver of Innovation, In Bronsni S, Malerb F, (Eds) Perspectives on the Economics of Innovation. London: Cambridge University Press.

Collingridge D, 1980. The Social Control of Technology. New York: St. Martin' s Press.

Cooke P, 2007. Regionally asymmetric knowledge capabilities and open innovation Exploring 'Globalization 2' —a new model of industry organization. Research Policy, 34: 1128-1149.

Cozzens S, Gatchair S, Ordóñez G, et al., 2010. Emerging Technologies: Quantitative Identification and Measurement. Technology Analysis and Strategic Management, 22(3): 361-376.

Czmrnitzki D, Glanzel W, Hussinger K, 2009. Heterogeneity of patenting activity and its implications for scientific research. Research Policy, 38: 26-34.

Daim T U, Rueda G, Martin H, et al., 2006. Forecasting Emerging Technologies: Use of Bibliometrics and Patent Analysis. Technological Forecasting & Social Change, 73(8): 981-1012.

Daim T U, Yoon B S, Lindenberg J, et al., 2018. Strategic road mapping of robotics technologies for the power industry: a multicriteria technology assessment. Technological Forecasting & Social Change, 131: 49-66.

Dalpé R, 2002. Bibliometric analysis of biotechnology [J]. Scientometrics, 55(2): 189-213.

Dalpé R, Anderson F, 1995. National priorities in academic research-strategic research and contracts in renewable energies. Res. Policy, 24: 563-581.

Day G S, Schoemaker P J H, Gunther R E, 2000. Wharton on Managing Emerging Technologies. New Jersey: Wiley.

Denicolo V, 1996. Patent races and optimal patent breadth and length. The Journal of Industrial Economics, 44(3): 249-265.

Deutsch Y, Ross T W, 2003. You Are Known by the Directors You Keep: Reputable Directors as a Signaling Mechanism for Young Firms. Management Science, 49(8): 1003-1017.

Dinlersoz E, MacMillan G, 2009. The industry life-cycle of the size distribution of firms. Review of Economic Dynamics, 12: 648-667.

Dosi G, 1982. Technological Paradigms and Technological Trajectories: A Suggested Interpretation of the Determinants and Directions of Technical Change. Research Policy, 11: 147-162.

Dosi G, 1988. Sources, procedures and microeconomic effects of innovation[J]. Journal of Economic Literature, 26: 1120-1171.

Dosi G, Marengo L, Pasquali C, 2006. How much should society fuel the greed of innovators? On the relations between a probability, opportunities and rates of innovation: Special issue commemorating the 20th Anniversary of David Teece' s article "Profiting from Innovation" . Research Policy, 35(8): 1110-1121.

Edquist C, 1997. System of Innovation: Technologies, Institution and Organization. France Pinter, London.

Elf M, Jünger M, Kaibel V, 2003. Mathematics - Key Technology for the Future // Mathematics - Key Technology for the Future. Joint Projects between Universities and Industry. Berlin Heidelberg: Springer.

Elfring T, Hulsink W, 2003. Networks in entrepreneurship: the case of high-technology firms. Small Business Economics, 21 (4): 409-422.

Ernst H, 1999. Key inventors: implications for human resource management in R&D // Portland International Conference on Management of Engineering and Technology Proceeding, (PICMET ' 99): 420-427.

Ernst H, Leptien C, Vitt J, 2000. Inventors are not alike: the distribution of patenting output among industrial R&D personnel. IEEE Transactions on Engineering Management, 47 (2): 184-199.

Etzkowitz H, 1995. Beyond technology transfer: Creating a regional innovation environment at the State University of New York at Stony Brook. Purchase: A Science Policy Institute Report" .

Etzkowitz H, 2000. The dynamics of innovation: from National Systems and 'Mode2' to a Triple Helix of University-Industry-Government relations" Research Policy, 29: 109-123.

Eun J H, 2006. "Explaining the "University run enterprises" in China: Theoretical framework for university-industry relationship in developing countries and its application to China" Research Policy, 35: 1329-1346.

European Commission, 2002. Regional cluster in Europe. Observatory of European SMEs. http: //scholar. google. com/scholar?hl=en&btnG=Search&q=intitle: Regional+clusters+in+Europe#1.

Fabrizio K R, Di Minin A, 2008. Commercializing the laboratory: Faculty patenting and the open science environment. Research Policy, 37: 914-931.

Fagerberg J, Feldman M P, Srholec M, 2014. Technological dynamics and social capability: US states and European nations. Journal of Economic Geography, 14 (2): 313-317.

Fai F, 2003. Corporate Technological Competence and the Evolution of Technological Diversification. USA: Edward Elgar.

Fai F, Tunzelmann N V, 2001. Industry-specific competencies and converging technological systems: evidence from patents. Structural Change and Economic Dynamics, 12 (2): 141-170.

Fai F, von Tunzelmann N, 2001. Industry-specific competencies and converging technological systems: evidence from patents . Structural Change and Economic Dynamics, 12 (2) : 141-170.

Feldman M, Audretsch D, 1999. Innovation in cities: Science-based diversity, specialization and localized competition. European Economic Review, 43: 409-429.

Fisher E, Mahajan R, Mitcham H, 2006, Midstream Modulation of Technology: Governance From Within, Bulletin of Science Technology & Society, 26 (6): 485-496.

Flamm K, 1996. Mismanaged trade? Strategic policy and the semiconductor industry. Brookings Institution Press.

Fonseca P F C, Pereira T S, 2013. Emerging Responsibilities: Brazilian Nanoscientists' Conceptions of Responsible Governance and Social Technology Practices // Kornelia Konrad, Christopher Coenen, Anne Dijkstra, Colin Milburn and Harro van Lente. Shaping Emerging Technologies: Governance, Innovation, Discourse. Berlin: IOS Press/AKA.

Fonseca P F C, Pereira T S, 2013. Emerging Responsibility: Brailian Nano-scientists' Conceptions of Responsible Governance and Social Technology Practices // Kornelia Knorad, Chirstopher Coenen, Anne Dijikstra, Colin Milburn Harro van Lente. Shaping Emerging Technologies: Governance, Innovation, Discourse. Berlin: IOS press: 49-65.

Forbes D P, Kirsch D A, 2010 The study of emerging industries: Recognizing and responding to some central problems, Journal of Business Venturing.

Forbes D P, Kirsch D A, 2011. The study of emerging industries: Recognizing and responding to some central problems. Journal of Business Venturing, 26 (5): 0-602.

Foster R N, 1986. Assessing technological threats. Research Management, (4): 17-20.

Freeman C, 1982. The Economics of Industrial Innovation (2nd edition). London: Pinter.

Freeman C, 1995. 'The "national System of Innovation" in Historical Perspective' in Cambridge. Journal of Economics, 19: 5-12.

Fukuda K, Watanabe C, 2007. Japanese and US perspectives on the National Innovation Ecosystem. Technology in Society, 30(1): 49-63.

Gábor C, Strandburg K J, László Z, et al., 2007. Modeling innovation by a kinetic description of the patent citation system, Physica A: Statistical Mechanics and its Applications, Volume 374, Issue 21 February: 783-793.

Gallini N T, 1992. Patent policy and costly imitation. RAND Journal of Economics, 23(1): 52–63.

Gambardella A, Giuri P, Luzzi A, 2007. The market for patents in Europe. Research Policy, 36(8): 1163–1183.

Gambardella A, Torris S, 1998. Does technological convergence imply convergence in markets? Evidence from the electronics industry. Research Policy, 27(5): 445-463.

George H, Lucas Jr, Bush A J, 1988. The marketing - R&D interface: Do personality factors have an impact? Journal of Product Innovation Management, 5(4): 257-268.

Geroski P A, 1989. Entry, Innovation and Productivity Growth. The Review of Economics and Statistics, 71(4): 572-578.

Gerybadze A, Reger G, 1999. Globalization of R&D: recent changes in the management of innovation in transnational corporations. Research Policy, 28(2/3): 251-274.

Gick W, 2008. Little Firms and Big Patents: A Model of Small-Firm Patent Signaling. Journal of Economics and Management Strategy, 17(4): 913-935.

Gilbert R, Shapiro C, 1990. Optimal patent length and breadth. RAND Journal of Economics, 21(1): 106–112.

Giuri P, Mariani M, Brusoni S, et al., 2007. Inventors and invention processes in Europe: Results from the PatVal-EU survey. Research Policy, 36(8): 0-1127.

Glaeser E L, Kallal H D, Scheinkman J A, et al., 1992. Growth in Cities. Journal of Political Economy, 100(6): 1126-1152.

Goetze C, 2010. An empirical enquiry into co-patent networks and their stars: The case of cardiac pacemaker technology. Technovation, 30: 436-446.

Goldfarb A, 2006. The teaching role of universities in the diffusion of the internet. International Journal of Industrial Organization, 24(2): 203-225.

Gorman M E, Schuurbiers D, 2013. Convergence and Crosssovers in Interdisciplinary Engagement with Science and Technology // Knorad K, et al. Shaping Emerging Technologies: Governance, Innovation, Discourse. Amsterdam, Netherlands: IOS Press.

Grandstrand O, Patel P, Pavitt K, 1997. Multi-Technology Corporations: Why They Have Distributed rather than Distinctive Core Competencies. California Management Review, 39: 8-25.

Granovetter M, 1985, Economic action and social structure: The problem of embeddedness, American Journal of Sociology, 91 (3): 481-510

Granstrand O, 1997. Towards a theory of the technology-based firm. Resource Policy, 27: 465-489.

Granstrand O, Sjoelander S, 1992. Internationalization and diversification of multi-technology corporations // Granstrand O, Hakanson L, Sjolander S. Technology Management and International Business: Internationalization of R&D and Technology. Chichester, UK: Wiley.

Granstrand O, Sjolander S, 1990. Managing innovation in multi-technology corporations. Research Policy, 19: 35-60.

Grossman G M, Helpman E, 1998. Innovation and Growth in the Global Economy. Cambridge, MA: MIT Press.

Grotenhuis F, Weggeman M, 2002. Knowledge management in international mergers. Knowledgeand Process Management, 19(2): 83-89.

Grunwald A, 1999. Rationale of Technikfolgenbeurteilung, konzepte und methdische Grundlagen. Berlin : Springer.

Grunwald A, 2004. The normative basis of (health) technology assessment and the role of ethical expertise. Poiesis & Praxis: International Journal of Technology Assessment and Ethics of Science, 2(2-3): 175-193.

Grunwald A, 2011. Responsible innovation: Bringing together technology assessment, applied ethics, and STS research. Enterprise and Work Innovation Studies, 7: 9-31.

Guellec D, van Pottelsberghe D L P B, 2002. The Value of Patents and Patenting Strategies: Countries and Technology areas Pattens. Economics of Innovation and New technology, 11(2): 133-148.

Harhoff D, Narin F, Scherer F, et al., 1999. Citation Frequency and the value of patented inventions. The review of economics and statistics, 81: 511-515.

Harhoff D, Scherer F M, Vopel K, 2003. Citations, family size, opposition and the value of patent rights. Research Policy, 32(8): 1343-1363.

Harhoff D, Wagner S, 2009. Modeling the Duration of Patent Examination at the European Patent Office. Management Science, 55(12): 1969-1984.

Harvey M G, 1984. Application of Technology Life Cycles to Technology Transfers. The Journal of Business Strategy, 5(2): 51-58.

Hechavarria D M, Reynolds P D, 2009. Cultural norms and business start-ups: the impact of national values on opportunity and necessity entrepreneurs . International Entrepreneurship and Management Journal, 5(4): 417-437.

Helmers C, Rogers M, 2011. Does patenting help high-tech start-ups? Research Policy, 40(7): 1016-1027.

Henderson, Wang, 2006. Urbanization and City Growth: The role of institutions. Regional Science and Urban Economics, 37: 283-313.

Holmes T J, Schmitz J A, 2001. A gain from trade: From unproductive to productive entrepreneurship. Journal of Monetary Economics, 47: 417-446.

Hua M C, Mathews J A, 2008. China's national innovative capacity. Research Policy, (37): 1465-1479.

Hung S C, Chu Y, 2006. Stimulating New Industries from Emerging Technologies: Challenges for the public sector. Technovation, 26: 104-110.

Jacobs P, 1979. Beyond parks: Stages in the innovation and re-creation of the city of Montreal. Landscape Planning, 6(2): 225-235.

Jaffe A B, Trajtenberg M, Fogarty M S, 2000. Knowledge spillovers and patent citations: Evidence from a survey of inventors. American Economic Review, 90(2): 215-218.

Jarzabkowski P, Wilson D C, 2006. Actionable Strategy Knowledge: A Practice Perspective. European Management Journal, 24(5): 348-367.

Julian K, Lange E, Benoil F, 2003. Leleux, Bernard Surlemont, Risk Angle Network for the 21st Century: A Review of Best Practices in Europe and the USA, Management of Technology, Elsevier Science Ltd.

Justeson J S, Katz S M, 1995. Technical terminology: some linguistic properties and an algorithm for identification in text. Natural Language Engineering, 1(1): 9-27.

Kajikawa Y, Yoshikawa J, Matsushima K, 2008. Tracking emerging technologies in energy research: Toward a roadmap for sustainable energy. Technological Forecasting and Social Change, 75(6): 771-782.

Kessler M M, 1963. Bibliographic coupling between scientific papers. Journal of the association for information science and technology, 14 (1): 10-25.

Keulartz J, Schermer M, Korthals M, et al., 2002. Pragmastist ethics for a technological culture. Deventer: Kluwer.

Khalil T M, 2000. Management of Technology: The Key to Competitiveness and Wealth Creation. New York: McGraw-Hill.

Khanna T, 1995. Racing Behavior Technological Evolution in the High-end Computer Industry. Research Policy, 24 (6): 933-958.

Khessina O, Carroll G, 2008. Product demography of de novo and de alio firms in the optical disk drive industry, 1983-1999. Organization Science, 19: 25-38.

Kleinknecht A, 1987a. Rates of Innovations and profits in the Long Wave. Doi: 10. 1007/978-3-662-10351-7_16.

Kleinknecht A, 1987b. Measuring R&D in small firms: How much are we missing. Journal of Industrial Economics, 36: 253-256.

Klemperer P, 1990. How broad should the scope of patent protection be? RAND Journal of Economics, 21 (1): 113-130.

Kluver R, 2005. Globalization, informatization, and intercultural communication. American Communication Journal, (3) 3.

Kodama F, 1986. Technological diversification of Japanese industry. Science, 223: 291-296.

Konrad K, Coenen C, Dijkstra A, et al., 2013. Shaping Emerging Technologies: Governance, Innovation, Discou Netherlands rse. Amsterdam, Netherlands : IOS Press.

Kumaresan K, Miyazaki K, 1999. An integrated network approach to systems of innovation-the case of robotics in Japan. Research Policy, 28: 563-585.

Laforet S, Tann J, 2006. Innovative characteristics of small manufacturing firms. Journal of Small Business and Enterprise Development, 13 (3): 363-380.

Langrish J, Gibbons M, Evans W G, et al., 1972. Wealth from Knowledge [M]. Macmillan, London: The Macmillan Press LTD.

Lanjouw J O, Schankerman M, 2004. Patent quality and research productivity: measuring innovation with multiple indicators. Economic Journal, 114: 441-465.

Latour B, 1987. Science in Action, Milton Keynes. Buckingham: Open University Press.

Latour B, Venn C, 2002. Morality and technology. Theory, Culture & Society, 19 (5-6): 247-260.

Laursen K, 1996. Horizontal diversification in the Danish national system of innovation: the case of pharmaceuticals. Research Policy, 25: 1121-1137.

Lee C Y, Lee J D, Kim Y, 2001. Demand forecasting for new technology with a short history in a competitive environment: the case of the home networking market in South Korea. Technol. Forecast. Soc. Change, 75: 91-106.

Lee T L, Nick von Tunzelmann, 2005. A dynamic analytic approach to national innovation systems: The IC industry in Taiwan. Research Policy, 34: 425-440.

Lehrer M, Nell P, Gärber L, 2009. A national systems view of university entrepreneurialism: Inferences from comparison of the German and US experience. Research Policy, 38 (2): 268-280.

Lengnick-Hall C, Wolff J A, 1999. Similarities and contradictions in the core logic of three strategy-research streams. Strategic Management Journal, 20: 1109-1132.

Lerner J, 1994. The importance of patent scope: an empirical analysis. RAND Journal of Economics, 25 (2): 319-333.

Levin K, 1947. Channels of Group Life, Social Planning and Social Action. Human Relations, 1 (2): 143-54.

Levinthal D A. [2007-01]. Selection evolutionary theories of innovation. https: //www. researchgate. net/publication/241757807_Bringing_Selection_back_into_our_Evolutionary_Theories_of_Innovation .

Liang-Chih Chen, 2009. Learning through informal local and global linkages: The case of Taiwan' s machine tool industry. Research Policy, 38 (3): 527-535.

Little A D, 1981. The Strategic Management of Technology. Cambridge, Mass: MIT press.

Liu K, Arthursa J, Cullena J, 2008. Internal sequential innovations: How does interrelatedness affect patent renewal. Research Policy, 5: 946–953.

Looy B V, Callaert J, Debackere K, 2006. Publication and patent behavior of academic researchers: Conflicting, reinforcing or merely co-existing?. Research Policy, 35 (4) : 596-608.

Looy B V, Magerman T, Debackere K, 2007. Developing technology in the vicinity of science: An examination of the relationship between science intensity (of patents) and technological productivity within the field of biotechnology. Scientometrics, 70 (2) : 441-458.

Low M, Abrahamson E, 1997. Movements, bandwagons and clones: industry evolution and the entrepreneurial process. Journal of Business Venturing, 12 (6) : 435-457.

Lucivero F, 2016. Ethical Assessments of Emerging Technologies - Appraising the moral plausibility of technological visions. Heidelberg, Germany: Springer.

Lucivero F, Swierstra T, Boenink M, 2011, Accessing expectations toward a toolbox for an ethics of emerging technologies, NanoEthics, 5 (2) : 129-141.

Luicero F, 2015 . Ethical Assessment of Emerging Technologies - the International Library of Ethics of Emerging Technologies Series 15. Springer International Publishing.

Lundvall B A, 1992. National System of Innovation: Towards a Theory of Innovation and Interactive Learning. London : Printer.

Lundvall B A, Johnson B, Andersen E S, et al., 2002. National systems of production, innovation and competence building. Research PolicyVolume 31, Issue 2 February: 213-231.

Macdonald S, Williams C, 1993. Beyond the boundary: an information perspective on the role of the gatekeeper in the organization. Journal of Product Innovation Management, 10: 417-42.

MacKenzie D, Wajcman J, 1999. Introductory Essay: The social shaping of technology // MacKenzie D, Wajcman J. The Social Shaping of Technology (2nd edition) . Buckingham: Open University Press.

Malerba F, 2004. Sectoral System of Innovation. Cambridge: Cambridge university press.

Malerba F, Orsenigo L, 1995. Schumpeterian patterns of innovation. Cambridge Journal of Economics, 19 (1) : 47-65.

Malerba, 1999. Technological entry, exit and survival: an empirical analysis of patent data. Research Policy, 28 (6) : 643-660.

Mansfield E, 1980. 'Basic Research and Productivity Increase in Manufacturing' . American Economic Review, vol. 70: 863-73

Mansfield E, 1985. 'How Rapidly Does Industrial Technology Leak Out?' . Journal of Industrial Economics, vol. 34, No. 2: 217-223

Mansfield E, 1988. 'Industrial R&D in Japan and the United States: a Comparative Study' . American Economic Review, vol. 78: 223-8.

Mansfield E, 1998, Academic research and industrial innovation: an update of empirical findings. Research Policy, 26: 773-776.

Mariani M, Romanelli M, 2007. Stacking and picking inventions: the patenting behavior of European inventors. Research Policy, 36: 1128-1142.

Mark C, 1995, Economic Thought The Handbook of Economic Sociology. Edited by Neil J. Smelser and Richard Swedberg Princeton: Princeton University Press, The Journal of Economic History, 835.

Martin B R, Nightingale P, 2000. The political economy of science, technology and innovation. UK Cheltenham: Edward Elgar Publishing.

Matutes C, Regibeau P, Rochett K, 1996. Optimal patent design and the diffusion of innovations. RAND Journal of Economics, 27 (1) :

60-83.

Maurseth, 2005. Lovely but Dangerous: The Impact of Patent Citations on Patent Renewal. Economics of Innovation and New Technology, 14: 351-374.

McGuinley C, 2008. Global patent warming. Intellectual Asset Magazine, 31: 24-30.

Mclntyre J R, Papp D S, 1986. The Political Economy of International Technology Transfer. Quorum Books.

McMillan G, Narin F, Deeds D, 2000. An analysis of the critical role of public science in innovation: the case of biotechnology. Research Policy, 29: 1-8.

Mei-Chih Hua, Mathews J A, 2008. China’ s national innovative capacity. Research Policy, 37: 1465-1479.

Mensch G, 1979. The Stalemate in Technology. Cambridge, Massachusetts: Ballinger Publishing Company.

Merkerk R O V, Smits R E H M, 2008. Tailoring CTA for emerging technologies. Technological Forecasting and Social Change, 75: 312-333.

Metcalfe, 1998. Evolutionary Economics and Creative Destruction. London : Routledge.

Meyer M, 2001. Patent citation analysis in a novel field of technology: an exploration of nano-science and nano-technology. Scientometrics, 51 (1) : 163–183.

Montgomery E, 1994. Innovation + outsourcing = big success. Management Review, 83 (9) : 17-21.

Moore J F, 1993. Predators and prey: A new ecology of competition. Harvard Business Review, 71 (3) : 75.

Moortel K D, Crispeels T, 2018. International university-university technology transfer: strategic management framework. Technological Forecasting & Social Change, 135: 145-155.

Morris D, Hergert M, 1987. Trends in international collaboration agreements. columbia journal of world business, 22 (2) : 15-21.

Morris S A, Yen G, Wu Z, et al., 2003. Time line visualization of research fronts. Journal of the American Society for Information Science & Technology, 54 (5) : 413-422.

Mowery D, Rosenberg N, 1979, The influence of market demand upon innovation: a critical review of some recent empirical studies. Research Policy, Volume 8, Issue 2: 102-153.

Murphy K M, Shleifer A, Vishny R W, 1991. The allocation of talent: implications for growth. Quarterly Journal of Economics, 106: 503-530.

Murphy K M, Shleifer A, Vishny R W, 1993. Why is rent-seeking so costly to growth. American Economic Review, 83: 409-414.

Myers S, Marquis D G, 1969. Successful industrial innovations a study of factors underlying innovation in selected firms / /National Science Foundation. Washington D C, USA: National Science Foundation.

Narin F, Breitaman A, 1995. Inventive productivity. Research Policy, 24 (4) : 507-519.

Narin F, Hamilton K S, Olivastro D, 1997. The linkage between U. S. technology and public science. Research Policy, 26: 317-330.

Nelson R R, 1959. The simple economics of basic scientific research. Journal of political economy, (67) : 297-305.

Nelson R R, 1991. Why do firms differ and how does it matter? Strategic Management Journal, Vol 12: 61-74.

Nelson S, Winter R, 1982. An Evolutionary Theory of Economic Change. Cambridge, MA: Belknapp Press of Harvard University Press.

Nesta L, Patel P, 2004. National patterns of technology accumulation: use of patent statistics // Moed H F, et al. Handbook of Quantitative Science and Technology Research. Netherlands: Kluwer Academic Publishers.

Nonaka I, Takeuchi H, 1995. The Knowledge-Creating Company: How Japanese Companies Create the Dynamics of Innovation. New York : Oxford University Press.

O' Brien R, 1992. Global Financial Integration: The End of Geography. International Affairs, 68(3): 225-243.

O' Donoghue T, Scotchmer S, 1998. Patent breadth, patent life, and the pace of technological progress. Journal of Economics & Management Strategy, 7(1): 1-32.

Obama B, 2013 . [2019-09-15]. Educate to innovate. Third Annual White House Science Fair. http: //www. whitehouse. gov/issues/education/k-12/educate-innovate .

Ohniwa R L, Hibino A, Takeyasu K, 2010. Trends in Research Foci in Life Science Fields over the Last 30 years Monitored by Emerging Topics. Scientometrics, 85(1): 111-127.

O' Shea R P, Allen T J, Chevalier A, et al, 2005. Entrepreneurial orientation, technology transfer and spinoff performance of U. S. universities. Research Policy, Volume 34, Issue 7 September : 994-1009.

O' Shea R P, Allen T J, K P Morse, et al ., 2007. Delineating the anatomy of an entrepreneurial university: the Massachusetts Institute of Technology experience. R&D Management, 37: 34-46.

Owen R, Stilgoe J, Macnaghten P, et al., 2013. A Framework for Responsible Innovation, in R. Owen and J. Bessant Responsible Innovation. Hoboken: NJ Wiley.

Pakes A, Schankerman M, 1984. The rate of obsolescence of patents, research gestation lags, and the private rate of return to research resources // Griliches, Z. R&D, Patents, and Productivity. Chicago: University of Chicago Press: 73–88.

Palm E, Hansson S O, 2006. The case for ethnical technology assessment（eTA）. Technological Forecasting and Social Change, 73(5): 543-558.

Parente S L, Prescott E C, 1999. Monopoly rights: a barrier to riches. American Economic Review, 89: 1216-1233.

Patel P, Pavitt K, 1994. The continuing, widespread importance of improvements in mechanical technologies. Research Policy, 23: 533-545.

Patel P, Pavitt K, 1997. The wide（and increasing）spread of technological competencies in the World' s largest firms: a challenge to conventional wisdom. In: Chandler A D, Hagstrom P, Soivell O. The Dynamic Multinational Firms. London : Oxford University Press.

Pavitt K, 1984. Sectoral Patterns of technical change: towards a taxonomy and a theory. Research Policy, 13 (6): 343-373.

Pavitt K, 1989. Uses and abuses of patent statistics // Raan A F J v. Handbook of Quantitative Studies of Science and Technology. Amsterdam: Elsevier: 509–536.

Perez C, Soete L, 1988. Catching up in Technology: Entry Barriers and Windows of Opportunity. In: Giovanni Dosi, Christopher Freeman, Richard Nelson, et al. Technical Change and Economic Theory. Pinter Publishers, London and New York: 458-479.

Péter É, Kinga M, Zoltán S, et al., 2013. Prediction of emerging technologies based on analysis of the US patent citation network. Scientometrics, 95(1): 225-242.

Pilkington A, Lee L L, Chan C K, et al., 2009. Defining key inventors: A comparison of fuel cell and nanotechnology industries. Technological forecasting and social change, 78: 118-127.

Porter A L, Roessner J D, Newman N C, et al., 2002. Measuring national Emerging Technology Capabilities. Science and Public Policy, 29: 189-200.

Porter M E, 1985. Competitive advantage. New York: Free Press.

Porter M E, 1998. The Competitive Advantage of Nations: With a New Introduction. New York : Free Press.

Prais S J, 1981. Vocational qualifications of the labour force in Britain and Germany. National Institute Economic Review, 98(1): 47-59.

Qingjun Zhao, Jiancheng Guan, 2013. Love dynamics between science and technology: some evidences in nanoscience and nanotechnology. Scientometrics, 94(1): 113-132.

Rafols I, Porter A L, Leydesdorff L, 2009. Science Overlay Maps: A New Tool for Research Policy and Library Management. Journal of the American Society for Information Science & Technology, 61(9): 1871-1887.

Rassenfosse G de, 2012. How SMEs exploit their intellectual property assets: evidence from survey data. Small Business Economics, 39(2): 437-452.

Regibeau P, Rockett K, 2008. Are More Important Patents Approved More Slowly and Should They Be? CEPR Discussion Paper No. DP6178.

Reitzig M G, 2011. On the effectiveness of novelty and inventive step as patentability requirements—structural empirical evidence using patent indicators. SSRN Electronic Journal. https: //ssrn. com/abstract=745568.

Rip A, Kulve H T, 2008. Constructive technology assessment and socio-technical scenarios. Nanotechnology, 1: 49-70.

Rip A, Misa T J, Schot J, 1995. Managing technology in society: The approach of constructive technology assessment. London/ New York: Pinter.

Roberts M J, Tybout J R, 1996. Industrial evolution in developing countries: micro patterns of turnover productivity and market structure. Oxford: Oxford University Press.

Robinson D K R, 2009. Co-evolutionary scenarios: an application to prospecting futures of the responsible development of nanotechnology. Technological Forecasting and Social Change, 76(9): 1222-1239.

Robinson D K R, Propp T, 2008, Multi-path mapping for alignment strategies in emerging science and technologies, Technology Forecasting and Social Change, 75: 517-538.

Roelofsen A, Broerse J E W, Buning T D C, et al., 2008. Exploring the future of ecological genomics: Integrating CTE with vision assessment, Technology Forecasting and Social Change, 75 (3): 334-355.

Romer P I M, 1986. Increasing Returns and Long-Run Growth. The Journal of Political Economy, 94(5): 1002-1037.

Rosell C, Agrawal A, 2009. Have university knowledge outflows narrowed? Evidence from patent data. Research Policy, 38: 1-13.

Rosenberg N, 1976. Perspectives on Technology. Cambridge: Cambridge University Press.

Rosenbloom R S, 1978. Technological innovation in firms and industries // Kelly P, Kranzberg M. An assessment of the state of the art technology innovation: A critical review of current knowledge. San Francisco, CA: San Francisco Press: 620-626.

Rosenfeld S A, 1997. Bringing business clusters into the mainstream of economic development. European Planning Studies, (5) 1: 3-23.

Rotolo D, Hicks D, Martin B R, 2015. What Is an Emerging Technology? Spru Working Paper, 44(10): 1827-1843.

Rumelt R P, 1974a. Towards a strategic theory of the firm // Lamb R Ž. Competitive Strategic Management. Eaglewood Cliffs, NJ: Prentice-Hall: 556-570.

Rumelt R P, 1974b. Strategy, Structure and Economic Performance. Cambridge, MA: Harvard Business Press.

Rycroft R W, Kash D E, 1999. The complexity Challenge: Technological innovation for the 21st century. Cassell Academic Publishers.

Rynolds T S, 1991. The engineers in 19th century America, in Rynolds, T. S. ed. The Engineers in America – A historical anthology from technology and culture. Chicago: University of Chicago Press.

Schankerman, 1998. How Valuable is Patent Protection: Estimates by Technology Fields. RAND Journal of Economics, 29(1): 77–107.

Schettino F, Sterlacchini A, Venturini F, 2008. Inventive Productivity and Patent Quality: Evidence from Italian Inventors. Journal of Policy Modeling, 35(6): 1043-1056.

Schmookler J, 1966. Invention and Economic Growth. Cambridge: Harvard University Press.

Schot J, Rip A, 1997. The past and future of constructive technology assessment. Technological Forecasting and Social Change, 54(2-3): 251-268.

Schumpeter J, 1939. Business Cycles. New York: McGraw-Hill Book Company.

Sclove R, 2010. Reinventing technology assessment: a 21st century model. Washington, DC: Science and Technology Innovation Program.

Scott E G, 1996. Environment and innovation: the case of the small entity. Industrial Marketing Management, 25: 577-587.

Seidel A, 1949. Citation system for patent office. Journal of the Patent Office Society, 31: 554-567.

Sharp M, 1996. Biotechnology and advanced technological infrastructure policies: The example of the UK' s protein engineering club // Teubal M, et al. The Technological Infrastructure Policy: An International Perspective. Netherlands: Springer.

Shibata N, Kajikawa Y, Takeda Y, et al., 2011. Detecting Emerging Research Fronts in Regenerative Medicine by Citation Network Analysis of Scientific Publications. Technological Forecasting & Social Change, 78(2): 42-72.

Sichelman T, Graham S J, 2011. Patenting by Entrepreneurs: An Empirical Study. Michigan Telecommunications and Technology Law Review, 17(1): 111-180.

Sirilli G, 1987. Patents and inventors: an empirical study. Research Policy, 16(2-4): 157-174.

Small H, Boyack K W, Klavans R, 2014. Identifying Emerging Topics in Science and Technology. Research Policy, 43(8): 1450-1467.

Smelser N J, Swedberg R, 1994. The Handbook of Economic Sociologies. Princeton: Princeton University Press.

Smits R E H M, Leyten A J M, 1991. Technology assessment: Waakhond of speurhond? Naar een integraal technologiebeleid. Zeist: Kerckebosch.

Solow R M, 1957. Technical Change and the Aggregate Production Function. The Review of Economics and Statistics, Vol. 39, No. 3. 8 : 312-320.

Sorensen K H, Williams R, 2002. Shaping technology, Guiding policy: Concepts, Spaces and Tools. Cheltenham: Edward Elgar.

Spencer J W, Murtha T P, Lenway S A, 2005. How Governments Matter to New Industry Creation. Academy of Management Review, 30(2): 321-337.

Suzuki J, Kodama F, 2004. Technological diversity of persistent innovators in Japan: Two case studies of large Japanese firms. Research Policy, 33: 531-549.

Svensson R, 2007. Licensing or Acquiring Patents? Evidence from Patent Renewal Data. Budapest: EEA-ESEM Conference.

Swierstra T, Rip A, 2007. Nano-ethics as NEST-ethics: patterns of moral argumentation about new and emerging science and technology. NanoEthics, 1(1): 3-20.

Takayama M, Watanabe C, Griffy-Brown C, 2002. Remaining innovative without sacrificing stability: an analysis of strategies in the Japanese pharmaceutical industry that enable firms to overcome inertia resulting from successful market penetration of new product development. Technovation, 22: 747-759.

Taylor C T, Silberston Z A, 1973. The Economic Impact of the Patent System: A Study of the British Experience. Cambridge: Cambridge University Press.

Taylor M Z, 1995. Dominance through technology: Is Japan creating a yen bloc in Southeast Asia? Foreign Affairs (Council on Foreign Relations), 74(6): 14.

Teece D J, 1986. Profiting from technological innovation: Implications for integration, collaboration, licensing and public policy. Research Policy, 15(6): 285-305.

Thoma G, 2014. Composite value index of patent indicators: Factor analysis combining bibliographic and survey datasets. World Patent Information, 38: 19-26.

Townsend W V, Achilladelis J B, Freeman C, 1979. Trends in Innovation in the chemical Industry. Report to the SSRC.

Trajtenberg M, Henderson R, Jaffe A, 1997. University versus corporate patents: A window on the basicness of invention. Economics of Innovation and New Technology, 5(1): 19-50.

Tunzelmann G N V, 1997. Innovation and Industrialization: A Long-Term Comparison. Technological Forecasting and Social Change, 56: 1-23.

Tushman M, Anderson P C, 1997. republished 2004, Managing Strategic Innovation and Change : a collection of readings. Cambridge: Oxford University Press.

Tushman M, Katz R, 1980. External Communication and Project Performance - An Investigation into the Role of Gatekeepers. Management Science, 26(11): 1071-1085.

Tushman M, Scanlan T, 1981. Boundary spanning individuals: their role in information transfer and their antecedents. Academy of Management Journal, 24(2): 289-305.

Utterback J M, Abernathy W J, 1975. A Dynamic Model of Process and Product Innovation. Omega, 3(6): 639-656.

Valk T V D, Moors E H M, Meeus M T H, 2009. Conceptualizing Patterns in the Dynamics of Emerging Technologies: The Case of Biotechnology Developments in the Netherlands. Technovation, 29(4): 247-264.

Van de Ven, A Garud R, 1989. A framework for understanding the emergence of new industries. Research on Technological Innovation Management and Policy, 4: 195-225.

Van Eijndhoven J C M, 1997. Technology assessment: Product or process? Technological Forecasting and Social Change, 54(2-3): 269-286.

van Est R, Brom F, 2012. Technology assessment, analytic and democratic practice. Encyclopedia of Applied Ethics (Second Edition).

Van Mansvoort K, Wouters S, Vos C, 2013. Nano Supermarket: Using Speculative Design to Catalyze a Technology Debate // Knorad K, et al. Shaping Emerging Technologies: Governance, Innovation, Discourse. Amsterdam, Netherlands: IOS Press.

van Merkerk R, Robinson D, 2006. Characterizing the emergence of a technological field: Expectations, agendas and networks in Lab-on-a-chip technologies. Technologies Analysis & Strategic Management, 18(3/4): 411-428.

van Vianen B G, Moed H F, van Raan A F J, 1990. An exploration of the science base of recent technology. Research Policy, 19(1): 61-81.

Vernon R, 1986. The international technology market: An economic perspective // John R. Mclntyre, Daniel S. Papp. The Political Economy of International Technology Transfer. Quorum Books.

Vichyanond J, 2009. Intellectual property protection and patterns of trade. Princeton University, CEPS Working Paper No. 197(11), https: //www. docin. com/p-1454573398. html.

von Burg U, Kenney M, 2000. Venture capital and the birth of the local area networking industry. Research Policy, 29: 1135–1155.

Walsh S T, 2004. Roadmapping a disruptive technology: A Case study the emerging Microsystems and top-down nanotechnology system. Technological Forecasting & Social Change, 71: 161–185.

Wang Ming-Yeu, Lo Hsien-Chen, Liao Yu-Yin, et al., 2012. Determinants of Patent Renewal Decisions by Patent Indicators and Social Network Analysis: The Case of the Biotech Industry in Taiwan and Korea. Proceedings of PICMET '12: // IEEE. Technology Management for Emerging Technologies: 1060-1065.

Wartburg I, Teichert T, Rost K, 2005. Inventive progress measured by multi-stage patent citation analysis. Research Policy, 34(10):

1591-1607.

Wei Hong, 2008. Decline of the center: The decentralizing process of knowledge transfer of Chinese universities from 1985 to 2004. Research Policy, (37): 580-595.

Wennekers S, van Stel A, Thurik R, et al., 2005. Nascent entrepreneurship and the level of economic development. Small Business Economics, 24(3): 293-309.

William K, Kevin S, 2006. Patents and the Measurement of International Competitiveness. Cheltenham: Edward Elgar Publishing.

William R, Edge D, 1996. The Social Shaping of Technology. Research Policy, 25(6): 865-899.

Winner L, 1999, Do artifacts have politics? In Social Shaping of Technology, Vol 20, Eds: Donald Mckenize and Wajcman Judy, 28-40 Buckingham: Open University Press.

Wright D J, 1999. Optimal patent breadth and length with costly imitation. International Journal of Industrial Organization, 17(3): 419-436.

Yi-Chia Chiu, Hsien-Che Lai, Tai-Yu Lee, et al., 2008. Technological diversification, complementary assets, and performance. Technological Forecasting and Social Change, 6(75): 875-892.

Yong-Gil Lee, Jeong-Dong Lee, Yong-Il Song, et al., 2007. An in-depth empirical analysis of patent citation counts using zero-inflated count data model: The case of KIST. Scientometrics, 70(1): 27-39.

Yoo-Jin Han, Yongtae Park, 2006. Patent network analysis of inter-industrial knowledge flows: The case of Korea between traditional and emerging industries. World Patent Information, 28: 235-246.

Yoon J, Choi S, Kim K, 2011. Invention Property-Function Network Analysis of Patents: A Case of Silicon-Based Thin Film Solar Cells. Scientometrics, 86(3): 687-703.

Youtie J, Shapira P, 2008. Building an innovation hub: A case study of the transformation of university roles in regional technological and economic development. Research Policy, 37(8): 1188-1204.

Zander I, 1997. Technological diversification in the multinational corporation: historical evolution and future Prospects. Research Policy, 26(2): 209-227.

Zeebroeck N, 2007. Patents Only Live Twice: a Patent Survival Analysis in Europe. CEB Working Paper, October, 07-028, Solvay Business School, Universite Libre de Bruxelles.

Zhang Y, Porter A L, Hu Z, et al., 2014. "Term Clumping" for Technical Intelligence: A Case Study on Dye-Sensitized Solar Cells. Technological Forecasting and Social Change, 85: 26-39.

Zucker L G, Darby M R, 1997. Individual action and the demand for institutions: star scientists and institutional transformation. American behavioral scientist, 40(4): 502-513.

Zucker L G, Darby M R, Armstrong J S, 2002. Commercializing Knowledge: University Science, Knowledge Capture, and Firm Performance in Biotechnology. Management Science, 48(1): 138-153.

彩图图版

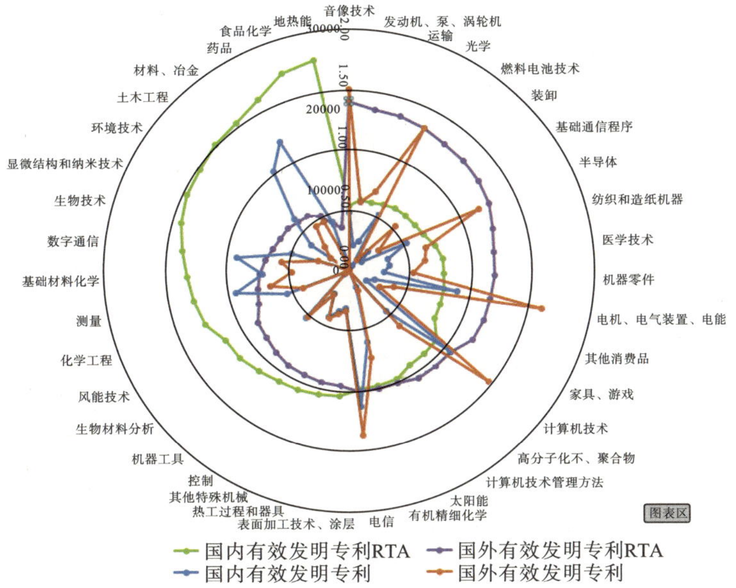

图 10-2　国内与国外有效发明专利数量及其对应 RTA 数值比较

注：截至 2010 年 39 个技术领域的数据，以中国国内 RTA 数值为基准作技术领域排序。

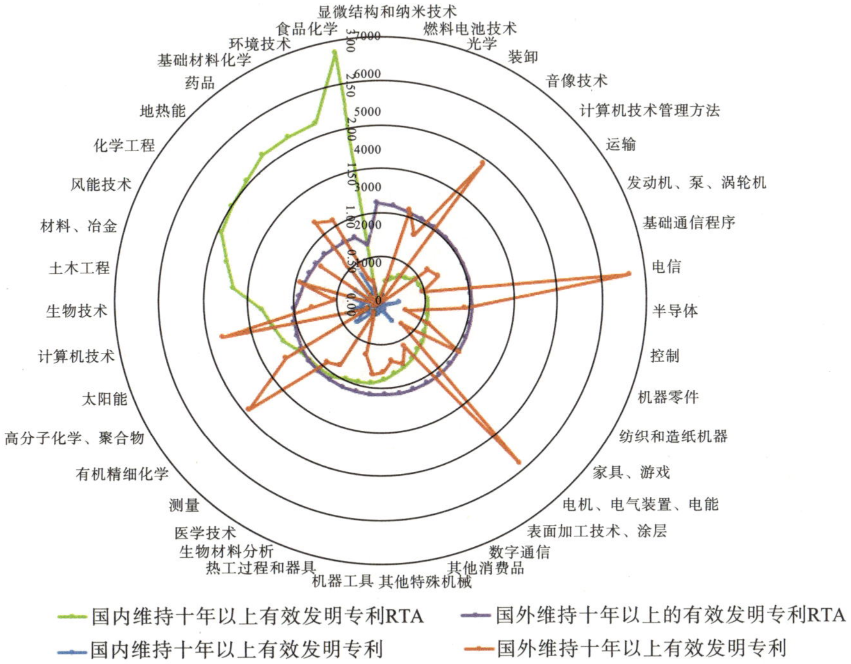

图 10-3　国内与国外维持十年以上有效发明专利数量及其 RTA 比较

注：截至 2010 年 39 个技术领域的数据，以中国国内 RTA 数值为基准作技术领域排序。

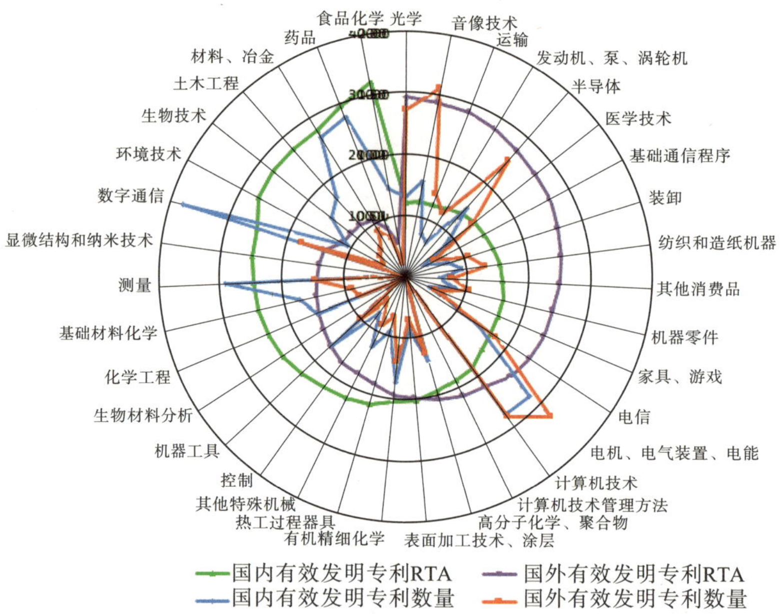

图 10-4　国内与国外所有有效发明专利数量及其 RTA 比较

注：截至 2012 年 35 个技术领域的数据，以中国国内 RTA 数值为基准作技术领域排序。

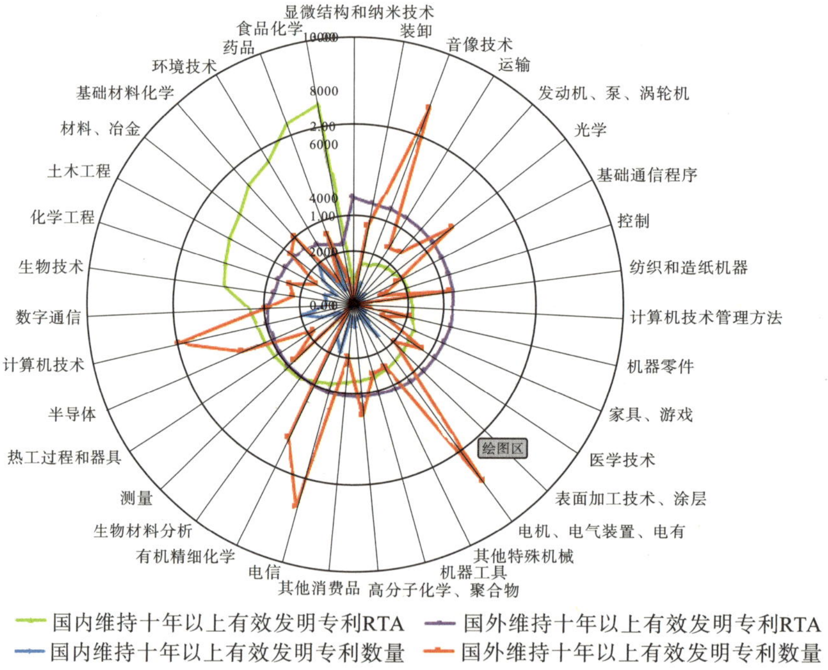

图 10-5　国内与国外维持十年以上的有效发明专利数量及其 RTA 指数比较

注：截至 2012 年 35 个技术领域的数据，以中国国内 RTA 数值为基准作技术领域排序。

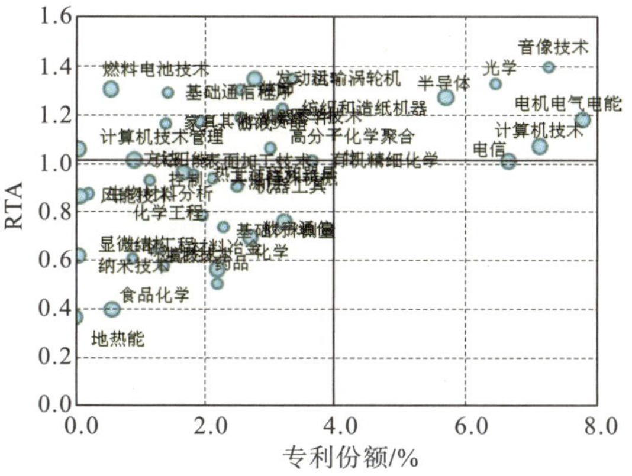

图 10-6 国外技术类型象限图

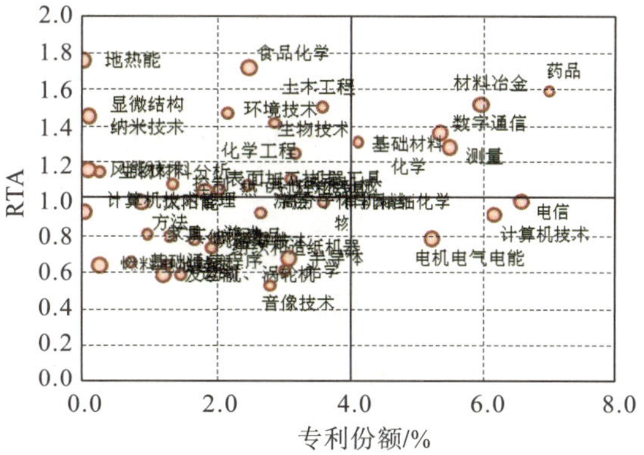

图 10-7 中国技术类型象限图

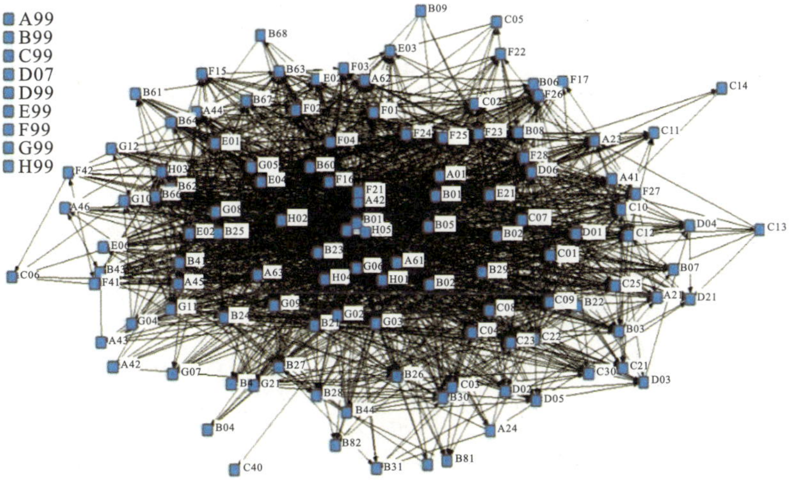

图 13-2 大陆专利引文网络

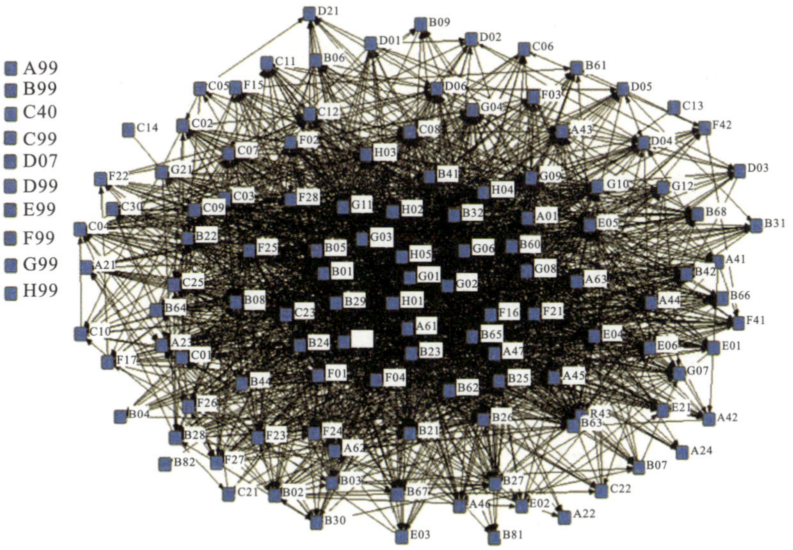

图 13-3 台湾专利引文网络

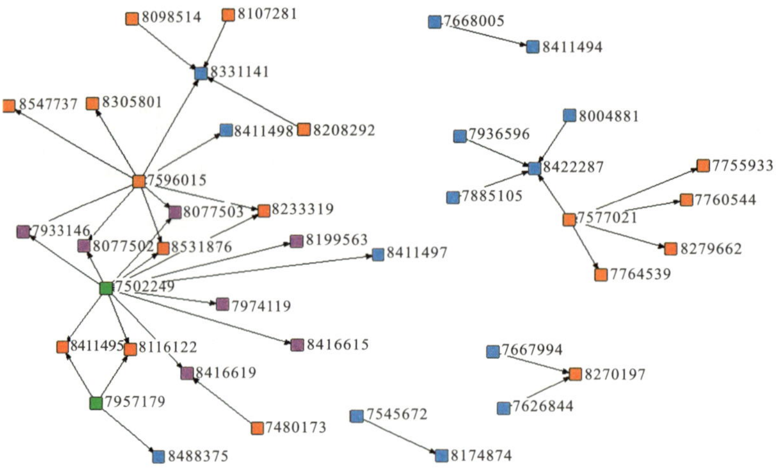

图 14-2 T_4 内专利引文网络

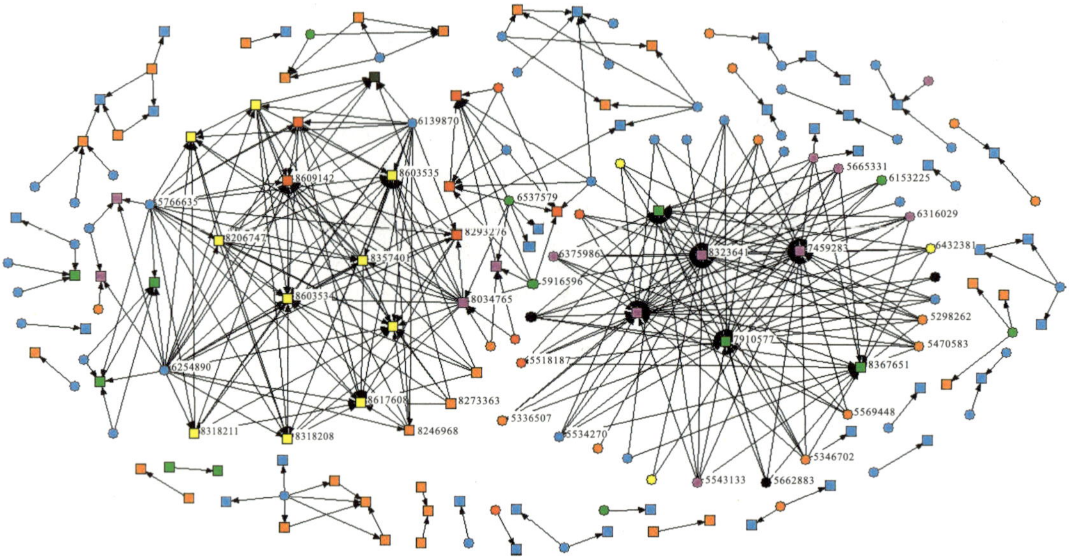

图 14-3 以现阶段专利为基础的 T_3 内专利引文网络

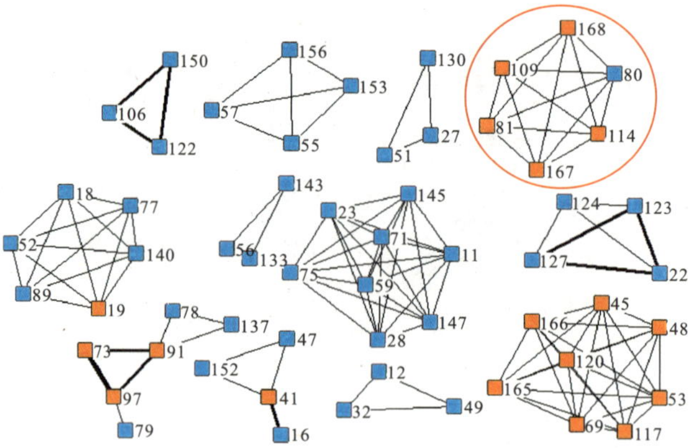

图 14-4 T_4 第一阶段发明人合作网络

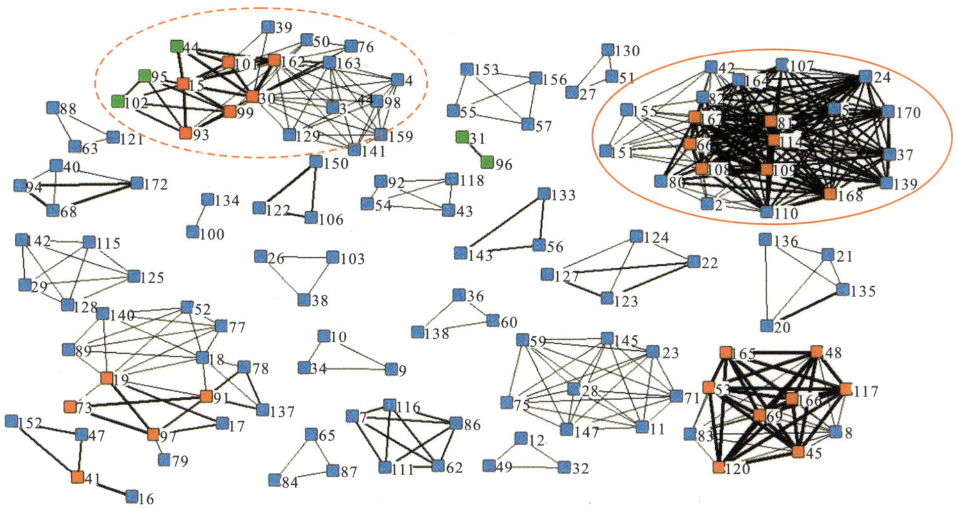

图 14-5　T_4 第一阶段至第二阶段发明人合作网络

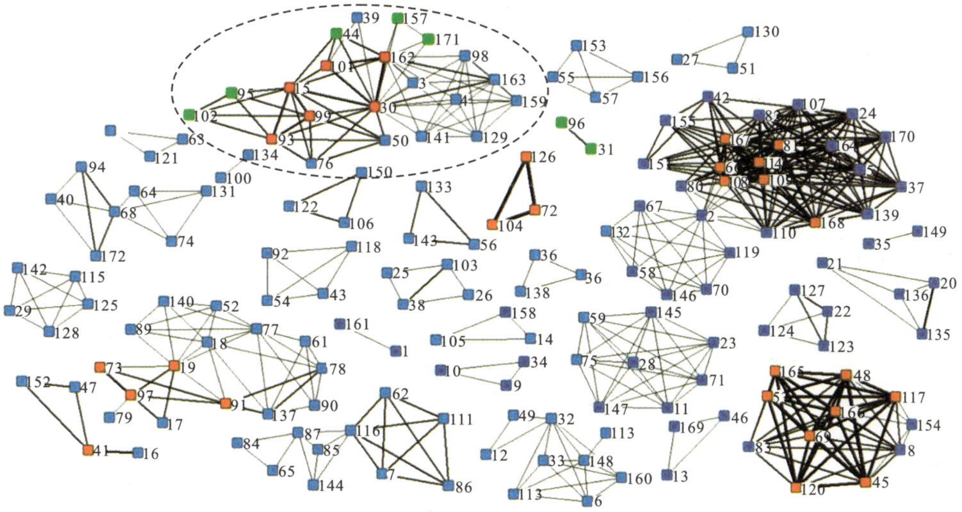

图 14-6　T_4 第一阶段至第三阶段发明人合作网络

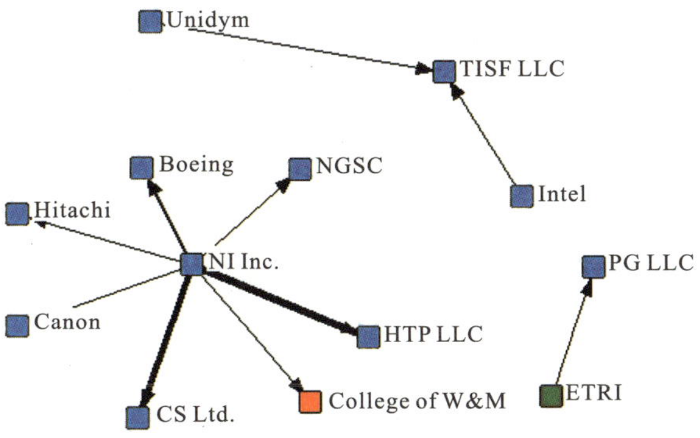

图 15-1　T_{14} 机构间引用网络

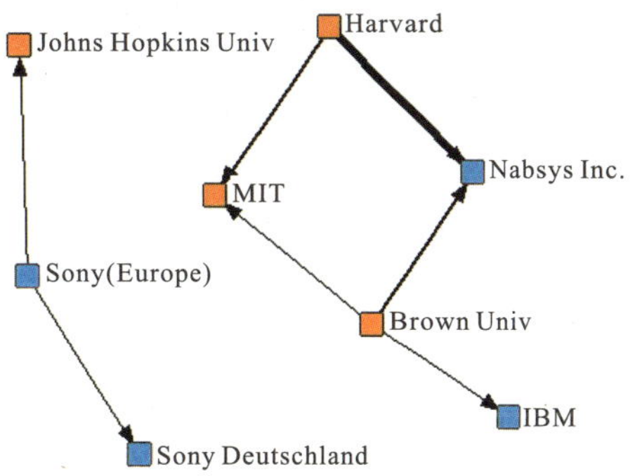

图 15-2　T_{16} 机构间引用网络

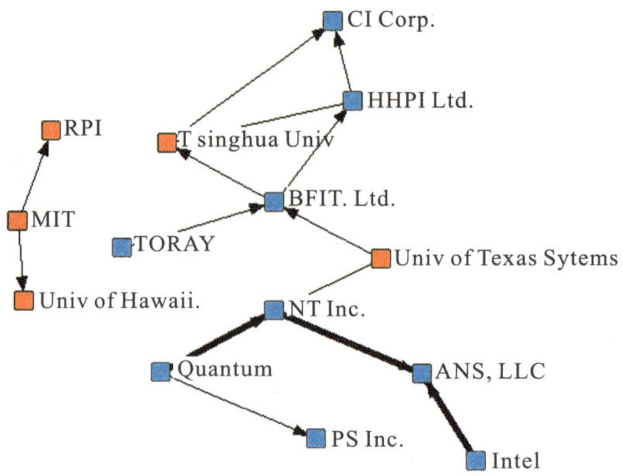

图 15-3　T_{111} 机构间引用网络

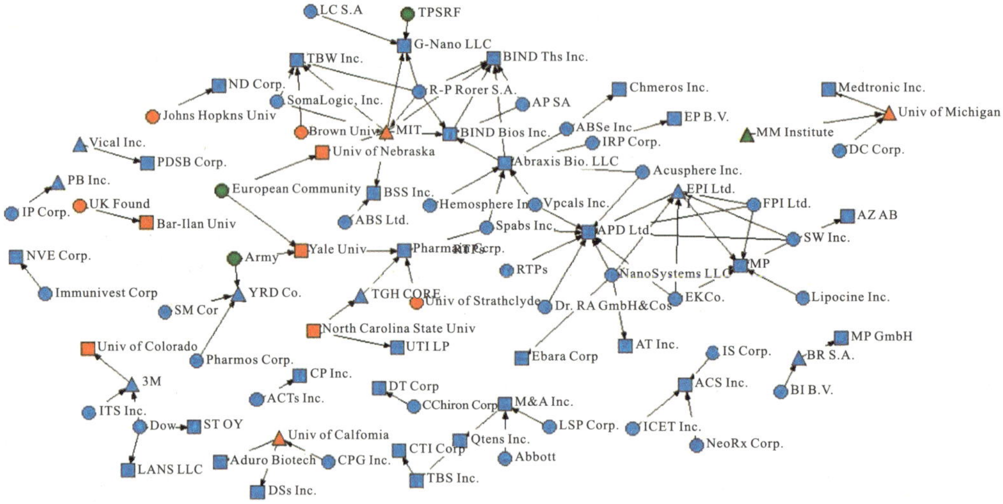

图 15-4　以现阶段专利为基础的 T_3 机构间引用网络

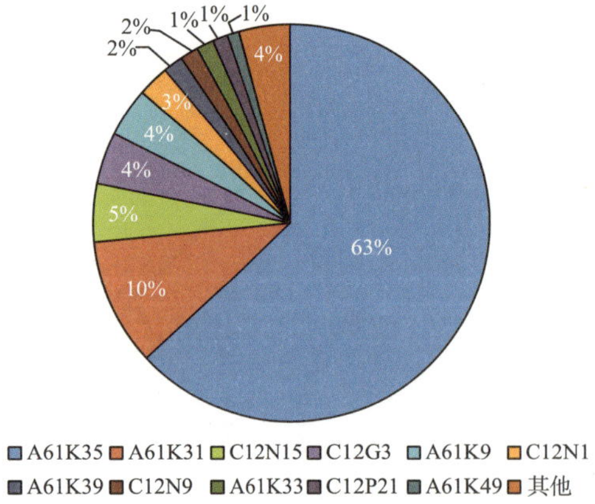

图 16-6　1985～2013 年制药业创新技术领域分布

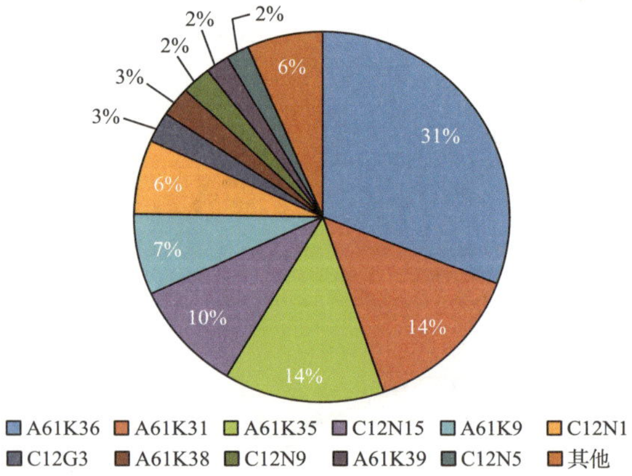

图 16-7　2001～2013 年医药制造业创新领域分布